中国(山东)自贸试验区创新发展研究

主　编　夏运彬　李迎春
副主编　商庆竹　刘　志　张永康　赵延青

山东大学出版社
SHANDONG UNIVERSITY PRESS
·济南·

图书在版编目(CIP)数据

中国(山东)自贸试验区创新发展研究/夏运彬,
李迎春主编.—济南:山东大学出版社,2023.2
ISBN 978-7-5607-7603-3

Ⅰ.①中… Ⅱ.①夏… ②李… Ⅲ.①自由贸易区—经济发展—研究—山东 Ⅳ.①F752.852

中国版本图书馆 CIP 数据核字(2022)第 156902 号

责任编辑 祝清亮
文案编辑 谭婧婺
封面设计 王秋忆

中国(山东)自贸试验区创新发展研究
ZHONGGUO(SHANDONG) ZIMAO SHIYANQU CHUANGXIN FAZHAN YANJIU

出版发行 山东大学出版社
社　　址 山东省济南市山大南路 20 号
邮政编码 250100
发行热线 (0531)88363008
经　　销 新华书店
印　　刷 山东和平商务有限公司
规　　格 720 毫米×1000 毫米 1/16
　　　　 22.25 印张 395 千字
版　　次 2023 年 2 月第 1 版
印　　次 2023 年 2 月第 1 次印刷
定　　价 66.00 元

《中国(山东)自贸试验区创新发展研究》
编委会

主　　编	夏运彬	李迎春		
副 主 编	商庆竹	刘　志	张永康	赵延青
编写人员	夏运彬	李迎春	商庆竹	刘　志
	张永康	赵　博	何晓然	胡苏楠
	谢　萍	朱海进	赵延青	高淑君
	王琳华			

序

建设自由贸易试验区是党中央在新时代推进改革开放的一项战略举措，在我国改革开放进程中具有里程碑意义。设立中国（山东）自由贸易试验区，是党中央、国务院在新形势下赋予山东的重大历史使命，也是推进山东深度融入国家开放战略、实现高水平对外开放的重大机遇。山东自贸试验区获批以来，深入贯彻习近平总书记对山东工作的重要指示要求，全面落实山东省委、省政府决策部署，大胆试、大胆闯、自主改，制度集成创新成果丰硕，特色产业培育成效明显，新业态新模式不断涌现，充分彰显了全面深化改革和扩大开放的试验田作用。

当今世界正在经历百年未有之大变局，习近平总书记指出："要围绕实行高水平对外开放，充分运用国际国内两个市场、两种资源，对标高标准国际经贸规则，积极推动制度创新，以更大力度谋划和推进自由贸易试验区高质量发展。"

近年来，山东省商务发展研究院积极发挥智库职能，围绕自贸试验区高质量发展，研究形成了一批调研报告，具有较强的理论和应用价值。研究院现将有关分析、见解和建议等进行整理、编辑，形成本书，期待能够启发各界读者，并引发对山东自贸试验区发展若干问题的思考。

2022 年 1 月

［张德平，山东省商务厅厅长、中国（山东）自由贸易试验区工作办公室主任］

前　言

党的二十大报告提出“实施自由贸易试验区提升战略，扩大面向全球的高标准自由贸易区网络”，为我国自贸试验区、自由贸易区的未来发展标明了新航向。在新发展阶段，制度型开放成为我国高水平对外开放的重要标志，也是建设更高水平开放型经济新体制的必然要求，自贸试验区是制度型开放的主阵地和试验场，承担着重要历史使命。

在新发展格局下，山东将对接国际高标准经贸规则推进制度型开放，发挥好自贸试验区改革开放综合试验平台作用，实现更高水平的站位目标、更高标准的政策制度、更差别化的制度创新、更高质量的开放发展和更为安全的改革探索，积极打造国际合作和竞争新优势，为全面深化改革、扩大开放探索新路径。

山东省商务发展研究院秉持“为政府决策服务、为地方经济服务、为商务发展服务”的宗旨，围绕扩大制度型开放、高水平建设自贸试验区、融入全球自由贸易区这条主线，撰写相关报告15篇，内容涵盖对标分析CPTPP、RCEP等高标准国际经贸规则，借鉴海南、浙江等先进地区的经验做法，谋划数字贸易、保税维修等新业态发展路径等，力争在山东推进新一轮高水平对外开放、高标准建设自贸试验区进程中中贡献研究力量。

《中国(山东)自贸试验区创新发展研究》编委会

2022年11月

目　录

山东对 RCEP 可利用政策的前瞻研究*

加快实施自由贸易区战略，构建开放型经济新体制，以对外开放的主动赢得经济发展的主动和国际竞争的主动。党的十七大把自由贸易区建设上升为国家战略，党的十八大提出要加快实施自由贸易区战略，党的十八届三中全会提出要以周边为基础加快实施自由贸易区战略，形成面向全球的高标准自由贸易区网络。截至 2020 年上半年，中国已签署中韩、中国—东盟等 17 个自贸协定，涉及 25 个国家和地区。当前，我国对外开放步入形态更高级、分工更复杂、结构更合理的历史阶段，发展方式正从规模速度型向质量效率型转变、发展动力正从传统增长点向新经济增长点转变。《区域全面经济伙伴关系协定》(Regional Comprehensive Economic Partnership, RCEP)的签署使山东开放型经济的发展面临新任务、新挑战和新机遇。

一、RCEP 签署的背景、意义和对经济的拉动作用

RCEP 由东盟十国发起，邀请中国、澳大利亚、印度、日本、韩国、新西兰6 个国家参加，谈判始于 2013 年，历经 28 轮，15 个成员国(印度退出)完成了全部 20 个章节的文本谈判以及实质上所有的市场准入谈判。2018 年，RCEP 的 15 个成员国总人口 22 亿人，GDP 总计 29 万亿美元，出口额 5.6 万亿美元，吸引外商投资流量 3700 亿美元，这些指标分别占全球总量的 30%左右。

(一)RCEP 签署的背景

一是亚洲在世界贸易中的地位不断上升。根据亚开行的评估，2025 年，亚

---

* 作者：李迎春、刘志、商庆竹、朱海进。

洲地区占全球经济的比重将达到52%。亚洲贸易总额波动增长，2012～2018年，亚洲占全球贸易总额的比重始终保持在1/3以上，出现波动但整体呈增长的趋势。亚洲地区对外贸易占比较大，2018年，亚洲对外贸易额为13.68万亿美元，同比增长了10.4%，占全球对外贸易总额的35%，出口贸易额占全球出口贸易额的35.8%，进口贸易额占全球进口贸易额的34.3%。亚洲地区拥有庞大的市场，亚洲在全球人口中的比重约为60%。据英国广播公司（British Broadcasting Corporation，BBC）统计数据，至2030年，亚洲中产阶级人口将达30亿人，亚洲消费市场的重要性和发展潜力不言而喻。

二是美国对全球贸易秩序发起冲击。美国架空已不再符合其利益的世界贸易组织（World Trade Organization，WTO），打造以双边协定为主的自贸区网络。从美国双边协定涵盖规模看，美韩自贸协定、美墨加三国协定、美日初步自贸协定已签署，如果美欧和美英自贸协定一旦生效，这一以美国为轴心的封闭自贸区网络的经济总量和贸易总量将达全球一半，会产生强大的贸易转移效应。从实现手段来看，美国十分抵制以WTO为代表的多边主义，以破坏WTO上诉机制和加征关税为手段，施压包括其盟友在内的主要贸易伙伴，胁迫他国按其意愿与之进行谈判。从协定性质来看，因为协定内容由双边或三边贸易协定的参与方确定，协定带有封闭性质，防止了初始缔约方之外的国家后续加入。

三是RCEP比全面与进步跨太平洋伙伴关系协定（Comprehensive and Progressive Agreement for Trans-Pacific Partnership，CPTPP）更具包容性和互惠性。RCEP和CPTPP同为亚太地区两个超大型自由贸易协定，RCEP更有继续扩展深化亚太地区一体化的潜力。首先，CPTPP在关税减让、国有企业、知识产权、环境、劳工规则上均采用了高标准，而对于那些在当前阶段不愿意或仍不具备承担更高义务水平的国家来说，RCEP更具有吸引力。其次，RCEP覆盖了东亚三大经济体，而CPTPP在东亚只覆盖日本，对于希望进一步扩展与亚洲联系的国家而言，RCEP谈判的回报可能会更大。再次，CPTPP的加入门槛显然更高，若要对高标准作出具有约束力的承诺，有些国家力不从心。RCEP照顾到各成员国不同的利益诉求，没有一味地追求高标准。与CPTPP相比，它未包括可提交争端解决机制的劳工和环境保护内容，也未纳入国有企业竞争中立议题。并且，其为最不发达成员国更好融入区域经济提供了优惠待遇，比如，为老挝、缅甸、柬埔寨等提供了过渡期，使这些成员能够更好地融入区域经济一体化。

（二）RCEP 签署的意义

一是从中美竞争战略层面来分析。RCEP 将在亚洲区域推进贸易投资自由化和便利化水平，改善贸易和投资环境，促进亚洲内部的经济一体化。其一，RCEP 将会减少亚洲对美国市场的依赖，使得美国从经济和战略上对该地区的影响力受到影响。其二，RCEP 一旦生效，将会促进本区域内的商品、技术、人员、资本流动，开辟出更多的区域贸易机会，从而致使美国企业撤离的成本更加高昂。其三，RCEP 会为中国与日本、韩国、澳大利亚等美国盟友之间创造更多机会，增进彼此了解，开展经济合作。其四，RCEP 有助于构建本区域内的供应链和价值链，在与美国制造商竞争时，将会提升本区域供应链的竞争优势。

二是从全球产业链的构建来分析。2018 年 7 月，日欧签署经济伙伴关系协定。2019 年 5 月，欧盟批准与美国展开贸易谈判。2019 年 10 月，美日签署初步贸易协定。美欧日在全球经济和国际贸易中地位举足轻重，一旦形成自贸区网络，会导致地缘经济格局发生重大变化，一定程度上将重塑全球产业链和价值链。美欧日市场对于中国的重要性不容忽视。2018 年，中国对美、欧、日三方的贸易额占总贸易额的 13.7%、14.8%和 7.1%。RCEP 谈判方已经包括日本，不仅可以很大程度上缓解美国边缘化中国的压力，也可以打破美国遏制中国高科技发展的意图。

三是从规则重建争取主动地位来分析。坚定不移地推进新一轮改革开放，努力提升自身对于高标准国际贸易和投资规则的适应能力，对于中国能否在未来地缘经济格局和全球贸易秩序中争取主动地位十分关键。第一，向世界表明中国进一步提升市场准入，构建更加开放的市场经济体制的决心。第二，RCEP 签署是主动回应国内改革需求，突破经济发展制约，实现建设现代化经济体系战略目标的重要举措。第三，协定的签署有助于提升中国规则话语权，进而提高中国维护多边贸易秩序、继续推进经济一体化进程的能力和影响力。

（三）RCEP 签署对经济的拉动作用

一是从整体看。根据德国慕尼黑经济研究所估算：一个浅层次的 RCEP，也能让所有成员方的经济至少得到缓和增长，其中越南和老挝受益最大，预计将分别最终带动 4.31%和 3.4%的经济增长。若将来在 RCEP 框架下继续深化一体化水平，一个深层次的 RCEP 成员方受益水平将得到显著提升，有6 个成员甚至可能获得两位数的经济增长率，其中马来西亚和越南将分别最终带动24.5%和22.82%的经济增长。

二是从全国看。据国际货币基金组织（International Monetary Fund，IMF）数据，2018年中国与其他14个RCEP谈判方的总贸易额超过1.3万亿美元，占当年贸易总额的28.2%。据德国慕尼黑经济研究所测算，随着RCEP框架内非关税贸易壁垒的逐步消除，中国的收益将会提高，且贸易附加值将会有明显增长。在一个浅层次的RCEP中，贸易附加值增长约为0.66%；若是一个深层次的RCEP，贸易附加值增长会达到4.22%。特别是中国的电子行业，将会从消除非关税壁垒中受益良多，增长率达到两位数。

三是从山东看。全球价值链正在加速重构，劳动密集型生产环节将主要向南亚、东南亚等地区加速转移，资本和技术含量较高的生产环节可能转移至日韩、欧洲等国家或地区。山东作为日韩、东盟等RCEP成员国的重要经贸伙伴，在加强与日韩合作及开发东盟等第三方市场上，蕴含巨大空间。

二、中国与RCEP成员国合作情况

RCEP作为亚洲区域超大型自由贸易协定，可以协调区域内多个自贸协定规则，减少冲突，一定程度上缓解“意大利面碗”现象[①]（Spaghetti Bowl Phenomenon），从长期来看，有助于巩固多边贸易体系。下文将对中国自贸协定签署情况、与RCEP成员国已建成自贸区情况以及山东省与RCEP成员国经贸合作现状进行梳理和分析。

（一）中国自贸协定签署情况

截至2020年上半年，中国已经签署19个自贸协定，涉及25个国家和地区，90%以上的出口货物可在RCEP协定下享受最低至零关税的关税减让；正与30个国家进行13个自贸协定谈判或升级谈判，如表1所示。

① “意大利面碗”现象，来自巴格瓦蒂（Jagdish Bhagwati）1995年出版的《美国贸易政策》（*U.S. Trade Policy*），指在双边自由贸易协定（FTA）和区域贸易协定（RTA），统称“特惠贸易协议”下，各个协议的不同的优惠待遇和原产地规则就像碗里的意大利面条，一根根地缠在一起，“剪不断，理还乱”。

表 1　中国自由贸易区建设情况

已签协议的自贸区	中国—毛里求斯、中国—马尔代夫、中国—格鲁吉亚、中国—澳大利亚、中国—韩国、中国—瑞士、中国—冰岛、中国—哥斯达黎加、中国—秘鲁、中国—新西兰、中国—新加坡、中国—新加坡升级、中国—智利、中国—智利升级、中国—巴基斯坦、中国—巴基斯坦第二阶段、中国—东盟、中国—东盟（“10＋1”）升级、内地与港澳更紧密经贸关系安排
在谈判的自贸区	RCEP、中国—海合会、中日韩、中国—斯里兰卡、中国—以色列、中国—挪威、中国—新西兰自贸协定升级谈判、中国—摩尔多瓦、中国—巴拿马、中国—韩国自贸协定第二阶段谈判、中国—巴勒斯坦、中国—秘鲁自贸协定升级谈判、中国—柬埔寨
正在研究推进的自贸区	中国—哥伦比亚、中国—斐济、中国—尼泊尔、中国—巴布亚新几内亚、中国—加拿大、中国—孟加拉国、中国—蒙古国、中国—瑞士自贸协定升级联合研究

（二）中国与 RCEP 成员国已建成自贸区情况

中国已与 RCEP 成员国签署了多项双、多边自由贸易协定，在关税和非关税壁垒、服务部门市场准入限制、开放投资等方面达成协议，从而促进商品、服务和资本、技术、人员等生产要素的自由流动，实现优势互补，促进共同发展，为未来进一步深化区域合作奠定了坚实基础。

一是中国—东盟自由贸易协定。2002 年 11 月，中国—东盟自由贸易区(China and ASEAN Free Trade Area，CAFTA)协议签署。2019 年，我国对东盟进出口额为 4.43 万亿元，比 2018 年增长 14.1%，高出整体增速 10.7 个百分点，东盟超过美国，成为我国第二大贸易伙伴。开放水平方面，除了货物进出口，随着“清迈协议”的实施和“电子东盟”的启动，中国与东盟在金融、保险与电信领域的合作大规模地展开。基础设施的合作步伐加快，带动相关次区域经济合作的进展，特别是加强了与中小企业的合作。关税减让方面，在中国—东盟自贸区框架下，中国—东盟零关税产品如表 2 所示。截至 2018 年，双向投资存量 15 年间增长 22 倍。2018 年，东盟首次超过英属维尔京群岛，成为中国第二大对外投资目的地，成为中国企业对外投资的重点地区。东盟也仅次于香港地区和欧盟，位列中国第三大投资来源地。

表 2　中国—东盟零关税产品(截至 2019 年 12 月)

中方实施零关税产品	东盟实施零关税产品
东盟石油、天然气、棕榈油、天然橡胶、热带木材等资源性初级产品、电子电器等机电产品的零部件及半成品	中国纺织品、服装、鞋、食品、谷物、建筑材料、机械电子设备、精密仪器、钟表手表、车辆、金属产品、化工产品

二是中国—新加坡自由贸易协定。2008 年 10 月，我国与新加坡签署自由贸易协定，涵盖货物贸易、服务贸易、人员流动、海关程序等诸多领域，双方在中国—东盟自贸区的基础上，进一步加快了贸易自由化进程，拓展了双边自由贸易关系与经贸合作的深度与广度。开放水平方面，2018 年 11 月双方签署了中新《自由贸易协定升级议定书》，对原协定的原产地规则、海关程序与贸易便利化、贸易救济、服务贸易、投资、经济合作等 6 个领域进行升级，还新增电子商务、竞争政策和环境等 3 个领域。关税减让方面，根据协定，新加坡于 2009 年 1 月 1 日起取消全部自华进口产品关税；中方在 2010 年 1 月 1 日前对 97.1%的自新进口产品实现零关税，双方还在医疗、教育、会计等服务贸易领域作出了高于 WTO 的安排。相较于 2008 年，2018 年我国与新加坡进出口规模增长 0.6 倍，对新加坡投资增长 3.1 倍(见表 3)。

表 3　2006～2018 年中国与新加坡经贸合作情况　　单位:亿美元

	进出口			外商直接投资			对外直接投资		
	规模	增长率	占全国比重	规模	增长率	占全国比重	规模	增长率	占全国比重
2006	408.6	—	2.3%	22.6	—	3.6%	1.3	—	0.8%
2007	471.4	15.4%	2.2%	31.9	40.9%	4.3%	4.0	201.0%	1.5%
2008	524.8	11.3%	2.1%	44.4	39.3%	4.8%	15.5	290.0%	2.8%
2009	478.6	−8.8%	2.2%	36.1	−18.7%	4.0%	14.1	−8.8%	2.5%
2010	570.8	19.3%	1.9%	54.3	50.6%	5.1%	11.2	−20.9%	1.6%
2011	637.1	11.6%	1.8%	61.0	12.3%	5.3%	32.7	192.3%	4.4%
2012	692.7	8.7%	1.8%	63.1	3.4%	5.6%	15.2	−53.5%	1.7%
2013	759.0	9.6%	1.8%	72.3	14.7%	6.2%	20.3	33.8%	1.9%
2014	797.4	5.1%	1.9%	58.3	−19.4%	4.9%	28.1	38.4%	2.3%
2015	795.2	−0.3%	2.0%	69.0	18.5%	5.5%	104.5	271.5%	7.2%
2016	705.3	−11.3%	1.9%	60.5	−12.4%	4.8%	31.7	−69.7%	1.6%

续表

	进出口			外商直接投资			对外直接投资		
	规模	增长率	占全国比重	规模	增长率	占全国比重	规模	增长率	占全国比重
2017	792.7	12.4%	1.9%	47.6	−21.2%	3.6%	63.2	99.3%	4.0%
2018	827.7	4.4%	1.8%	52.1	9.4%	3.9%	64.1	1.5%	4.5%

数据来源:《中国统计年鉴》(2007～2019)及商务部、海关总署网站。

三是中国—韩国自由贸易协定。2015 年 12 月,中韩自贸协定正式生效。在开放水平方面,双方货物贸易自由化比例均超过税目 90%、贸易额 85%。协定范围涵盖货物贸易、服务贸易、投资和规则共 17 个领域,包含电子商务、竞争政策、政府采购、环境等。关税减让方面,根据中韩协定方案,中国将在 20 年内实现零关税的产品达到税目的 91%、进口额的 85%,韩国零关税产品达到税目的 92%、进口额的 91%,中韩零关税产品如表 4 所示。中国是韩国最大的贸易伙伴、最大的出口市场、最大的进口来源国和最大的海外投资目的地,韩国也是中国最重要的贸易和投资合作伙伴之一,两国合作情况如表 5 所示。

表 4　中国—韩国零关税产品(截至 2019 年 12 月)

中方实施零关税产品	韩方实施零关税产品
韩国部分电子产品、化工产品、矿产品等	中国部分机电产品、钢铁制品、化工产品等

表 5　2006～2018 年中国与韩国经贸合作情况　　单位:亿美元

	进出口			外商直接投资			对外直接投资		
	规模	增长率	占全国比重	规模	增长率	占全国比重	规模	增长率	占全国比重
2006	1342.5	—	7.6%	39.0	—	6.2%	0.3	—	0.2%
2007	1598.5	19.1%	7.4%	36.8	−5.6%	4.9%	0.6	107.4%	0.2%
2008	1860.7	16.4%	7.3%	31.4	−14.8%	3.4%	1.0	71.0%	0.2%
2009	1562.2	−16.1%	7.1%	27.0	−13.9%	3.0%	2.7	173.6%	0.5%
2010	2071.2	32.6%	7.0%	26.9	−0.3%	2.6%	−7.2	−372.2%	−1.1%
2011	2456.3	18.6%	6.7%	25.5	−5.2%	2.2%	3.4	−147.4%	0.5%
2012	2564.2	4.4%	6.6%	30.4	19.1%	2.7%	9.4	175.8%	1.1%
2013	2742.4	7.0%	6.6%	30.5	0.5%	2.6%	2.7	−71.5%	0.3%

续表

	进出口			外商直接投资			对外直接投资		
	规模	增长率	占全国比重	规模	增长率	占全国比重	规模	增长率	占全国比重
2014	2904.4	5.1%	6.8%	39.7	29.8%	3.3%	5.5	104.2%	0.5%
2015	2757.9	−5.0%	7.0%	40.3	1.7%	3.2%	13.3	141.3%	0.9%
2016	2527.0	−8.4%	6.9%	47.5	17.8%	3.8%	11.5	−13.3%	0.6%
2017	2802.6	10.9%	6.8%	36.7	−22.7%	2.8%	6.6	−42.5%	0.4%
2018	3134.0	11.8%	6.8%	46.7	27.1%	3.5%	10.3	56.4%	0.7%

数据来源:《中国统计年鉴》(2007～2019)及商务部、海关总署网站。

四是中国—澳大利亚自由贸易协定。2015 年 12 月，中澳自贸协定正式生效。在开放水平方面，中澳自贸协定涵盖货物、服务、投资等十几个领域，是我国与其他国家迄今已商签的贸易投资自由化整体水平最高的自贸协定之一。协定还包括电子商务、政府采购、知识产权、竞争等“21 世纪经贸议题”在内的十几个领域。在关税减让方面，2016 年 1 月 1 日澳方第二次降税，45%的税目在协定生效时立即实现零关税，加上原已实施零税率的商品，零税率税目数超过 90%。2018 年，中国和澳大利亚双边货物进出口额为 1531.3 亿美元，同比增长了 11.4%，中国仍为澳大利亚的第一大贸易伙伴、第一大出口目的地和第一大进口来源地；澳大利亚则是中国的第七大贸易伙伴、第六大进口来源地，中澳双边贸易互补性强，贸易依存度持续上升。中澳进出口商品及合作情况如表 6、表 7 所示。

表 6　中国—澳大利亚主要进出口商品

中方主要进口产品	澳方主要进口产品
澳大利亚优质牛羊肉、乳制品、葡萄酒、龙虾鲍鱼、水果等	中国药品、医疗器械、板材、化工产品、农业机械、船舶等

表 7　2006～2018 年中国与澳大利亚经贸合作情况　　单位:亿美元

	进出口			外商直接投资			对外直接投资		
	规模	增长率	占全国比重	规模	增长率	占全国比重	规模	增长率	占全国比重
2006	329.5	—	1.9%	5.5	—	0.88%	0.88	—	0.50%
2007	438.3	33.0%	2.0%	3.5	−35.9%	0.885%	5.3	506.8%	2.0%

续表

	进出口			外商直接投资			对外直接投资		
	规模	增长率	占全国比重	规模	增长率	占全国比重	规模	增长率	占全国比重
2008	596.8	36.2%	2.3%	4.1	15.0%	0.4%	18.9	255.9%	3.4%
2009	601.3	0.8%	2.7%	3.9	−3.1%	0.4%	24.4	28.8%	4.3%
2010	883.4	46.9%	3.0%	3.3	−17.6%	0.3%	17.0	−30.2%	2.5%
2011	1165.8	32.0%	3.2%	3.1	−4.8%	0.3%	31.7	86.0%	4.2%
2012	1223.5	4.9%	3.2%	3.4	9.2%	0.3%	21.7	−31.4%	2.5%
2013	1365.1	11.6%	3.3%	3.3	−2.5%	0.3%	34.6	59.1%	3.2%
2014	1367.8	0.2%	3.2%	2.4	−27.7%	0.2%	40.5	17.1%	3.3%
2015	1138.1	−16.8%	2.9%	3.1	28.7%	0.2%	34.0	−16.0%	2.3%
2016	1082.2	−4.9%	2.9%	2.6	−14.4%	0.2%	41.9	23.1%	2.1%
2017	1374.5	27.0%	3.4%	2.8	5.2%	0.2%	41.4	−1.1%	2.6%
2018	1531.4	11.4%	3.3%	2.9	4.6%	0.2%	19.9	−52.1%	1.4%

数据来源:《中国统计年鉴》(2007～2019)及商务部、海关总署网站。

五是中国—新西兰自由贸易协定。2008 年 4 月,中国与新西兰签署自由贸易协定。在开放水平方面,这是中国与发达国家签署的第一个自由贸易协定,也是中国与其他国家签署的第一个涵盖货物贸易、服务贸易、投资等多个领域的自由贸易协定。关税减让方面,2016 年 1 月,新西兰取消全部自华进口产品关税,其中 63.6%的产品从协定生效时起即实现零关税;中国在 2019 年 1 月 1 日起取消 97.2%自新进口产品关税,其中 24.3%的产品从协定生效时起即实现零关税。中国—新西兰 FTA 签署以来,中国—新西兰两国之间的双边贸易额显著提升,由 2007 年的 36.98 亿美元增长至 2018 年的 168.58 亿美元,增长了 3.6 倍。2006～2018 年中国与新西兰经贸合作情况如表 8 所示。

表 8　2006～2018 年中国与新西兰经贸合作情况　　单位:亿美元

	进出口			外商直接投资			对外直接投资		
	规模	增长率	占全国比重	规模	增长率	占全国比重	规模	增长率	占全国比重
2006	29.3	—	0.17%	0.8	—	0.13%	0.03	—	0.02%
2007	37.0	26.0%	0.17%	0.6	−23.4%	0.09%	−0.02	−145.9%	−0.01%

续表

	进出口			外商直接投资			对外直接投资		
	规模	增长率	占全国比重	规模	增长率	占全国比重	规模	增长率	占全国比重
2008	44.0	19.0%	0.17%	0.7	8.3%	0.07%	0.06	−503.8%	0.01%
2009	45.6	3.7%	0.2%	0.9	22.7%	0.09%	0.09	39.63%	0.02%
2010	65.3	43.0%	0.2%	1.4	67.5%	0.13%	0.64	606.8%	0.09%
2011	87.2	33.6%	0.2%	0.7	−47.8%	0.06%	0.28	−56.3%	0.04%
2012	96.8	11.0%	0.3%	1.2	60.2%	0.11%	0.94	237.3%	0.11%
2013	123.9	28.0%	0.3%	0.7	−42.9%	0.06%	1.90	102.4%	0.18%
2014	142.4	15.0%	0.3%	0.5	−30.1%	0.04%	2.50	31.3%	0.20%
2015	115.0	−19.2%	0.3%	0.2	−52.7%	0.02%	3.48	39.2%	0.24%
2016	119.1	3.5%	0.3%	0.3	41.6%	0.03%	9.06	160.2%	0.46%
2017	144.9	21.7%	0.4%	0.2	−33.5%	0.02%	5.97	−34.1%	0.38%
2018	168.6	16.3%	0.4%	0.3	57.2%	0.02%	2.57	−56.9%	0.18%

数据来源：《中国统计年鉴》(2007～2019)及商务部、海关总署网站。

相较于已签署的自贸协议，商务部副部长兼国际贸易谈判副代表王受文总结RCEP有以下特点：第一，RCEP是全面的自贸协定，协定有20个章节，包括货物贸易、服务贸易、投资准入以及相应规则。第二，RCEP是现代的自由贸易协定，协定包括电子商务、知识产权、竞争政策、政府采购、中小企业等适应经济发展新趋势的内容。第三，RCEP是高质量的自由贸易协定，在货物贸易方面，整体开放水平达到90%以上，比WTO各国的开放水平要高得多；在投资方面，用负面清单的方式进行投资准入谈判。第四，RCEP是一个互惠互利的自贸协定，主要体现在货物贸易、服务贸易、投资和规则领域方面都实现了利益平衡。基于以上特点，RCEP签署后将在更大范围、更宽领域、更深层次带动区域经贸合作。

（三）山东与RCEP成员国经贸合作现状

山东与RCEP成员国经贸合作基础坚实。外贸方面，2019年，山东省对14国进出口、出口、进口额分别为6896.6亿元、4018.5亿元、2878.1亿元，占山东进出口、出口、进口总额比重分别为33.7%、36.1%、31%；外资方面，14国对山东省投资项目829个，投资总额13.7亿美元，分别占山东外资项目、投资总额比重的32.9%、9.3%；对外投资方面，山东省对14国直接投资18亿美元，占山东直接对外投资的 9.3%。

山东积极利用自由贸易协定优惠政策。2019 年，山东省企业共利用自贸协定享惠进口 634.6 亿元，同比增长 3.7%，税款减免 44.2 亿元，同比增长 3.5%，主要享惠货物为矿产品、塑胶产品和机电产品。在 RCEP 成员国中，山东利用自贸协定进口位列前三位的中国—东盟自贸协定、中国—韩国自贸协定和中国—澳大利亚自贸协定分别进口 263.9 亿元、145.5 亿元、101.8 亿元，三者合计占山东省利用自贸协定享惠进口额的 80%。

日本是山东第五大贸易伙伴，2019 年进出口总额为 1511.8 亿元，同比增长 2.8%。2018 年联合年报数据显示，山东存量日本投资企业 1422 家，投资总额 97.2 亿美元，营业收入 719.6 亿元，纳税总额 39.1 亿元，吸收就业 11.9 万人。截至 2018 年年底，山东批准日资项目累计 5333 个，实际利用日资累计 115.5 亿美元。2019 年，山东实际使用日资仅 1.5 亿美元，较 2018 年下降 36.8%，同期全国实际吸收日资 19.7 亿美元，较 2018 年增长了 8.6%。山东与日本外贸合作情况如表 9 所示。

表 9　山东与日本经贸合作情况　　单位：亿美元

	外贸				外资			走出去		
	进出口规模	进出口增速	出口规模	出口增速	项目个数	实际使用外资规模	实际使用外资增速	项目个数	中方协议总投资规模	中方协议总投资增速
2010	209.7	—	131.8	—	128	3.2	—	26	0.71	—
2011	248.2	18.4%	167.6	27.2%	107	5.3	64.7%	19	0.10	−85.7%
2012	242.3	−2.4%	171.8	2.5%	113	7.2	36.8%	21	0.19	82.1%
2013	223.1	−8.0%	161.4	−6.1%	92	4.9	−31.9%	15	0.18	−0.8%
2014	224.3	0.6%	160.0	−0.9%	76	5.8	18.1%	17	0.10	−48.0%
2015	200.0	−10.9%	147.5	−7.8%	55	7.3	26.2%	22	0.29	200.2%
2016	192.2	−3.9%	139.2	−5.6%	71	5.7	−21.6%	29	0.45	56.5%
2017	213.7	11.2%	160.0	14.9%	47	6.3	9.2%	16	1.26	180.8%
2018	222.7	4.2%	171.7	7.4%	86	5.2	−17.6%	12	−0.57	−145.3%

数据来源：《中国统计年鉴》(2011～2019)及商务部、海关总署网站。

韩国是山东第三大贸易伙伴，2019 年进出口总额 1951 亿元，同比增长 0.9%。2018 年联合年报数据显示，山东存量韩国投资企业 4363 家，投资总额 210.3 亿美元，营业收入 1668.4 亿元，纳税总额 60.3 亿元，吸收就业 22.8 万人。作为山东第二大外资来源地，2014 年、2015 年、2016 年山东实际利用韩资分别增长 27.5%、35.1%、16.6%，受"萨德"事件影响，2017 年下降 17.4%，2018 年实现恢复性增长，增幅为 1.3%。山东与韩国经贸合作情况如表 10 所示。

表 10　山东与韩国经贸合作情况

单位：亿美元

	外贸				外资			走出去		
	进出口规模	进出口增速	出口规模	出口增速	项目个数	实际使用外资规模	实际使用外资增速	项目个数	中方协议总投资规模	中方协议总投资增速
2010	280.8	—	137.7	—	492	9.5	—	23	0.2	—
2011	291.7	3.9%	144.1	4.6%	335	8.6	−10.1%	20	1.3	621.6%
2012	283.0	−3.0%	133.1	−7.6%	320	11.2	30.4%	19	0.6	−52.9%
2013	294.5	4.0%	127.1	−4.6%	365	12.0	7.7%	15	0.7	16.7%
2014	328.4	11.5%	138.4	8.9%	418	15.3	27.5%	28	0.9	30.6%
2015	322.5	−1.8%	146.0	5.5%	555	20.7	35.1%	33	1.7	86.7%
2016	288.3	−10.6%	143.3	−1.8%	559	22.5	16.6%	26	1.6	−3.2%
2017	287.7	−0.2%	153.6	7.2%	403	18.1	−19.8%	22	9.7	490.9%
2018	293.4	2.0%	159.2	3.6%	595	22.9	27.0%	23	0.9	−90.3%

数据来源：《中国统计年鉴》(2011～2019)及商务部、海关总署网站。

东盟是 RCEP 重要成员和新兴重点市场，2019 年山东与东盟进出口增长 15.2%，高于全国 9.4 个百分点，东盟成为山东第二大贸易伙伴、第三大出口市场和第二大进口市场。2019 年，山东新设东盟投资企业 106 家，实际到账外资 7.7 亿美元。山东对东盟投资活跃，覆盖东盟 10 国，在新加坡、印度尼西亚、马来西亚、柬埔寨和越南较为集中，主要涵盖橡胶轮胎、纺织服装、机械设备、化工冶金、电子电器等领域。2019 年 1～11 月，山东在东盟对外承包工程新签合同额 18.6 亿美元，完成营业额 23.5 亿美元，派出各类劳务人员 1.3 万人次；备案核准对东盟境外投资企业（机构）90 家，备案核准中方投资 3 亿美元。山东与东盟经贸合作情况如表 11 所示。

表 11　山东与东盟经贸合作情况　单位:亿美元

	外贸				外资			走出去		
	进出口规模	进出口增速	出口规模	出口增速	项目个数	实际使用外资规模	实际使用外资增速	项目个数	中方协议总投资规模	中方协议总投资增速
2010	32.8	—	11.67	—	43	6.1	—	—	—	—
2011	286.1	771.6%	98.6	743.5%	64	5.6	−8.9%	—	—	—
2012	296.4	3.6%	108.1	9.6%	54	7.5	35.3%	—	—	—
2013	309.7	4.5%	123.3	14.0%	66	7.1	−5.8%	—	—	—
2014	313.4	1.2%	140.3	13.8%	64	12.5	76.2%	—	—	—
2015	305.8	−2.4%	150.6	7.0%	43	14.8	18.3%	—	—	—
2016	275.7	−9.9%	149.6	−0.4%	43	12.4	−16.1%	—	—	—
2017	318.1	15.4%	154.4	3.2%	44	12.1	−2.2%	—	—	—
2018	317.1	−0.3%	183.1	18.6%	95	12.8	5.0%	—	—	—

数据来源:《中国统计年鉴》(2011～2019)及商务部、海关总署网站。

澳大利亚、新西兰与山东的经贸合作规模较小,但总体上保持增长态势,未来空间较大,如表 12、表 13 所示。

表 12　山东与澳大利亚经贸合作情况　单位:亿美元

	外贸				外资			走出去		
	进出口规模	进出口增速	出口规模	出口增速	项目个数	实际使用外资规模	实际使用外资增速	项目个数	中方协议总投资规模	中方协议总投资增速
2010	84.3	—	18.6	—	21	0.5	—	7	1.3	—
2011	126.3	49.8%	23.4	25.8%	18	0.9	95.0%	20	3.8	197.1%
2012	139.8	10.7%	28.2	20.9%	20	0.8	−10.9%	26	4.9	28.6%
2013	196.4	40.6%	32.7	15.9%	18	1.2	50.1%	22	3.2	−34.4%
2014	182.3	−7.2%	29.5	−9.8%	19	1.0	−19.4%	10	4.0	23.8%
2015	110.1	−39.6%	32.6	10.5%	23	0.5	−44.5%	33	16.9	327.0%
2016	99.2	−9.9%	26.8	−17.7%	34	1.4	162.5%	31	32.80	94.6%
2017	115.0	15.9%	29.2	8.6%	24	2.5	79.4%	15	17.6	−46.4%
2018	118.7	3.3%	32.1	10.1%	33	1.5	−40.7%	13	2.0	−88.7%

数据来源:《中国统计年鉴》(2011～2019)及商务部、海关总署网站。

表 13　山东与新西兰经贸合作情况　　单位：亿美元

	外贸				外资			走出去		
	进出口规模	进出口增速	出口规模	出口增速	项目个数	实际使用外资规模	实际使用外资增速	项目个数	中方协议总投资规模	中方协议总投资增速
2010	6.2	—	2.1	—	8	0.13	—	1	0.02	—
2011	8.7	40.0%	2.6	24.9%	7	0.01	−93.1%	1	0.10	500%
2012	1.0	15.1%	3.0	15.3%	8	0.10	1031.5%	—	0.00	−100%
2013	11.8	18.7%	3.3	10.1%	7	0.22	115.4%	5	0.10	—
2014	14.7	23.8%	4.0	19.4%	5	0.10	−54.6%	4	0.93	822.8%
2015	12.7	−13.5%	3.9	−0.7%	8	0.20	97.6%	7	1.98	113.7%
2016	11.3	−10.7%	4.0	1.0%	1	0.21	3.3%	8	3.25	64.1%
2017	14.4	27.2%	4.3	8.5%	2	0.02	−90.5%	2	0.35	−89.1%
2018	16.2	12.7%	4.7	9.3%	9	—	—	3	9.19	2494%

数据来源：《中国统计年鉴》(2011～2019)及商务部、海关总署网站。

三、RCEP 签署为山东带来的机遇和当前面临的挑战

山东传统行业占据主导地位、新兴与高新技术行业占比较低且竞争力较弱、生产性服务业综合竞争力有待提升、服务业与制造业融合不足。RCEP 的签署，将在促进高质量发展、激发双向投资活力、带动产业转型升级等方面为山东带来发展新机遇，拓展合作新空间。

(一)对外贸易形成统一大市场

一是渐进消除关税壁垒，扩大贸易规模。2019 年，山东对 RCEP 成员国出口比重高达 36.7%，RCEP 签署后，货物贸易的开放水平将达 90%以上，关税优惠政策有利于降低企业进出口成本、扩大贸易规模、提振贸易信心。RCEP 将渐进消除所有货物贸易的关税和非关税壁垒，建立区域统一自由贸易区。自贸协定关税优惠政策有利于扩大贸易规模。2019 年，山东同东盟和韩国贸易额占山东省进出口总额的 21.4%，东盟和韩国是山东第一和第三大贸易伙伴，对东盟进出口额同比增长 15.2%，远高于山东进出口平均增速；中韩自贸协定自实施以来，累计享惠进出口货物 1622 亿元，为进口货物减免税款 13 亿元。

二是降低非关税壁垒，提升贸易便利化。RCEP 将推进原产地规则、海关程序与贸易便利化等条款措施。例如，按照已签署的中国—东盟自贸协定的标

准，在非中国—东盟自贸区成员国中转的货物，应提供中转国出具的原产地证书、在中转期间未进行实质性加工的文件。受地理位置和运输成本等因素制约，山东相当一部分出口东盟的海运货物需要在韩国等地中转，部分企业因无法办理有关原产地证书，不得不放弃关税优惠，影响限制了出口。RCEP 签署后，长期制约企业出口中转的因素将得到有效缓解。

三是拓宽跨境电商等新业态的发展空间。RCEP 成员国间的协同，会促进跨境电商海外仓的合理分布，将大幅度降低跨境贸易成本，产品可以通过跨境电商平台进入自贸区，尤其是中国市场。我国电商巨头与东盟各国也加快了合作步伐，阿里巴巴、京东等通过投资并购、入股等方式加大对东盟国家电商产业链企业的投资，合作涉及电子商务、支付、物流、移动应用等诸多领域。2019 年，山东跨境电商零售进出口增长 7.5%，其中，出口增长 42.8%，韩国、东盟分别位于山东跨境电商出口规模的第一、第三位。协议签署后，山东进一步发挥毗邻韩国的区位优势和中韩产业园、“一带一路”重要节点城市等政策优势，发挥与东盟在跨境电商方面的互补性，在跨境电商方面先行先试，积极打造跨境电商完整产业链。

四是发展服务贸易面临的新机遇。通行的《服务贸易总协定》(GATS)以正面清单为主，RCEP 在《服务贸易总协定》和“东盟+1”自由贸易协定的基础上，大幅削减服务贸易领域的限制和歧视性措施，在市场准入、国民待遇等方面实行负面清单管理模式，可以有效减少服务贸易在开放中遇到的壁垒和阻碍，有效加强服务要素的跨境流动，助力服务贸易新模式、新业态的发展。要重点关注知识产权保护对服务贸易的影响。知识产权向贸易额的转化逐步受到重视，知识产权使用费成为服务贸易的“新贵”。欧日经济伙伴关系协定(EPA)、美墨加协定(USMCA)等新一轮国际经贸规则都对知识产权保护提出新规定。RCEP 谈判对知识产权给予详细关注，即通过促进知识产权利用、保护和执行方面的经济一体化和合作，来降低与知识资产相关的贸易和投资障碍。RCEP 成员国中，日本、韩国、新加坡是知识产权贸易发展优势国家，其知识产权使用费出口额占总出口额的 22.6%、8.2%和 5%，高于其他国家(中国为 2.1%)。从国内看，2018 年，我国知识产权使用费贸易主要集中于广东、上海、江苏、北京、浙江等省市。山东应该利用 RCEP 契机，瞄准日韩新，对标先进省市，推动知识产权服务贸易发展。

五是扩大高品质产品的进口。从降低企业成本看，从成员国进口原材料、零部件，自贸协定带来的关税优惠红利能让相关企业获得更多实惠。2019 年，山东自贸协定成员方进口税款减免44.2亿元，中国—东盟、中国—韩国、中国—澳大利亚自贸协定合计占山东利用自贸协定享惠进口额的80%，签署协议之后，关税政策红利将惠及更多企业，极大减轻企业生产经营成本。亚洲区域内贸易额的60%～65%为中间产品贸易，我国企业从东盟进口能源矿产等大宗品，然后将制成品销往欧美等经济体，日本、韩国等国家将中国作为生产链的终端，区内企业能够便捷、高效地匹配到合适的上下游合作伙伴，在一定程度降低了搜寻成本、交易成本。从扩大技术合作看，韩国、澳大利亚、日本分别是山东的第三、第七、第九大进口来源地，进口产品中很多是先进技术设备、关键零部件等。协议签署后，这些领域的自由贸易化水平将得到更大程度的提升，有效带动山东省相关产品进口贸易增长。特别是日韩在信息技术、高端化工、高端装备、食品加工、医养健康等产业具有世界级领先技术，山东省加快新旧动能转换迫切需要高新技术领域的交流与借鉴。协议达成后，将极大地满足企业在先进技术设备和关键零部件进口的需求，通过技术产品引进、吸收、再创新，助推“十强”产业发展。从促进消费升级看，RCEP将使越来越多的日常消费品如东盟国家的水果、新西兰的牛羊肉等通过较低的关税进口，消费者可以享受到更加物美价廉的商品，带动消费升级。

（二）激发双向投资活力

一是投资自由化，吸引成员国来山东投资。RCEP将会形成区域内统一的规则体系，有利于要素的自由流动，有助于降低经营成本，减少不确定风险，从而形成一个协商、开放、合作、共赢的良性循环。自贸协定还将扩大投资领域的市场准入，为成员国企业提供稳定、透明、可预期的政策框架和营商环境。市场准入门槛的降低，将进一步刺激成员国间的相互投资，从而进一步促进RCEP成员国间经贸关系的发展。据估计，RCEP一旦达成，将会使全球实际收入每年增加2860亿美元，约合全球GDP的0.2%。RCEP所产生的绝对收益，将是CPTPP的2倍，会让成员国的实际收入产生持久的提升，RCEP进行7.2万亿美元投资，产生每年4%的收益量。山东经济总量位居全国第三，拥有较大的人口、经济和市场规模，对RCEP成员国的吸引力大，区域内集聚资源的能力强，双招双引面临新机遇。

二是经济一体化，加快区域产业链、价值链重构。RCEP成员国覆盖全球的高中低端产业链，中国制造业规模世界第一，日、韩高技术产业全球领先，澳大利亚是世界原材料生产大国，东盟则是大宗商品的重要产地。根据博鳌亚洲论坛发布的《亚洲经济一体化进程 2019 年度报告》,2000 年以来,亚太内部的贸易依存度与一体化进程不断上升。2017 年,亚洲经济整体对自身的依存度也有所提升,从 2016 年的 50.7%上升至 54.2%,为 2004 年以来最高。区域内各经济体对中国贸易依存度整体上升,我国对日本、韩国两个经济体的依存度呈下降趋势,对东盟国家的贸易依存度提升,由 2000 年的 8.5%上升至 2017 年的 13%。此轮单边主义和贸易保护主义的抬头,可能导致全球生产网络重构,跨国公司将根据各国比较优势重新布局设厂。而 RCEP 达成所带来的贸易便利化将有利于成员国的市场互联和贸易互通,有利于在冲击之下维护、延续乃至加强东亚生产网络以往的优势。中国庞大的市场规模、完备的产业体系、多样化的消费需求和日益完备的科研体系,将在 RCEP 内建立更为紧密的产业链、创新链和价值链。

三是市场扩大化,联合日韩开拓东盟市场。东盟十国除了新加坡,其他都不属于发达国家,在基建投资方面有相当大的潜力。据亚开行的数据预测,2016～2030 年,东南亚国家基建方面的资金需求为 2.8 万亿美元,平均每年的需求为 1840 亿美元,以“10+3”合作为例,东盟十国经济体量只占 12.5%,而中日韩占到 87.5%。在 RCEP 框架下,中日韩可以发挥各自优势,中国在装备制造、人力资源等方面成本优势明显,日韩企业在技术、品牌、营销网络、工程管理等方面相对较强,深化第三方市场务实合作将成为区域内经贸关系发展新的增长点。中日韩均表现出第三方市场合作的意愿。2018 年在首届中日第三方市场合作论坛上,中日双方在基础设施、物流、“智慧城市”建设、金融、IT 等领域签署了 50 多个合作协议。在第二届中国国际进口博览会上,中韩两国达成系列重要共识,在第三方市场的基础设施建设、交通、能源等领域取得务实成果。

(三)产业升级新契机

1.深度挖潜与日韩合作

2018 年,中日韩三国经济规模占全球经济规模的 23.6%,人口占世界人口的 21%,外汇储备占据全球外汇储备的 41.9%,是世界上经济增长最活跃的地区。中日韩三国互为最主要贸易伙伴,贸易依存度高。2018 年,中日贸易总额达 3300 亿美元,中韩之间贸易总额达 2800 亿美元,中日韩之间相互投资的总额超过 110 亿美元,经贸关系日趋密切。

首先,中国是日本和韩国的第一大进口国。其次,日韩是主要的中间品出口国,中国对日韩中间商品的依赖度较高。再次,从产业链的角度,日韩与中国在贸易领域上中下游互相依托，是国内产业链紧密的一环。此外，受关注的半导体行业，日韩在上游IC制备原材料、中下游的存储芯片、面板等领域占有很高的市场份额，国内产业在电子、机械设备等领域对日韩出口依赖度较高。

中国在机电产品、化学制品等领域对日韩敞口较大，产业链延伸直接关联国内中下游半导体产业、汽车制造业。根据日本和韩国海关的统计，2018年日本机电产品对中国出口占比为43.1%，韩国机电产品对中国出口占比为54.3%。光学、医疗、化工、塑料等产品行业也是中日双边贸易占比较高的行业。伴随人口老龄化、劳动力成本上升，中国对自动化智能设备、机器人、医疗设备等需求不断扩大，高端制造业成为中日产业协同的重要领域。

2.与东盟产业互补明显

RCEP涵盖发达国家、发展中国家和欠发达国家。2018年，东盟十国人均GDP约为4500美元，最高的是新加坡6.5万美元，最低的是缅甸1300美元；日本、韩国分别为3.9万美元和3.1万美元。2019年，中国人均GDP则突破1万美元。发展阶段和经济发展水平的差异，形成了区域合作的潜在势能，不同的产业结构和比较优势可以形成互补，通过彼此市场的进一步对接，扩大需求规模，利用垂直专业化机制实现差异化竞争和专业化发展，为构筑完整的价值链接创造条件，改变“南—南”贸易、“南—北”贸易①的传统方式，形成更为紧密的价值链贸易合作方式。

东盟国家在港口、船舶海工及海洋文化交流、农产品等方面有较大发展潜力，中国可扩大先进制造产品、化工产品、电子信息产品、海洋加工产品对东盟国家的出口，加大油气资源、矿产资源等自东盟国家的进口规模，实现优势互补。同时，利用东南亚地区庞大的人口基数和消费潜力，与东南亚各国的电商进行对接平台建设；与新加坡探讨在推进国际大通道建设、特殊经济区建设等领域进行广泛深入合作。中国与东盟产业互补性强，合作空间大，进一步深化合作，双方经济的全要素生产率才能大幅提升。中国和东盟的高水平开放将推动产业的深度融合，双向投资将成为合作的一大亮点，为经济的进一步融合注入新动能。东盟十国产业发展情况如表14所示。

① 由于世界上的发展中国家绝大部分都处于南半球和北半球的南部，故“南—南”贸易指发展中国家之间的贸易，“南—北”贸易指发展中国家与发达国家之间的贸易。

表 14　东盟十国产业发展情况

	产业结构	营商环境排名	重点产业
越南	2018 年，越南的 GDP 增长率达到 7.08%，是世界主要出口国之一。加工制造业为经济增长的主要驱动力，现在越南排第一的是手机和零部件，GDP 达到 500 亿美元；排第二位的是服装和纺织品，达到 300 亿美元。2017 年同比增长 14.4%，为近 7 年来最高增幅 越南农林水产业增长 2.9%，工业建筑业增长 8%，服务业增长 7.44%，分别为 GDP 增长贡献 0.44、2.77 和 2.78 个百分点，占 GDP 比重分别为 15.34%、33.34%、41.32%	2019 年：69 位 2018 年：68 位	农林渔业、汽车、电子、电力、油气
印度尼西亚	印尼是东盟最大的经济体，农业、工业和服务业均在国民经济中有着重要地位。农业是印尼的重要经济部门，多项农产品的产量和出口居世界前茅，对国际市场影响重大。大米、玉米、甘蔗是主要农作物； 印尼的制造业增速超过经济增长速度，主要有采矿，纺织，轻工等； 服务业是印尼的主要产业，旅游业是印尼非油气领域中第二大创汇产业； 印度尼西亚三大产业结构为第一产业占 12.82%；第二产业占 40.56%，第三产业占 46.62%	2019 年：73 位 2018 年：72 位	石油天然气、农林渔业、采矿业、工业制造业、旅游业
新加坡	新加坡是东南亚最大的海港、重要商业城市和转口贸易中心，也是国际金融中心和重要的航空中心； 加工业主要包括制造业和建筑业。制造业产品主要包括电子产品、化学与化学产品、机械设备、交通设备、石油产品、炼油等。是世界第三大炼油中心； 旅游业是支柱产业。制造业占 17.97%，商业服务业占 13.9%，批发零售业占 16.5%，金融保险业占 12.46%，运输仓储业占 6.77%	2020 年：2 位 2019 年：2 位	电子、石化、精密工程业、生物医药、海事工程、商业服务、批发零售、金融保险、运输仓储、资讯通信、旅游

续表

	产业结构	营商环境排名	重点产业
文莱	文莱是能源富国。2017 年，文莱农业、工业和服务业占其 GDP 的比重分别为 0.82%、63.19%、37.88%。2017 年，石油和天然气仍然是文莱经济支柱，油气产值占 GDP 的 57.77%。非油气产业主要有农林渔业、制造业、建筑业、交通通信、贸易、金融、地产、私人服务和政府服务等，但均不发达。2017 年，非油气产业约贡献了 GDP 的 42.23%	2019 年：55 位 2018 年：56 位	油气、农业、工业、文林业、渔业、清真产业、金融业
泰国	泰国是亚洲唯一的粮食净出口国，世界五大农产品出口国之一。制造业、农业和旅游业是泰国经济的主要部门。电子工业等制造业发展迅速，产业结构变化明显，汽车业是支柱产业，是东南亚汽车制造中心和东盟最大的汽车市场；2017 年，泰国的 GDP 构成：农业占 8.2%、制造业及其他工业产业占 36.2%、服务业占 55.6%	2020 年：21 位 2019 年：27 位	农业、制造业、汽车工业、旅游业
缅甸	缅甸主要出口产品为天然气、玉石、大米等，主要进口产品为石油与汽油、商业用机械、汽车零配件等；2016/17 财年缅甸 GDP 中，农业占 25.5%、工业占 35.0%、服务业占 39.5%。消费占 GDP 的 73.3%，投资占 33.1%，出口占 17.4%	2019 年：171 位 2018 年：171 位	工业、农业、能源、采矿业、加工制造业、旅游业
马来西亚	马来西亚是全球第二大棕油及相关制品生产国、全球第三大天然橡胶生产国和出口国、全球第三大液化天然气出口国。农业、采矿业、制造业、建筑业和服务业在 GDP 中所占比例分别是 8.2%、8.4%、23.0%、4.6%和 54.4%。2017 年，马来西亚投资总额为 3421.9 亿马币；消费总额 9130.7 亿马币；出口总额为 9354.9 亿马币	2020 年：12 位 2019 年：15 位	农业、采矿业、制造业、建筑业、服务业

续表

	产业结构	营商环境排名	重点产业
老挝	老挝是世界最不发达国家之一，以农业为主，工业、服务业基础薄弱，水利资源丰富，产柚木、花梨等名贵木材。有锡、铅、钾盐、铜、铁、金、石膏、煤、稀土等矿藏。迄今得到开采的有金、铜、钾盐、煤等。2017 年上半年，农林业增长 2.78%，占 GDP 的 16.34%；工业增长 9.5%，占 GDP 的 30%；服务业增长 6.15%，占 GDP 的 42.08%；进口关税增长 6.9%，占 GDP 的 11.53%	2019 年：154 位 2018 年：141 位	农业、电力行业、采矿业、旅游业
柬埔寨	柬埔寨是世界上最不发达国家之一，经济以农业为主，工业基础薄弱，矿藏主要有金、磷酸盐、宝石和石油，还有少量铁、煤。林业、渔业、果木资源丰富。盛产贵重的柚木、铁木、紫檀、黑檀、白卯等热带林木。2017 年，柬埔寨三大产业占 GDP 的比重分别为：农业占 23.4%，工业占 30.9%，服务业占 39.7%	2019 年：138 位 2018 年：135 位	农业、工业、旅游业
菲律宾	菲律宾为出口导向型经济，对外部市场依赖较大。第三产业在国民经济中地位突出，农业和制造业也占相当比重。2017 年，农业、工业和服务业占 GDP 的比重分别为 9.66%、30.45%、59.89%。消费占 84.8%（其中，家庭消费占 73.47%，政府消费占 11.32%）、出口占 30.95%（其中货物贸易出口占 17.94%，服务贸易出口占 13.01%）、进口占 40.88%（其中货物贸易进口占 32.81%，服务进口占 8.07%）	2019 年：124 位 2018 年：113 位	农业、工业、旅游业、海外劳工汇款、交通、通讯及仓储业

数据来源：东盟各国统计及商务部网站。

3.与澳大利亚深化合作

山东省与澳大利亚在农业领域具有较大合作潜力，可加强农业合作，扩大奶制品、肉类、水果、葡萄酒等高端农产品进口，同时加大对澳大利亚市场的开拓力度，优化市场布局，完善国际营销网络。产业合作方面，以澳“北部大开发”计划战略对接为契机，积极宣介山东省吸收外资政策，鼓励澳加大对我投资，支持山东省基建等领域企业“走出去”，加大对多元高端市场开拓力度，培育一批专业特色鲜明的省级外派劳务培育基地，不断提升外派劳务层次水平。

4.园区合作存在新空间

经济园区是经贸合作的基础与前沿。20世纪90年代中国与新加坡合作建立苏州工业园区，近年来又陆续建立了一批产业园区，其中中马钦州产业园区和马中关丹产业园区，开创了“两国双园”的国际产业合作新模式，成为中国与东盟产业合作的最新亮点。在“一带一路”框架下，中国与东盟国家共建的柬埔寨西哈努克港经济特区、泰中罗勇工业园、越南龙江工业园等经贸园区已落成或运营。伴随产业链的进一步融合、区域生产网络的进一步完善和“一带一路”倡议的持续推进，东盟成员国都积极与中国进行合作，未来的园区合作将向全方位深层次迈进，并带动形成密切的经济联系。

（四）RCEP签署的外溢效应

一是便利开拓多元化国际市场。山东确定20个出口潜力较大的重点市场，其中8个国家（日本、韩国、澳大利亚、新加坡、越南、印尼、菲律宾、泰国）是RCEP成员国，协定签署后，成员之间贸易往来更加便利，有利于优化国际市场布局。日本、澳大利亚、新西兰、新加坡、文莱、马来西亚、越南等7个国家同时签署了CPTPP，日本签署欧日经济伙伴关系协定（EPA），各个区域贸易往来带来的溢出效应，为我们提供了一个涵盖主要经济体的大市场。

二是吸引RCEP区域外投资集聚。联合国亚洲及太平洋经济社会委员会在其发布的《2018年亚太贸易投资报告》中指出，亚太地区吸收外国直接投资持续下降，2018年，亚太地区吸收外国直接投资下降了4%。在亚太区域经济增长压力较大的情况下，显著的贸易增长将拉动RCEP成员国实现投资的增长乃至经济的增长。区域内的规则趋于统一，对区域外的投资者来说，进入一个国家，就意味着进入整个区域，有利于吸引域外经贸投资。

三是RCEP与“一带一路”倡议互相促进。RCEP成员国中超过80%的国家已宣布参与共建“一带一路”。RCEP将推动亚太区域贸易自由化、投资便利化，促进构建开放的自由贸易体系，有利于“一带一路”倡议在区域内落实深化。“一带一路”倡议注重的基础设施建设、贸易联通以及资本融通也有助于RCEP成员国经贸往来。

四是发挥成员国双向自贸区叠加优势。RCEP成员国中日本、韩国等与多国签署了自由贸易协定，而我国与这些国家暂未有自贸协定。2018年7月日本与欧盟签署自由贸易协议，是迄今欧盟缔结的一项规模最大的协议，2020年1月日本—美国贸易协定生效。东盟成员国中，韩国与英国、以色列等国家达成自由贸易协定，新加坡、越南已分别同欧盟签署自由贸易协定。截至 2019 年 6 月，日本贸易自由化比率(即已签署或生效 FTA 对该国贸易的覆盖率)达 51.6%，韩国为 67.9%。我国可以充分利用成员国已签署的自由贸易协定，绕开国际上针对中国设置的市场壁垒，"借道"RCEP 成员国家，迂回开拓国际市场。

五是缓解贸易争端稳定预期发展环境。RCEP 涉及争端解决机制，能够有效应对和处理各成员方的经贸争端。在单边主义、保护主义上升、全球经济下行压力大，特别是美国的贸易保护主义的负面影响下，贸易增长速度显著下降。亚太经济体既是保护措施的受害者，也是集中采取歧视性措施的地区，非关税壁垒激增，自 2013 年以来，新增 2400 项技术型贸易壁垒及卫生和植物检疫措施。区域内国家在经济和产业发展方面各有优势，中国、东盟拥有丰富的自然资源和广阔的市场，产业和贸易结构偏重于劳动密集型，但在技术、资本和创新能力方面与日、韩、澳等发达国家尚有差距，日本拥有丰厚的资本、尖端的技术，韩国作为新兴工业化国家，具有成功的产业化和经济结构调整经验。RCEP 有利于提供稳定、可预期的经贸发展环境，随着贸易和投资壁垒的消除或降低，区域内各类资源更趋合理配置，有利于扩大市场规模，提高生产效率，最终实现经济融合，共同繁荣。

(五)新冠肺炎疫情挑战

新冠肺炎疫情全球发酵，有引发世界经济衰退的危险。未来一段时间，随着各国疫情的加剧与防控力度的加强，可能出现全球范围的暂时性经济停摆，并冲击全球产业链、价值链。

一是外贸方面。稳外贸从国内供给端的压力转为国际供给与需求双边承压。RCEP 成员国中，韩国、日本与山东省经贸往来密切，分别是山东省第三和第五大贸易伙伴，山东省农产品、纺织服装和机电产品出口受阻，机械设备和高新技术产品进口受到影响。东盟作为山东省第二大贸易伙伴，当前疫情致使区域内供应商的供给能力下滑，导致原材料和中间产品的进出口减弱，不确定性持续增加。

二是外资方面。2016 开始山东受地缘政治影响，对外资工作带来一定压力。加之，日韩对外投资的重点领域与山东省的产业结构契合程度较低，日韩投资持续下滑。山东省利用日韩投资占山东实际使用外资的比重从 2017 年的 13.7%锐减到 2019 年的 3.5%。2020 年 2 月，山东 17 个计划来访的日韩和新加坡商贸团组中5个取消、12个推迟，部分项目洽谈暂缓；1～2月，山东吸收日本、韩国投资分别下降34%和49.1%。内外部因素叠加，吸收日韩投资变数增多，形势更加复杂严峻。

三是产业链方面。疫情重点地区的日本、韩国、意大利、伊朗作为制造业和能源供应链的枢纽，或将打乱全球供应链，尤其是机电、半导体、运输设备、化工以及矿物质等方面的供应。欧盟、美国等主要经济体疫情升级，将从生产资料供应、资本供给和最终消费市场三个方面对全球供应链产生极大的冲击。日本与韩国在全球半导体供应链上具有关键地位，韩国、日本分别是全球第三大、第四大半导体供应国，尤其在存储芯片、半导体材料、半导体封测等领域优势明显。以上会冲击省内相关中下游企业。

四、山东如何抢抓RCEP机遇和应对挑战

RCEP具有强大的内在发展潜力和外部带动作用，抢抓重大机遇，要立足实际，瞄准关键，强化对接，进一步扩大对外开放，在更高层面、更广阔领域深入推进与成员国的经贸合作。

（一）立足山东，强化优势

一是发挥区位优势。山东拥有毗邻日韩的独特区位优势，一批先行先试区的建设成为山东构建东西互联互通国际大通道的基础。山东属于海陆双向辐射的重要枢纽节点，青岛胶东国际机场为国际最高等级的4F级，以此为平台借助青岛港等，海、空、港联动，打造东北亚地区重要的综合枢纽。发展大通关大物流，快速融入国家“一带一路”倡议，与RCEP国家在经贸、海洋科技、人文交流等方面加强合作、互利共赢，进一步增强亚洲区域化属性。

二是发挥港口优势。2018年，山东沿海港口货物吞吐总量居全国第2位。山东是全国唯一拥有青岛港、日照港、烟台港3个吞吐量过4亿吨海港的省份，三大港口与国内重要铁路、公路运输的接驳能力强，部分港口还具备管道运输的能力。青岛港与全球180多个国家和地区的700多个港口有贸易往来，2018年集装箱吞吐量居全球第8位。2019年，港口资源整合推动山东港口向贸易、金融等服务业务为主转变，青岛港、威海港、烟台港、日照港在外贸出海通道、航线布局和货源集散方面将更好地发挥各自竞争优势，在东北亚可以更好地发挥出海口的作用。

三是发挥产业优势。充分发挥山东工业基础雄厚、产业门类齐全的优势，

山东拥有一批国际竞争力强、国际化程度高的优势企业，还有潍柴发动机、浪潮服务器等明星产品。山东已培育具有全国科技竞争实力的海洋产业、拥有全国最大规模的化工产业、产值全国第一的农林牧渔业以及新一代信息技术产业等十大优势产业，部分产业已经形成完备的产业体系，具备一定的规模效应，构成了产业融合的重要基础。

（二）主动融入，积极开拓

一是科技创新。中美、日韩贸易战看似不关联的两个战场，焦点都集中在半导体领域。中国每年从欧美国家等进口的芯片价值远超过石油。在胡润研究院发布的《2018 年知识产权竞争力百强企业榜》中，山东共 7 家企业上榜，数量排名全国第 5 位。对外合作要侧重科技研发，把价值链的微笑曲线转变为"W"曲线。推动中、日、韩等国企业基于价值链的深度合作，协同方式从基于产品和服务交易为主向以战略联盟、流程对接等为主的深度合作发展。

二是贸易规则。深入研究贸易规则，深度对接市场需求，以开放的主动赢得发展和竞争的主动。做大做强外贸新增长点，"一国一策"分类开拓重点国家市场，支持企业在 RCEP 国家建立国际营销保障支撑体系，推进公共平台建设，完善售后服务标准，支持企业参加当地知名展会，开展经贸促进活动。持续加强政策宣贯、"一对一"指导企业用惠，利用国际海关间的关际合作协助企业解决用惠疑难等。

三是境外园区。截至 2019 年年底，山东建设了 12 家国家级境外经贸合作区（全国共 103 家），居全国第 2 位。青岛海尔、中国重汽、兖州矿业、如意纺织、烟台万华等一大批企业实现了产业链全球布局。积极参与拓展跨境电商国际合作，推进企业跨境运营能力。利用区域性优惠政策寻求扩大产品出口市场新途径，提升合作规模和水平。鼓励有实力的企业拓展东盟市场，带动产品、技术、标准、服务出口，支持企业在市场潜力大、产业配套强的国家和地区设立研发、分销、物流、运维中心，提高跨国经营能力和国际竞争力。

（三）重点对接，扩大合作

一是发挥山东自贸试验区牵引作用。依托中国（山东）自贸试验区，深度挖掘开放的制度红利，为成员国在合作领域量身定做一系列具有引领性的创新政策。建好自贸区内的日、韩产业园，实现优势互补，以推进新旧动能转换"十强"产业为导向，积极引导日本企业参与山东国企混改，推动民营企业拓展合作渠道，进一步提升山东企业国际化水平和科技研发水平。积极促进山东和日本港口“多港联动”，支持双方海关开放合作，促进互联互通。鼓励科技人才交流，全面提升双方在海洋经济、金融服务、科技教育、医疗康养等领域合作水平。

二是促进精准“双招双引”。推动对日本、韩国、新加坡、澳大利亚等国招商引资不断向高质量发展。有效对接 RCEP 国家的产业链、价值链、创新链。基于山东省优势特色产业，全力实施产业链精准招商，抢抓日韩新一轮对华服务业投资机遇，积极引导外资进军现代服务业市场，深耕与世界 500 强跨国公司的战略合作。持续扩大投资开放领域，大力推进投资便利化，营造公平法治便利的营商环境。针对当前疫情形势，加强对外资企业的服务，积极纾困解难，以情招商，全力维护企业上下游供应链稳定。建链、补链、延链、强链，化危为机，坚定外资信心，力促形成优势产业集群。

三是积极引导企业有序“走出去”。引导企业发挥自身优势，有序开展国际合作，避免盲目投资、非理性投资、高杠杆投资。支持合作企业共同参与“一带一路”建设，共同拓展在第三方市场基础建设和高端制造业领域的合作。鼓励企业相互抱团，优势互补，集群式“走出去”，提高综合竞争能力。加强对外投资企业培训，提高国际化投资和运营能力，完善对外投资服务平台与推进全保险服务，防止企业“扎堆”发展，帮助企业防控好政治风险、安全风险、违规风险、舆情风险、非预期风险等各类风险。支持企业通过直接投资、工程承包、装备贸易和技术合作等方式参与中国—东盟框架合作和中国—中南半岛、孟中印缅、中巴等国际经济走廊的产能合作。

四是发挥驻外代表处作用。山东省已在 RCEP 成员国设立了驻日本、韩国、东南亚、大洋洲等经贸代表处，要充分发挥各驻外代表处的桥梁纽带作用，加强招商引资招才引智，更好助力“走出去”“引进来”，协助做好各类投资促进、经贸交流、宣传推介等活动。积极宣传国家和山东省的对外开放、吸引外资方针、政策和法律、法规，为促进国际贸易和外商来鲁投资提供信息、咨询等服务。大力宣传山东投资环境、山东新旧动能转换重大工程、十强产业发展战略、山东自贸试验区建设、上合示范区建设、中韩地方经济示范区、中韩产业园建设等，加强与驻在国商（协）会的信息交流。

（四）优先布局，抢抓机遇

一是固化比较优势。盘活经济园区，山东开发区总量和国家级开发区数量位于全国领先水平。整合已有的国家级经济技术开发区、海关特殊监管区、跨境电商综合试验区等开放平台的资源。开发现有的海关特殊监管区域延伸服务功能，做好威海中韩自贸区地方经济合作示范区、中韩（烟台）产业园建设的功能规划与园区规划，形成相互配套而非竞争的格局。优化港口资源，加强港口与中欧班列、公路的对接，发挥多式联运的作用，积极创新港口管理体制，加快各大港口智能化改造，为形成国际航运中心创造良好的金融和口岸环境。扩大优势产品进出口，鼓励高新技术、高端装备、品牌产品出口，建设外贸转型升级示范基地、贸易平台、国际营销网络。大力发展服务外包，扩大金融、文化、旅游、建筑、软件、研发设计、中医等服务出口。加快内外贸融合发展，促进消费品质提升，通过线上线下渠道积极开拓国际国内两个市场，促进消费与进口快速增长。

二是强化次区域功能。将山东半岛蓝色经济区打造为东亚对外贸易中心、金融服务中心和高科技产业中心。青岛加快建设国际消费中心城市，带动产业集聚，促进技术进步、创新与技术外溢，探索青岛建设中国特色自由贸易港，打造国际航运贸易金融中心。发挥济南省会城市在科教人才方面的优势，构建科研聚集区。推动国际开放大通道建设形成“点轴”发展模式。支持烟台建设国家跨境电子商务综合试验区、国家服务外包示范城市、中日韩产业合作示范区，将其打造为“新能源汽车、新一代信息技术、医药健康、高端化工新材料、现代物流、航空服务”等高端产业集聚区。支持沿海以青岛、烟台、威海港口为主建立日韩协作机制打造东北亚经济圈黄金物流走廊。支持威海建设国际海洋商品交易中心以及国际人才自由港。

三是优化营商环境。《2018 年中国营商环境指数研究报告》显示，山东省营商环境指数位列全国 31 个省份的第 6 位。山东省营商环境指数高于天津、福建、辽宁和湖北等省市，低于北京、上海、江苏、浙江、广东等省市。山东与先进地区开放的差距本质上是体制机制开放的差距。要在更大范围、更广领域和更高层次上参与全球资源配置。构建新体制不仅包括政府的行政管理体制改革，更主要的是对标国际贸易高阶标准，贸易金融体制，各类市场主体便利化机制以及创造有利于社会创新发展，有利于内外资企业共同发展的市场竞争机制，以及打造便利化、法治化和稳定预期的营商环境。

（五）外需受困，共克时艰

一是稳定外贸基本盘。积极响应企业诉求，“一企一策”，保住重点市场。帮助企业参加线上或者境内外贸易促进和展览活动，针对日韩、东盟生产企业因疫情蔓延、生产停工导致的国际市场需求缺口，抓住机遇尽快切入，化危为机开拓新市场。发挥跨境电商、市场采购等贸易新业态、新模式对进出口贸易的促进作用，支持企业借势建设一批高质量的海外仓，完善中国外贸国际营销网络体系建设，延长贸易供应链。

二是稳定外资规模。大力开展网上招商，发挥“选择山东”云平台作用，组织“线上招商会”“在线洽谈会”等线上推广活动。支持企业加强与境外疫情地区客户联系，采取赠送或出口防疫物资的方式，借此稳定市场、以情暖商、稳商、安商。持续优化营商环境，鼓励企业用好、用足自贸协定中的投资促进等优惠政策。要对国家和省内应对疫情出台的助企纾困政策梳理打包，加强宣传解读，送政策上门，确保内外资企业及时同等享受。以“云招商”“云签约”，加快推动项目落地出资，招商引资“不断链”服务企业“不断线”。

三是稳定产业链供应链。全球疫情大流行，国内态势向好，为提高整体抗风险能力，寻求更为安全的避险目的地，或将引起相关国家的资本与产业加速向我国集聚。优先保障在山东省供应链中占据核心地位企业和配套企业的生产，协调推动汽车、电子等领域外资企业和上下游企业同步复工。积极解决上下游配套难题，确保重要产业链供应链稳定。做好境外疫情加剧的应急预案，出现问题尽快找渠道、找货源、找替代。提前谋划并快速承接供应链转移机遇。

四是稳定合作信心。要充分发挥 RCEP 协定的积极作用，充分运用贸易规则，进一步削减贸易壁垒，帮助企业降低成本，控制运行风险，促进区域内各类资源合理配置。为成员国企业提供稳定、可预期的经贸发展环境，提高 RCEP 成员整体抵御外部冲击的能力。根据全球疫情变化情况，研究储备“清单化＋目录化”新政策，稳定外资在中国投资布局的信心和预期。

RCEP背景下中韩经贸合作机遇分析*

《区域全面经济伙伴关系协定》(简称"RCEP")将促进亚太经济一体化作为发展目标,推动各成员国经济公平发展。该协定覆盖东南亚10个经济体以及中国、日本、韩国、新西兰、澳大利亚,共计15个亚太国家,涵盖货物贸易、服务贸易、电子商务等20个章节。中韩两国以水为邻,双方在中韩自贸协定项下的经济贸易往来频繁,韩国在2020年成为我国继东盟、欧盟、美国与日本之后的第五大贸易伙伴。

一、RCEP与中韩自贸协定对比

从关税上看,RCEP与中韩自贸协定(China Korea Free Trade Agreement,简称"中韩FTA")的《关税承诺表》进行对比可以发现:一是两者关税减让分类差异较小。主要分为关税最终降为零(即协定生效后立即取消关税、按承诺逐年削减关税)、关税未降为零、保持基准税率或是免除任何削减或取消关税承诺三种。二是中韩FTA关税减让力度整体优于RCEP。中韩FTA关税产品降为零关税的比重大且时间早于RCEP。三是在RCEP下享受绝对关税减免优势产品集中在HS03(鱼、甲壳动物、软体动物及其他水生无脊椎动物)、HS05(其他动物产品)、HS21(杂项食品)、HS61&HS62(服装及衣着附件)、HS69(陶瓷产品)五种品类上。

从原产地规则上看,RCEP在区域内统一的"区域累积"原产地规则是其最大特色,从中韩自贸协定的"双边规则"上升至RCEP 15个成员国统一的"多边规则"体系。所谓"区域累积"原产地规则,重点在15国的区域内价值成分累积

---

* 作者:高淑君。

达到40%时，即可适用特定优惠关税税率，享受优惠待遇。在中韩FTA中，确定原产地标准较严格：一是一种货物需要达到区域价值成分的40%、45%、50%、60%的水平；二是6位HS编码（主要是章、品目、子目）水平上进行税则归类改变。

例如，一台电脑，其外壳、键盘、鼠标在甲国生产，显示器在乙国生产，散热模组在丙国生产，芯片、内存在丁国生产，最后在戊国组装。RCEP下，假设甲、丙、丁、戊国是区域内成员国，四国区域价值成分累积达到40%就能被认定为原产于戊国，进而享受优惠税率。FTA下，假设丁、戊国是缔约双方，电脑的生产和加工同时涵盖甲、乙、丙、丁国（包括原料、工人、制造费用等），但是只有在丁、戊两国的区域价值成分累积到40%，该产品才能被认定为原产于戊国内，适用双边自贸协定的优惠税率。因此，在RCEP下的多边贸易关系使多方实现了“多赢效应”。

二、RCEP助推中韩经贸往来

RCEP为中韩经贸往来带来一系列机遇。

一是区域内贸易活动频繁。由于原产地认定区域累积范围更广，外贸进出口规模增大，中国出口市场空间将扩大，助力构建东亚经济圈。

二是跨国公司产业链供应链布局加快。RCEP区域内的原材料选择多元化，产品（包括半成品）成本降低，有助于北美、欧洲等跨国公司加快在此区域内投资。

三是社会和经济效益增强。产品成本降低利国惠企惠民，可提高国际竞争力（应对全面与进步跨太平洋伙伴关系协定所带来的挑战），重塑世界新格局（北美、欧盟、亚洲三足鼎立新局面）。

三、政策建议

RCEP生效后，为更好实现区域内15个成员国利益最大化，笔者提出以下几点建议：

一要抢抓时间“窗口期”，扩大企业政策知悉度。RCEP从生效实施（9个成员国两年内完成审批程序）到真正发挥效应需要3～5年过渡期。因此，我国各省应抓住时间窗口期，进一步扩大对技术先进型服务、高端制造及研发类企业的政策宣讲力度，引导传统企业实现数字化转型升级，指导相关企业将部分业务进行剥离，扩大用惠享惠覆盖面。

二要对比分析双边自贸协定，预测评估机遇挑战。针对性比对分析中国—东盟、中国—韩国、中国—澳大利亚、中国—新西兰这4个双边自贸协定与RCEP，精准预测和评估RCEP的实施对我国外贸潜力的具体影响，指导我国重点行业与企业综合利用二者优惠政策，最大程度享受关税减让红利。

三要用好“区域累积”原则，发挥“贸易创造”效应。应抢抓契机，提高货物区域内流动频率，进一步扩大RCEP成员之间的投资贸易往来，有效吸引北美、欧盟等外商在我国进行投资设厂，构建区域内的“超级工厂”，推动区域供应链、价值链的深度融合和发展。

四要发挥制造优势，推动产业链供应链布局。我国企业可在具有廉价劳动力的部分东盟国家或是“一带一路”沿线国家和地区投资设厂进行产业链供应链布局，转移低端产业链，扩大中高端产品市场，提高我国核心技术的高端制造比重，进而提升我国嵌入全球价值链中的位次。

五要搭建税目大数据平台，助力企业精准筛选。RCEP签署后，中国已与26个国家和地区签署19个自贸协定。RCEP生效后面临着双边自贸协定与多边贸易协定的最优选择问题，通过搭建税目大数据平台，有利于企业在特定税目下的最优关税税率进行筛选，以便企业充分用惠享惠。

六要对接国际高标准规则，推进中日韩FTA谈判进程。RCEP签署后，中日首次达成双边关税减让，新增中日、日韩两对重要国家间的自贸关系，使区域内自由贸易程度显著提升，将有效助推中日韩自贸协定的谈判进程。加之，中国“考虑加入全面与进步跨太平洋伙伴关系协定(CPTPP)”的积极表态，我国应提前谋划积极对接国际高标准规则，更加支持多边主义和自由贸易。

RCEP 系列研究之一：货物贸易之关税削减

——以中日减税承诺为例*

RCEP 以推动贸易自由化便利化为首要任务，通过关税及非关税措施，降低贸易壁垒，实现优惠市场准入，推进区域多边贸易一体化。在关税措施中，“关税削减与取消”是最重要的实质性内容，也是 RCEP 规则运用的核心。据此，各成员国承诺将逐年降低原产货物的进口关税，在关税削减期满后，区域内货物贸易零关税产品占比最终超过 90%，这将极大地促进贸易增长。特别是，RCEP 签署使中国—日本首次达成双边关税减让安排，实现历史性突破，为中日间贸易投资带来重大利好，为山东省深化与日本合作带来重大机遇。本课题基于 RCEP 文本，详细研究关税削减与取消部分的相关规定，并以中日间减税承诺为例，对两国的《关税承诺表》进行了梳理分析，提出思考建议。

一、RCEP 关税减让相关文本梳理

关税削减或取消的相关内容，在 RCEP 正文第二章货物贸易的第四至六条以及附件一《关税承诺表》部分作出明确，规定“每一缔约方应当根据《关税承诺表》削减或取消对其他缔约方原产货物的关税”，其基本内容和特点可概括为以下四点。

一是以原产地判定为基础。各缔约方生产的产品并不自动享受 RCEP 承诺关税，还应按照相关原产地规则进行判定并获得相应原产地证明，才能确定优惠关税标准。原产国认定标准大致为：原产国为取得原产资格时的缔约方；

---

* 作者：夏运彬、刘志、王琳华、高淑君。

若出口国生产工序超出微小加工情形，则出口缔约方为原产国；符合协定附录要求时，出口国为原产国；在以上情形下未能确定原产国的，原产国则是为该货物生产提供最高价值原产材料的缔约国。

二是关税承诺可加速。在两个或两个以上缔约方磋商一致，或者单个缔约方作出单方面承诺的条件下，可在《关税承诺表》的条目范围内，对关税承诺进行修改，以加快降税进程。此修改将自动适用于所有缔约方，修改的关税承诺在履行完批准程序 60 天后生效。

三是最惠国关税的普适性。若某缔约方对其他缔约方的原产货物，所实施的最惠国关税税率低于该缔约方在《关税承诺表》中规定的税率，则其他缔约方的原产货物有资格适用针对这些货物的最惠国关税税率。

四是可追加享受最惠关税。承接于最惠国关税的普适性，所有缔约方的进口商在进口时，若未提出适用较低的最惠税率，即使已完成关税缴纳，仍可以申请退还为某一货物多缴纳的任何关税。

二、《关税承诺表》分析

《关税承诺表》作为协定附件，规定了各成员国所承诺的关税削减和取消进程，是各国履行关税措施的计划表、也是时间表。该表依照海关编码（HS 编码）编排，共分 96 章[①]，列明了某缔约方对其他缔约方每一进口商品子目每年的承诺关税水平。中国等 7 国制定了不同的表，分别适用于不同缔约方；日本等 8 国只制定一张表，适用于所有缔约方。

中国对日本的《关税承诺表》涉及细分税目共计 8277 个，日本《关税承诺表》中共有 12384 个细分税目，其中适用于中国的有 9343 个。[②] 针对不同商品子目的关税承诺，可分为四类（作出关税安排的两类）：协定生效后立即取消关税；按承诺逐年削减关税[③]，关税削减期多为 10 年、15 年，最长为 20 年，期满后关税降为零；不做削减或取消关税承诺；维持固定不变关税税率，此类仅在中国

① HS 编码共 98 章，《关税承诺表》不含第 77 章（保留为税则将来所用）、第 98 章（特殊交易品及未分类）。

② 日本《关税承诺表》共计 12384 个细分税目，其中，适用于中国的有 9368 个，剔除对同一产品不同时间段进口适用不同税率而重复的 25 个，共计 9343 个。

③ 所有承诺表规定的分阶段削减或取消关税，应当视为自该协定生效之日开始，关税削减应当自相关年份的第一天开始进行。

减税表中出现，且占比极低。

(一)从总体看，双方之间关税削减力度大、进度快

一是平均关税①上，根据承诺，协定生效后中日两国间的平均关税水平将逐年大幅降低，中国对日本商品平均关税由协定实施前的9.76%最终降至0.04%，日本对中国商品的平均关税由7.47%最终降至趋近于零。总体上看，双方降税力度均较大，我国平均关税降税幅度大，日本实现零关税速度快。

二是四类关税承诺上，中国作出减税安排的商品占比为86%、日本为84.7%，其中，协定生效后立即取消关税的，中国为25%，日本为55.5%；逐年降低关税的，中国为61%，日本为29.2%。未作削减或取消关税的安排的，中国有13.6%，主要集中在烟草，纸、纸板、纸浆，糖，动植物油，船舶等；日本有14.4%，主要集中在谷物，乳品，水产品，编结制品，烟草，糖等。两国未作削减或取消关税安排的产品类目详见本文附表1、附表2。

三是关税削减进度上，根据两国减税期安排，在第11年、16年两国零关税占比有跨越式提升，中国分别达到73%、84.6%，日本分别达到71.5%、83%。经过20年的关税削减期后，最终零关税，中国为86%，日本为85.6%。

(二)从结构看，两国对不同商品的关税承诺不同，差异较大

一是最终零关税商品覆盖章目不同。按照HS编码96章的品类划分，除去未作出减税承诺的商品外，在协定达成后第1、11、16和21年，中国对日本商品累计实现零关税有1、16、23、26章；日本对中国累计达到零关税商品有17、33、50、51章。如表1所示。总体而言，日本对我国进口商品零关税覆盖种类更多。减税期内，HS编码各章产品关税削减情况详见本文附表3、附表4。

① 本文所指“平均关税”是算术平均关税税率，计算方法均为简单平均，即将所有作出削减或取消关税承诺的商品税做简单平均，此计算方法未考虑加权因素，另在计算日本平均关税时剔除了从量税率。

表 1　关税削减期内零关税商品数量及主要种类

	中国—日本		日本—中国	
	累计零关税章数	该阶段零关税主要商品	累计零关税章数	该阶段实现零关税主要商品
第 1 年	1	木浆、纸	17	植物，矿砂，肥料，洗涤剂、润滑剂，影视器材，软木制品，木浆、纸，复印制品，锡制品，铁路机车轨道信号设备，车辆及其零件，航空设备，船舶，乐器等
第 11 年	16	航空航天器材，铅、镍制品，植物纺织纤维，软木制品，配制饲料，药品，蔬菜，伞类，编制品等	33	橡胶制品，药品，石料，贱金属及制品，植物纺织纤维，动物毛，无纺织物，化学纤维短纤、长纤，针织物，棉花，地毯制品等
第 16 年	23	纺织制成品，铁路机车轨道信号设备，蚕丝，锌、锡制品，树脂等	50	化学产品，钢铁制品，染料、漆，化妆盥洗品，医疗仪器及设备、精密仪器设备，其他动物产品，铝制品，陶瓷产品，贵金属产品等
第 21 年	26	杂项化学产品，水产品，蛋白类物质、改性淀粉等	51	钟表及其零件等

二是各章目不同商品间降税幅度不同。从中国对日本商品看，关税削减期满后，承诺关税税率与基准税率相比，超过 20 个百分点的有 5 章，分别是糖及糖食，谷物，制粉工业产品、麦芽、淀粉、面筋，加工羽毛羽绒及其制品、人造花、人发制品，杂项食品，降税 10%～20%的有 40 章。从日本对中国商品看，关税削减期满后，承诺关税税率与第一年税率①相比，降税超过 10 个百分点的有 5 章，分别是鞋靴类似品，制粉工业产品、麦芽淀粉面筋，蔬菜水果坚果，谷物、粮

① 因日本《关税承诺表》无基准税率，故以协定生效后第一年税率计算，实际关税削减值应比本文计算值大。

食粉、淀粉制品或乳制品，皮革制品、旅行用品、手提包，降税在5%～10%的有9章。减税期内，HS编码各章产品进口商品平均关税降幅详见本文附表5、附表6。

三、相关思考

中国、日本作为全球第二和第三大经济体，GDP总量占到RCEP成员国的3/4，两国优势产业互补性强，互为第一大和第二大贸易伙伴，经贸合作有基础、有潜力。RCEP新建立的中日自贸关系，将为两国间更高水平的开放合作注入强劲动力，伴随关税削减的贸易创造效应，山东省深化与日本贸易合作迎来重大战略机遇期。

一是鲁日贸易大有可为，需深挖潜力。日本是山东第三大贸易伙伴、第三大出口目的国和第五大进口来源地，双方机械设备、电器及电子产品、服装、农产品等为主要贸易产品，此次关税削减力度较大。这对于山东省扩大优势产品出口，及自日本进口高端产品带来重大利好。因此要用足用好RCEP中关税削减、原产地规则等条文，不断激发对日贸易增长潜力。

二是抢抓时间窗口，提前优化布局。中日之间承诺的关税削减期较短，能否抓住协定签订前以及生效后5年内的窗口期，提前构筑先发优势，将对山东省构建对日贸易合作新格局产生深远影响。因此，要举全省之力，及时布局对日出口重点产品、培养重点企业、优先抢占市场，扩大对日出口。积极扩大进口为我所用。同时，做好企业优化升级，避免日本产品扩大对山东省相关产业造成冲击。

三是加大研究宣讲，扩大受惠面。关税削减为企业经营带来实实在在的好处。要持续跟踪研究RCEP进程，关注各成员国对《关税承诺表》的改进，结合山东省对日进出口实绩，细致梳理不同类商品的减税规则。同时，加大宣传推广力度，让更多企业知道、会用、用好减税规则，让更多企业真正受惠。

四是重点突破，融入区域产业链。关税削减刺激贸易增长，长期来看，贸易增长也将带动新一轮中日产业合作。山东省工业基础好、生产门类齐全，应抓住本轮机遇，以贸易带动投资，以投资拉长产业链、价值链。扩大与日本在新能源汽车、医疗康养、新一代信息技术、高端制造等领域合作，实现产业链进一步调整融合，以此切入双循环大格局。

附表 1 中国未做关税承诺的商品情况[①]

	HS 码	96 类分类	未做关税减免承诺子目数(个)	占比
1	24	烟草、烟草及烟草代用品的制品	12	100%
2	48	纸及纸板;纸浆、纸或纸板制品	107	93%
3	17	糖及糖食	14	73.7%
4	15	动、植物油、脂及分解产品;精制的食用油脂;动、植物蜡	30	53.6%
5	89	船舶及浮动结构体	22	52.4%
6	10	谷物	16	44.4%
7	49	书籍、报纸、印刷图画及其他印刷品手稿、打字稿及设计图纸	11	44%
8	37	照相及电影用品	25	39.7%
9	21	杂项食品	9	39.1%
10	87	车辆及其零件、附件,但铁道或电车道车辆除外	96	38.4%
11	44	木及木制品;木炭	60	34.1%
12	33	精油及香膏;芳香料制品及化妆盥洗品	14	33.3%
13	96	杂项制品	22	32.8%
14	54	化学纤维长丝	36	31.9%
15	22	饮料、酒及醋	8	29.6%
16	11	制粉工业产品;麦芽;淀粉;菊粉;面筋	10	28.6%
17	04	乳品;蛋品;天然蜂蜜;其他食用动物产品	11	28.2%
18	34	肥皂、有机表面活性剂、洗涤剂、润滑剂、人造蜡、调制蜡、光洁剂、蜡烛及类似品、塑型用膏、“牙科用蜡”及牙科用熟石膏制剂	7	25.9%
19	64	鞋靴、护腿和类似品及其零件	10	24.4%
20	71	天然或养殖珍珠、宝石或半宝石、贵金属、包贵金属及其制品;仿首饰;硬币	17	18.9%
21	08	食用水果及坚果;果皮	17	18.5%

① 本表统计 HS 编码下,各章未做削减或取消关税承诺的商品占比。

续表

	HS码	96类分类	未做关税减免承诺子目数(个)	占比
22	67	已加工羽毛、羽绒及其制品；人造花；人发制品	2	18.2%
23	19	谷物、粮食粉、淀粉或乳的制品；糕饼点心	4	17.4%
24	85	电机、电气设备及其零件；录音机及放声机、电视图像、声音的录制和重放设备及其零件、附件	89	17.3%
25	73	钢铁制品	27	16.1%
26	39	塑料及其制品	26	16%
27	65	帽类及其零件	2	15.4%
28	51	羊毛、动物细毛或粗毛；马毛纱线及其机织物	9	15.3%
29	72	钢铁	33	15.1%
30	70	玻璃及其制品	13	14.8%
31	68	石料、石膏、水泥、石棉、云母及类似材料的制品	11	14.5%
32	84	核反应堆、锅炉、机器、机械器具及其零件	133	13.3%
33	83	贱金属杂项制品	5	13.2%
34	20	蔬菜、水果、坚果或植物其他部分的制品	13	13%
35	40	橡胶及其制品	14	12.7%
36	02	肉及食用杂碎	10	12.7%
37	82	贱金属工具、器具、利口器、餐匙、餐叉及其零件	10	12.2%
38	59	浸渍、涂布、包覆或层压的织物；工业用纺织制品	5	11.9%
39	09	咖啡、茶、马黛茶及调味香料	5	10.4%
40	31	肥料	3	10.3%
41	94	家具；寝具等；发光标志、发光铭牌及类似品；活动房屋	6	10%
42	55	化学纤维短纤	13	9.8%
43	52	棉花	12	9.3%
44	91	钟表及其零件	5	9.3%
45	69	陶瓷产品	3	9.1%
46	92	乐器及其零件、附件	2	9.1%

续表

	HS 码	96 类分类	未做关税减免承诺子目数(个)	占比
47	18	可可及可可制品	1	9.1%
48	12	含油子仁及果实;杂项子仁及果实;工业用或药用植物;稻草、秸秆及饲料	10	8.6%
49	60	针织物及钩编织物	5	8.3%
50	61	针织或钩编的服装及衣着附件	10	7.6%
51	95	玩具、游戏品、运动用品及其零件、附件	4	6.8%
52	90	光学、照相、电影、计量、检验、医疗或外科用仪器及设备、精密仪器及设备;上述物品的零件、附件	17	6.6%
53	06	活树、活植物;鳞茎、根及类似品;插花	2	6.5%
54	76	铝及其制品	3	5.7%
55	03	鱼、甲壳动物、软体动物及其他水生无脊椎动物	14	5.4%
56	29	有机化学品	29	5.4%
57	74	铜及其制品	4	5%
58	43	毛皮、人造毛皮及其制品	1	5%
59	32	鞣料浸膏及染料浸膏;鞣酸及其衍生物;染料、颜料及其他着色料;油漆及清漆;油灰及其他胶粘剂;墨水、油墨	3	4.8%
60	27	矿物燃料、矿物油及其蒸馏产品;沥青物质;矿物蜡	3	4.5%
61	42	皮革制品;鞍具及挽具;旅行用品、手提包;动物肠线制品	1	3.8%
62	57	地毯及纺织材料的其他铺地制品	1	3.7%
63	58	特种机织物;簇绒织物;花边;装饰毯;装饰带;刺绣	2	3%
64	81	其他贱金属、金属陶瓷及其制品	2	2.7%
65	56	絮胎、毡呢及无纺织物;特种纱线;线、绳、索、缆及其制品	1	2.5%
66	05	其他动物产品	1	2.3%
67	26	矿砂、矿渣及矿灰	1	2.3%
68	41	生皮(毛皮除外)及皮革	1	1.7%
69	01	活动物	1	1.4%

续表

	HS码	96类分类	未做关税减免承诺子目数(个)	占比
70	28	无机化学品；贵金属、稀土金属、放射性元素及其同位素的有机及无机化合物	3	1%

附表2　日本未做关税承诺的商品情况

	HS码	96类分类	未做关税减免承诺子目数(个)	占比
1	19	谷物、粮食粉、淀粉或乳的制品；糕饼点心	137	96.5%
2	04	乳品；蛋品；天然蜂蜜；其他食用动物产品	144	96%
3	17	糖及糖食	41	80.4%
4	11	制粉工业产品；麦芽；淀粉；菊粉；面筋	74	78.7%
5	18	可可及可可制品	22	73.3%
6	43	毛皮、人造毛皮及其制品	20	66.7%
7	46	稻草、秸秆、针茅或其他编结材料制品；篮筐及柳条编织品	16	66.7%
8	21	杂项食品	70	66%
9	16	肉、鱼制品；甲壳、软体和其他水产品的制品	76	63.3%
10	24	烟草、烟草及烟草代用品的制品	7	58.3%
11	10	谷物	36	58.1%
12	02	肉及食用杂碎	65	53.7%
13	64	鞋靴、护腿和类似品及其零件	52	52.5%
14	44	木及木制品；木炭	117	50%
15	03	鱼、甲壳动物、软体动物及其他水生无脊椎动物	155	36.9%
16	07	食用蔬菜、根及块茎	46	33.3%
17	15	动、植物油、脂及其分解产品；精制的食用油脂；动、植物蜡	27	29.7%
18	50	蚕丝	12	29.3%
19	42	皮革制品；鞍具及挽具；旅行用品、手提包；动物肠线制品	11	27.5%

续表

	HS 码	96 类分类	未做关税减免承诺子目数(个)	占比
20	35	蛋白类物质；改性淀粉；胶；酶	5	22.7%
21	41	生皮(毛皮除外)及皮革	35	22.6%
22	20	蔬菜、水果、坚果或植物其他部分的制品	55	20.7%
23	12	含油子仁及果实；杂项子仁及果实；工业用或药用植物；稻草、秸秆及饲料	17	20.2%
24	27	矿物燃料、矿物油及其蒸馏产品；沥青物质；矿物蜡	25	18%
25	01	活动物	10	16.7%
26	75	镍及其制品	3	13%
27	79	锌及其制品	2	12.5%
28	08	食用水果及坚果；果皮	11	11.1%
29	22	饮料、酒及醋	6	10.3%
30	78	铅及其制品	2	10%
31	39	塑料及其制品	14	7.4%
32	09	咖啡、茶、马黛茶及调味香料	5	6.3%
33	14	编结用植物材料；其他植物产品	1	6.3%
34	23	食品工业的残渣及废料；配制的动物饲料	2	4.8%
35	13	虫胶；树胶、树脂及其他植物液、汁	1	4.8%
36	74	铜及其制品	3	3.9%
37	81	其他贱金属、金属陶瓷及其制品	2	3.3%
38	63	其他纺织制成品；成套物品；旧衣着及纺织品；碎织物	2	2.2%
39	72	钢铁	7	2.2%
40	95	玩具、游戏品、运动用品及其零件、附件	1	1.9%
41	94	家具；寝具等；发光标志、发光铭牌及类似品；活动房屋	1	1.5%
42	96	杂项制品	1	1.4%
43	70	玻璃及其制品	1	1.4%
44	25	盐；硫磺；泥土及石料；石膏料、石灰及水泥	1	1.3%

续表

	HS 码	96 类分类	未做关税减免承诺子目数(个)	占比
45	29	有机化学品	4	0.9%

附表 3　中国对日本进口零关税商品情况①

	HS 码	章节品类	零关税占比			
			第 1 年	第 11 年	第 16 年	第 21 年
1	47	木浆及其他纤维状纤维素浆；纸及纸板的废碎品	100%	100%	100%	100%
2	88	航空器、航天器及其零件	94.4%	100%	100%	100%
3	25	盐；硫磺；泥土及石料；石膏料、石灰及水泥	90%	100%	100%	100%
4	78	铅及其制品	77.8%	100%	100%	100%
5	75	镍及其制品	75%	100%	100%	100%
6	53	其他植物纺织纤维；纸纱线及其机织物	62.8%	100%	100%	100%
7	45	软木及软木制品	37.5%	100%	100%	100%
8	23	食品工业的残渣及废料；配制的动物饲料	33.3%	100%	100%	100%
9	30	药品	27.8%	100%	100%	100%
10	36	炸药；烟火制品；火柴；引火合金；易燃材料制品	27.3%	100%	100%	100%
11	97	艺术品、收藏品及古物	20%	100%	100%	100%
12	07	食用蔬菜、根及块茎	19.7%	100%	100%	100%
13	14	编结用植物材料；其他植物产品	10%	100%	100%	100%
14	46	稻草、秸秆、针茅或其他编结材料制品；篮筐及柳条编织品	0.0%	100%	100%	100%
15	66	雨伞、阳伞、手杖、鞭子、马鞭及其零件	0.0%	100%	100%	100%
16	93	武器、弹药及其零件、附件	0.0%	100%	100%	100%

① 本表统计在关税削减期各阶段，中国对日本进口达到零关税的商品在各章中的占比。

续表

	HS 码	章节品类	零关税占比			
			第 1 年	第 11 年	第 16 年	第 21 年
17	63	其他纺织制成品；成套物品；旧衣着及纺织品；碎织物	0.0%	99%	100%	100%
18	86	铁道或电车道机车、车辆、轨道固定装置及相关零件、附件；机械交通信号设备	73.2%	97.6%	100%	100%
19	62	非针织或非钩编的服装及衣着附件	0.0%	97%	100%	100%
20	50	蚕丝	21.4%	96.4%	100%	100%
21	79	锌及其制品	66.7%	91.7%	100%	100%
22	80	锡及其制品	54.5%	90.9%	100%	100%
23	13	虫胶；树胶、树脂及其他植物液、汁	28.6%	81%	100%	100%
24	38	杂项化学产品	7.5%	84.1%	99.1%	100%
25	16	肉、鱼制品；甲壳、软体和其他水产品的制品	34.4%	95.1%	95.1%	100%
26	35	蛋白类物质；改性淀粉；胶；酶	9.5%	71.4%	90.5%	100%
27	28	无机化学品；贵金属、稀土金属、放射性元素及其同位素的有机及无机化合物	75.4%	96.1%	99%	99%
28	01	活动物	42.9%	98.6%	98.6%	98.6%
29	41	生皮(毛皮除外)及皮革	5%	90%	98.3%	98.3%
30	26	矿砂、矿渣及矿灰	97.7%	97.7%	97.7%	97.7%
31	05	其他动物产品	23.3%	69.8%	97.7%	97.7%
32	56	絮胎、毡呢及无纺织物；特种纱线；线、绳、索、缆及其制品	25%	85%	97.5%	97.5%
33	81	其他贱金属、金属陶瓷及其制品	54.7%	96%	97.3%	97.3%
34	58	特种机织物；簇绒织物；花边；装饰毯；装饰带；刺绣	0.0%	94%	97%	97%
35	57	地毯及纺织材料的其他铺地制品	0.0%	96.3%	96.3%	96.3%
36	42	皮革制品；鞍具及挽具；旅行用品、手提包；动物肠线制品	0.0%	50%	96.2%	96.2%
37	27	矿物燃料、矿物油及其蒸馏产品；沥青物质；矿物蜡	40.3%	59.7%	88.1%	95.5%

续表

	HS码	章节品类	零关税占比			
			第1年	第11年	第16年	第21年
38	32	鞣料浸膏及染料浸膏；鞣酸及其衍生物；染料、颜料及其他着色料；油漆及清漆；油灰及其他胶粘剂；墨水、油墨	6.5%	80.6%	90.3%	95.2%
39	74	铜及其制品	37.5%	85%	95%	95%
40	43	毛皮、人造毛皮及其制品	0%	50%	95%	95%
41	29	有机化学品	36.6%	82.8%	94%	94.6%
42	03	鱼、甲壳动物、软体动物及其他水生无脊椎动物	12.8%	84.8%	93%	94.6%
43	76	铝及其制品	20.8%	66%	92.5%	94.3%
44	06	活树、活植物；鳞茎、根及类似品；插花	35.5%	90.3%	90.3%	93.5%
45	95	玩具、游戏品、运动用品及其零件、附件	50.8%	93.2%	93.2%	93.2%
46	90	光学、照相、电影、计量、检验、医疗或外科用仪器及设备、精密仪器及设备；上述物品的零件、附件	32.6%	83.3%	91.5%	93%
47	61	针织或钩编的服装及衣着附件	0.0%	90.9%	92.4%	92.4%
48	60	针织物及钩编织物	0.0%	80%	88.3%	91.7%
49	12	含油子仁及果实；杂项子仁及果实；工业用或药用植物；稻草、秸秆及饲料	45.7%	75%	90.5%	91.4%
50	18	可可及可可制品	0.0%	63.6%	90.9%	90.9%
51	92	乐器及其零件、附件	0.0%	59.1%	81.8%	90.9%
52	69	陶瓷产品	0.0%	75.8%	78.8%	90.9%
53	91	钟表及其零件	0.0%	70.4%	83.3%	90.7%
54	52	棉花	3.9%	56.6%	90.7%	90.7%
55	55	化学纤维短纤	21.8%	84.2%	89.5%	90.2%
56	94	家具；寝具等；发光标志、发光铭牌及类似品；活动房屋	58.3%	68.3%	90%	90%
57	31	肥料	55.2%	82.8%	89.7%	89.7%
58	09	咖啡、茶、马黛茶及调味香料	14.6%	81.3%	87.5%	89.6%

续表

	HS 码	章节品类	零关税占比			
			第 1 年	第 11 年	第 16 年	第 21 年
59	59	浸渍、涂布、包覆或层压的织物；工业用纺织制品	0.0%	76.2%	78.6%	88.1%
60	82	贱金属工具、器具、利口器、餐匙、餐叉及其零件	0.0%	80.5%	87.8%	87.8%
61	02	肉及食用杂碎	0.0%	35.4%	78.5%	87.3%
62	40	橡胶及其制品	4.5%	46.4%	86.4%	87.3%
63	20	蔬菜、水果、坚果或植物其他部分的制品	2%	45%	73%	87%
64	83	贱金属杂项制品	2.6%	76.3%	86.8%	86.8%
65	84	核反应堆、锅炉、机器、机械器具及其零件	24.7%	69.4%	82.7%	86.6%
66	68	石料、石膏、水泥、石棉、云母及类似材料的制品	2.6%	69.7%	76.3%	85.5%
67	70	玻璃及其制品	5.7%	65.9%	80.7%	85.2%
68	72	钢铁	37.2%	66.1%	82.1%	84.9%
69	51	羊毛、动物细毛或粗毛；马毛纱线及其机织物	20.3%	84.7%	84.7%	84.7%
70	65	帽类及其零件	0.0%	46.2%	69.2%	84.6%
71	39	塑料及其制品	5.6%	47.5%	79%	84%
72	73	钢铁制品	22.6%	66.7%	79.2%	83.9%
73	19	谷物、粮食粉、淀粉或乳的制品；糕饼点心	0.0%	17.4%	56.5%	82.6%
74	85	电机、电气设备及其零件；录音机及放声机、电视图像、声音的录制和重放设备及其零件、附件	40.4%	71.9%	79.7%	82.3%
75	67	已加工羽毛、羽绒及其制品；人造花；人发制品	0.0%	18.2%	54.5%	81.8%
76	08	食用水果及坚果；果皮	2.2%	58.7%	62%	81.5%
77	71	天然或养殖珍珠、宝石或半宝石、贵金属、包贵金属及其制品；仿首饰；硬币	51.1%	71.1%	81.1%	81.1%
78	64	鞋靴、护腿和类似品及其零件	0.0%	41.5%	41.5%	75.6%

续表

	HS 码	章节品类	零关税占比			
			第 1 年	第 11 年	第 16 年	第 21 年
79	34	肥皂、有机表面活性剂、洗涤剂、润滑剂、人造蜡、调制蜡、光洁剂、蜡烛及类似品、塑型用膏、“牙科用蜡”及牙科用熟石膏制剂	0.0%	63%	74.1%	74.1%
80	04	乳品；蛋品；天然蜂蜜；其他食用动物产品	5.1%	12.8%	71.8%	71.8%
81	11	制粉工业产品；麦芽；淀粉；菊粉；面筋	0.0%	31.4%	68.6%	71.4%
82	22	饮料、酒及醋	3.7%	48.1%	59.3%	70.4%
83	54	化学纤维长丝	22.1%	53.1%	63.7%	68.1%
84	96	杂项制品	0.0%	37.3%	46.3%	67.2%
85	33	精油及香膏；芳香料制品及化妆盥洗品	0.0%	28.6%	66.7%	66.7%
86	44	木及木制品；木炭	42%	65.9%	65.9%	65.9%
87	21	杂项食品	4.3%	21.7%	30.4%	60.9%
88	37	照相及电影用品	23.8%	50.8%	58.7%	60.3%
89	49	书籍、报纸、印刷图画及其他印刷品；手稿、打字稿及设计图纸	56%	56%	56%	56%
90	10	谷物	36.1%	55.6%	55.6%	55.6%
91	87	车辆及其零件、附件，但铁道或电车道车辆除外	1.2%	23.2%	45.2%	51.2%
92	89	船舶及浮动结构体	0.0%	9.5%	47.6%	47.6%
93	15	动、植物油、脂及其分解产品；精制的食用油脂；动、植物蜡	1.8%	23.2%	37.5%	46.4%
94	17	糖及糖食	0.0%	21.1%	21.1%	26.3%
95	48	纸及纸板；纸浆、纸或纸板制品	0.0%	7%	7%	7%
96	24	烟草、烟草及烟草代用品的制品	0.0%	0.0%	0.0%	0.0%

附表 4　日本对中国进口零关税商品情况

	HS 码	章节品类	零关税占比			
			第 1 年	第 11 年	第 16 年	第 21 年
1	06	活树、活植物;鳞茎、根及类似品;插花	100%	100%	100%	100%
2	26	矿砂、矿渣及矿灰	100%	100%	100%	100%
3	31	肥料	100%	100%	100%	100%
4	34	肥皂、有机表面活性剂、洗涤剂、润滑剂、人造蜡、调制蜡、光洁剂、蜡烛及类似品、塑型用膏、"牙科用蜡"及牙科用熟石膏制剂	100%	100%	100%	100%
5	37	照相及电影用品	100%	100%	100%	100%
6	45	软木及软木制品	100%	100%	100%	100%
7	47	木浆及其他纤维状纤维素浆;纸及纸板的废碎品	100%	100%	100%	100%
8	48	纸及纸板;纸浆、纸或纸板制品	100%	100%	100%	100%
9	49	书籍、报纸、印刷图画及其他印刷品;手稿、打字稿及设计图纸	100%	100%	100%	100%
10	80	锡及其制品	100%	100%	100%	100%
11	84	核反应堆、锅炉、机器、机械器具及其零件	100%	100%	100%	100%
12	86	铁道或电车道机车、车辆、轨道固定装置及相关零件、附件;机械交通信号设备	100%	100%	100%	100%
13	87	车辆及其零件、附件,但铁道或电车道车辆除外	100%	100%	100%	100%
14	88	航空器、航天器及其零件	100%	100%	100%	100%
15	89	船舶及浮动结构体	100%	100%	100%	100%
16	92	乐器及其零件、附件	100%	100%	100%	100%
17	97	艺术品、收藏品及古物	100%	100%	100%	100%
18	85	电机、电气设备及其零件;录音机及放声机、电视图像、声音的录制和重放设备及其零件、附件	98.8%	100%	100%	100%
19	40	橡胶及其制品	98.1%	100%	100%	100%
20	30	药品	98.1%	100%	100%	100%

续表

	HS码	章节品类	零关税占比			
			第1年	第11年	第16年	第21年
21	93	武器、弹药及其零件、附件	95.5%	100%	100%	100%
22	68	石料、石膏、水泥、石棉、云母及类似材料的制品	94.8%	100%	100%	100%
23	82	贱金属工具、器具、利口器、餐匙、餐叉及其零件	87.5%	100%	100%	100%
24	53	其他植物纺织纤维；纸纱线及其机织物	78.6%	100%	100%	100%
25	58	特种机织物；簇绒织物；花边；装饰毯；装饰带；刺绣	74.7%	100%	100%	100%
26	36	炸药；烟火制品；火柴；引火合金；易燃材料制品	72.7%	100%	100%	100%
27	51	羊毛、动物细毛或粗毛；马毛纱线及其机织物	72.1%	100%	100%	100%
28	56	絮胎、毡呢及无纺织物；特种纱线；线、绳、索、缆及其制品	70.9%	100%	100%	100%
29	55	化学纤维短纤	63.9%	100%	100%	100%
30	54	化学纤维长丝	63.3%	100%	100%	100%
31	60	针织物及钩编织物	48%	100%	100%	100%
32	52	棉花	18.2%	100%	100%	100%
33	57	地毯及纺织材料的其他铺地制品	14.7%	100%	100%	100%
34	38	杂项化学产品	81.3%	99.1%	100%	100%
35	73	钢铁制品	91%	98.8%	100%	100%
36	32	鞣料浸膏及染料浸膏；鞣酸及其衍生物；染料、颜料及其他着色料；油漆及清漆；油灰及其他胶粘剂；墨水、油墨	71.4%	98.2%	100%	100%
37	33	精油及香膏；芳香料制品及化妆盥洗品	91.7%	97.9%	100%	100%
38	90	光学、照相、电影、计量、检验、医疗或外科用仪器及设备、精密仪器及设备；上述物品的零件、附件	96.9%	97.9%	100%	100%
39	28	无机化学品；贵金属、稀土金属、放射性元素及其同位素的有机及无机化合物	68%	97.8%	100%	100%

续表

	HS 码	章节品类	零关税占比			
			第 1 年	第 11 年	第 16 年	第 21 年
40	71	天然或养殖珍珠、宝石或半宝石、贵金属、包贵金属及其制品;仿首饰;硬币	84.8%	97.5%	100%	100%
41	05	其他动物产品	96.9%	96.9%	100%	100%
42	76	铝及其制品	40%	95%	100%	100%
43	83	贱金属杂项制品	48.6%	94.6%	100%	100%
44	69	陶瓷产品	62.5%	93.8%	100%	100%
45	67	已加工羽毛、羽绒及其制品;人造花;人发制品	77.8%	88.9%	100%	100%
46	65	帽类及其零件	21.4%	78.6%	100%	100%
47	66	雨伞、阳伞、手杖、鞭子、马鞭及其零件	33.3%	66.7%	100%	100%
48	59	浸渍、涂布、包覆或层压的织物;工业用纺织制品	24.3%	37.8%	100%	100%
49	62	非针织或非钩编的服装及衣着附件	1.7%	26.1%	100%	100%
50	61	针织或钩编的服装及衣着附件	0.0%	7.6%	100%	100%
51	91	钟表及其零件	94.5%	94.5%	96.4%	100%
52	29	有机化学品	73.8%	96%	99.1%	99.1%
53	25	盐;硫磺;泥土及石料;石膏料、石灰及水泥	96%	98.7%	98.7%	98.7%
54	70	玻璃及其制品	84.9%	95.9%	98.6%	98.6%
55	96	杂项制品	64.3%	95.7%	98.6%	98.6%
56	94	家具;寝具等;发光标志、发光铭牌及类似品;活动房屋	83.3%	87.9%	97%	98.5%
57	95	玩具、游戏品、运动用品及其零件、附件	66%	96.2%	98.1%	98.1%
58	72	钢铁	95.7%	95.7%	97.8%	97.8%
59	63	其他纺织制成品;成套物品;旧衣着及纺织品;碎织物	4.4%	12.1%	97.8%	97.8%
60	81	其他贱金属、金属陶瓷及其制品	73.8%	95.1%	96.7%	96.7%
61	74	铜及其制品	53.2%	80.5%	96.1%	96.1%
62	13	虫胶;树胶、树脂及其他植物液、汁	85.7%	85.7%	95.2%	95.2%

续表

	HS 码	章节品类	零关税占比			
			第 1 年	第 11 年	第 16 年	第 21 年
63	23	食品工业的残渣及废料；配制的动物饲料	83.3%	83.3%	95.2%	95.2%
64	14	编结用植物材料；其他植物产品	87.5%	93.8%	93.8%	93.8%
65	09	咖啡、茶、马黛茶及调味香料	73.8%	76.3%	93.8%	93.8%
66	39	塑料及其制品	2.1%	84.2%	92.6%	92.6%
67	78	铅及其制品	85%	85%	90%	90%
68	22	饮料、酒及醋	44.8%	63.8%	86.2%	89.7%
69	08	食用水果及坚果；果皮	49.5%	75.8%	88.9%	88.9%
70	79	锌及其制品	50%	75%	87.5%	87.5%
71	75	镍及其制品	69.6%	73.9%	87%	87%
72	01	活动物	83.3%	83.3%	83.3%	83.3%
73	27	矿物燃料、矿物油及其蒸馏产品；沥青物质；矿物蜡	59%	61.9%	82%	82%
74	12	含油子仁及果实；杂项子仁及果实；工业用或药用植物；稻草、秸秆及饲料	75%	77.4%	79.8%	79.8%
75	20	蔬菜、水果、坚果或植物其他部分的制品	7.1%	43.2%	79.3%	79.3%
76	41	生皮（毛皮除外）及皮革	37.4%	37.4%	56.8%	77.4%
77	35	蛋白类物质；改性淀粉；胶；酶	31.8%	63.6%	77.3%	77.3%
78	42	皮革制品；鞍具及挽具；旅行用品、手提包；动物肠线制品	0.0%	0.0%	42.5%	72.5%
79	50	蚕丝	19.5%	34.1%	70.7%	70.7%
80	15	动、植物油、脂及其分解产品；精制的食用油脂；动、植物蜡	49.5%	56%	70.3%	70.3%
81	07	食用蔬菜、根及块茎	25.4%	42.8%	66.7%	66.7%
82	03	鱼、甲壳动物、软体动物及其他水生无脊椎动物	11%	35.2%	63.1%	63.1%
83	44	木及木制品；木炭	50%	50%	50%	50%
84	64	鞋靴、护腿和类似品及其零件	0.0%	0.0%	5.1%	47.5%

续表

	HS 码	章节品类	零关税占比			
			第 1 年	第 11 年	第 16 年	第 21 年
85	02	肉及食用杂碎	43%	43.8%	46.3%	46.3%
86	10	谷物	41.9%	41.9%	41.9%	41.9%
87	24	烟草、烟草及烟草代用品的制品	41.7%	41.7%	41.7%	41.7%
88	16	肉、鱼制品;甲壳、软体和其他水产品的制品	9.2%	16.7%	36.7%	36.7%
89	21	杂项食品	5.7%	16%	34%	34%
90	46	稻草、秸秆、针茅或其他编结材料制品;篮筐及柳条编织品	33.3%	33.3%	33.3%	33.3%
91	43	毛皮、人造毛皮及其制品	23.3%	33.3%	33.3%	33.3%
92	18	可可及可可制品	10%	16.7%	26.7%	26.7%
93	11	制粉工业产品;麦芽;淀粉;菊粉;面筋	2.1%	17%	21.3%	21.3%
94	17	糖及糖食	11.8%	19.6%	19.6%	19.6%
95	04	乳品;蛋品;天然蜂蜜;其他食用动物产品	2.7%	2.7%	4%	4%
96	19	谷物、粮食粉、淀粉或乳的制品;糕饼点心	0.0%	0.7%	3.5%	3.5%

附表 5　中国对日本进口商品平均关税降幅情况①

	HS 码	章节品类	平均基准税率	减税期限后平均税率	关税降低百分点
1	17	糖及糖食	29.6%	0.0%	29.6
2	10	谷物	27.9%	0.0%	27.9
3	11	制粉工业产品;麦芽;淀粉;菊粉;面筋	22.6%	0.0%	22.6
4	67	已加工羽毛、羽绒及其制品;人造花;人发制品	21.6%	0.0%	21.6
5	21	杂项食品	20.6%	0.0%	20.6
6	96	杂项制品	19.3%	0.0%	19.3

① 本表统计在 20 年的关税削减期满后,中国对日本进口商品的关税降幅。

续表

	HS码	章节品类	平均基准税率	减税期限后平均税率	关税降低百分点
7	02	肉及食用杂碎	18.4%	0.0%	18.4
8	08	食用水果及坚果；果皮	18.3%	0.0%	18.3
9	22	饮料、酒及醋	18.1%	0.0%	18.1
10	64	鞋靴、护腿和类似品及其零件	17.6%	0.0%	17.6
11	20	蔬菜、水果、坚果或植物其他部分的制品	17.2%	0.0%	17.2
12	92	乐器及其零件、附件	17.1%	0.0%	17.1
13	43	毛皮、人造毛皮及其制品	16.6%	0.0%	16.6
14	61	针织或钩编的服装及衣着附件	16.1%	0.0%	16.1
15	65	帽类及其零件	16%	0.0%	16.0
16	62	非针织或非钩编的服装及衣着附件	15.9%	0.0%	15.9
17	37	照相及电影用品	15.3%	0.0%	15.3
18	42	皮革制品；鞍具及挽具；旅行用品、手提包；动物肠线制品	15.1%	0.0%	15.1
19	87	车辆及其零件、附件，但铁道或电车道车辆除外	16.3%	1.6%	14.7
20	04	乳品；蛋品；天然蜂蜜；其他食用动物产品	14.6%	0.0%	14.6
21	63	其他纺织制成品；成套物品；旧衣着及纺织品；碎织物	14.5%	0.0%	14.5
22	15	动、植物油、脂及其分解产品；精制的食用油脂；动、植物蜡	13.7%	0.0%	13.7
23	69	陶瓷产品	13.5%	0.0%	13.5
24	70	玻璃及其制品	13.4%	0.0%	13.4
25	91	钟表及其零件	13.3%	0.0%	13.3
26	68	石料、石膏、水泥、石棉、云母及类似材料的制品	13.3%	0.0%	13.3
27	57	地毯及纺织材料的其他铺地制品	13.3%	0.0%	13.3
28	19	谷物、粮食粉、淀粉或乳的制品；糕饼点心	13.2%	0.0%	13.2
29	09	咖啡、茶、马黛茶及调味香料	13.2%	0.0%	13.2

续表

	HS 码	章节品类	平均基准税率	减税期限后平均税率	关税降低百分点
30	93	武器、弹药及其零件、附件	13%	0.0%	13.0
31	33	精油及香膏；芳香料制品及化妆盥洗品	13%	0.0%	13.0
32	05	其他动物产品	12.5%	0.0%	12.5
33	18	可可及可可制品	12.5%	0.0%	12.5
34	51	羊毛、动物细毛或粗毛；马毛纱线及其机织物	12.5%	0.0%	12.5
35	66	雨伞、阳伞、手杖、鞭子、马鞭及其零件	12%	0.0%	12.0
36	13	虫胶；树胶、树脂及其他植物液、汁	11.4%	0.0%	11.4
37	16	肉、鱼制品；甲壳、软体和其他水产品的制品	11.3%	0.0%	11.3
38	40	橡胶及其制品	11.2%	0.0%	11.2
39	83	贱金属杂项制品	11%	0.0%	11.0
40	07	食用蔬菜、根及块茎	10.9%	0.0%	10.9
41	71	天然或养殖珍珠、宝石或半宝石、贵金属、包贵金属及其制品；仿首饰；硬币	10.9%	0.0%	10.9
42	03	鱼、甲壳动物、软体动物及其他水生无脊椎动物	10.5%	0.0%	10.5
43	58	特种机织物；簇绒织物；花边；装饰毯；装饰带；刺绣	10.3%	0.0%	10.3
44	82	贱金属工具、器具、利口器、餐匙、餐叉及其零件	10.2%	0.0%	10.2
45	60	针织物及钩编织物	10.2%	0.0%	10.2
46	59	浸渍、涂布、包覆或层压的织物；工业用纺织制品	9.8%	0.0%	9.8
47	35	蛋白类物质；改性淀粉；胶；酶	9.6%	0.0%	9.6
48	12	含油子仁及果实；杂项子仁及果实；工业用或药用植物；稻草、秸秆及饲料	9.6%	0.0%	9.6
49	41	生皮(毛皮除外)及皮革	9.5%	0.0%	9.5
50	73	钢铁制品	9.4%	0.0%	9.4

续表

	HS码	章节品类	平均基准税率	减税期限后平均税率	关税降低百分点
51	85	电机、电气设备及其零件；录音机及放声机、电视图像、声音的录制和重放设备及其零件、附件	9.3%	0.1%	9.3
52	14	编结用植物材料；其他植物产品	9.2%	0.0%	9.2
53	46	稻草、秸秆、针茅或其他编结材料制品；篮筐及柳条编织品	9.1%	0.0%	9.1
54	52	棉花	9%	0.0%	9.0
55	31	肥料	8.8%	0.0%	8.8
56	76	铝及其制品	8.8%	0.0%	8.8
57	34	肥皂、有机表面活性剂、洗涤剂、润滑剂、人造蜡、调制蜡、光洁剂、蜡烛及类似品、塑型用膏、“牙科用蜡”及牙科用熟石膏制剂	8.7%	0.0%	8.7
58	56	絮胎、毡呢及无纺织物；特种纱线；线、绳、索、缆及其制品	8.7%	0.0%	8.7
59	50	蚕丝	8.7%	0.0%	8.7
60	06	活树、活植物；鳞茎、根及类似品；插花	8.6%	0.0%	8.6
61	97	艺术品、收藏品及古物	8.6%	0.0%	8.6
62	55	化学纤维短纤	8.4%	0.0%	8.4
63	39	塑料及其制品	8.4%	0.0%	8.4
64	23	食品工业的残渣及废料；配制的动物饲料	7.8%	0.0%	7.8
65	84	核反应堆、锅炉、机器、机械器具及其零件	7.7%	0.0%	7.7
66	89	船舶及浮动结构体	7.7%	0.0%	7.7
67	90	光学、照相、电影、计量、检验、医疗或外科用仪器及设备、精密仪器及设备；上述物品的零件、附件	7.7%	0.0%	7.6
68	32	鞣料浸膏及染料浸膏；鞣酸及其衍生物；染料、颜料及其他着色料；油漆及清漆；油灰及其他胶粘剂；墨水、油墨	7.6%	0.0%	7.6

续表

	HS 码	章节品类	平均基准税率	减税期限后平均税率	关税降低百分点
69	94	家具；寝具等；发光标志、发光铭牌及类似品；活动房屋	7.3%	0.0%	7.3
70	36	炸药；烟火制品；火柴；引火合金；易燃材料制品	7.3%	0.0%	7.3
71	53	其他植物纺织纤维；纸纱线及其机织物	7.2%	0.0%	7.2
72	38	杂项化学产品	7.1%	0.0%	7.1
73	95	玩具、游戏品、运动用品及其零件、附件	7%	0.0%	7.0
74	54	化学纤维长丝	7%	0.0%	7.0
75	74	铜及其制品	6.9%	0.0%	6.9
76	48	纸及纸板；纸浆、纸或纸板制品	6.7%	0.0%	6.7
77	80	锡及其制品	6.1%	0.0%	6.1
78	01	活动物	5.7%	0.0%	5.7
79	27	矿物燃料、矿物油及其蒸馏产品；沥青物质；矿物蜡	5.7%	0.0%	5.7
80	28	无机化学品；贵金属、稀土金属、放射性元素及其同位素的有机及无机化合物	5.7%	0.0%	5.7
81	29	有机化学品	5.6%	0.0%	5.6
82	81	其他贱金属、金属陶瓷及其制品	5.5%	0.0%	5.5
83	86	铁道或电车道机车、车辆、轨道固定装置及相关零件、附件；机械交通信号设备	5.2%	0.0%	5.2
84	45	软木及软木制品	5.1%	0.0%	5.1
85	72	钢铁	5%	0.0%	5.0
86	75	镍及其制品	4.8%	0.0%	4.8
87	79	锌及其制品	4.8%	0.0%	4.8
88	30	药品	4.8%	0.0%	4.8
89	78	铅及其制品	4.5%	0.0%	4.5
90	25	盐；硫磺；泥土及石料；石膏料、石灰及水泥	3.9%	0.0%	3.9
91	44	木及木制品；木炭	3.7%	0.0%	3.7

续表

	HS码	章节品类	平均基准税率	减税期限后平均税率	关税降低百分点
92	49	书籍、报纸、印刷图画及其他印刷品；手稿、打字稿及设计图纸	3.4%	0.0%	3.4
93	26	矿砂、矿渣及矿灰	2.8%	0.0%	2.8
94	88	航空器、航天器及其零件	2.2%	0.0%	2.2
95	47	木浆及其他纤维状纤维素浆；纸及纸板的废碎品	0.3%	0.0%	0.3
96	24	烟草、烟草及烟草代用品的制品	13.72%	—	—

附表6 日本对中国进口商品平均关税降幅情况

	HS码	章节品类	协定生效1年后税率	减税期限后平均税率	关税降低百分点
1	64	鞋靴、护腿和类似品及其零件	14.2%	0.0%	14.2
2	11	制粉工业产品；麦芽；淀粉；菊粉；面筋	13.8%	0.0%	13.8
3	20	蔬菜、水果、坚果或植物其他部分的制品	13.5%	0.0%	13.5
4	19	谷物、粮食粉、淀粉或乳的制品；糕饼点心	12.5%	0.0%	12.5
5	42	皮革制品；鞍具及挽具；旅行用品、手提包；动物肠线制品	10.3%	0.0%	10.3
6	62	非针织或非钩编的服装及衣着附件	8.6%	0.0%	8.6
7	61	针织或钩编的服装及衣着附件	8.5%	0.0%	8.5
8	21	杂项食品	8.3%	0.0%	8.3
9	18	可可及可可制品	7.5%	0.0%	7.5
10	50	蚕丝	6.7%	0.0%	6.7
11	04	乳品；蛋品；天然蜂蜜；其他食用动物产品	6.3%	0.0%	6.3
12	16	肉、鱼制品；甲壳、软体和其他水产品的制品	6.1%	0.0%	6.1
13	57	地毯及纺织材料的其他铺地制品	6%	0.0%	6.0
14	63	其他纺织制成品；成套物品；旧衣着及纺织品；碎织物	5.7%	0.0%	5.7
15	41	生皮（毛皮除外）及皮革	5%	0.0%	5.0

续表

	HS 码	章节品类	协定生效1年后税率	减税期限后平均税率	关税降低百分点
16	03	鱼、甲壳动物、软体动物及其他水生无脊椎动物	4.3%	0.0%	4.3
17	08	食用水果及坚果；果皮	4.2%	0.0%	4.2
18	22	饮料、酒及醋	3.9%	0.0%	3.9
19	07	食用蔬菜、根及块茎	3.7%	0.0%	3.7
20	60	针织物及钩编织物	3.6%	0.0%	3.6
21	52	棉花	3.6%	0.0%	3.6
22	65	帽类及其零件	3.3%	0.0%	3.3
23	39	塑料及其制品	3.3%	0.0%	3.3
24	17	糖及糖食	2.9%	0.0%	2.9
25	59	浸渍、涂布、包覆或层压的织物；工业用纺织制品	2.8%	0.0%	2.8
26	76	铝及其制品	2.7%	0.0%	2.7
27	35	蛋白类物质；改性淀粉；胶；酶	2.6%	0.0%	2.6
28	66	雨伞、阳伞、手杖、鞭子、马鞭及其零件	2.6%	0.0%	2.6
29	54	化学纤维长丝	2.1%	0.0%	2.1
30	55	化学纤维短纤	1.9%	0.0%	1.9
31	53	其他植物纺织纤维；纸纱线及其机织物	1.9%	0.0%	1.9
32	96	杂项制品	1.4%	0.0%	1.4
33	83	贱金属杂项制品	1.3%	0.0%	1.3
34	09	咖啡、茶、马黛茶及调味香料	1.3%	0.0%	1.3
35	13	虫胶；树胶、树脂及其他植物液、汁	1.2%	0.0%	1.2
36	51	羊毛、动物细毛或粗毛；马毛纱线及其机织物	1.1%	0.0%	1.1
37	56	絮胎、毡呢及无纺织物；特种纱线；线、绳、索、缆及其制品	1.1%	0.0%	1.1
38	74	铜及其制品	1.1%	0.0%	1.1

续表

	HS码	章节品类	协定生效1年后税率	减税期限后平均税率	关税降低百分点
39	58	特种机织物；簇绒织物；花边；装饰毯；装饰带；刺绣	1.1%	0.0%	1.1
40	43	毛皮、人造毛皮及其制品	1.1%	0.0%	1.1
41	67	已加工羽毛、羽绒及其制品；人造花；人发制品	1.1%	0.0%	1.1
42	28	无机化学品；贵金属、稀土金属、放射性元素及其同位素的有机及无机化合物	1%	0.0%	1.0
43	95	玩具、游戏品、运动用品及其零件、附件	1%	0.0%	1.0
44	36	炸药；烟火制品；火柴；引火合金；易燃材料制品	1%	0.0%	1.0
45	32	鞣料浸膏及染料浸膏；鞣酸及其衍生物；染料、颜料及其他着色料；油漆及清漆；油灰及其他胶粘剂；墨水、油墨	0.9%	0.0%	0.9
46	29	有机化学品	0.8%	0.0%	0.8
47	15	动、植物油、脂及其分解产品；精制的食用油脂；动、植物蜡	0.7%	0.0%	0.7
48	71	天然或养殖珍珠、宝石或半宝石、贵金属、包贵金属及其制品；仿首饰；硬币	0.7%	0.0%	0.7
49	69	陶瓷产品	0.7%	0.0%	0.7
50	81	其他贱金属、金属陶瓷及其制品	0.6%	0.0%	0.6
51	27	矿物燃料、矿物油及其蒸馏产品；沥青物质；矿物蜡	0.6%	0.0%	0.6
52	91	钟表及其零件	0.6%	0.0%	0.6
53	38	杂项化学产品	0.6%	0.0%	0.6
54	79	锌及其制品	0.5%	0.0%	0.5
55	94	家具；寝具等；发光标志、发光铭牌及类似品；活动房屋	0.5%	0.0%	0.5
56	70	玻璃及其制品	0.5%	0.0%	0.5
57	14	编结用植物材料；其他植物产品	0.5%	0.0%	0.5
58	82	贱金属工具、器具、利口器、餐匙、餐叉及其零件	0.4%	0.0%	0.4

续表

	HS 码	章节品类	协定生效1年后税率	减税期限后平均税率	关税降低百分点
59	33	精油及香膏；芳香料制品及化妆盥洗品	0.4%	0.0%	0.4
60	93	武器、弹药及其零件、附件	0.3%	0.0%	0.3
61	73	钢铁制品	0.2%	0.0%	0.2
62	12	含油子仁及果实；杂项子仁及果实；工业用或药用植物；稻草、秸秆及饲料	0.2%	0.0%	0.2
63	75	镍及其制品	0.2%	0.0%	0.2
64	23	食品工业的残渣及废料；配制的动物饲料	0.2%	0.0%	0.2
65	90	光学、照相、电影、计量、检验、医疗或外科用仪器及设备、精密仪器及设备；上述物品的零件、附件	0.1%	0.0%	0.1
66	68	石料、石膏、水泥、石棉、云母及类似材料的制品	0.1%	0.0%	0.1
67	30	药品	0.1%	0.0%	0.1
68	72	钢铁	0.1%	0.0%	0.1
69	25	盐；硫磺；泥土及石料；石膏料、石灰及水泥	0.1%	0.0%	0.1
70	05	其他动物产品	0.1%	0.0%	0.1
71	85	电机、电气设备及其零件；录音机及放声机、电视图像、声音的录制和重放设备及其零件、附件	0.0%	0.0%	0.0
72	40	橡胶及其制品	0.0%	0.0%	0.0
73	01	活动物	0.0%	0.0%	0.0
74	06	活树、活植物；鳞茎、根及类似品；插花	0.0%	0.0%	0.0
75	10	谷物	0.0%	0.0%	0.0
76	24	烟草、烟草及烟草代用品的制品	0.0%	0.0%	0.0
77	26	矿砂、矿渣及矿灰	0.0%	0.0%	0.0
78	31	肥料	0.0%	0.0%	0.0

续表

	HS码	章节品类	协定生效1年后税率	减税期限后平均税率	关税降低百分点
79	34	肥皂、有机表面活性剂、洗涤剂、润滑剂、人造蜡、调制蜡、光洁剂、蜡烛及类似品、塑型用膏、“牙科用蜡”及牙科用熟石膏制剂	0.0%	0.0%	0.0
80	37	照相及电影用品	0.0%	0.0%	0.0
81	44	木及木制品；木炭	0.0%	0.0%	0.0
82	45	软木及软木制品	0.0%	0.0%	0.0
83	46	稻草、秸秆、针茅或其他编结材料制品；篮筐及柳条编织品	0.0%	0.0%	0.0
84	47	木浆及其他纤维状纤维素浆；纸及纸板的废碎品	0.0%	0.0%	0.0
85	48	纸及纸板；纸浆、纸或纸板制品	0.0%	0.0%	0.0
86	49	书籍、报纸、印刷图画及其他印刷品；手稿、打字稿及设计图纸	0.0%	0.0%	0.0
87	78	铅及其制品	0.0%	0.0%	0.0
88	80	锡及其制品	0.0%	0.0%	0.0
89	84	核反应堆、锅炉、机器、机械器具及其零件	0.0%	0.0%	0.0
90	86	铁道或电车道机车、车辆、轨道固定装置及相关零件、附件；机械交通信号设备	0.0%	0.0%	0.0
91	87	车辆及其零件、附件，但铁道或电车道车辆除外	0.0%	0.0%	0.0
92	88	航空器、航天器及其零件	0.0%	0.0%	0.0
93	89	船舶及浮动结构体	0.0%	0.0%	0.0
94	92	乐器及其零件、附件	0.0%	0.0%	0.0
95	97	艺术品、收藏品及古物	0.0%	0.0%	0.0
96	02	肉及食用杂碎	0.5%	0.0%	—

RCEP 系列研究之二：贸易便利化规则及山东省对策建议*

RCEP 关于贸易便利化的内容集中在第四章“海关程序和贸易便利化措施”、第五章“卫生与植物卫生措施”及第六章“标准、技术法规和合格评定程序”。通过协调成员国削减贸易壁垒，将 15 个成员国域外贸易转为域内贸易。海关程序是削减贸易壁垒的重点研究领域，RCEP 第四章整体水平超过了 WTO《贸易便利化协定》，包含了更高水平的增强条款。

一、RCEP 海关程序和贸易便利化规则的基本情况

（一）文本分析

RCEP 第四章海关程序共包含 21 个条款和 1 个附件（执行承诺的期限表），本文将 21 个条款中关键内容归纳为三方面：一致性和透明度、通关流程简化、15 国海关协同合作。一致性和透明度要求：海关程序和贸易政策要有统一性、可预见性，在附件《执行承诺的期限表》中，中国仅就一致性作出了需生效后5 年内执行的承诺，其他条款在 RCEP 生效后可立即执行；通关流程简化要求：通关流程再造，降低贸易成本；15 国海关协同合作要求：域内海关合作，鼓励标准互认（见表 1）。

---

* 作者：夏运彬、张永康、赵延青。

表 1　RCEP 第四章节重点内容梳理

特点	内容说明
一致性和透明度	一致性:海关法律和法规在关税领土内一致的适用
	透明度:能通过互联网便捷获得海关程序及政策信息
通关流程简化	装运前:鼓励不进行装运前检验,不得适用税则归类和海关估价相关的检验方式
	入关前:海关可就税则归类、原产资格、完税事宜等问题进行预裁定,有效期至少为 3 年
	抵达前:允许以电子格式提前提交货物进口所需文件
	放行时:提交所有通关信息 48 小时内放行,易腐货物 6 小时内放行,尽力减少快运货物放行单证
	信息技术:海关运行的全程信息化,缔约国提升对电子文件的接受度
15 国海关协同合作	经认证的经营者:鼓励协定国之间制定互认的经营者认证计划,经营者可享有 7 项贸易便利化措施
	海关合作:缔约方海关应积极协调海关程序、协商《海关估价协定》适用等

（二）RCEP 海关程序与 WTO《贸易便利化协定》[①]对比

对比发现,RCEP 第四章海关程序的 21 项条款基本从 WTO《贸易便利化协定》24 项条款中发展而来,但在以下六个方面,RCEP 提出了增强条款,部分甚至是首次提出。RCEP 第四章与 WTO《贸易便利化协定》对比见本文附表 1。

1.RCEP 首次提出“一致性”原则

RCEP 要求海关的法律、法规在一国境内实施时需保持协调一致,避免国内各地海关因对法律法规的不同理解而实施不同通关流程,影响整体通关水平的提升。这也是我国在该章执行承诺的期限表中唯一需要 5 年过渡期的条款,提前实现海关法律法规在国内普遍“一致性”,将成为下一步工作着力点。

① 《贸易便利化协定》(Agreement on Trade Facilitation,TFA):WTO 成立以来的首个多边贸易协定,2017 年 2 月生效,旨在提高贸易便利化水平,营造便捷通关环境。

2.RCEP 对预裁定[①]作出更详细要求

在税则归类和原产地规则基础上,RCEP 首次将海关完税价格方法和标准列入预裁定的必含项,考虑中小企业特定需求,明确作出预裁定的期限应尽可能为 90 天,且规定预裁定有效期应至少 3 年等,RCEP 通过更加明确和全面的标准要求和期限说明,力图借助预裁定进一步优化海关流程。

3.RCEP 更强调以信息技术提升海关运行效率

RCEP 要求货物运抵前提交电子数据,约定电子文件与纸质文件有同等法律效力,缔约国加强合作提升信息技术的通关应用程度等,信息技术应用推广必然成为贸易便利化的重要手段之一。

4.RCEP 首次对货物放行提出具体时间安排

RCEP 要求提交通关信息后尽可能在 48 小时内安排货物放行,易腐货物、快运货物争取 6 小时内放行,这些在 WTO《贸易便利化协定》及中国签订的双边协定中均未明确指出。缩短通关时间是提高通关效率、降低通关成本的关键因素,RCEP 成员国一旦达成这一目标,将带动包括跨境物流、生鲜冷藏在内的产业实现蓬勃发展。

5.RCEP 就缔约国"经认证的经营者计划"(Authorized Economic Operator,AEO)协同合作提出了具体建议

目前 RCEP 11 个成员国[②]已建立 AEO 制度,中国与其中的 5 个国家(日本、韩国、澳大利亚、新西兰、新加坡)签署了 AEO 互认安排。RCEP 要求各国应在经认证的经营者计划方面进行合作,明确要求使用磋商联络点作为沟通合作渠道,包括交换信息、共享经验和实践案例等,并且首次提出设立协调员为企业通关提供支持,加强 AEO 计划合作等。

6.RCEP 对各国履行海关程序简化要求提出明确期限安排

WTO《贸易便利化协定》对于条款履行期限的安排,是通过制定发展中国家成员和最不发达国家成员的差别待遇条款的方式进行。简言之,就是发展中国家和最不发达国家可以根据自身情况,对所有条款进行 A、B、C 分类选择,A 类为立即实施,B 类为一年后实施,C 类为一年后实施且需要他国援助支持才具

---

① 预裁定指进出口企业向海关申请,确定归类、估价、原产地等要素,可帮助简化企业通关流程,有效评估交易成本,降低不合规申报风险。

② RCEP 成员中建立 AEO 制度的 11 个国家:中国、日本、韩国、澳大利亚、新西兰、新加坡、马来西亚、越南、印度尼西亚、菲律宾和泰国。

备实施能力的条款。而 RCEP 则是通过附件方式，以执行承诺的期限表形式，列明不同国家履行海关程序条款的过渡期时间表，具体安排包括：一类是新加坡、日本、韩国、澳大利亚、新西兰、泰国、菲律宾 7 个协定国承诺 RCEP 生效后立即履行全部条款；二类是中国、缅甸、越南、老挝、柬埔寨、印度尼西亚、文莱、马来西亚 8 个协定国则提出了过渡期请求，多为 3 年或 5 年。我国仅在一致性方面提出 5 年的过渡期承诺，而缅甸、越南、老挝、柬埔寨等东盟国家在 48 小时内放行、易腐货物 6 小时内放行、预裁定和经认证的经营者计划等方面，都申请了 3 年或 5 年的过渡期，这在一定程度上将影响我国与上述国家的跨境物流、生鲜易腐货物贸易。同时，也意味着我国在参与上述国家的货物快运物流通道建设上，存在培育 RCEP 循环圈平台经济的较大机会。

总体看，海关法律法规“一致性”适用原则及中国申请的 5 年窗口期，关于预裁定的要求、货物放行具体时间安排、经认证的经营者计划等，均是 RCEP 的强化条款，也将是山东省推进贸易便利化的重要突破口。

二、山东省海关程序和贸易便利化面临的挑战

根据国家口岸办数据，2020 年山东省进口、出口整体通关时间分别约为 41 小时、2.3 小时，提前 1 年完成整体通关时间比 2017 年压缩一半的目标。山东省 2020 年 9 月份调查数据显示，山东省近七成参与调查的企业认为通关便利化方面不存在问题，有三成左右的企业认为存在的问题首先是港口收费高，其次是通关时间长。结合 RCEP 第四章海关程序条款，解决山东省部分优势行业的通关问题，将是山东省下一步推进贸易便利化的重点工作。以水产品行业为例[①]，具体分析如下。

新冠肺炎疫情对水海产品进口通关流程的挑战。近年来，企业进口水海产品需要在水产品进口准入名录下进行，从而获得检验检疫准入资格，而不在准入目录中的新国别和新品种原料申请进口流程更复杂，整个申报流程最快也要半年。对于部分安全卫生风险较高的进口养殖水产品及原产日本的水产品，还需实行检疫审批制度，收货人应提前办理进境动植物检疫许可证。同时，还要求同一公司同种原料不能同时申请两个及以上的审批，需要本次审批进口核销后才能办理下一个审批。而在当前疫情形势下，水产品进口首先需要集中进行

① 参考 2019 年山东省商务厅编写的《关于贸易便利化专题调研有关情况的报告》。

新冠肺炎病毒检验，再在指定口岸查验平台查验检疫。

跨境电商等新业态考验通关流程弹性。跨境电商业务有时存在一线进境与现场理货数量不一致的情况，需要信息平台支持报关单修改。同时，跨境电商产品涉及业务较多，且对通关效率极为敏感，其手册办理、仓库验放、系统对接及货物入区、查验、转关等仍需不同部门办理，流程环节存在进一步优化的空间，因此，需要制定新机制以提升通关流程的响应效率。

三、山东省应对 RCEP 贸易便利化规则的对策建议

结合山东省贸易便利化工作的现状，围绕 RCEP 贸易便利化要求，山东省应提前布局适应 RCEP 第四章海关程序规则要求，建议从以下六个方面提升山东省贸易便利化水平。

（一）在履行海关法律法规“一致性”的 5 年窗口期内，山东省应尽快复制先进地区的高标准海关法规及流程

在审价归类认定、容错纠错机制、快运货物放行、国际通关合作、贸易新业态通关、危化品和危险品类通关流程等方面，看齐先进地区标准，尽快进入高水平一致性通关流程和作业标准。比如，义乌、成都等欧亚班列对跨境电商“带电”货物运输及产品拼箱管理较为宽松。对跨境电商等新业态，应快速对比先进地区的包容审慎监管举措，尽快复制先进地区跨境电商全流程图，提升跨境电商的时效响应效率，允许企业 24 小时内修改报关单等。

（二）尽快扩大“6 小时通关”覆盖范围，打造区域冷链快线集散中心，吸引异地货物在山东省通关

目前，山东省已部分实现了快运货物、易腐货物的 6 小时通关，下一步应放眼 RCEP 全域，借鉴各国快速放行经验，进一步扩大“6 小时内放行”的覆盖范围，针对易腐货物、生鲜货物，探索实施进口负面清单制度，优化对上述货物的检疫审批手续，转向事中事后检验检疫的监管。尤其要利用缅甸、越南等东盟国家在快运货物、易腐货物上的过渡期，山东省物流企业应参与上述国家的快运货物物流通道建设，培育 RCEP 循环圈物流平台。

（三）为应对规模增量提前综合升级，加快推进适应RCEP域内贸易要求的口岸基础设施建设

在物流能力、专业仓储、查验流水线、检验检疫平台等方面进行升级。比如，上海、深圳等机场货运航线集中、覆盖范围广，山东省部分高技术产品、高附加值产品选择在上海、深圳口岸报关出口，因此，山东省亟待构筑快运物流体系。以海运快件为例，山东省要尽快预判RCEP生效后海运快件业务量增速规模，升级监管场所内查验流水线，避免大量货物在监管场所内积压。以水产品、生鲜产品的检验检疫为例，山东省应尽快布局适合易腐货物、冷链货物的低温查验平台；以危险品存储场站为例，山东省应着手在重点口岸建设一批高标准的危险品存储场站或专用仓库。

（四）充分利用预裁定与备案管理机制，将现场通关流程环节向前后端分散

在实际报关业务中，对于货物的原产地界定、归类认定等均可能影响实际通关效率。比如，当商品款式较多时，不同查验人员对归类认定有时标准不一，如一款玻璃制品烛台，现场查验有时归为玻璃装饰品，有时归为烛台。近年来样品通关监管问题也愈发突出，有的被要求办理旧机电产品进口证，有的被要求提供样品的原产地证、健康证或植检证，有的被要求提供产品注册证。对于上述问题，通过预裁定机制和企业备案管理，能有效简化进口通关流程。

（五）完善国际贸易"单一窗口"功能，实现各环节可预见性，扩大通关"零等待"比例

依托国际贸易"单一窗口"，公布涵盖各通关环节的货物平均放行时间和口岸收费目录清单；引导企业应用"两步申报""两段准入"规则，提升对因"提前申报"造成报关信息修改的容忍度和便利性，不予记录报关差错；依托国际贸易"单一窗口"探索与RCEP各国实现信息互换和企业信用互认。

（六）率先探索山东省与RCEP成员的通关合作机制

在物流领域，扩大海铁联运"一单制改革"范围，推动省内海港空港与RCEP区域内主要口岸建立"多港联动"机制。在农产品、水产品、医药产品等品类上，与RCEP缔约国进行"绿色通道"试点，争取建立多样的指定监管场地，检验检疫标准互认，扩大AEO企业规模，设立AEO培育基金等。

附表 1　RCEP 海关程序与 WTO《贸易便利化协定》对比

RCEP 第四章海关程序		WTO《贸易便利化协定》		差异分析
条目	内容	条目	内容	
第四条 一致性	保证其海关法律和法规在其关税领土内一致地实施和适用	—	—	RCEP 认识到一致性对简化通关程序的重要性，对此提出了更高要求
	努力采取或维持行政措施确保一致性	—	—	
	鼓励缔约方之间共享行政机制相关的实践和经验	—	—	
	可借助磋商程序与缔约方就一致性问题进行磋商	—	—	
第五条 透明度	以非歧视及易获取方式，尽可能在互联网上迅速公布相关信息：包括进出口程序、关税及税率、政府规费、海关目的产品归类或估价规定、原产地相关法规裁定、进出口和过境限制或禁止、政府相关部门规费及费用、上诉或审查程序、关税配额管理程序等	第 1 条	以非歧视及易获取方式公布相关信息：包括进出口程序、关税及税率、政府规费、海关目的产品归类或估价规定、原产地相关法规裁定、进出口和过境限制或禁止、政府相关部门规费及费用、上诉或审查程序、关税配额管理程序等	RCEP 强调尽可能借助互联网公布信息
	通过互联网提供更新进口、出口和过境程序的说明，包括上诉或审查程序等	第 1 条	通过互联网提供更新进口、出口和过境程序的说明，包括上诉或审查程序等	一致
	制定新的或修订现行的海关法律和法规应公布或易获得，并提供评论机会	第 2 条	提供利益方对拟议或修订的海关法律和法规的评论机会	类同
	在与货物(包括过境货物)的移动、放行和通关相关的新的或修订的普遍适用的法律和法规生效之前，尽早地公布	第 2 条	在与货物(包括过境货物)的移动、放行和通关相关的新的或修订的普遍适用的法律和法规生效之前，尽早地公布	一致

续表

RCEP第四章海关程序		WTO《贸易便利化协定》		差异分析
条目	内容	条目	内容	
第六条 咨询点	设立一个或多个咨询点，提供咨询	第1条	成员建立一个或多个咨询点，提供咨询；关税同盟或区域一体化成员可在区域一级设立共同咨询点；鼓励免费咨询服务；设定合理时间答复	WTO对咨询点运行作出更详细要求
第七条 海关程序	保证其海关程序和实践具有可预见性、一致性和透明度	—	—	—
	符合世界海关组织的标准和建议	—	—	—
	审查其海关程序以简化海关程序便利贸易为目的	—	—	—
第八条 装运前 检验	不得使用与税则归类和海关估价相关的装运前检验	第5条	不得使用与税则归类和海关估价相关的装运前检验	一致
	不损害检验权利前提下，鼓励对装运前检验的使用不再采用或适用新要求	第5条	不损害检验权利前提下，鼓励对装运前检验的使用不再采用或适用新要求	一致
	不排除以卫生和植物卫生为目的的装运前检验	第5条	不排除以卫生和植物卫生为目的的装运前检验	一致
第九条 抵达前 处理	允许提交进口所需的文件等信息，在货物抵达前开始处理，加快放行	第7条	允许提交进口所需的文件等信息，在货物抵达前开始处理，加快放行	一致
	一定条件下规定以电子格式预先提交进口所需信息，加快放行	第7条	酌情规定以电子格式提交单证，便于在货物抵达前处理	一致

续表

RCEP 第四章海关程序		WTO《贸易便利化协定》		差异分析
条目	内容	条目	内容	
第十条 预裁定	货物进口至其领土前作出书面预裁定,含税则归类、原产地判定、完税价格标准等	第3条	预裁定应包含:税则归类、原产地,鼓励对完税价格标准、关税减免要求的适用性、配额要求等也提供预裁定	RCEP将完税价格标准列入预裁定的必含项
	申请人的法人代表或登记,考虑中小企业需要	第3条	申请人的法人代表或登记,考虑中小企业需要	一致
	应发布作出预裁决的程序	—	—	—
	作出预裁决的时间表,尽可能在90天内向申请人作出	第3条	每一成员应至少公布作出预裁定的期限	RCEP明确了预裁定期限,尽可能90天内作出,对迟延的理由进行通报
	如处于行政复议或司法审查,可拒绝作出预裁定,并书面告知	第3条	如处于行政复议或司法审查,可拒绝作出预裁定	一致
	因未在规定的期限内提交补充信息,拒绝预裁决申请	—	—	RCEP对补充信息不足致使的预裁定拒绝进行说明
	预裁决的有效期,至少为3年	第3条	每一成员应至少公布预裁定有效期	RCEP对预裁定有效期作出明确规定,应至少3年
	书面通知申请人撤销、修改或废止预裁定的理由,包括四个方面	第3条	书面通知申请人撤销、修改或废止预裁定的理由	RCEP对作出撤销、修改或废止预裁定的依据进行了说明,包括法律法规变动、提供信息错误或隐瞒、情况变动、预裁定有误等

续表

RCEP 第四章海关程序		WTO《贸易便利化协定》		差异分析
条目	内容	条目	内容	
第十条 预裁定	具有追溯效力的预裁决的撤销、修改或废止需满足信息不完整、不正确、虚假或误导性等原因	第 3 条	对具有追溯效力的预裁定，可依据信息不完整、不正确、虚假或误导性等原因，进行撤销、修改或废止	一致
	预裁定应当具有约束力	第 3 条	预裁定应具备约束力	一致
	申请要求、作出预裁定的期限和有效期是缔约方必须公布的	第 3 条	每一成员至少公布申请要求、作出预裁定的期限和有效期	一致
	一定条件下预裁决信息可公开获得	第 3 条	保护商业信息同时，公布预裁定信息	一致
第十一条 货物放行	设立简化的海关程序	—	—	RCEP 强调简化海关程序的重要性
	货物放行的期限（尽可能在货物抵达和提交必要信息后 48 小时内放行）	—	—	RCEP 对放行时间做了更加明确的要求，尽可能实现 48 小时放行
	需进一步检验的货物应以合理和必要为限	—	—	RCEP 强调检查应以必要合理为限
	在关税、国内税、规费及费用最终确定之前允许货物放行，并可以要求提供担保	第 7 条	将货物放行与关税、国内税、规费及费用的最终确定相分离，可通过担保形式作为放行条件	一致
	仍享有检查、扣留、扣押或没收货物的权利	第 7 条	不影响检查、扣留、扣押、或没收货物权利	一致
	易腐货物的放行（尽可能在货物抵达后和提交必要信息后 6 小时内放行）	第 7 条	易腐货物应在最短时间内尽可能放行	RCEP 对易腐货物的放行时间做了更明确的要求，争取 6 小时内放行

续表

RCEP第四章海关程序		WTO《贸易便利化协定》		差异分析
条目	内容	条目	内容	
第十一条货物放行	易腐货物在安排任何检验时具备优先权	第7条	检验时优先安排易腐货物	一致
	安排易腐货物的储存设施要求和放行程序	第7条	安排易腐货物的储存设施要求和放行程序	一致
第十二条信息技术的应用	鼓励应用信息技术支持海关放行	—	—	RCEP更加重视信息技术的应用，通过电子化方式提高通关效率
	使用加速放行的信息技术，包括在货物运抵前提交数据，以及用于风险管理的电子或自动化系统	—	—	
	使贸易管理文件的电子版可公开获得	—	—	
	以电子方式提交的贸易管理文件的法律等效性	—	—	
	无纸化贸易管理时鼓励考虑国际标准或方法	—	—	
	在国际层面与缔约方合作，以提升对以电子方式提交的贸易管理文件的接受度	—	—	
第十三条对经认证的经营者的贸易便利化措施	提供与进口、出口或过境手续和程序相关的额外的贸易便利化措施	第7条	提供与进口、出口或过境手续和程序相关的额外的贸易便利化措施	一致
	经认证的经营者的规定标准	第7条	经认证的经营者的规定标准	一致
	为经认证经营者提供贸易便利化措施至少包括所列之三	第7条	为经认证经营者提供贸易便利化措施至少包括所列之三	一致
	基于国际标准制定经认证的经营者计划	第7条	基于国际标准制定经认证的经营者计划	一致
	提供通过谈判相互承认经认证的经营者计划的可能性	第7条	提供通过谈判相互承认经认证的经营者计划的可能性	一致

续表

RCEP第四章海关程序		WTO《贸易便利化协定》		差异分析
条目	内容	条目	内容	
第十三条对经认证的经营者的贸易便利化措施	鼓励通过联络点进行合作，制定各自经认证的经营者计划	第7条	成员间就有效的经认证经营者计划交流信息	RCEP就制定各自AEO计划进行合作提出具体建议：交换信息、共享经验和实践案例、认可信息及指定协调员等
第十四条风险管理	采用或设立风险管理制度	第7条	采用或设立风险管理制度	一致
	风险管理的设计和实施应避免歧视或限制	第7条	风险管理的设计和实施应避免歧视或限制	一致
	高风险货物的集中海关监管和低风险货物的快速放行。允许随机挑选货物进行风险管理	第7条	高风险货物的集中海关监管和低风险货物的快速放行。允许随机挑选货物进行风险管理	一致
	通过选择性标准的风险评估进行风险管理，含协调制度编码、货物性质和描述、原产国、货物启运国、货值、贸易商合规记录以及运输工具类型	第7条	通过选择性标准的风险评估进行风险管理，含协调制度编码、货物性质和描述、原产国、货物启运国、货值、贸易商合规记录以及运输工具类型	一致
第十五条快运货物	快运货物程序包括抵达前处理、电子方式一次性提交信息、单证要求的最小化、快运货物的尽快放行，并争取6小时内放行、快运货物在重量和海关估价方面适用，免于征收关税和国内税的微量货值或应纳税额的规定	第8条	快运货物程序的范围，包括抵达前处理、一次性提交信息、单证要求的最小化、快运货物的尽快放行，快运货物在重量和海关估价方面适用，免于征收关税和国内税的微量货值或应纳税额的规定	RCEP在快运货物放行方面列入了电子信息应用和6小时内放行的要求
	具备检验、扣留、扣押、没收或拒绝货物入境、或进行后续稽查的权利；要求提交补充信息和满足非自动许可要求的权利	第8条	具备检验、扣留、扣押、没收或拒绝货物入境、或进行后续稽查的权利；要求提交补充信息和满足非自动许可要求的权利	一致

续表

RCEP 第四章海关程序		WTO《贸易便利化协定》		差异分析
条目	内容	条目	内容	
第十六条后续稽查	应当采取或设立后续稽查	第 7 条	应当采取或设立后续稽查	一致
	后续稽查当事人或货物的挑选应以风险为基础,并及时告知被稽查人	第 7 条	后续稽查当事人或货物的挑选应以风险为基础,并及时告知被稽查人	一致
	后续稽查中获得的信息在行政或司法程序中可使用	第 7 条	后续稽查中获得的信息在行政或司法程序中可使用	一致
	在实施风险管理中可使用后续稽查结论	第 7 条	在实施风险管理中可使用后续稽查结论	一致
第十七条放行时间研究	鼓励以一致的方式测算海关放行时间并公布	第 7 条	鼓励以一致的方式测算海关放行时间并公布	一致
	鼓励共享放行时间研究方面的经验	第 7 条	鼓励共享放行时间研究方面的经验	一致
第十八条审查和上诉	有权行政上诉或复议以及司法上诉或审查	第 4 条	有权行政上诉或复议以及司法上诉或审查	一致
	缔约方可要求在司法上诉或审查前,先进行行政上诉或复议。	第 4 条	缔约方可要求在司法上诉或审查前,先进行行政上诉或复议	一致
	确保程序非歧视	第 4 条	确保程序非歧视	一致
	申诉人有权向行政机关或司法机关提出进一步上诉	第 4 条	申诉人有权向行政机关或司法机关提出进一步上诉	一致
	应提供作出行政决定的理由	第 4 条	应提供作出行政决定的理由	一致
	公平对待申诉人	—	—	RCEP 提出应对受审查者公平对待
	鼓励海关等边境机构据此作出行政决定	—	鼓励海关等边境机构据此作出行政决定	一致
	以书面形式提供审查上诉的结果	—	—	RCEP 对审查上诉的结果公布形式更严格,必须以书面形式提供

续表

RCEP第四章海关程序		WTO《贸易便利化协定》		差异分析
条目	内容	条目	内容	
第十九条 海关合作	缔约方间就6个方面合作	第12条	仅提及技术指导或援助	RCEP对海关间合作做了更详细的列明
	将任何重大变动及时通告	—	—	
	可以共享海关管理发展的信息和经验	—	—	
	鼓励拥有共同边界的缔约方间展开合作	第8条	鼓励拥有共同边界的缔约方间展开合作	一致
第二十条 磋商和 联络点	通过联络点进行磋商	第2条	利害关系方间可定期磋商	RCEP为磋商提出了更有效的方法，通过联络点进行，并对磋商启动时间规定了收到请求30日内，更积极有效
	可将磋商无法解决的事宜提交货物委员会	—	—	—
	协定生效之日起30天内指定一个或多个联络点	—	—	—
第二十一条 实施安排	给予履行承诺的期限安排	—	—	—

RCEP 系列研究之三：山东省二十类主要进出口商品原产地认定规则变化*

RCEP 首次提出背对背原产地证明①、首次明确企业“自主原产地声明”制度的实施时间并对原产地区域成分累积进行特别设计。通过综合分析，只有中日贸易存在明显的关税下降，中国与 RCEP 其他成员国之间并无明显关税下调，但灵活用好 RCEP 原产地新规可以提高企业的享惠水平。2020 年山东省二十类主要出口商品②贸易额为 9576.2 亿元、二十类主要进口商品③贸易额为 7161.3 亿元，占山东省进口贸易的 80%。本文通过梳理这些商品在 RCEP 签署前后关税和原产地认定规则的变化，为企业提供更多更优的选择建议。

---

* 作者：夏运彬、李迎春、赵博、高淑君、张鲁滨。

① 背对背原产地证明：中间缔约方的出口商针对已由原出口商出具原产地证明的货物再次分批分期灵活出具的原产地证明，在销售给其他缔约国时仍然享受协定税率。

② 二十类主要出口商品：机械设备，电器及电子产品，服装及衣着附件，纺织纱线织物及制品，运输工具，金属制品，新的充气橡胶轮胎，钢材，蔬菜及制品，水海产品及制品，塑料制品，家具及其零件，陶瓷产品，医药品，水果及制品（鲜干水果及坚果），灯具、照明装置及零件，未锻轧铝及铝材，玩具，鞋类，仪器仪表。

③ 二十类主要进口商品：原油，电器及电子产品，铁矿砂及其精矿，机械设备，粮食，铝矿砂及其精矿，仪器仪表，铜矿砂及其精矿，纸浆，初级形状的塑料，水海产品，未锻轧铜及铜材，合成橡胶（包括胶乳），天然橡胶（包括胶乳），煤及褐煤，纺织纱线、织物及制品，棉花，钢材，金属制品，运输工具。

一、RCEP原产地规则的特别设计

RCEP原产地规则比CPTPP[①]原产地规则惠及面更广，提出了"两个首次"，"区域成分累积"含金量较高，体现了RCEP原产地规则的先进性、创新性和灵活性。

（一）"区域成分累积"原则扩大红利

RCEP区域成分累积的适用，为产业链价值链布局增加了更多可能性，协定红利将得到充分释放。一是对原产价值在RCEP的15个成员国累积增加了原产地规则的适用广度。二是对原产价值增值进行累积，增加了原产地规则的适用深度。三是累积（量变）与税则改变（质变）结合增加了原产地规则的适用灵活性。累积规则有助于最大限度利用区域内生产加工创造的价值，形成紧密联系的区域市场体系。

（二）首次提出"背对背原产地证明"概念

背对背原产地证明规定缔约国出口产品享受优惠关税进行销售之后再次拆分出口的货物，在不超过初始数量和有效期的情况下，在中间缔约国可使用背对背原产地证明再次出口货物并在进口国享受协定税率。这极大地提高企业在销售策略以及物流安排方面的灵活性，有利于发展转口贸易，促进区域贸易一体化。

背对背原产地证明示例如图1所示，中国进出口企业7月购入10吨泰国山竹，存储于港口冷库，于同年11、12月，分批转售至韩国和日本的水果加工企业。如果没有背对背原产地证明，分批出售的山竹既不能证明其为泰国原产，也不是中国原产，原产地不详，无法享受RCEP关税优惠。利用背对背原产地证明，可在分批转售时分别开具山竹泰国原产地证书，享受RCEP关税优惠。

---

① CPTPP（Comprehensive and Progressive Agreement for Trans-Pacific Partnership）即全面与进步跨太平洋伙伴关系协定，CPTPP的11个成员国包括：日本、加拿大、澳大利亚、智利、新西兰、新加坡、文莱、马来西亚、越南、墨西哥和秘鲁。

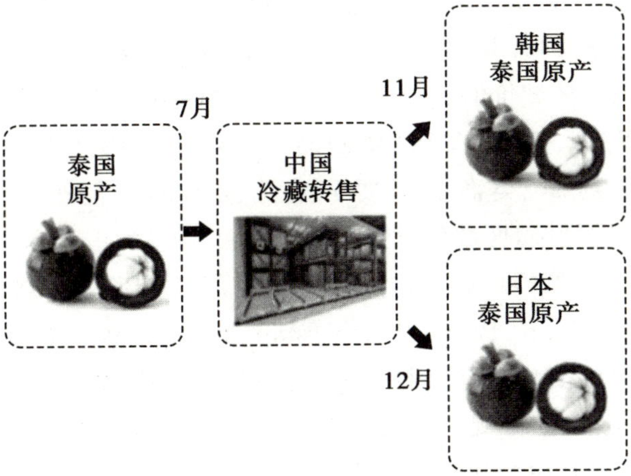

图 1　背对背原产地证明示例

（三）首次明确企业“自主原产地声明”制度的实施时间

企业自主原产地声明是指在传统的由签证机构所签发的原产地证书之外，将允许经核准的出口商、货物的出口商或生产商进行自主声明，该制度是高水平自由贸易协定重要特征之一。我国与瑞士签订的自由贸易协定也采用了经核准的出口商自主声明制度，但 RCEP 首次增加了货物的出口商或生产商签发原产地声明的资格，并明确各个缔约国在 10～20 年之间落实该制度。这标志着原产地声明制度将由官方核准的少数企业签发模式转变为企业信用担保的普遍适用模式，大大节省政府行政管理成本和企业经营成本，进一步提高货物通关时效。

（四）RCEP 比 CPTPP 原产地规则惠及面更广

与 RCEP 相比较，然 CPTPP 原产地规则要求更高，机制更完善，CPTPP 规定更繁杂，标准更严格。RCEP 作为唯一一个以发展中经济体为中心的区域贸易协定，涵盖范围更全面，设计更为宽松。

一是 RCEP 原产地区域累积范围更大。据智利外交部的数据，截至 2018 年，CPTPP 覆盖 4.98 亿人口，国内生产总值之和占全球经济总量的 13%，区域累积范围为 11 个成员国。而 RCEP 涵盖约 23 亿人口，国内生产总值之和占全球经济总量的 29.5%，区域范围扩大至 15 个成员国，将进一步扩大优惠面，强化区域合作的重要性，加速亚太区域内产业链供应链融合。

二是RCEP原产地认定包容性更强，规则组合更灵活多样。RCEP原产地规则“区域价值成分”的计算标准统一为40%，还可以叠加降低标准的税则改变。而CPTPP采用区域价值成分30%（约247类商品）、35%（约129类商品）、40%（约314类商品）、45%（约154类商品）、50%（约272类商品）、55%（约87类商品）或60%（约20类商品），要分别达到标准才能被认定为原产地。CPTPP所有商品类别中，区域价值成分累积超过40%的占69.3%。

三是RCEP不设“纺纱前沿”规则适用更宽。CPTPP对于纺织品沿用跨太平洋伙伴关系协定（Trans-Pacific Partnership Agreement，TPP）的“纺纱前沿”原产地规则，要求纺织品从原料到加工制造都在CPTPP成员经济体内进行，否则无法享受关税优惠，这一规定相当严格，而RCEP无此规定。

RCEP与CPTPP原产地规则对比如表1所示。

表1　RCEP与CPTPP原产地规则对比

原产地规则	RCEP	CPTPP
区域价值成分	直接和间接计算标准为40%	直接和间接计算标准为30%、35%、40%、45%、50%、55%或60%
累积规则	区域累积	区域累积
纺织品和服装	无	专门规定
微量规则	10%	10%
直接运输规则	有	有
原产地证据	原产地证书、声明	原产地证书
微小差错规定	有	无
处罚规则	有	有
背对背原产地	有	无

RCEP 原产地累积规则如图 2 所示。完全累积规则如图 3 所示。

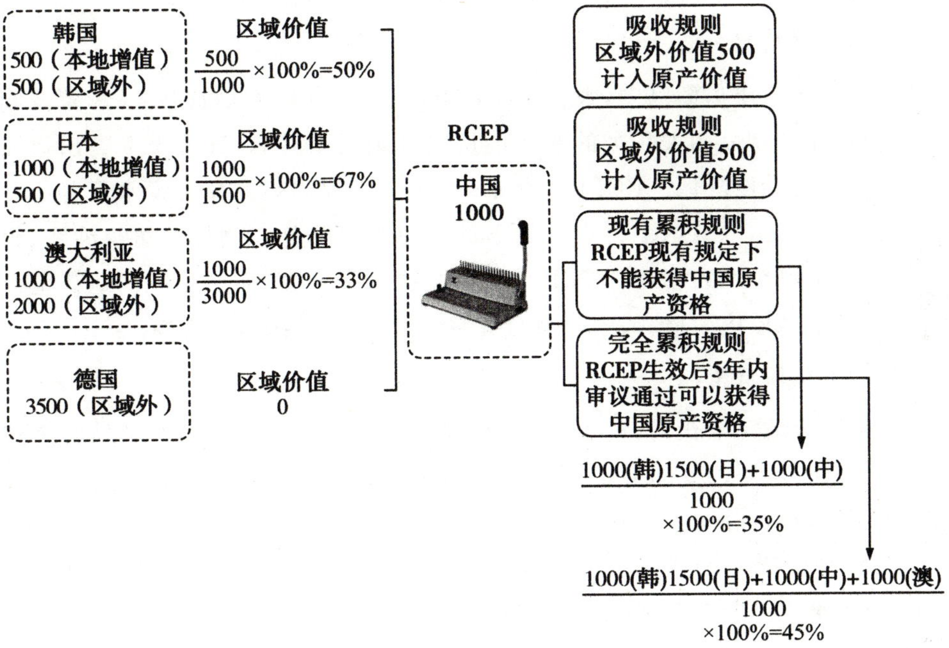

图 2　RCEP 原产地累积规则（RCEP 生效后 5 年内且审议通过之后实行完全累积规则）

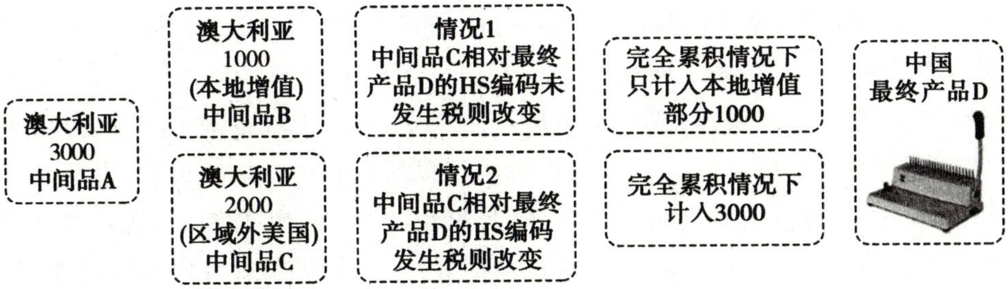

图 3　完全累积规则（注意地域范围和客体范围，成员国间的生产增值累积）

二、山东省二十类主要出口商品原产地认定规则变化

2020 年山东二十类主要出口商品贸易额为 9576.2 亿元，占山东省出口商品总额的 73.4%。下文通过比对商品在现有多双边自贸协定原产地认定规则及《关

税承诺表》，分析RCEP生效前后的变化，研判原产地认定规则难度升高或降低、对部分敏感产品的保护情况等（详细分析见本文附表1、附表2、附表3）。

（一）整体情况分析

二十类主要出口商品中，服装及衣着附件、纺织纱线织物及制品、蔬菜及制品、水海产品及制品四大品类的原产地认定规则难度升高，其余十六类出口商品原产地认定难度降低。RCEP生效后，二十类主要出口商品关税水平普遍升高或者保持不变，部分国家特定品类下的关税水平降低。例如，“纺织纱线、织物及制品”出口至澳大利亚，RCEP生效后关税水平不变，而产品原产地认定标准降低，利于区域内原材料、中间品的贸易往来，扩大纺织市场规模。

（二）难度降低情况

一是原产地完全获得（WO）转变为章改变（CC）。解读：从某个地域完全获得到只要符合实质改变即可，扩大了进口原料范围。该情况集中在水海产品及制品，主要体现在韩国进口商品时的原产地规则认定。

二是章改变（CC）或区域价值成分（60%）转变为品目改变（CTH）或区域价值成分（40%）。解读：品目改变要求低于章改变要求，认定规则要求标准降低。该情况集中在纺织纱线织物及制品、金属制品，主要体现在韩国对大麻纱线，钢铁制鱼尾板、钢轨垫板，澳大利亚对大麻纱线进口商品时的原产地规则认定。

三是“双边”关系下的品目改变（CTH）、子目改变（CTSH）或区域价值成分（X），转变为“多边”关系下的品目改变（CTH）、子目改变（CTSH）或区域价值成分（X）等相对降低。解读：双边到多边，扩大了累积的地域范围，累积成分要求也有所降低，从60%、50%、45%降到40%。该情况集中在机械设备，电器及电子产品，运输工具，金属制品，新的充气橡胶轮胎，钢材，塑料制品，家具及其零件，陶瓷产品，医药品，灯具、照明装置及零件，未锻轧铝及铝材，玩具，鞋类，仪器仪表。RCEP生效后，马来西亚在“机械设备”、越南在“运输工具”“金属制品”、泰国和柬埔寨在“新的充气橡胶轮胎”等领域市场广阔。

（三）难度升高情况

一是品目改变（CTH）转变为章改变（CC）。解读：从品目改变到章改变说明认定标准升高，表示必须要发生实质性改变才可认定。该情况集中在服装及衣着附件、水海产品及制品。

二是子目改变(CTSH)或区域价值成分(40%)转变为章改变(CC)，章改变(CC)或区域价值成分(40%)转变为章改变(CC)。解读：从子目改变到章改变说明认定标准升高，而且改变后减少了区域价值累积许可，表示必须要发生实质性改变才可认定。该情况集中在某些服装及衣着附件、水海产品及制品和纺织纱线织物及制品。

三是章改变(CC)转变为完全获得(WO)，品目改变(CTH)转变为完全获得(WO)。解读：从产品加工发生实质改变到完全来自某原产地才可认定，表示限制了原产地区域范围。该情况集中在蔬菜及制品，例如，山东省出口至越南国"蔬菜及制品"中的醋黄瓜，要求必须完全获得，限定了商品的原产地域范围。

(四)RCEP 生效后关税立即降为零的情况

RCEP 生效后关税立即降为零。如烟台某果胶股份有限公司 2019 年自泰国进口食糖 153 万元，出口果胶到日本 411 万元，现有关税 20.55 万元(5%)，RCEP 生效后关税立即降为零。

(五)RCEP 生效后关税逐渐降为零的情况

RCEP 生效后关税逐渐降为零。如烟台某干果制品企业 2019 年自越南进口龙眼 255 万元，出口果干到韩国 325 万元，现有关税 26 万元(8%)，RCEP 生效 10 年后关税降为零(见图 4)。

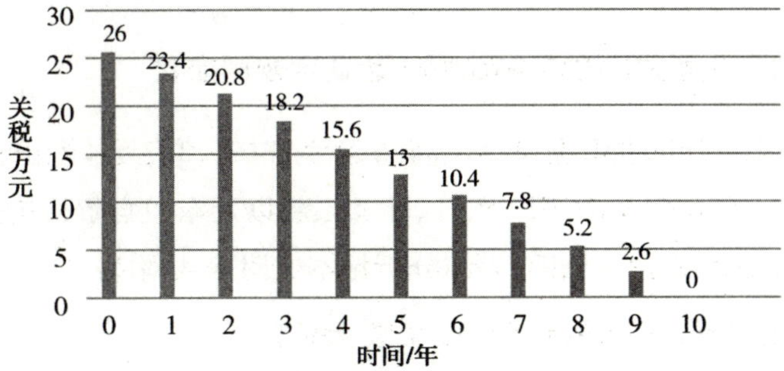

图 4　RCEP 生效后企业每年出口龙眼果干关税降低情况

(六)有关建议

一是参考原产地认定规则变化分析，着力扩大出口。针对原产地认定规则难度降低的品类，着力扩大出口。例如，促进山东对越南“蔬菜及制品”“运输工具”“金属制品”“新的充气橡胶轮胎”等商品的出口。针对原产地认定规则难度升高的品类，根据要求提升生产水平和制作工艺，尽快达到原产地认定标准。

二是关注成员国实施保护的部分商品，择优选择贸易国。成员国中部分商品原产地认定规则难度降低，但削减关税期限较长。例如，泰国“新的充气橡胶轮胎”中摩托车用新的充气橡胶轮胎（15 年逐步降为零）、柬埔寨“水果及制品”中水果和坚果（20 年逐步降为零）保护期较长，此品类出口商品应有倾向地加大对 RCEP 其他成员国的贸易。

三是注重发挥“区域累积”优势，拓展成员国产业链。有针对性地在原产地认定规则标准降低的成员国投资设厂，多样化选择原材料、中间品，进行产业布局。例如，毛制女式带风帽防寒短上衣在原产地认定规则发生章（CC）改变即可，可采购澳大利亚羊毛等原材料，借助制造业纺织优势对日出口，在 RCEP 生效后享受零关税。

四是深挖鲁、日合作潜力，拓展对日贸易。中国—日本首次达成区域自贸协定，山东在纺织业、制造业、农产品等领域将面临更多机遇，尤其日本在“服装及衣着附件”“蔬菜及制品”上削减关税力度最大、范围更广。例如，出口日本商品中利用“蔬菜及制品”中大蒜的关税水平 5%，生效后降为 2.8%（16 年逐步降为零），选取相关企业①加大宣传，扩大出口规模。

三、山东省二十类主要进口商品原产地认定规则变化

2020 年山东二十类主要进口商品贸易额为 7161.3 亿元，占山东省进口商品总额的 80%。下文对比 RCEP 和日、韩、澳、新以及东盟自贸协定的关税和原产地规则，对有关商品进行分析（详细分析见本文附表 4、附表 5）。

（一）从总体来看，原产地判定严格程度大幅降低

RCEP 多采用税则归类改变和区域价值成分（40%）复合的原产地规则，区域价值成分（40%）也低于自贸协定常见的区域价值成分（45%、50%、60%）。其他自贸协定已实行税率普遍低于 RCEP，但中日通过 RCEP 首次达成双边关

① 比如山东省济宁市金乡县大蒜产业。

税减让安排，中国自日本进口商品 RCEP 关税享惠幅度较大。自东盟、澳大利亚、新西兰进口关税 RCEP 降幅普遍高于日韩，韩国降幅略高于日本。

（二）从商品来看

一是原产地规则方面，东盟原油和新西兰棉花 RCEP 原产地规则因缺少区域价值累积变得更为严格，粮食和纺织品原产地规则变化不大，其余绝大部分商品原产地规则 RCEP 更为宽松。二是关税方面，部分商品自贸协定和 RCEP 均实现零进口关税。比如，原油、煤、纸浆、铜铝铁矿砂、电子产品中的手机和耳机。部分商品 RCEP 关税壁垒较高，但自贸协定进口关税已降至零，比如，澳新橡胶、钢材、塑料。特定商品 RCEP 有进口关税优势，比如，RCEP 生效后从日本进口汽车发动机关税减让幅度较大。

（三）有关建议

一是利用 RCEP 原产地规则累积和进口关税降低叠加效应，增加日本汽车零部件进口，扩大对东南亚整车出口。RCEP 生效后，自日本进口汽车发动机关税有较大幅度降低，根据排量不同，由 10%直接降为零或 20 年降为零。更加宽松的 RCEP 原产地累积规则可使采用日本发动机的国产汽车更容易被认定为中国原产，从而在 RCEP 区域内享受配件进口和整车出口关税优惠。

二是积极开拓东盟和澳大利亚、新西兰水海产品来源地，扩大日韩水海产品进口。山东省进口日韩水海产品有区位优势，但日韩此类产品目前进口税率在 10%左右，需经过 10 年才能降为零。而目前从东盟、澳大利亚和新西兰进口金枪鱼、龙虾、海蜇等关税已降为零。东盟和澳大利亚、新西兰有丰富的海产资源，山东省海产进口企业应积极开拓相关产品来源。

三是重点针对日韩电子和仪表类产品，分析进口低关税产品的原产地规则差异，日韩两国有不同产业优势，相关产品出口也适用于不同关税和原产地规则。如进口日本导航雷达关税为零，韩国则为 1.8%；进口经纬仪关税，日本为 3%，韩国则为零。通过分析具体产品进口关税和原产地规则差异，可使山东省相关进口企业享受更多优惠。

附表1　山东省二十类主要出口商品关税及原产地规则RCEP生效后变化

说明：

1.每类产品第一行“关”表示“关税”，第二行“原”表示“原产地规则”。

2.“↓”代表“下降”，“—”代表“不变”，“↑”代表“上升”。

3.关税在二十类出口产品品类中普遍表现关税升高或者与原来水平保持不变。

4.原产地认定规则难度降低的情形参见本书第89页“难度降低情况”，原产地认定规则难度上升的情形参见本书第90页“难度升高情况”。

5.本表基于典型商品归类综合总结，详见附表2和附表3。

类别		章节	日本	韩国	澳大利亚	新西兰	缅甸	印尼	老挝	柬埔寨	越南	泰国	文莱	菲律宾	马来西亚
机械设备	关	84	—	↑—	↑—	↑—	↑—	↑—	↑—	↑—	—	—	↑—	—	—↓
	原			↓	↓	↓					↓				
电器及电子产品	关	85	—	↑—	↑—	↑—	↑	↑—	↑—	↑—	↑—	↑—	↑—	—	↑—
	原			↓	↓	↓					↓				
服装及衣着附件	关	61、62	↓	↑	↑—	↑	↑	—	↑—	↑—	—	↑—	—	—	—
	原			↑	↑—	↑					↑				
纺织纱线、织物及制品	关	53	—	↑—	—	—	↑—	—	↑—	—	—	—	—	—	—
	原			↑↓	↓	↑—					↑				
运输工具	关	87	—	↑—	—	↑—	↑—	↑—	↑	↑—	↑—↓	↑—	—	—	↑—
	原		—	↓	↓	↓					↓				
金属制品	关	73	↓	↑—	—	↑—	↑—	↑—	↑—	↑—	—↓	↑—	—	—	↑—
	原			↓	↓	↓					↓				
新的充气橡胶轮胎	关	40	—	↑	—	—	↑—	—	—	↑—	—↓	↑↓	↑—	—	↑
	原			↓	↓	↓					↓				
钢材	关	72	↓	—	↑	—	↑—	↑—	↑—	↑—	↑—	↑—	—	↑—	↑—
	原			↓	↓	↓					↓				
蔬菜及制品	关	7	↓	↑—	↑—	↑—	↑—	↑—	↑—	↑—	—↓	↑—	—	↑—	—
	原			↓—	↑	↑					↑—↓				

续表

类别		章节	日本	韩国	澳大利亚	新西兰	缅甸	印尼	老挝	柬埔寨	越南	泰国	文莱	菲律宾	马来西亚
水海产品及制品	关	3	↓	↑	—	—	↑—	↑—	↑—	↑—	↑—	↑—	—	—	—
	原			↓	↓	↑					↑—				
塑料制品	关	39	—	↑	—	↑	↑	↑—	↑—	↑—	↑—	↑—	—	↑—	—
	原			↓	↓	↓					↓				
家具及其零件	关	94	↓	↑—	—	↑	↑	—	↑—	↑	—	—	↑	—	↑
	原			↓	↓	↓					↓				
陶瓷产品	关	69	—	↑—	↑—	↑—	↑—	↑—	↑—	↑—	↑—	—	—	—	↑
	原			↓	↓	↓					↓				
医药品	关	30	—	—	—	—	↑	—	↑	—	—	↑	—	—	—
	原			↓	↓	↓					↓				
水果及制品（鲜干水果及坚果）	关	20	↓	↑—	—	—	↑—	—	↑	↑↓	↑	↑	—	—	—
	原			↓	↓	↑					↓				
灯具、照明装置及零件	关	94	↓	↑	↑	↑	↑	↑—	↑—	↑	—	—	↑	—	↑
	原			↓	↓	↓					↓				
未锻轧铝及铝材	关	76	↓	↑	↑	↑	↑	↑	↑—	↑	—	—	—	—	↑
	原			↓	↓	↓					↓				
玩具	关	95	—	—	—	↑	↑	—	↑	↑	—	—	↑—	—	↑
	原			↓	↓	↓					↓				
鞋类	关	64	↓	—	—	—	↑	↑—	—	↑	—	—	↑	↑—	—
	原			↓	↓	↓					↓				
仪器仪表	关	90	—	↑	—	—	↑	—	↑—	↑	—	—	↑	—	—
	原			↓	↓	↓					↓				

附表 2　日韩澳新典型商品关税及原产地规则对比

说明：

1.表中韩国关税为 2021 年税率水平。

2.X%(x)表示关税在第 x 年从 X 降为 0,X%(+)表示关税在 RCEP 生效后处于持续降税状态,X%(不变)表示关税在 RCEP 生效后维持税率不变状态。

3.CC 表示"章改变",CTH 表示"品目改变",CTSH 表示"子目改变";章到品目到子目改变,认定难度逐渐降低。WO 表示"完全获得",RVC(X)表示"区域价值成分不小于 X%"。

4.百分号后"U"表示进口关税不变。

类别	代码	货品名称	日本		韩国		澳大利亚		新西兰	
			关税:原	RCEP 生效后	关税:原	RCEP 生效后	关税:原	RCEP 生效后	关税:原	RCEP 生效后
			原产地规则:原	RCEP 生效后	原产地规则:原	RCEP 生效后	原产地规则:原	RCEP 生效后	原产地规则:原	RCEP 生效后
机械设备	8401200000	同位素分离机器、装置及其零件	0	0	0	0	0	0	0	0
				CTSH or RVC(40)	CTSH	CTSH or RVC(40)	CTH	CTSH or RVC(40)	CTSH	CTSH or RVC(40)
	8404200000	水及其他蒸汽动力装置的冷凝器	0	0	0	0	0	0	0	4.7%(20)
				CTSH or RVC(40)	CTSH	CTSH or RVC(40)	CTSH	CTSH or RVC(40)	CTSH	CTSH or RVC(40)
	8406820000	输出功率≤40MW 的汽轮机	0	0	0	5%U	0	0	0	0
				CTSH or RVC(40)	CTSH	CTSH or RVC(40)	CTH	CTSH or RVC(40)	CTSH	CTSH or RVC(40)

续表

类别	代码	货品名称	日本		韩国		澳大利亚		新西兰	
			关税：原	RCEP生效后	关税：原	RCEP生效后	关税：原	RCEP生效后	关税：原	RCEP生效后
			原产地规则：原	RCEP生效后	原产地规则：原	RCEP生效后	原产地规则：原	RCEP生效后	原产地规则：原	RCEP生效后
机械设备	8407100000	航空器点燃式发动机	0	0	0	0	0	0	0	0
				CTH or RVC(40)	RVC(40)	CTH or RVC(40)	CTH	CTH or RVC(40)	RVC(40)and CTSH	CTH or RVC(40)
	8416300000	机械加煤机，包括其机械炉篦、机械出灰器及类似装置	0	0	0	0	0	4%(10)	0	4.7%(20)
				CTSH or RVC(40)	CTSH	CTSH or RVC(40)	CTSH	CTSH or RVC(40)	CTSH	CTSH or RVC(40)
	8426200000	塔式起重机	0	0	0	0	0	0	0	4.5(10)
				CTH or RVC(40)	CTH	CTH or RVC(40)	CTSH	CTH or RVC(40)	RVC(40) and CTSH	CTH or RVC(40)
	8433510000	联合收割机	0	0	0	0	0	0	0	0
				CTSH or RVC(40)	CTSH	CTSH or RVC(40)	CTSH	CTSH or RVC(40)	CTSH	CTSH or RVC(40)
	8462310000	数控的剪切机床	0	0	0	7.2%(10)	0	0	0	4.7%(20)
				CTH or RVC(40)	CTH and RVC(50)	CTH or RVC(40)	CTSH	CTH or RVC(40)	RVC(40) and CTH	CTH or RVC(40)
	8467210000	电动钻	0	0	8%E	8%U	0	0	0	0
				CTSH or RVC(40)	CTSH	CTSH or RVC(40)	CTSH	CTSH or RVC(40)	CTSH	CTSH or RVC(40)

续表

类别	代码	货品名称	日本		韩国		澳大利亚		新西兰	
			关税：原	RCEP生效后	关税：原	RCEP生效后	关税：原	RCEP生效后	关税：原	RCEP生效后
			原产地规则：原	RCEP生效后	原产地规则：原	RCEP生效后	原产地规则：原	RCEP生效后	原产地规则：原	RCEP生效后
电器及电子产品	8502400000	旋转式式变流机	0	0	4.27%	7.2%(10)	0	4%(10)	0	4.7%(20)
				CTH or RVC(40)	CTH or RVC(40)	CTH or RVC(40)	CTSH	CTH or RVC(40)	CTH	CTH or RVC(40)
	8506400000	氧化银的原电池及原电池组	0	0	2.4%	7.2%(10)	0	0	0	0
				CTSH or RVC(40)	CTSH	CTSH or RVC(40)	CTSH	CTSH or RVC(40)	CTSH	CTSH or RVC(40)
	8510100000	电动剃须刀	0	0	0	0	0	0	0	0
				CTSH or RVC(40)	CTH or RVC(40)	CTSH or RVC(40)	CTSH	CTSH or RVC(40)	CTSH	CTSH or RVC(40)
	8512400000	车辆风挡刮水器、除霜器及去雾器	0	0	4.27%	7.5%(15)	0	5%(不变)	0	0
				CTSH or RVC(40)	CTSH	CTSH or RVC(40)	CTH	CTSH or RVC(40)	CTSH	CTSH or RVC(40)
	8516330000	电热干手器	0	0	0	0	0	0	0	4.5(10)
				CTSH or RVC(40)	CTSH or RVC(40)	CTSH or RVC(40)	CTSH	CTSH or RVC(40)	CTSH	CTSH or RVC(40)
	8516500000	微波炉	0	0	0	0	0	0	0	0
				CTSH or RVC(40)	CTH or RVC(55)	CTSH or RVC(40)	CTH	CTSH or RVC(40)	CTSH	CTSH or RVC(40)

续表

类别	代码	货品名称	日本		韩国		澳大利亚		新西兰	
			关税:原	RCEP生效后	关税:原	RCEP生效后	关税:原	RCEP生效后	关税:原	RCEP生效后
			原产地规则:原	RCEP生效后	原产地规则:原	RCEP生效后	原产地规则:原	RCEP生效后	原产地规则:原	RCEP生效后
电器及电子产品	8516720000	家用自动面包机	0	0	0	0	0	0	0	4.5(10)
				CTSH or RVC(40)	CTSH or RVC(40)	CTSH or RVC(40)	CTSH	CTSH or RVC(40)	CTSH	CTSH or RVC(40)
	8517110000	无绳电话机	0	0	0	0	0	0	0	0
				CTSH or RVC(40)	CTSH or RVC(40)	CTSH or RVC(40)	CTSH	CTSH or RVC(40)	CTSH	CTSH or RVC(40)
服装及衣着附件	6103220000	棉制针织或钩编男式便服套装	10.9%	0	3.9%	11.7%(10)	0	10%(20)	0	10%(5%)
				CC	CTSH or RVC(40)	CC	CTSH	CC	CTH	CC
	6103230000	合纤制针织或钩编男便服套装	10.9%	0	3.9%	11.7%(10)	0	8%(15)	0	9%(10)
				CC	CTSH or RVC(40)	CC	CTSH	CC	CTH	CC
	6103310000	毛制针织或钩编男式上衣	10.9%	0	3.9%	11.7%(10)	0	8%(7)	0	9%(10)
				CC	CC or RVC(40)	CC	CC	CC	CTH	CC
	6103410000	毛制针织或钩编男长裤、工装裤等	10.9%	0	3.9%	11.7%(10)	0	10%(20)	0	9%(10)
				CC	CC or RVC(40)	CC	CC	CC	CTH	CC

续表

类别	代码	货品名称	日本		韩国		澳大利亚		新西兰	
			关税:原	RCEP生效后	关税:原	RCEP生效后	关税:原	RCEP生效后	关税:原	RCEP生效后
			原产地规则:原	RCEP生效后	原产地规则:原	RCEP生效后	原产地规则:原	RCEP生效后	原产地规则:原	RCEP生效后
服装及衣着附件	6202110000	毛制女式大衣、斗篷及类似品等	16%	12%(16)	3.9%	11.7%(10)	0	8%(15)	0	9.3%(20)
				CC	CC or RVC(40)	CC	CC	CC	CTH	CC
	6202120000	棉制女式羽绒服、大衣、斗篷及类似品	11.2%	12%(16)	3.9%	11.7%(10)	0	8%(15)	0	10%(5%)
				CC	CC or RVC(40)	CC	CC	CC	CTH	CC
	6202910000	毛制女式带风帽防寒短上衣、防风衣	16%	0	3.9%	11.7%(10)	0	8%(7)	0	9.3%(20)
				CC	CC or RVC(40)	CC	CC	CC	CTH	CC
	6214200000	羊毛及其他动物细毛制披巾、领巾、围巾、披纱、面纱及类似品	11.2%	0	2.4%	7.2%(10)	0	0	0	10%(5%)
				CC	CC or RVC(40)	CC	CC	CC	CTH	CC
纺织纱线、织物及制品	5301100000	生的或沤制的亚麻	0	0	0	0	0	0	0	0
				CC	CC or RVC(40)	CC	CC	CC	CTH	CC
	5301210000	破开或打成的亚麻	0	0	0	0	0	0	0	0
				CC	CC or RVC(40)	CC	CC	CC	CTH	CC

续表

类别	代码	货品名称	日本		韩国		澳大利亚		新西兰	
			关税：原	RCEP生效后	关税：原	RCEP生效后	关税：原	RCEP生效后	关税：原	RCEP生效后
			原产地规则：原	RCEP生效后	原产地规则：原	RCEP生效后	原产地规则：原	RCEP生效后	原产地规则：原	RCEP生效后
纺织纱线、织物及制品	5301290000	栉梳或经其他加工未纺制的亚麻	0	0	0	0	0	0	0	0
				CC	CC	CC	CC	CC	CTH	CC
	5302100000	生的或沤制的大麻	0	0	0	0	0	0	0	0
				CC	CC	CC	CC	CC	CTH	CC
	5308100000	椰壳纤维纱线	0	0	2.4%	7.2%(10)	0	0	0	0
				CC	CC	CC	CC	CC	CTH	CTH
	5308200000	大麻纱线	0	0	2.4%	7.2%(10)	0	0	0	0
				CTH	CC	CTH	CC	CTH	CTH	CTH
运输工具	8705200000	机动钻探车	0	0	2.4%	8%U	0	0	0	4.7%(20)
				CTH or RVC(40)	CTH	CTH or RVC(40)	CTH	CTH or RVC(40)	CTH	CTH or RVC(40)
	8705300000	消防车	0	0	2.4%	8%U	0	0	0	0
				RVC(40)	CTH	RVC(40)	CTH	RVC(40)	CTH	RVC(40)

续表

类别	代码	货品名称	日本		韩国		澳大利亚		新西兰	
			关税：原	RCEP生效后	关税：原	RCEP生效后	关税：原	RCEP生效后	关税：原	RCEP生效后
			原产地规则：原	RCEP生效后	原产地规则：原	RCEP生效后	原产地规则：原	RCEP生效后	原产地规则：原	RCEP生效后
运输工具	8705400000	机动混凝土搅拌车	0	0	8%E	8%U	0	0	0	4.5%(10)
				RVC(40)	RVC(50)	RVC(40)	CTH and RVC(45)	RVC(40)	CTH	RVC(40)
	8709110000	短距离运输货物电动牵引车	0	0	2.4%	7.2%(10)	0	0	0	0
				CTH or RVC(40)	RVC(50)	CTH or RVC(40)	CTH and RVC(45)	CTH or RVC(40)	CTH	CTH or RVC(40)
	8716100000	供居住或野营用厢式挂车及半挂车	0	0	4.27%	7.2%(10)	0	0	0	4.5%(10)
				CTH or RVC(40)	RVC(50)	CTH or RVC(40)	CTH or RVC(50)	CTH or RVC(40)	CTH	CTH or RVC(40)
	8716200000	农用自装或自卸式挂车及半挂车	0	0	0	0	0	0	0	4.7%(20)
				CTH or RVC(40)	CTH or RVC(40)	CTH or RVC(40)	CTH or RVC(50)	CTH or RVC(40)	CTH	CTH or RVC(40)
	8903100000	充气的娱乐或运动用快艇	0	0	2.4%	7.2%(10)	0	0	0	4.5%(10)
				CTH or RVC(40)	RVC(40)	CTH or RVC(40)	CTH and RVC(45)	CTH or RVC(40)	CTH	CTH or RVC(40)
	8907100000	充气筏	0	0	0	0	0	0	0	0
				CTH or RVC(40)	RVC(40)	CTH or RVC(40)	CTH or RVC(50)	CTH or RVC(40)	CTH	CTH or RVC(40)

续表

类别	代码	货品名称	日本		韩国		澳大利亚		新西兰	
			关税:原	RCEP 生效后	关税:原	RCEP 生效后	关税:原	RCEP 生效后	关税:原	RCEP 生效后
			原产地规则:原	RCEP 生效后	原产地规则:原	RCEP 生效后	原产地规则:原	RCEP 生效后	原产地规则:原	RCEP 生效后
金属制品	7302400000	钢铁制鱼尾板、钢轨垫板	0	0	0	0	0	0	0	0
				CTH or RVC(40)	CC or RVC(60)	CTH or RVC(40)	CTH and RVC(45)	CTH or RVC(40)	CTH or RVC(45)	CTH or RVC(40)
	7308300000	钢铁制门窗及其框架、门槛	0	0	0	0	0	5%(20)	0	4.5%(10)
				CTH or RVC(40)	CC or RVC(60)	CTH or RVC(40)	CTH and RVC(45)	CTH or RVC(40)	CTH or RVC(45)	CTH or RVC(40)
	7314500000	网眼钢铁板	0	0	0	0	0	0	0	4.5%(10)
				CTH or RVC(40)	CTH	CTH or RVC(40)	CTH	CTH or RVC(40)	CTH	CTH or RVC(40)
	7403110000	阴极精炼铜	15 日元/kg	2.8%(16)	1.6%	3%U	0	0	0	0
				CTH or RVC(40)	CTH	CTH or RVC(40)	CTH	CTH or RVC(40)	CTH	CTH or RVC(40)
	7411210000	铜锌合金(黄铜)管	0	0	2.4%	7.5%(15)	0	0	0	5%(2.5%)
				CTH or RVC(40)	CTH	CTH or RVC(40)	CTH	CTH or RVC(40)	CTH	CTH or RVC(40)
	8001200000	锡合金	0	0	0.9%	2.8%(15)	0	0	0	0
				CTSH or RVC(40)	CTH	CTSH or RVC(40)	CTH	CTSH or RVC(40)	CTH	CTSH or RVC(40)

续表

类别	代码	货品名称	日本		韩国		澳大利亚		新西兰	
			关税：原	RCEP生效后	关税：原	RCEP生效后	关税：原	RCEP生效后	关税：原	RCEP生效后
			原产地规则：原	RCEP生效后	原产地规则：原	RCEP生效后	原产地规则：原	RCEP生效后	原产地规则：原	RCEP生效后
金属制品	8104110000	按重量计含镁量至少为9.8%的未锻轧镁	0	0	1.6%	2.8%(15)	0	0	0	0
				CTSH or RVC(40)	CTH	CTSH or RVC(40)	CTH	CTSH or RVC(40)	CTH	CTSH or RVC(40)
	8113000000	金属陶瓷及其制品，包括废碎料	1.8%	0	0.9%	2.8%(15)	0	0	0	0
				CC or RVC(40)	CTH	CC or RVC(40)	CTH	CC or RVC(40)	CTH	CC or RVC(40)
新的充气橡胶轮胎	4011300000	航空器用新的充气橡胶轮胎	0	0	0	4.5%(10)	0	0	0	0
				CTH or RVC(40)	CTSH	CTH or RVC(40)	CTSH	CTH or RVC(40)	CTSH	CTH or RVC(40)
	4011400000	摩托车用新的充气橡胶轮胎	0	0	0	4.5%(10)	0	0	0	0
				CTH or RVC(40)	CTSH	CTH or RVC(40)	CTH	CTH or RVC(40)	CTH	CTH or RVC(40)
	4011500000	自行车用新的充气橡胶轮胎	0	0	0	4.5%(10)	0	0	0	0
				CTH or RVC(40)	CTH	CTH or RVC(40)	CTH	CTH or RVC(40)	CTH	CTH or RVC(40)
	4011690000	其他人字形胎面或类似胎面的新充气橡胶轮胎	0	0	2.67%	4.5%(10)	0	0	0	0
				CTH or RVC(40)	CTH	CTH or RVC(40)	CTH	CTH or RVC(40)	CTH	CTH or RVC(40)

续表

类别	代码	货品名称	日本		韩国		澳大利亚		新西兰	
			关税:原	RCEP生效后	关税:原	RCEP生效后	关税:原	RCEP生效后	关税:原	RCEP生效后
			原产地规则:原	RCEP生效后	原产地规则:原	RCEP生效后	原产地规则:原	RCEP生效后	原产地规则:原	RCEP生效后
钢材	7201200000	非合金生铁,含磷量>0.5%	0	0	0	0	0	0	0	0
				CTH or RVC(40)	CTH	CTH or RVC(40)	CTH	CTH or RVC(40)	CTH	CTH or RVC(40)
	7203100000	直接从铁矿还原的铁产品	0	0	0	0	0	0	0	0
				CTH or RVC(40)	CTH	CTH or RVC(40)	CTH	CTH or RVC(40)	CTH	CTH or RVC(40)
	7205210000	合金钢粉末	0	0	0	0	0	0	0	0
				CTH or RVC(40)	CTH	CTH or RVC(40)	CTH	CTH or RVC(40)	CTH	CTH or RVC(40)
	7207190000	其他含碳量<0.25%的钢坯	0	0	0	0	0	2%(3)	0	0
				CTH or RVC(40)	CTH	CTH or RVC(40)	CTH	CTH or RVC(40)	CTH	CTH or RVC(40)
	7210500000	镀氧化铬的铁或非合金钢宽板材	3.9%	0	0	0	0	4%(10)	0	0
			CTH or RVC(40)	CTH	CTH or RVC(40)	CTH	CTH or RVC(40)	CTH	CTH or RVC(40)	
	7216220000	热加工截面高度<80mm丁字钢	0	0	0	0	0	0	0	0
				CTH or RVC(40)	CTH	CTH or RVC(40)	CTH	CTH or RVC(40)	CTH	CTH or RVC(40)

续表

类别	代码	货品名称	日本		韩国		澳大利亚		新西兰	
			关税：原	RCEP生效后	关税：原	RCEP生效后	关税：原	RCEP生效后	关税：原	RCEP生效后
			原产地规则：原	RCEP生效后	原产地规则：原	RCEP生效后	原产地规则：原	RCEP生效后	原产地规则：原	RCEP生效后
钢材	7227100000	高速钢的热轧盘条	0	0	0	0	0	0	0	0
				CTH or RVC(40)	CTH	CTH or RVC(40)	CTH	CTH or RVC(40)	CTH	CTH or RVC(40)
	7229200000	硅锰钢丝	0	0	0	0	0	4%(10)	0	0
				CTH or RVC(40)	CTH	CTH or RVC(40)	CTH	CTH or RVC(40)	CTH	CTH or RVC(40)
蔬菜及制品	701100000	种用马铃薯	5%	0	304%E	304%U	0	0	0	0
				WO	WO	WO	CC	WO	CTH	WO
	703201000	去皮的大蒜	5%	2.8%(16)	360%或者1800韩元/公斤，二者取高者，E	360%或者1801韩元/公斤，二者取高者，U	0	0	0	0
				WO	WO	WO	CC	WO	CTH	WO
	703901000	鲜或冷的韭葱	5%	2.8%(16)	27%	27%U	0	0	0	0
				WO	WO	WO	CC	WO	CTH	WO
	709599000	鲜或冷的其他蘑菇	5%	0	0.195	28%(15)	0	0	0	0
				WO	WO	WO	CC	WO	CTH	WO

续表

类别	代码	货品名称	日本		韩国		澳大利亚		新西兰	
			关税:原	RCEP生效后	关税:原	RCEP生效后	关税:原	RCEP生效后	关税:原	RCEP生效后
			原产地规则:原	RCEP生效后	原产地规则:原	RCEP生效后	原产地规则:原	RCEP生效后	原产地规则:原	RCEP生效后
蔬菜及制品	714301000	冻山药	20%	10.9%(11)	45%	45%U	0	0	0	0
				CC	WO	CC	CC	CC	CTH	CC
	2001100000	用醋或醋酸制作的黄瓜及小黄瓜	15%	14.1%(16)	30%	30%	0	2%(3)	0	5%(不变)
				CC	CC	CC	CC	CC	CTH	CC
水海产品及制品	301111000	锦鲤鱼	5%	3.2%(11)	0	0	0	0	0	0
				WO	WO	WO	CC	WO	CTH	WO
	302460000	鲜、冷军曹鱼	5%	3.3%(16)	10.67%(15)	18.7%(15)	0	0	0	0
				CC	WO	CC	CC	CC	CTH	CC
	302510000	鲜、冷鳕鱼	10%	10%U	18%	20%U	0	0	0	0
				CC	WO	CC	CC	CC	CTH	CC
	307493000	鱿鱼干	无	无	10%	10%U	0	0	0	0
				CC	WO	CC	CC	CC	CTH	CC
	307593000	烟熏章鱼	9.6%	6.1%(11)	13%(20)	18.7%(15)	0	0	0	0
				CC	WO	CC	CC	CC	CTH	CC
	307911000	活、鲜或冷的马蹄螺	10%	10%U	20%	20%U	0	0	0	0
				CC	WO	CC	CC	CC	CTH	CC

续表

类别	代码	货品名称	日本		韩国		澳大利亚		新西兰	
			关税：原	RCEP生效后	关税：原	RCEP生效后	关税：原	RCEP生效后	关税：原	RCEP生效后
			原产地规则：原	RCEP生效后	原产地规则：原	RCEP生效后	原产地规则：原	RCEP生效后	原产地规则：原	RCEP生效后
塑料制品	3901300000	初级形状乙烯-乙酸乙烯酯共聚物	无	0	0	6.5%U	0	0	0	0
				CTH or RVC(40)	CTH	CTH or RVC(40)	CTH	CTH or RVC(40)	CTH	CTH or RVC(40)
	3907100000	初级形状的聚缩醛	0	2.5%(11)	0	5.9%(10)	0	0	0	4%(10)
				CTH or RVC(40)	CTH	CTH or RVC(40)	CTH	CTH or RVC(40)	CTH	CTH or RVC(40)
	3922200000	塑料马桶坐圈及盖	0	0	0	5.9%(10)	0	0	0	0
				CTH or RVC(40)	CTH	CTH or RVC(40)	CTH	CTH or RVC(40)	CTH	CTH or RVC(40)
	3924901000	塑料制的肥皂盘和肥皂盒	5.8%	0	0	5.9%(10)	0	0	0	0
				CTH or RVC(40)	CTH	CTH or RVC(40)	CTH	CTH or RVC(40)	CTH	CTH or RVC(40)
家具及其零件	9401100000	飞机用坐具	0	0	0	0	0	0	0	4.7%(15)
				CTH or RVC(40)	CTH or RVC(40)	CTH or RVC(40)	CTSH	CTH or RVC(40)	CTSH	CTH or RVC(40)
	9404100000	弹簧床垫	2.56%	0	2.47%	7.2%(10)	0	0	0	4.5%(10)
				CTH or RVC(40)	CTH or RVC(40)	CTH or RVC(40)	CTH	CTH or RVC(40)	CTSH	CTH or RVC(40)

续表

类别	代码	货品名称	日本		韩国		澳大利亚		新西兰	
			关税：原 原产地规则：原	RCEP生效后 RCEP生效后	关税：原 原产地规则：原	RCEP生效后 RCEP生效后	关税：原 原产地规则：原	RCEP生效后 RCEP生效后	关税：原 原产地规则：原	RCEP生效后 RCEP生效后
家具及其零件	9404210000	海绵橡胶或泡沫塑料制褥垫	0	3.6%(16)	0	0	0	0	0	4.5%(10)
				CTH or RVC(40)	CTH or RVC(40)	CTH or RVC(40)	CTH	CTH or RVC(40)	CTSH	CTH or RVC(40)
	9404300000	羽毛或羽绒填充的睡袋	0	0	2.47%	7.2%(10)	0	0	0	4.5%(10)
				CTH or RVC(40)	CTH or RVC(40)	CTH or RVC(40)	CTH	CTH or RVC(40)	CTSH	CTH or RVC(40)
陶瓷产品	6905100000	陶瓷制屋顶瓦	0	0	4.27%(15)	7.5%(15)	0	0	0	4.7%(20)
				CTH or RVC(40)	CTH	CTH or RVC(40)	CC	CTH or RVC(40)	CTH	CTH or RVC(40)
	6909110000	实验室、化学或其他技术用瓷器	0	0	0	0	0	0	0	5%(不变)
				CTH or RVC(40)	CTH	CTH or RVC(40)	CC	CTH or RVC(40)	CTH	CTH or RVC(40)
	6909120000	莫氏硬度≥9的技术用陶瓷器	0	0	0	0	0	2%(3)	0	0
				CTH or RVC(40)	CTH	CTH or RVC(40)	CC	CTH or RVC(40)	CTH	CTH or RVC(40)
	6910900000	陶制脸盆、浴缸及类似卫生器具	0	0	4.27%(15)	7.5%(15)	0	0	0	4.5%(10)
				CTH or RVC(40)	CTH	CTH or RVC(40)	CC	CTH or RVC(40)	CTSH	CTH or RVC(40)

续表

类别	代码	货品名称	日本		韩国		澳大利亚		新西兰	
			关税：原	RCEP生效后	关税：原	RCEP生效后	关税：原	RCEP生效后	关税：原	RCEP生效后
			原产地规则：原	RCEP生效后	原产地规则：原	RCEP生效后	原产地规则：原	RCEP生效后	原产地规则：原	RCEP生效后
医药品	3004310000	含胰岛素的药品（混合或非混合，治病或防病用已配定剂量或零售包装）	0	0	0	0	0	0	0	0
				CTH or RVC(40)	CTH	CTH or RVC(40)	CTSH	CTH or RVC(40)	CTSH	CTH or RVC(40)
	3004401000	抗癌制剂	0	0	0	0	0	0	0	0
				CTH or RVC(40)	CTH	CTH or RVC(40)	CTSH	CTH or RVC(40)	CTSH	CTH or RVC(40)
	3006200000	血型试剂	0	0	0	0	0	0	0	0
				CTH or RVC(40)	CTH	CTH or RVC(40)	CTSH	CTH or RVC(40)	CTSH	CTH or RVC(40)
	3006600000	以激素，标题29.37的其他产品或杀精子剂为主要成分的化学避孕药物	0	0	0	0	0	0	0	0
				CTH or RVC(40)	CTH	CTH or RVC(40)	CTSH	CTH or RVC(40)	CTSH	CTH or RVC(40)

续表

类别	代码	货品名称	日本		韩国		澳大利亚		新西兰	
			关税:原	RCEP生效后	关税:原	RCEP生效后	关税:原	RCEP生效后	关税:原	RCEP生效后
			原产地规则:原	RCEP生效后	原产地规则:原	RCEP生效后	原产地规则:原	RCEP生效后	原产地规则:原	RCEP生效后
水果及制品(鲜干水果及坚果)	2001901000	水果和坚果	10%	6.8%(11)	16%(15)	27%(10)	0	0	0	0
				CC	CC	CC	CC	CC	CTH	CC
	2008191000	栗子	22.4%	19.1%(11)	50%E	50%U	0	0	0	0
				CC	CC	CC	CC	CC	CTH	CC
灯具、照明装置及零件	9405201000	白炽灯的台灯、床头灯、落地灯	0	0	2.47%(10)	7.2%(10)	0	0	0	0
				CTH or RVC(40)	CTH or RVC(40)	CTH or RVC(40)	CTH	CTH or RVC(40)	CTSH	CTH or RVC(40)
	9405921000	枝形吊灯的塑料制零件	5.8%	0	2.47%(10)	7.2%(10)	0	0	0	0
				CTH or RVC(40)	CTH or RVC(40)	CTH or RVC(40)	CTH	CTH or RVC(40)	CTSH	CTH or RVC(40)
未锻轧铝及铝材	7608200000	铝合金管	6%	0	4.27%(15)	7.5%(15)	0	5%(不变)	0	5%(2.5%)
				CTH or RVC(40)	CTH	CTH or RVC(40)	CTH	CTH or RVC(40)	CTH	CTH or RVC(40)
	7610100000	铝制门窗及其框架、门槛	0	0	4.27%(15)	7.5%(15)	0	5%(20)	0	4.5%(10)
				CTH or RVC(40)	CTH	CTH or RVC(40)	CTH	CTH or RVC(40)	CTH	CTH or RVC(40)

续表

类别	代码	货品名称	日本		韩国		澳大利亚		新西兰	
			关税：原	RCEP生效后	关税：原	RCEP生效后	关税：原	RCEP生效后	关税：原	RCEP生效后
			原产地规则：原	RCEP生效后	原产地规则：原	RCEP生效后	原产地规则：原	RCEP生效后	原产地规则：原	RCEP生效后
玩具	9505900000	其他节日用品或娱乐用品	0	0	0	0	0	0	0	4.5%(10)
				CTH or RVC(40)	CTH or RVC(40)	CTH or RVC(40)	CTH	CTH or RVC(40)	CTH	CTH or RVC(40)
	9508100000	流动马戏团及流动动物园	0	0	0	0	0	0	例外：单独部件适用的税率	例外：单独部件适用的税率
				CTH or RVC(40)	CTH or RVC(40)	CTH or RVC(40)	CTH	CTH or RVC(40)	CTH	CTH or RVC(40)
鞋类	6402120000	滑雪靴，越野滑雪鞋靴及滑雪板靴	27%	27%(不变)	0	0	0	0	0	0
				CTH or RVC(40)	CTH	CTH or RVC(40)	CTH	CTH or RVC(40)	CTH	CTH or RVC(40)
	6403200000	皮革条带为鞋面的皮底鞋	60%或4800日元/对，取较大者	60%U	0	0	0	0	0	0
				CTH or RVC(40)	CTH	CTH or RVC(40)	CTH	CTH or RVC(40)	CTH	CTH or RVC(40)

续表

类别	代码	货品名称	日本		韩国		澳大利亚		新西兰	
			关税：原	RCEP生效后	关税：原	RCEP生效后	关税：原	RCEP生效后	关税：原	RCEP生效后
			原产地规则：原	RCEP生效后	原产地规则：原	RCEP生效后	原产地规则：原	RCEP生效后	原产地规则：原	RCEP生效后
仪器仪表	9005100000	双筒望远镜	0	0	2.47%(10)	7.2%(10)	0	0	0	0
				CTSH or RVC(40)	CTH	CTSH or RVC(40)	CTSH	CTSH or RVC(40)	CTSH	CTSH or RVC(40)
	9015200000	经纬仪及视距仪	0	0	0	0	0	0	0	0
				CTSH or RVC(40)	CTH	CTSH or RVC(40)	CTSH	CTSH or RVC(40)	CTSH	CTSH or RVC(40)
	9015900000	大地测量仪器及装置的零附件	无	0	2.47%(10)	7.2%(10)	0	0	0	0
				CTH or RVC(40)	CTH	CTH or RVC(40)	CTH	CTH or RVC(40)	CTSH	CTH or RVC(40)

附表 3　东盟十国典型商品关税及原产地规则对比

说明：

1.新加坡 RCEP 生效前后均全免关税。

2.WO 表示“完全获得”。CC 表示“章改变”,CTH 表示“品目改变”,CTSH 表示“子目改变”；章到品目到子目改变，认定难度逐渐降低。RVC(X)表示“区域价值成分不小于 X%”。

3.E 表示关税“维持不变水平”；U 表示“免除任何削减或取消关税的承诺”；X%(x)表示关税在第 x 年从 X 降为 0,X%(＋)表示关税在 RCEP 生效后处于持续降税状态，X%(不变)表示关税在 RCEP 生效后维持税率不变状态。

类别	代码	货品名称	缅甸		印尼		老挝		柬埔寨		越南		泰国		文莱		菲律宾		马来西亚	
			关税：原 / 原产地规则：原	RCEP 生效后	关税：原 / 原产地规则：原	RCEP 生效后	关税：原 / 原产地规则：原	RCEP 生效后	关税：原 / 原产地规则：原	RCEP 生效后	关税：原 / 原产地规则：原	RCEP 生效后	关税：原 / 原产地规则：原	RCEP 生效后	关税：原 / 原产地规则：原	RCEP 生效后	关税：原 / 原产地规则：原	RCEP 生效后	关税：原 / 原产地规则：原	RCEP 生效后
机械设备	8401200000	同位素分离机器、装置及其零件	0	1%U	0.00%	0	0	5%U	0	15%(15)	0	0	0	0	0	0	0	0	0.0%	0.0%
			东盟国家原先水平：RVC(40) or CTH　RCEP 生效后：RVC(40) or CTSH																	
机械设备	8404200000	水及其他蒸汽动力装置的冷凝器	0	1%(12)	0.00%	0	0	5%(13)	0	0%	0	0	0	0	0	0	0	0	5.0%	0.0%
			东盟国家原先水平：RVC(40) or CTH　RCEP 生效后：RVC(40) or CTSH																	

续表

类别	代码	货品名称	缅甸		印尼		老挝		柬埔寨		越南		泰国		文莱		菲律宾		马来西亚	
			关税：原	RCEP生效后	关税：原	RCEP生效后	关税：原	RCEP生效后	关税：原	RCEP生效后	关税：原	RCEP生效后	关税：原	RCEP生效后	关税：原	RCEP生效后	关税：原	RCEP生效后	关税：原	RCEP生效后
			原产地规则：原	RCEP生效后	原产地规则：原	RCEP生效后	原产地规则：原	RCEP生效后	原产地规则：原	RCEP生效后	原产地规则：原	RCEP生效后	原产地规则：原	RCEP生效后	原产地规则：原	RCEP生效后	原产地规则：原	RCEP生效后	原产地规则：原	RCEP生效后
机械设备	8406820000	输出功率≤40MW的汽轮机	0	0	0.00%	10%(10)	0	5%(13)	0	15%	0	0	0	0	0	0	0	0	0.0%	0.0%
			东盟国家原先水平：RVC(40) or CTH　RCEP生效后：RVC(40) or CTSH																	
	8407100000	航空器点燃式发动机	0	0	0.00%	0	0	5%(13)	0	7%	0	0	0	0	0	0	0	0	0.0%	0.0%
			东盟国家原先水平：RVC(40) or CTH　RCEP生效后：RVC(40) or CTH																	
	8416300000	机械加煤机，包括其机械炉篦、机械出灰器及类似装置	0	1%(13)	0.00%	0	0	0	0	0	0	0	0	0	0	0	0	0	0.0%	0.0%
			东盟国家原先水平：RVC(40) or CTH　RCEP生效后：RVC(40) or CTSH																	
	8426200000	塔式起重机	0	0	0.00%	0	0	0	0	15%(15)	0	0	0	0	0	0	0	0	5%	3%
			东盟国家原先水平：RVC(40) or CTH　RCEP生效后：RVC(40) or CTH																	
	8433510000	联合收割机	0	0	0.00%	7%(15)	0	5%(13)	0	0	0	0	0	0	0	0	0	0	0	0
			东盟国家原先水平：RVC(40) or CTH　RCEP生效后：RVC(40) or CTSH																	

续表

类别	代码	货品名称	缅甸		印尼		老挝		柬埔寨		越南		泰国		文莱		菲律宾		马来西亚	
			关税：原	RCEP生效后	关税：原	RCEP生效后	关税：原	RCEP生效后	关税：原	RCEP生效后	关税：原	RCEP生效后	关税：原	RCEP生效后	关税：原	RCEP生效后	关税：原	RCEP生效后	关税：原	RCEP生效后
			原产地规则：原	RCEP生效后	原产地规则：原	RCEP生效后	原产地规则：原	RCEP生效后	原产地规则：原	RCEP生效后	原产地规则：原	RCEP生效后	原产地规则：原	RCEP生效后	原产地规则：原	RCEP生效后	原产地规则：原	RCEP生效后	原产地规则：原	RCEP生效后
机械设备	8462310000	数控的剪切机床	0	0	0.00%	4.5%(10)	0	5%(20)	0	15%(不变)	0	0	0	0	0	5%(10)	0	0	0	0
			东盟国家原先水平：RVC(40) or CTH　RCEP生效后：RVC(40) or CTH																	
	8467210000	电动钻	0	0	0.00%	4.5%(10)	0	5%(13)	0	15%(不变)	0	0	0	0	0	0	0	0	0	0
			东盟国家原先水平：RVC 40 or CTSH　RCEP生效后：RVC(40) or CTSH																	
电器及电子产品	8502400000	旋转式变流机	0	1%(13)	0.00%	0	0	5%(13)	0	0%	0	0	0	0	0	5%(20)	0	0	0	0
			东盟国家原先水平：RVC(40) or CTH　RCEP生效后：RVC(40) or CTH																	
	8506400000	氧化银的原电池及原电池组	0	2%(13)	0.00%	0	0	0%	0	7%(15)	0	19%(20)	0	0	0	5%(20)	0	0	0	0
			东盟国家原先水平：RVC(40) or CTH　RCEP生效后：RVC(40) or CTSH																	
	8510100000	电动剃须刀	0	10%(不变)	0.00%	10%(10)	0	0%	0	35%(20)	0	18%(10)	0	0	0	5%(20)	0	0	0	0
			东盟国家原先水平：RVC(40)or CTSH　RCEP生效后：RVC(40) or CTSH																	

续表

类别	代码	货品名称	缅甸		印尼		老挝		柬埔寨		越南		泰国		文莱		菲律宾		马来西亚	
			关税：原	RCEP生效后	关税：原	RCEP生效后	关税：原	RCEP生效后	关税：原	RCEP生效后	关税：原	RCEP生效后	关税：原	RCEP生效后	关税：原	RCEP生效后	关税：原	RCEP生效后	关税：原	RCEP生效后
			原产地规则：原	RCEP生效后	原产地规则：原	RCEP生效后	原产地规则：原	RCEP生效后	原产地规则：原	RCEP生效后	原产地规则：原	RCEP生效后	原产地规则：原	RCEP生效后	原产地规则：原	RCEP生效后	原产地规则：原	RCEP生效后	原产地规则：原	RCEP生效后
电器及电子产品	8512 400 000	车辆风档刮水器、除霜器及去雾器	0	4%(13)	0.05	4.5%(10)	0	5%(13)	0	35%(不变)	25%	25%U	0	0	0	20%(15)	0	0	0	0
			东盟国家原先水平：RVC(40) or CTSH　RCEP 生效后：RVC(40) or CTSH																	
	8516 330 000	电热干手器	0	7.5%(不变)	0	10%(10)	0	9%(15)	0	35%(不变)	0	22.5%(10)	0	0	0	5%(10)	0	0	0	20%(15)
			东盟国家原先水平：RVC(40) or CTSH　RCEP 生效后：RVC(40) or CTSH																	
	8516 500 000	微波炉	0	7.5%(不变)	0	10%(+)	0	9%(15)	0	35%(不变)	5%	25%(+)	0	30%(+)	0	5%(15)	0	0	0	20%(不变)
			东盟国家原先水平：RVC(40) or CTSH　RCEP 生效后：RVC(40) or CTSH																	
	8516 720 000	家用自动面包机	0	10%(不变)	0	10%(+)	0	9%(15)	0	35%(不变)	15%	25%(+)	0	0	0	5%(10)	0	0	0	20%(15)
			东盟国家原先水平：RVC(40) or CTSH　RCEP 生效后：RVC(40) or CTSH																	
	8517 110 000	无绳电话机	0	1%(20)	0	0	0	9%(15)	0	0	0	0	0	0	0	5%(10)	0	0	0	0
			东盟国家原先水平：RVC(40)or CTSH　RCEP 生效后：RVC(40) or CTSH																	

续表

类别	代码	货品名称	缅甸		印尼		老挝		柬埔寨		越南		泰国		文莱		菲律宾		马来西亚	
			关税：原	RCEP生效后	关税：原	RCEP生效后	关税：原	RCEP生效后	关税：原	RCEP生效后	关税：原	RCEP生效后	关税：原	RCEP生效后	关税：原	RCEP生效后	关税：原	RCEP生效后	关税：原	RCEP生效后
			原产地规则：原	RCEP生效后	原产地规则：原	RCEP生效后	原产地规则：原	RCEP生效后	原产地规则：原	RCEP生效后	原产地规则：原	RCEP生效后	原产地规则：原	RCEP生效后	原产地规则：原	RCEP生效后	原产地规则：原	RCEP生效后	原产地规则：原	RCEP生效后
服装及衣着附件	6103220000	棉制针织或钩编男式便服套装	0	13%(15)	0.00%	0	0	0%	0	0%	0	0	0	0	0	0	0	0	0	0
			东盟国家原先水平：RVC(40) or CTH or Process Rule 3　RCEP生效后：CC																	
	6103230000	合纤制针织或钩编男便服套装	0	18%(15)	0	0	0	0	0	15%(15)	0	0	0	0	0	0	0	0	0	0
			东盟国家原先水平：RVC(40) or CTH or Process Rule 3　RCEP生效后：CC																	
	6103310000	毛制针织或钩编男式上衣	0	18%(15)	0	0	0	9%(15)	0	0	0	0	0	27%(10)	0	0	0	0	0	0
			东盟国家原先水平：RVC(40) or CTH or Process Rule 3　RCEP生效后：CC																	
	6103410000	毛制针织或钩编男长裤、工装裤等	0	18%(15)	0	0	0	9%(15)	0	0	0	0	0	27%(10)	0	0	0	0	0	0
			东盟国家原先水平：RVC(40) or CTH or Process Rule 3　RCEP生效后：CC																	
	6202110000	毛制女式大衣、斗篷及类似品等	0	18%(15)	0	0	0	10%(13)	0	15%(15)	0	0	0	27%(10)	0	0	0	0	0	0
			东盟国家原先水平：RVC(40) or CTH or Process Rule 3　RCEP生效后：CC																	

续表

类别	代码	货品名称	缅甸		印尼		老挝		柬埔寨		越南		泰国		文莱		菲律宾		马来西亚	
			关税：原	RCEP生效后	关税：原	RCEP生效后	关税：原	RCEP生效后	关税：原	RCEP生效后	关税：原	RCEP生效后	关税：原	RCEP生效后	关税：原	RCEP生效后	关税：原	RCEP生效后	关税：原	RCEP生效后
			原产地规则：原	RCEP生效后	原产地规则：原	RCEP生效后	原产地规则：原	RCEP生效后	原产地规则：原	RCEP生效后	原产地规则：原	RCEP生效后	原产地规则：原	RCEP生效后	原产地规则：原	RCEP生效后	原产地规则：原	RCEP生效后	原产地规则：原	RCEP生效后
服装及衣着附件	6202120000	棉制女式羽绒服、大衣、斗篷及类似品	0	9%(15)	0	0	0	10%(13)	0	15%(15)	0	0	0	27%(10)	0	0	0	0	0	0
			东盟国家原先水平：RVC(40) or CTH or Process Rule 3　RCEP生效后：CC																	
	6202910000	毛制女式带风帽防寒短上衣、防风衣	0	18%(15)	0	0	0	9%(15)	0	15%(15)	0	0	0	27%(10)	0	0	0	0	0	0
			东盟国家原先水平：RVC(40) or CTH or Process Rule 3　RCEP生效后：CC																	
	6214200000	羊毛及其他动物细毛制披巾、领巾、围巾、披纱、面纱及类似品	0	13%(15)	0	0	0	0	0	15%(20)	0	0	0	27%(10)	0	0	0	0	0	0
			东盟国家原先水平：RVC(40) or CTH or Process Rule 3　RCEP生效后：CC																	
纺织纱线、织物及制品	5301100000	生的或沤制的亚麻	0	1%(13)	0	0	0	0	0	0	0	0	0	0	0	0	0	0	0	0
			东盟国家原先水平：RVC(40) or CTH　RCEP生效后：CC																	
	5301210000	破开或打成的亚麻	0	1%(13)	0	0	0	0	0	0	0	0	0	0	0	0	0	0	0	0
			东盟国家原先水平：RVC(40) or CTH　RCEP生效后：CC																	

续表

类别	代码	货品名称	缅甸		印尼		老挝		柬埔寨		越南		泰国		文莱		菲律宾		马来西亚	
			关税：原	RCEP生效后	关税：原	RCEP生效后	关税：原	RCEP生效后	关税：原	RCEP生效后	关税：原	RCEP生效后	关税：原	RCEP生效后	关税：原	RCEP生效后	关税：原	RCEP生效后	关税：原	RCEP生效后
			原产地规则：原	RCEP生效后	原产地规则：原	RCEP生效后	原产地规则：原	RCEP生效后	原产地规则：原	RCEP生效后	原产地规则：原	RCEP生效后	原产地规则：原	RCEP生效后	原产地规则：原	RCEP生效后	原产地规则：原	RCEP生效后	原产地规则：原	RCEP生效后
纺织纱线、织物及制品	5301290000	栉梳或经其他加工未纺制的亚麻	0	1%（13）	0	0	0	0	0	0	0	0	0	0	0	0	0	0	0	0
			东盟国家原先水平:RVC(40) or CTH　RCEP 生效后:CC																	
	5302100000	生的或沤制的大麻	0	1%（13）	0	0	0	0	0	0	0	0	0	0	0	0	0	0	0	0
			东盟国家原先水平:RVC(40) or CTH　RCEP 生效后:CC																	
	5308100000	椰壳纤维纱线	0	0	0	0	0	5%（13）	0	0	0	0	0	0	0	0	0	0	0	0
			东盟国家原先水平:RVC(40) or CTH　RCEP 生效后:CTH																	
	5308200000	大麻纱线	0	3%（15）	0	0	0	5%（13）	0	0	0	0	0	0	0	0	0	0	0	0
			东盟国家原先水平:RVC(40) or CTH　RCEP 生效后:CTH																	
运输工具	8705200000	机动钻探车	0.01	1%（13）	0	4.6%（15）	0	5%（13）	0	15%（不变）	0	0	0	36%（10）	0	0	0	0	0	30%（15）
			东盟国家原先水平:RVC(40) or CC　RCEP 生效后:RVC(40) or CTH																	

续表

类别	代码	货品名称	缅甸		印尼		老挝		柬埔寨		越南		泰国		文莱		菲律宾		马来西亚	
			关税：原 原产地规则：原	RCEP生效后 RCEP生效后	关税：原 原产地规则：原	RCEP生效后 RCEP生效后	关税：原 原产地规则：原	RCEP生效后 RCEP生效后	关税：原 原产地规则：原	RCEP生效后 RCEP生效后	关税：原 原产地规则：原	RCEP生效后 RCEP生效后	关税：原 原产地规则：原	RCEP生效后 RCEP生效后	关税：原 原产地规则：原	RCEP生效后 RCEP生效后	关税：原 原产地规则：原	RCEP生效后 RCEP生效后	关税：原 原产地规则：原	RCEP生效后 RCEP生效后
运输工具	8705300000	消防车	0.01	1%(13)	0	4.6%(15)	0	5%(13)	0	0	0	0	0	9%(10)	0	0	0	0	0	30%(15)
			东盟国家原先水平：RVC(40) or CC　RCEP 生效后：RVC(40)																	
	8705400000	机动混凝土搅拌车	0.01	1%(13)	0	4.6%(15)	0	5%(13)	0	15%(15)	5%	0	0	37.3%(15)	0	0	0	0	0	30%(15)
			东盟国家原先水平：RVC(40) or CC　RCEP 生效后：RVC(40)																	
	8709110000	短距离运输货物电动牵引车	0	0	0	0	0	9%(15)	0	15%(15)	3%	0	0	18%(10)	0	0	0	0	0	4.5%(10)
			东盟国家原先水平：RVC(40) or CC　RCEP 生效后：RVC(40) or CTH																	
	8716100000	供居住或野营用厢式挂车及半挂车	0	0	0	37.2%(15)	0	9%(15)	0	35%(20)	10%	18%(10)	0	0%	0	0	0	0	0	25%(15)
			东盟国家原先水平：RVC(40) or CC　RCEP 生效后：RVC(40) or CTH																	
	8716200000	农用自装或自卸式挂车及半挂车	0	0	15%	15%U	0	10%(13)	0	0	5%	0	0	10%(不变)	0	0	0	0	0	25%(15)
			东盟国家原先水平：RVC(40) or CC　RCEP 生效后：RVC(40) or CTH																	

续表

类别	代码	货品名称	缅甸		印尼		老挝		柬埔寨		越南		泰国		文莱		菲律宾		马来西亚	
			关税：原	RCEP生效后	关税：原	RCEP生效后	关税：原	RCEP生效后	关税：原	RCEP生效后	关税：原	RCEP生效后	关税：原	RCEP生效后	关税：原	RCEP生效后	关税：原	RCEP生效后	关税：原	RCEP生效后
			原产地规则：原	RCEP生效后	原产地规则：原	RCEP生效后	原产地规则：原	RCEP生效后	原产地规则：原	RCEP生效后	原产地规则：原	RCEP生效后	原产地规则：原	RCEP生效后	原产地规则：原	RCEP生效后	原产地规则：原	RCEP生效后	原产地规则：原	RCEP生效后
运输工具	8903100000	充气的娱乐或运动用快艇	2%	2%（20）	0	4.5%（10）	0	9%（15）	0	35%（15）	5%	0	0	0	0	0	0	0	0	0
			东盟国家原先水平：RVC(40) or CC　RCEP生效后：RVC(40) or CTH																	
	8907100000	充气筏	2%	2%（20）	0	4.6%（15）	0	9%（15）	0	15%（15）	15%	0	0	0	0	0	0	0	0	0
			东盟国家原先水平：RVC(40) or CC　RCEP生效后：RVC(40) or CTH																	
金属制品	7302400000	钢铁制鱼尾板、钢轨垫板	0	1%（13）	0	4.5%（10）	0	0	0	7%（15）	0	0	0	0	0	0	0	0	0	0
			东盟国家原先水平：RVC(40) or CC　RCEP生效后：RVC(40) or CTH																	
	7308300000	钢铁制门窗及其框架、门槛	0	2%（13）	0	11.6%（15）	0	5%（13）	0	7%（15）	10%	0	0	19%（15）	0	0	0	0	无	18%（10）
			东盟国家原先水平：RVC(40) or CC　RCEP生效后：RVC(40) or CTH																	
	7314500000	网眼钢铁板	0	0	0	0%	0	5%（13）	0	15%（15）	10%	0	0	9%（10）	0	0	0	0	0	5%
			东盟国家原先水平：RVC(40) or CC　RCEP生效后：RVC(40) or CTH																	

续表

类别	代码	货品名称	缅甸		印尼		老挝		柬埔寨		越南		泰国		文莱		菲律宾		马来西亚	
			关税：原	RCEP生效后	关税：原	RCEP生效后	关税：原	RCEP生效后	关税：原	RCEP生效后	关税：原	RCEP生效后	关税：原	RCEP生效后	关税：原	RCEP生效后	关税：原	RCEP生效后	关税：原	RCEP生效后
			原产地规则：原	RCEP生效后	原产地规则：原	RCEP生效后	原产地规则：原	RCEP生效后	原产地规则：原	RCEP生效后	原产地规则：原	RCEP生效后	原产地规则：原	RCEP生效后	原产地规则：原	RCEP生效后	原产地规则：原	RCEP生效后	原产地规则：原	RCEP生效后
金属制品	7403110000	阴极精炼铜	0	7.5%（不变）	0	4.5%（10）	0	5%（13）	0	0	0	0	0	1%（5）	0	0	0	0	0	0
			东盟国家原先水平：RVC(40) or CC　RCEP 生效后：RVC(40) or CTH																	
	7411210000	铜锌合金（黄铜）管	0	7%（15）	0	4.5%（10）	0	0	0	7%（15）	3%	0	0	0	0	0	0	0	0	0
			东盟国家原先水平：RVC(40) or CC　RCEP 生效后：RVC(40) or CTH																	
	8001200000	锡合金	0	0	0	0	0	20%（20）	0	0	0	0	0	0	0	0	0	0	0	0
			东盟国家原先水平：RVC(40) or CC　RCEP 生效后：RVC(40) or CTSH																	
	8104110000	按重量计含镁量至少为9.8%的未锻轧镁	0	2%（13）	0	0	0	9%（15）	0	7%（15）	0	0	0	0	0	0	0	0	0	0
			东盟国家原先水平：RVC(40) or CC　RCEP 生效后：RVC(40) or CTSH																	
	8113000000	金属陶瓷及其制品，包括废碎料	0	2%（13）	0	0	0	9%（15）	0	7%（15）	0	0	0	0	0	0	0	0	0	0
			东盟国家原先水平：RVC(40) or CC　RCEP 生效后：RVC(40) or CC																	

续表

<table>
<tr><th rowspan="3">类别</th><th rowspan="3">代码</th><th rowspan="3">货品名称</th><th colspan="2">缅甸</th><th colspan="2">印尼</th><th colspan="2">老挝</th><th colspan="2">柬埔寨</th><th colspan="2">越南</th><th colspan="2">泰国</th><th colspan="2">文莱</th><th colspan="2">菲律宾</th><th colspan="2">马来西亚</th></tr>
<tr><th>关税：原</th><th>RCEP生效后</th><th>关税：原</th><th>RCEP生效后</th><th>关税：原</th><th>RCEP生效后</th><th>关税：原</th><th>RCEP生效后</th><th>关税：原</th><th>RCEP生效后</th><th>关税：原</th><th>RCEP生效后</th><th>关税：原</th><th>RCEP生效后</th><th>关税：原</th><th>RCEP生效后</th><th>关税：原</th><th>RCEP生效后</th></tr>
<tr><th>原产地规则：原</th><th>RCEP生效后</th><th>原产地规则：原</th><th>RCEP生效后</th><th>原产地规则：原</th><th>RCEP生效后</th><th>原产地规则：原</th><th>RCEP生效后</th><th>原产地规则：原</th><th>RCEP生效后</th><th>原产地规则：原</th><th>RCEP生效后</th><th>原产地规则：原</th><th>RCEP生效后</th><th>原产地规则：原</th><th>RCEP生效后</th><th>原产地规则：原</th><th>RCEP生效后</th></tr>
<tr><td rowspan="8">新的充气橡胶轮胎</td><td rowspan="2">4011300000</td><td rowspan="2">航空器用新的充气橡胶轮胎</td><td>0</td><td>0</td><td>0</td><td>0</td><td>0</td><td>0</td><td>0</td><td>15%
(15)</td><td>0</td><td>0</td><td>0</td><td>0</td><td>0</td><td>0</td><td>0</td><td>0</td><td>0</td><td>5%
(不变)</td></tr>
<tr><td colspan="18">东盟国家原先水平:RVC(40) or CTH　RCEP 生效后:RVC(40) or CTH</td></tr>
<tr><td rowspan="2">4011400000</td><td rowspan="2">摩托车用新的充气橡胶轮胎</td><td>0</td><td>4%
(20)</td><td>0</td><td>0%</td><td>0</td><td>0</td><td>0</td><td>15%
(15)</td><td>35%</td><td>0%</td><td>5%/
3.58B</td><td>9%
(15)</td><td>0</td><td>20%
(15)</td><td>0</td><td>0</td><td>5%</td><td>30%
(不变)</td></tr>
<tr><td colspan="18">东盟国家原先水平:RVC(40) or CTH　RCEP 生效后:RVC(40) or CTH</td></tr>
<tr><td rowspan="2">4011500000</td><td rowspan="2">自行车用新的充气橡胶轮胎</td><td>0</td><td>4%
(15)</td><td>0</td><td>0%</td><td>0</td><td>0</td><td>15%</td><td>15%
(不变)</td><td>35%</td><td>0%</td><td>0</td><td>9%
(15)</td><td>0</td><td>0</td><td>0</td><td>0</td><td>0</td><td>30%
(不变)</td></tr>
<tr><td colspan="18">东盟国家原先水平:RVC(40) or CTH　RCEP 生效后:RVC(40) or CTH</td></tr>
<tr><td rowspan="2">4011690000</td><td rowspan="2">其他人字形胎面或类似胎面的新充气橡胶轮胎</td><td>0</td><td>4%
(15)</td><td>0</td><td>0%</td><td>0</td><td>0</td><td>0</td><td>15%
(15)</td><td>0</td><td>9%
(10)</td><td>0</td><td>0</td><td>0</td><td>15%
(15)</td><td>0</td><td>0</td><td>0</td><td>5%
(15)</td></tr>
<tr><td colspan="18">东盟国家原先水平:RVC(40) or CTH　RCEP 生效后:RVC(40) or CTH</td></tr>
<tr><td rowspan="2">钢材</td><td rowspan="2">7201200000</td><td rowspan="2">非合金生铁，含磷量>0.5%</td><td>0</td><td>0</td><td>0</td><td>0</td><td>0</td><td>5%
(13)</td><td>0</td><td>0</td><td>0</td><td>0</td><td>0</td><td>0</td><td>0</td><td>0</td><td>0</td><td>0</td><td>0</td><td>0</td></tr>
<tr><td colspan="18">东盟国家原先水平:RVC(40) or CTH　RCEP 生效后:RVC(40) or CTH</td></tr>
</table>

续表

类别	代码	货品名称	缅甸		印尼		老挝		柬埔寨		越南		泰国		文莱		菲律宾		马来西亚	
			关税：原	RCEP生效后	关税：原	RCEP生效后	关税：原	RCEP生效后	关税：原	RCEP生效后	关税：原	RCEP生效后	关税：原	RCEP生效后	关税：原	RCEP生效后	关税：原	RCEP生效后	关税：原	RCEP生效后
			原产地规则：原	RCEP生效后	原产地规则：原	RCEP生效后	原产地规则：原	RCEP生效后	原产地规则：原	RCEP生效后	原产地规则：原	RCEP生效后	原产地规则：原	RCEP生效后	原产地规则：原	RCEP生效后	原产地规则：原	RCEP生效后	原产地规则：原	RCEP生效后
钢材	7203100000	直接从铁矿还原的铁产品	0	0	0	0	0	5%(15)	0	0	0	0	0	0	0	0	0	0	0	0
			东盟国家原先水平:RVC(40) or CTH　RCEP 生效后:RVC(40) or CTH																	
	7205210000	合金钢粉末	0	0	0	0	0	0	0	0	0	0	0	0	0	0	0	0	0	0
			东盟国家原先水平:RVC(40) or CTH　RCEP 生效后:RVC(40) or CTH																	
	7207190000	其他含碳量<0.25%的钢坯	0	0	0	0	0	5%(13)	0	7%(15)	0	8.6%(20)	0	0	0	0	0	0	0	0
			东盟国家原先水平:RVC(40) or CTH　RCEP 生效后:RVC(40) or CTH																	
	7210500000	镀氧化铬的铁或非合金钢宽板材	0	0	0	7.5%(不变)	0	0	0	0	0	4.8%(20)	5%	5%(不变)	0	0	0	0	0	20%(不变)
			东盟国家原先水平:RVC(40) or CTH　RCEP 生效后:RVC(40) or CTH																	
	7216220000	热加工截面高度<80mm丁字钢	0	0	0	14%(14)	0	5%(13)	0	7%(15)	0	9.5%(20)	0	9%(15)	0	0	0	7%(15)	0	5%(15)
			东盟国家原先水平:RVC(40) or CTH　RCEP 生效后:RVC(40) or CTH																	

续表

类别	代码	货品名称	缅甸		印尼		老挝		柬埔寨		越南		泰国		文莱		菲律宾		马来西亚	
			关税：原	RCEP生效后	关税：原	RCEP生效后	关税：原	RCEP生效后	关税：原	RCEP生效后	关税：原	RCEP生效后	关税：原	RCEP生效后	关税：原	RCEP生效后	关税：原	RCEP生效后	关税：原	RCEP生效后
			原产地规则：原	RCEP生效后	原产地规则：原	RCEP生效后	原产地规则：原	RCEP生效后	原产地规则：原	RCEP生效后	原产地规则：原	RCEP生效后	原产地规则：原	RCEP生效后	原产地规则：原	RCEP生效后	原产地规则：原	RCEP生效后	原产地规则：原	RCEP生效后
钢材	7227100000	高速钢的热轧盘条	0	0	0	4.5%(10)	0	0	0	7%(15)	0	0	0	0	0	0	0	0	0	4.5%(10)
			东盟国家原先水平：RVC(40) or CTH　RCEP 生效后：RVC(40) or CTH																	
	7229200000	硅锰钢丝	0	2%(13)	0	4.5%(10)	0	5%(13)	0	7%(15)	0	0	0	0	0	0	0	0	0	5%(15)
			东盟国家原先水平：RVC(40) or CTH　RCEP 生效后：RVC(40) or CTH																	
蔬菜及制品	7011000000	种用马铃薯	0	14%(20)	0	0	0	5%(13)	0	0	0	0	0	0	0	0	0	0	0	0
			东盟国家原先水平：WO　RCEP 生效后：WO																	
	7032010000	去皮的大蒜	0	0	0	0	0	40%(20)	0	0	0	0	0	0U	0	0	40%	40%U	0	0
			东盟国家原先水平：WO　RCEP 生效后：WO																	
	7039010000	鲜或冷的韭葱	0	0	0	0	0	40%(不变)	0	0	0	0	0	0	0	0	0	20%(+)	0	0
			东盟国家原先水平：WO　RCEP 生效后：WO																	

续表

类别	代码	货品名称	缅甸		印尼		老挝		柬埔寨		越南		泰国		文莱		菲律宾		马来西亚	
			关税：原	RCEP生效后	关税：原	RCEP生效后	关税：原	RCEP生效后	关税：原	RCEP生效后	关税：原	RCEP生效后	关税：原	RCEP生效后	关税：原	RCEP生效后	关税：原	RCEP生效后	关税：原	RCEP生效后
			原产地规则：原	RCEP生效后	原产地规则：原	RCEP生效后	原产地规则：原	RCEP生效后	原产地规则：原	RCEP生效后	原产地规则：原	RCEP生效后	原产地规则：原	RCEP生效后	原产地规则：原	RCEP生效后	原产地规则：原	RCEP生效后	原产地规则：原	RCEP生效后
蔬菜及制品	709599000	鲜或冷的其他蘑菇	0	14%(20)	0	0	0	40%(20)	0	7%(15)	0	0	0	0	0	0	0	0	0	0
			东盟国家原先水平：WO　RCEP 生效后：WO																	
	714301000	冻山药	0	0	0	4.5%(10)	40%	40%U	0	0	0	0	0	0	0	0	0	0	0	0
			东盟国家原先水平：WO　RCEP 生效后：CC																	
	2001100000	用醋或醋酸制作的黄瓜及小黄瓜	5%	15%(不变)	0	0	0	30%(不变)	0	35%(不变)	15%	36%(10)	0	27%(10)	0	0	0	0	0	0
			东盟国家原先水平：RVC(40) or CC　RCEP 生效后：CC																	
水海产品及制品	301111000	锦鲤鱼	0	0	0	0	0	5%(20)	0	15%(15)	0	0	0	28%(15)	0	0	0	0	0	0
			东盟国家原先水平：CC　RCEP 生效后：WO																	
	302460000	鲜、冷军曹鱼	0	9%(15)	0	0	0	9%(15)	0	0	0	10.8%(10)	0	5%(10)	0	0	0	0	0	0
			东盟国家原先水平：CC　RCEP 生效后：CC																	

续表

类别	代码	货品名称	缅甸		印尼		老挝		柬埔寨		越南		泰国		文莱		菲律宾		马来西亚	
			关税：原 原产地规则：原	RCEP生效后 RCEP生效后	关税：原 原产地规则：原	RCEP生效后 RCEP生效后	关税：原 原产地规则：原	RCEP生效后 RCEP生效后	关税：原 原产地规则：原	RCEP生效后 RCEP生效后	关税：原 原产地规则：原	RCEP生效后 RCEP生效后	关税：原 原产地规则：原	RCEP生效后 RCEP生效后	关税：原 原产地规则：原	RCEP生效后 RCEP生效后	关税：原 原产地规则：原	RCEP生效后 RCEP生效后	关税：原 原产地规则：原	RCEP生效后 RCEP生效后
水海产品及制品	302510000	鲜、冷鳕鱼	0	9%(15)	0	4.6%(15)	0	9%(15)	0	0	0	0	0	0	0	0	0	0	0	0
			东盟国家原先水平：CC　RCEP生效后：CC																	
	307493000	鱿鱼干	0	10%(不变)	0	4.6%(15)	0	10%(不变)	0	35%(15)	0	23.8%(20)	0	0	0	0	0	0	0	0
			东盟国家原先水平：CC　RCEP生效后：CC																	
	307593000	烟熏章鱼	0	10%(不变)	0	4.5%(10)	0	10%(不变)	0	35%(15)	0	23.8%(20)	0	0	0	0	0	0	0	0
			东盟国家原先水平：CC　RCEP生效后：CC																	
	307911000	活、鲜或冷的马蹄螺	0	0	0	4.5%(10)	0	9%(15)	0	0	0	0	0	0	0	0	0	0	0	0
			东盟国家原先水平：CC　RCEP生效后：CC																	
塑料制品	3901300000	初级形状乙烯-乙酸乙烯酯共聚物	0	2%(13)	0	0	0	5%(13)	0	0	0	0	0	0	0	0	0	0	0	0
			东盟国家原先水平：RVC(40)　RCEP生效后：RVC(40) or CTH																	

续表

<table>
<tr><th rowspan="3">类别</th><th rowspan="3">代码</th><th rowspan="3">货品名称</th><th colspan="2">缅甸</th><th colspan="2">印尼</th><th colspan="2">老挝</th><th colspan="2">柬埔寨</th><th colspan="2">越南</th><th colspan="2">泰国</th><th colspan="2">文莱</th><th colspan="2">菲律宾</th><th colspan="2">马来西亚</th></tr>
<tr><th>关税：原</th><th>RCEP生效后</th><th>关税：原</th><th>RCEP生效后</th><th>关税：原</th><th>RCEP生效后</th><th>关税：原</th><th>RCEP生效后</th><th>关税：原</th><th>RCEP生效后</th><th>关税：原</th><th>RCEP生效后</th><th>关税：原</th><th>RCEP生效后</th><th>关税：原</th><th>RCEP生效后</th><th>关税：原</th><th>RCEP生效后</th></tr>
<tr><th>原产地规则：原</th><th>RCEP生效后</th><th>原产地规则：原</th><th>RCEP生效后</th><th>原产地规则：原</th><th>RCEP生效后</th><th>原产地规则：原</th><th>RCEP生效后</th><th>原产地规则：原</th><th>RCEP生效后</th><th>原产地规则：原</th><th>RCEP生效后</th><th>原产地规则：原</th><th>RCEP生效后</th><th>原产地规则：原</th><th>RCEP生效后</th><th>原产地规则：原</th><th>RCEP生效后</th></tr>
<tr><td rowspan="6">塑料制品</td><td rowspan="2">3907 100 000</td><td rowspan="2">初级形状的聚缩醛</td><td>0</td><td>2%
(13)</td><td>0</td><td>0</td><td>0</td><td>0</td><td>0</td><td>0</td><td>0</td><td>0</td><td>0</td><td>4.5%
(10)</td><td>0</td><td>0</td><td>0</td><td>0</td><td>0</td><td>0</td></tr>
<tr><td colspan="18">东盟国家原先水平：RVC(40)　RCEP生效后：RVC(40) or CTH</td></tr>
<tr><td rowspan="2">3922 200 000</td><td rowspan="2">塑料马桶坐圈及盖</td><td>0</td><td>3%
(15)</td><td>0</td><td>9.2%
(15)</td><td>0</td><td>5%
(13)</td><td>0</td><td>7%
(15)</td><td>0</td><td>22%
(不变)</td><td>0</td><td>27%
(10)</td><td>0</td><td>0</td><td>0</td><td>15%
(+)</td><td>0</td><td>0</td></tr>
<tr><td colspan="18">东盟国家原先水平：RVC(40)　RCEP生效后：RVC(40) or CTH</td></tr>
<tr><td rowspan="2">3924 901 000</td><td rowspan="2">塑料制的肥皂盘和肥皂盒</td><td>0</td><td>5%
(20)</td><td>0</td><td>14%
(15)</td><td>0</td><td>20%
(不变)</td><td>0</td><td>7%
(20)</td><td>0</td><td>20.9%
(20)</td><td>0</td><td>27%
(10)</td><td>0</td><td>0</td><td>0</td><td>15%
(+)</td><td>0</td><td>0</td></tr>
<tr><td colspan="18">东盟国家原先水平：RVC(40)　RCEP生效后：RVC(40) or CTH</td></tr>
<tr><td rowspan="4">家具及其零件</td><td rowspan="2">9401 100 000</td><td rowspan="2">飞机用坐具</td><td>0</td><td>1%
(13)</td><td>0</td><td>0</td><td>0</td><td>0</td><td>0</td><td>35%
(13)</td><td>0</td><td>0</td><td>0</td><td>0</td><td>0</td><td>0</td><td>0</td><td>0</td><td>0</td><td>0</td></tr>
<tr><td colspan="18">东盟国家原先水平：RVC(40) or CTSH　RCEP生效后：RVC(40) or CTH</td></tr>
<tr><td rowspan="2">9404 100 000</td><td rowspan="2">弹簧床垫</td><td>0</td><td>13%
(15)</td><td>0</td><td>0</td><td>0</td><td>20%
(不变)</td><td>0</td><td>15%
(不变)</td><td>0</td><td>0</td><td>0</td><td>0</td><td>0</td><td>5%
(10)</td><td>0</td><td>0</td><td>0</td><td>0</td></tr>
<tr><td colspan="18">东盟国家原先水平：RVC(40) or CTSH　RCEP生效后：RVC(40) or CTH</td></tr>
</table>

续表

类别	代码	货品名称	缅甸		印尼		老挝		柬埔寨		越南		泰国		文莱		菲律宾		马来西亚	
			关税：原	RCEP生效后	关税：原	RCEP生效后	关税：原	RCEP生效后	关税：原	RCEP生效后	关税：原	RCEP生效后	关税：原	RCEP生效后	关税：原	RCEP生效后	关税：原	RCEP生效后	关税：原	RCEP生效后
			原产地规则：原	RCEP生效后	原产地规则：原	RCEP生效后	原产地规则：原	RCEP生效后	原产地规则：原	RCEP生效后	原产地规则：原	RCEP生效后	原产地规则：原	RCEP生效后	原产地规则：原	RCEP生效后	原产地规则：原	RCEP生效后	原产地规则：原	RCEP生效后
家具及其零件	9404210000	海绵橡胶或泡沫塑料制褥垫	0	13%(15)	0	0	0	21%(不变)	0	15%(15)	0	0	0	0	0	5%(10)	0	0	0	18%(10)
			东盟国家原先水平：RVC(40) or CTSH　RCEP生效后：RVC(40) or CTH																	
	9404300000	羽毛或羽绒填充的睡袋	0	13%(15)	0	0	0	20%(不变)	0	15%(15)	0	0	0	0	0	5%(10)	0	0	0	18%(10)
			东盟国家原先水平：RVC(40) or CTSH　RCEP生效后：RVC(40) or CTH																	
	6905100000	陶瓷制屋顶瓦	0	0	0	0	0	5%(13)	0	15%(15)	0	45%(+)	0	0	0	0	0	0	0	30%(不变)
			东盟国家原先水平：RVC(40) or CC　RCEP生效后：RVC(40) or CTH																	
	6909110000	实验室、化学或其他技术用瓷器	0	0	0	0	0	5%(13)	0	7%(15)	0	0	0	0	0	0	0	0	0	0
			东盟国家原先水平：RVC(40) or CC　RCEP生效后：RVC(40) or CTH																	
	6909120000	莫氏硬度≥9的技术用陶瓷器	0	0	0	4.6%(15)	0	0	0	7%(20)	0	0	0	0	0	0	0	0	0	0
			东盟国家原先水平：RVC(40) or CC　RCEP生效后：RVC(40) or CTH																	
	6910900000	陶制脸盆、浴缸及类似卫生器具	0	3%(15)	20%	20%U	0	5%(13)	7%	7%U	20%	35%(+)	0	0	0	0	0	0	0	25%(+)
			东盟国家原先水平：RVC(40) or CC　RCEP生效后：RVC(40) or CTH																	

续表

类别	代码	货品名称	缅甸		印尼		老挝		柬埔寨		越南		泰国		文莱		菲律宾		马来西亚	
			关税：原	RCEP生效后	关税：原	RCEP生效后	关税：原	RCEP生效后	关税：原	RCEP生效后	关税：原	RCEP生效后	关税：原	RCEP生效后	关税：原	RCEP生效后	关税：原	RCEP生效后	关税：原	RCEP生效后
			原产地规则：原	RCEP生效后	原产地规则：原	RCEP生效后	原产地规则：原	RCEP生效后	原产地规则：原	RCEP生效后	原产地规则：原	RCEP生效后	原产地规则：原	RCEP生效后	原产地规则：原	RCEP生效后	原产地规则：原	RCEP生效后	原产地规则：原	RCEP生效后
医药品	3004310000	含胰岛素的药品（混合或非混合，治病或防病用已配定剂量或零售包装）	0	2%(13)	0	0	0	9%(15)	0	0	0	0	0	9.5%(20)	0	0	0	0	0	0
			东盟国家原先水平：RVC(40) or CTH　RCEP 生效后：RVC(40) or CTH																	
	3004401000	抗癌制剂	0	2%(13)	0	0	0	9%(15)	0	0	0	0	0	9.5%(20)	0	0	0	0	0	0
			东盟国家原先水平：RVC(40) or CTH　RCEP 生效后：RVC(40) or CTH																	
	3006200000	血型试剂	0	2%(13)	0	0	0	5%(13)	0	0	0	0	0	9.3%(15)	0	0	0	0	0	0
			东盟国家原先水平：RVC(40) or CTH　RCEP 生效后：RVC(40) or CTH																	
	3006600000	以激素，标题29.37的其他产品或杀精子剂为主要成分的化学避孕药物	0	0	0	0	0	0	0	0	0	0	0	9.5%(20)	0	0	0	0	0	0
			东盟国家原先水平：RVC(40) or CTH　RCEP 生效后：RVC(40) or CTH																	

续表

类别	代码	货品名称	缅甸		印尼		老挝		柬埔寨		越南		泰国		文莱		菲律宾		马来西亚	
			关税：原	RCEP生效后	关税：原	RCEP生效后	关税：原	RCEP生效后	关税：原	RCEP生效后	关税：原	RCEP生效后	关税：原	RCEP生效后	关税：原	RCEP生效后	关税：原	RCEP生效后	关税：原	RCEP生效后
			原产地规则：原	RCEP生效后	原产地规则：原	RCEP生效后	原产地规则：原	RCEP生效后	原产地规则：原	RCEP生效后	原产地规则：原	RCEP生效后	原产地规则：原	RCEP生效后	原产地规则：原	RCEP生效后	原产地规则：原	RCEP生效后	原产地规则：原	RCEP生效后
水果及制品（鲜干水果及坚果）	2001 901 000	水果和坚果	5%	15%（不变）	0	0	0	30%（不变）	35%	35%（20）	0	31.5%（10）	0	27%（10）	0	0	0	0	0	0
			东盟国家原先水平：WO　RCEP生效后：CC																	
	2008 191 000	栗子	0	0	0	0	0	30%（不变）	0	35%（20）	0	31.5%（10）	0	0	0	0	0	0	0	0
			东盟国家原先水平：WO　RCEP生效后：CC																	
灯具、照明装置及零件	9405 201 000	白炽灯的台灯、床头灯、落地灯	0	1%（13）	0	10%（10）	0	5%（13）	0	15%（20）	0	0	0	0	0	5%（15）	0	0	0	20%（15）
			东盟国家原先水平：RVC(40) or CTSH　RCEP生效后：RVC(40) or CTH																	
	9405 921 000	枝形吊灯的塑料制零件	0	1%（13）	0	0	0	0	0	15%（15）	0	0	0	0	0	0	0	0	0	4.5%（10）
			东盟国家原先水平：RVC(40) or CTSH　RCEP生效后：RVC(40) or CTH																	
未锻轧铝及铝材	7608 200 000	铝合金管	0	3%（13）	0	4.5%（10）	0	5%（13）	0	7%（20）	0	0	0	0	0	0	0	0	0	25%（不变）
			东盟国家原先水平：RVC(40)　RCEP生效后：RVC(40) or CTH																	
	7610 100 000	铝制门窗及其框架、门槛	0	3%（15）	0	18.6%（15）	0	0	0	7%（15）	0	0	0	0	0	0	0	0	无	25%（不变）
			东盟国家原先水平：RVC(40)　RCEP生效后：RVC(40) or CTH																	

续表

类别	代码	货品名称	缅甸		印尼		老挝		柬埔寨		越南		泰国		文莱		菲律宾		马来西亚	
			关税：原	RCEP生效后	关税：原	RCEP生效后	关税：原	RCEP生效后	关税：原	RCEP生效后	关税：原	RCEP生效后	关税：原	RCEP生效后	关税：原	RCEP生效后	关税：原	RCEP生效后	关税：原	RCEP生效后
			原产地规则：原	RCEP生效后	原产地规则：原	RCEP生效后	原产地规则：原	RCEP生效后	原产地规则：原	RCEP生效后	原产地规则：原	RCEP生效后	原产地规则：原	RCEP生效后	原产地规则：原	RCEP生效后	原产地规则：原	RCEP生效后	原产地规则：原	RCEP生效后
玩具	9505900000	其他节日用品或娱乐用品	0	4%(13)	0	0	0	10%(不变)	0	35%(15)	0	22.5%(10)	0	0	0	10%(15)	0	0	0	0
			东盟国家原先水平：RVC(40)　RCEP 生效后：RVC(40) or CTH																	
	9508100000	流动马戏团及流动动物园	0	9%(15)	0	0	0	9%(15)	0	35%(15)	0	0	0	0	0	0	0	0	0	27%(10)
			东盟国家原先水平：RVC(40)　RCEP 生效后：RVC(40) or CTH																	
鞋类	6402120000	滑雪靴，越野滑雪鞋靴及滑雪板靴	0	2%(20)	0	0	0	0	0	15%(13)	0	0	0	0	0	5%(15)	0	0	0	0
			东盟国家原先水平：RVC(40)　RCEP 生效后：RVC(40) or CTH																	
	6403200000	皮革条带为鞋面的皮底鞋	0	7%(15)	0	25%U	0	0	0	35%(15)	0	0	0	0	0	5%U	0	15%(+)	0	0
			东盟国家原先水平：RVC(40)　RCEP 生效后：RVC(40) or CTH																	
仪器仪表	9005100000	双筒望远镜	0	18%(15)	0	0	0	0	0	35%(20)	0	0	0	0	0	0	0	0	0	0
			东盟国家原先水平：RVC(40) or CTSH　RCEP 生效后：RVC(40) or CTSH																	

续表

类别	代码	货品名称	缅甸		印尼		老挝		柬埔寨		越南		泰国		文莱		菲律宾		马来西亚	
			关税：原	RCEP生效后	关税：原	RCEP生效后	关税：原	RCEP生效后	关税：原	RCEP生效后	关税：原	RCEP生效后	关税：原	RCEP生效后	关税：原	RCEP生效后	关税：原	RCEP生效后	关税：原	RCEP生效后
			原产地规则：原	RCEP生效后	原产地规则：原	RCEP生效后	原产地规则：原	RCEP生效后	原产地规则：原	RCEP生效后	原产地规则：原	RCEP生效后	原产地规则：原	RCEP生效后	原产地规则：原	RCEP生效后	原产地规则：原	RCEP生效后	原产地规则：原	RCEP生效后
仪器仪表	9015200000	经纬仪及视距仪	0	2%(13)	0	0	0	0	0	15%（不变）	0	0	0	0	0	5%(10)	0	0	0	0
			东盟国家原先水平：RVC(40) or CTSH　RCEP生效后：RVC(40) or CTSH																	
	9015900000	大地测量仪器及装置的零附件	0	2%(13)	0	0	0	5%(13)	0	15%（不变）	0	0	0	0	0	5%(10)	0	0	0	0
			东盟国家原先水平：RVC(40) or CTSH　RCEP生效后：RVC(40) or CTH																	

附表 4　山东省二十类主要进口商品关税及原产地规则 RCEP 生效后变化

说明：

1.日本原产地认定规则不具可比性；新加坡 RCEP 生效前后均全免关税，不具可比性。

2.“↓”代表“下降”，“—”代表“不变”，“↑”代表“上升”。

3.本表基于典型商品归类综合总结，详见附表 5。

商品类别	对比	东盟	日本	韩国	澳大利亚	新西兰
原油	关税	0	0	0	0	0
	原产地规则	↑	—	—	—	—
电器及电子产品	关税	—	↓↑	↑	↑	↑
	原产地规则	↓	↓	—	↓	↓
铁矿砂及其精矿	关税	0	0	0	0	0
	原产地规则	↓	↓	↓	—	—
机械设备	关税	↑	↓	↓	↓	↓
	原产地规则	↓	↓	↓	↓	↓
粮食	关税	↑	↓	—	—	—
	原产地规则	—	—	—	—	—
铝矿砂及其精矿	关税	0	0	0	0	0
	原产地规则	↓	↓	↓	—	—
仪器仪表	关税	↑	↓	↑	↑	↑
	原产地规则	↓	↓	↓	↓	↓
铜矿砂及其精矿	关税	0	0	0	0	0
	原产地规则	↓	↓	↓	—	—
纸浆	关税	0	0	0	0	0
	原产地规则	↓	↓	↓	↓	↓
初级形状的塑料	关税	↑	↓	↑	↑	↑
	原产地规则	↓	↓	↓	↓	↓
水海产品	关税	↑	↑	↑	↑	↑
	原产地规则	—	↓	↓	—	—

续表

商品类别	对比	东盟	日本	韩国	澳大利亚	新西兰
未锻轧铜及铜材	关税	↑	↓ ↑	↑	↑	↑
	原产地规则	↓	↓	↓	↓	↓
合成橡胶(包括胶乳)	关税	↑	↓	↑	↑	↑
	原产地规则	—	↓	↓	↓	↓
天然橡胶(包括胶乳)	关税	—	—	↑	↑	↑
	原产地规则	↓	↓	↓	—	—
煤及褐煤	关税	0	↓	0	0	0
	原产地规则	↓	↓	—	↓	↓
纺织纱线、织物及制品	关税	↑	↓	↑	↑	↑
	原产地规则	—	—	—	—	—
棉花	关税	↑	—	—	—	—
	原产地规则	—	↓	↓	—	↑
钢材	关税	↑	—	—	↑	↑
	原产地规则	—	↓	↓	↓	↓
金属制品	关税	↑	↓	↑	↑	↑
	原产地规则	↓	↓	↓	↓	↓
运输工具	关税	↑	↑	—	↑	↑
	原产地规则	↓	↓	↓	↓	↓

附表5　RCEP生效前后主要进口商品东盟日韩澳新典型商品关税及原产地规则对比

说明：

1.WO表示“完全获得”,CC表示“章改变”,CTH表示“品目改变”,CTSH表示“子目改变”；章到品目到子目改变，认定难度逐渐降低。RVC(X)表示“区域价值成分不小于X%”。

2.百分号后“U”表示进口关税不变。

3.X年表示在X年后进口关税降为零。

进口商品类别	HS编码	进口商品名称		东盟		日本		韩国		澳大利亚		新西兰	
				生效前	生效后	生效前	生效后	生效前	生效后	生效前	生效后	生效前	生效后
原油	2709.00.00	石油原油	关税	0	0	0	0	0	0	0	0	0	0
			原产地规则	CTH/RVC(40)	CTH	—	CTH	CTH	CTH	CTH	CTH	CTH	CTH
电器及电子产品	8501.10.10	电动机（玩具用）	关税	0	23.3% 20年	12%	23.3% 21年	16%	24.5%U	0	23.3% 20年	0	23.3% 20年
			原产地规则	CTH/RVC(40)	CTH/RVC(40)	—	CTH/RVC(40)	CTH/RVC(40)	CTH/RVC(40)	CTH	CTH/RVC(40)	CTH	CTH/RVC(40)
	8508.11.00	真空吸尘器	关税	0	0	8%	9.1% 11年	4%	9% 10年	0	0	0	0
			原产地规则	CTH/RVC(40)	CTSH/RVC(40)	—	CTSH/RVC(40)	CTSH/RVC(40)	CTSH/RVC(40)	CTSH	CTSH/RVC(40)	CTSH	CTSH/RVC(40)

续表

进口商品类别	HS编码	进口商品名称		东盟		日本		韩国		澳大利亚		新西兰	
				生效前	生效后	生效前	生效后	生效前	生效后	生效前	生效后	生效前	生效后
电器及电子产品	8509.40.10	水果或蔬菜的榨汁机	关税	0	9.5% 20年	6%	10%U	7% 14年	10%U	0	9.5% 20年	0	9.5% 20年
			原产地规则	—	CTSH/RVC(40)	—	CTSH/RVC(40)	CTSH/RVC(40)	CTSH/RVC(40)	CTSH	CTSH/RVC(40)	CTSH	CTSH/RVC(40)
	8510.10.00	剃须刀	关税	0	8%U	8%	30%U	30%U	30%U	0	8%U	0	8%U
			原产地规则	CTSH/RVC(40)	CTSH/RVC(40)	—	CTSH/RVC(40)	CTSH/RVC(40)	CTSH/RVC(40)	CTSH	CTSH/RVC(40)	CTSH	CTSH/RVC(40)
	8516.50.00	微波炉	关税	0	0	7%	13.6% 11年	4.6% 4年	13.5% 10年	0	0	0	0
			原产地规则	—	CTSH/RVC(40)	—	CTSH/RVC(40)	CTSH/RVC(40)	CTSH/RVC(40)	CTSH	CTSH/RVC(40)	CTSH	CTSH/RVC(40)
	8517.12.10	手持(包括车载)式无线电话机	关税	0	0	0	0	0	0	0	0	0	0
			原产地规则	CTSH/RVC(40)	CTSH/RVC(40)	—	CTSH/RVC(40)	CTSH/RVC(40)	CTSH/RVC(40)	CTSH	CTSH/RVC(40)	CTSH	CTSH/RVC(40)
	8518.30.00	耳机、耳塞机	关税	0	0	0	0	0	0	0	0	0	0
			原产地规则	—	CTSH/RVC(40)	—	CTSH/RVC(40)	CTSH/RVC(40)	CTSH/RVC(40)	CTSH	CTSH/RVC(40)	CTSH	CTSH/RVC(40)
	8526.10.10	导航雷达	关税	0	0	0	0	1% 9年	1.8% 10年	0	1.8% 10年	0	1.8% 10年
			原产地规则	CTH/RVC(40)	CTH/RVC(40)	—	CTH/RVC(40)	CTH/RVC(40)	CTH/RVC(40)	CTH	CTH/RVC(40)	CTH	CTH/RVC(40)

续表

进口商品类别	HS编码	进口商品名称		东盟		日本		韩国		澳大利亚		新西兰	
				生效前	生效后	生效前	生效后	生效前	生效后	生效前	生效后	生效前	生效后
电器及电子产品	8527.92.00	带时钟的收音机	关税	0	0	0	0	6% 4年	13.5% 10年	0	0	0	0
			原产地规则	—	CTH/RVC(40)	—	CTH/RVC(40)	CTH/RVC(40)	CTH/RVC(40)	CTH	CTH/RVC(40)	CTH	CTH/RVC(40)
	8535.10.00	熔断器	关税	0	0	10%	12.7% 11年	5.6% 4年	12.6% 10年	0	0	0	0
			原产地规则	—	CTH/RVC(40)	—	CTH/RVC(40)	CTH/RVC(40)	CTH/RVC(40)	CTH	CTH/RVC(40)	CTH	CTH/RVC(40)
	8543.70.93	电篱网激发器	关税	0	0	8%	9.1% 11年	4% 4年	9% 10年	0	0	0	0
			原产地规则	CTSH/RVC(40)	CTSH/RVC(40)	—	CTSH/RVC(40)	CTH/RVC(40)	CTSH/RVC(40)	CTSH	CTSH/RVC(40)	CTSH	CTSH/RVC(40)
铁矿砂及其精矿	2601.11.10	平均粒度小于0.8毫米	关税	0	0	0	0	0	0	0	0	0	0
			原产地规则	—	CTH	—	CTH	CC	CTH	CTH	CTH	CTH	CTH
	2601.11.20	平均粒度大于0.8小于6.3	关税	0	0	0	0	0	0	0	0	0	0
			原产地规则	—	CTH	—	CTH	CC	CTH	CTH	CTH	CTH	CTH
	2601.12.00	已烧结	关税	0	0	0	0	0	0	0	0	0	0
			原产地规则	—	CTH	—	CTH	CC	CTH	CTH	CTH	CTH	CTH
	2601.20.00	焙烧黄铁矿	关税	0	0	0	0	0	0	0	0	0	0
			原产地规则	—	CTH	—	CTH	CC	CTH	CTH	CTH	CTH	CTH

续表

进口商品类别	HS编码	进口商品名称		东盟		日本		韩国		澳大利亚		新西兰	
				生效前	生效后	生效前	生效后	生效前	生效后	生效前	生效后	生效前	生效后
机械设备	8406.10.00	船舶动力用汽轮机	关税	0	0	5%	4.5% 11 年	2% 4 年	4.5% 10 年	0	0	0	0
			原产地规则	—	CTSH/ RVC(40)	—	CTSH/ RVC(40)	CTSH	CTSH/ RVC(40)	CTH	CTSH/ RVC(40)	CTSH	CTSH/ RVC(40)
	8407.10.20	航空器发动机	关税	0	0	2%	0	0	0	0	0	0	0
			原产地规则	—	CTH/ RVC(40)	—	CTH/ RVC(40)	RVC(40)	CTH/ RVC(40)	CTH	CTH/ RVC(40)	CTH/ RVC(40)	CTH/ RVC(40)
	8407.31.00	汽车发动机（<50 毫升）	关税	0	9.5% 20 年	10%	9.5% 20 年	7%	10%， 2015～ 2035 年 降至 8%	0	9.5% 20 年	0	9.5% 20 年
			原产地规则	—	CTH/ RVC(40)	—	CTH/ RVC(40)	RVC(40)	CTH/ RVC(40)	CTH/ RVC60	CTH/ RVC(40)	CTH/ RVC(40)	CTH/ RVC(40)
	8407.32.00	汽车发动机（50～250 毫升）	关税	0	0	10%	0	7%	10%， 2015～ 2035 年 降至 8%	0	9.5% 20 年	0	9.5% 20 年
			原产地规则	—	CTH/ RVC(40)	—	CTH/ RVC(40)	RVC(40)	CTH/ RVC(40)	CTH/ RVC60	CTH/ RVC(40)	CTH/ RVC(40)	CTH/ RVC(40)
	8407.33.00	汽车发动机（250～1000 毫升）	关税	0	9.5% 20 年	10%	9.5% 20 年	7%	10%， 2015～ 2035 年 降至 8%	0	9.5% 20 年	0	9.5% 20 年
			原产地规则	—	CTH/ RVC(40)	—	CTH/ RVC(40)	RVC(40)	CTH/ RVC(40)	CTH/ RVC60	CTH/ RVC(40)	CTH/ RVC(40)	CTH/ RVC(40)

续表

进口商品类别	HS编码	进口商品名称		东盟		日本		韩国		澳大利亚		新西兰	
				生效前	生效后	生效前	生效后	生效前	生效后	生效前	生效后	生效前	生效后
机械设备	8407.34.20	汽车发动机（>3000毫升）	关税	5%	10%U	10%	10%U	7% 15 年	10%U	0	10%U	0	10%U
			原产地规则	—	CTSH/ RVC(40)	—	CTSH/ RVC(40)	RVC(40)	CTSH/ RVC(40)	CTH/ RVC60	CTSH/ RVC(40)	CTH/ RVC(40)	CTSH/ RVC(40)
粮食	1001.19.00	小麦	关税	5%	65%U	65%	65%U	65%U	65%U	65%U	65%U	65%U	65%U
			原产地规则	WO	WO	—	WO	WO	WO	WO	WO	WO	WO
	1004.90.00	燕麦	关税	0	1.8% 10 年	2%	1.8% 11 年	0	1.8% 10 年	0	1.8% 10 年	0	1.8% 10 年
			原产地规则	WO	WO	—	WO	WO	WO	WO	WO	WO	WO
	1005.90.00	玉米	关税	50%	65%U	65%	65%U	65%U	65%U	65%U	65%U	65%U	65%U
			原产地规则	WO	WO	—	WO	WO	WO	WO	WO	WO	WO
	1006.10.11	籼米	关税	50%	65%U	65%	65%U	65%U	65%U	65%U	65%U	65%U	65%U
			原产地规则	WO	WO	—	WO	WO	WO	WO	WO	WO	WO
	1007.90.00	食用高粱	关税	0	0	2%	1.8% 11 年	0	0	0	0	0	0
			原产地规则	WO	WO	—	WO	WO	WO	WO	WO	WO	WO
	1008.10.00	荞麦	关税	0	0	2%	1.8% 11 年	0	0	0	0	0	0
			原产地规则	WO	WO	—	WO	WO	WO	WO	WO	WO	WO
铝矿砂及其精矿	2606.00.00	铝矿砂及其精矿	关税	0	0	0	0	0	0	0	0	0	0
			原产地规则	—	CTH	—	CTH	CC	CTH	CTH	CTH	CTH	CTH

续表

进口商品类别	HS编码	进口商品名称		东盟		日本		韩国		澳大利亚		新西兰	
				生效前	生效后	生效前	生效后	生效前	生效后	生效前	生效后	生效前	生效后
仪器仪表	9001.10.00	光导纤维	关税	0	4.9%，2010年降至3.8%	5%	5%U	4.5%U	5%U	0	4.9，2010年降至3.8%	0	4.9%，2010年降至3.8%
			原产地规则	CC/RVC(40)	CTH/RVC(40)	—	CTH/RVC(40)	CTH	CTH/RVC(40)	CTH	CTH/RVC(40)	CC	CTH/RVC(40)
	9002.11.31	单反相机镜头	关税	0	14.3% 20年	3%	7.5%U	15%U	15%U	0	14.3% 20年	0	14.3% 20年
			原产地规则	CC/RVC(40)	CTH/RVC(40)	—	CTH/RVC(40)	CTH	CTH/RVC(40)	CTH	CTH/RVC(40)	CTH	CTH/RVC(40)
	9007.10.10	高速摄影机	关税	0	0	12%	12.7% 11年	12%	12.6% 10年	12%	0	12%	0
			原产地规则	—	CTSH/RVC(40)	—	CTSH/RVC(40)	CTH	CTSH/RVC(40)	CTSH	CTSH/RVC(40)	CTSH	CTSH/RVC(40)
	9013.20.00	激光器	关税	0	0	1%	5.5% 11年	1.8% 4年	5.4% 10年	0	0	0	0
			原产地规则	—	CTSH/RVC(40)	—	CTSH/RVC(40)	CTH	CTSH/RVC(40)	CTSH	CTSH/RVC(40)	CTSH	CTSH/RVC(40)
	9013.80.30	液晶显示板	关税	0	4.5% 10年	5%	5%U	5% 4年	5%U	2.7% 10年	4.5% 10年	0	4.5% 10年
			原产地规则	CTH/RVC(40)	CTSH/RVC(40)	—	CTSH/RVC(40)	RVC45	CTSH/RVC(40)	CTSH	CTSH/RVC(40)	CTSH	CTSH/RVC(40)

续表

进口商品类别	HS编码	进口商品名称		东盟		日本		韩国		澳大利亚		新西兰	
				生效前	生效后	生效前	生效后	生效前	生效后	生效前	生效后	生效前	生效后
仪器仪表	9015.20.00	经纬仪及视距仪	关税	0	0	3%	8.2% 11 年	0	0	0	0	0	0
			原产地规则	—	CTSH/RVC(40)	—	CTSH/RVC(40)	CTH	CTSH/RVC(40)	CTSH	CTSH/RVC(40)	CTSH	CTSH/RVC(40)
	9016.00.10	精密天平	关税	0	0	9%	8.2% 11 年	2.7% 4 年	8.2% 10 年	0	0	0	0
			原产地规则	CTH/RVC(40)	CTH/RVC(40)	—	CTH/RVC(40)	CTH	CTH/RVC(40)	CTH	CTH/RVC(40)	CTH	CTH/RVC(40)
	9018.12.10	B 型超声波诊断仪	关税	0	0	2.6%	6.4% 11 年	3.7% 10 年	6.3% 10 年	0	0	0	0
			原产地规则	—	CTH/RVC(40)	—	CTH/RVC(40)	CTH	CTH/RVC(40)	CTH/RVC45	CTH/RVC(40)	CTH/RVC45	CTH/RVC(40)
	9018.90.40	肾脏透析设备	关税	0	0	0.7%	0	0	0	0	3.6% 10 年	0	3.6% 10 年
			原产地规则	CTH/RVC(40)	CTH/RVC(40)	—	CTH/RVC(40)	CTH	CTH/RVC(40)	CTH/RVC45	CTH/RVC(40)	CTH/RVC45	CTH/RVC(40)
铜矿砂及精矿	2603.00.00	铜矿砂及其精矿	关税	0	0	0	0	0	0	0	0	0	0
			原产地规则	—	CTH	—	CTH	CC	CTH	CTH	CTH	CTH	CTH
纸浆	4706.10.00	棉短绒纸浆	关税	0	0	0	0	0	0	0	0	0	0
			原产地规则	—	CTH/RVC(40)	—	CTH/RVC(40)	CTH	CTH/RVC(40)	CTH	CTH/RVC(40)	CTH	CTH/RVC(40)
	4706.20.00	纤维浆	关税	0	0	0	0	0	0	0	0	0	0
			原产地规则	—	CTH/RVC(40)	—	CTH/RVC(40)	CTH	CTH/RVC(40)	CTH	CTH/RVC(40)	CTH	CTH/RVC(40)

续表

进口商品类别	HS编码	进口商品名称		东盟		日本		韩国		澳大利亚		新西兰	
				生效前	生效后	生效前	生效后	生效前	生效后	生效前	生效后	生效前	生效后
初级形状的塑料	3901.30.00	初级形状的聚乙烯	关税	0	6.2% 20年	6.5%	6.5%U	6%	6.5%U	0	6.2% 20年	0	6.2% 20年
			原产地规则	RVC(40)	CTH/ RVC(40)	—	CTH/ RVC(40)	CTH	CTH/ RVC(40)	CTH	CTH/ RVC(40)	CTH	CTH/ RVC(40)
	3902.20.00	初级形状的聚丙烯	关税	0	5%U	6.5%	6.5%U	6.5%U	6.5%U	0	5%U	0	5%U
			原产地规则	RVC(40)	CTH/ RVC(40)	—	CTH/ RVC(40)	CTH	CTH/ RVC(40)	CTH	CTH/ RVC(40)	CTH	CTH/ RVC(40)
	3907.50.00	初级形状的聚缩醛	关税	0	0	10%	9.1% 11年	3% 4年	9% 10年	0	0	0	0
			原产地规则	RVC(40)	CTH/ RVC(40)	—	CTH/ RVC(40)	CTH	CTH/ RVC(40)	CTH	CTH/ RVC(40)	CTH	CTH/ RVC(40)
水海产品	0302.32.00	黄鳍金枪鱼	关税	0	0	7%	10.9% 11年	3.6% 4年	10.8% 10年	0	0	0	0
			原产地规则	CC	CC	—	CC	WO	CC	CC	CC	CC	CC
	0306.12.00	螯龙虾	关税	0	0	7%	9.1% 11年	3% 4年	9% 10年	0	0	0	0
			原产地规则	CC	CC	—	CC	WO	CC	CC	CC	CC	CC
	0307.51.00	章鱼	关税	0	15.3% 10年	7%	17%U	9% 10年	15.3% 10年	0	15.3% 10年	0	15.3% 10年
			原产地规则	CC	CC	—	CC	WO	CC	CC	CC	CC	CC

续表

进口商品类别	HS编码	进口商品名称		东盟		日本		韩国		澳大利亚		新西兰	
				生效前	生效后	生效前	生效后	生效前	生效后	生效前	生效后	生效前	生效后
水海产品	0308.30.19	海蜇	关税	0	0	7%	12.7% 11年	4.2% 4年	12.6% 10年	0	0	0	0
			原产地规则	CC	CC	—	CC	WO	CC	CC	CC	CC	CC
未锻轧铜及铜材	7403.12.00	未锻轧铜锭	关税	0	0	0	1.8% 11年	0	0	0	0	0	0
			原产地规则	—	CTH/ RVC(40)	—	CTH/ RVC(40)	CTH	CTH/ RVC(40)	CTH	CTH/ RVC(40)	CTH	CTH/ RVC(40)
	7403.21.00	铜锌合金	关税	0	0.9% 10年	1%	0.9% 11年	0	0.9% 10年	0	0.9% 10年	0	0.9% 10年
			原产地规则	—	CTH/ RVC(40)	—	CTH/ RVC(40)	CTH	CTH/ RVC(40)	CTH	CTH/ RVC(40)	CTH	CTH/ RVC(40)
合成橡胶	4002.11.10	羧基丁苯橡胶	关税	0	7.5% 10年	7.5%	7.5% 16年	4% 10年	7.5% 10年	0	7.5% 10年	0	7.5% 10年
			原产地规则	CTH/ RVC(40)	CTH/ RVC(40)	—	CTH/ RVC(40)	CTH	CTH/ RVC(40)	CTSH	CTH/ RVC(40)	CTH	CTH/ RVC(40)
天然橡胶	4001.10.00	天然胶乳	关税	20%	20%U	20%	20%U	10.7% 10年	20%U	0	20%U	0	20%U
			原产地规则	WO	CC	—	CC	WO	CC	CC	CC	CC	CC
煤及褐煤	2701.11.00	无烟煤	关税	0	0	3%	0	0	0	0	0	0	0
			原产地规则	CC	CTH	—	CTH	CTH	CTH	WO	CTH	WO	CTH
	2702.10.00	褐煤	关税	0	0	3%	0	0	0	0	0	0	0
			原产地规则	—	CTH	—	CTH	CTH	CTH	WO	CTH	WO	CTH

续表

进口商品类别	HS编码	进口商品名称		东盟		日本		韩国		澳大利亚		新西兰	
				生效前	生效后	生效前	生效后	生效前	生效后	生效前	生效后	生效前	生效后
纺织纱线织物及制品	5205.11.00	棉纱线	关税	0	4.5% 10年	5%	4.7% 16年	2.7% 10年	4.5% 10年	1.7% 2年	4.5% 10年	0	4.5% 10年
			原产地规则	RVC(40)	CTH	—	CTH	CTH	CTH	CTH	CTH	CTH	CTH
	5208.11.00	平纹机织物	关税	0	0	8%	9.1% 11年	0	0	0	0	0	0
			原产地规则	RVC(40)	CTH	—	CTH	CTH	CTH	CTH	CTH	CTH	CTH
棉花	5201.00.00	棉花	关税	5%	40%U	40%	40%U	40%U	40%U	40%U	40%U	40%U	40%U
			原产地规则	CC	CC	—	CC	WO	CC	CC	CC	CC/ RVC50	CC
钢材	7208.25.00	铁或非合金钢平板轧材	关税	0	4.8% 20年	5%	5%U	5%U	5%U	0	4.8% 20年	0	4.8% 20年
			原产地规则	CTH/ RVC(40)	CTH/ RVC(40)	—	CTH/ RVC(40)	CTH	CTH/ RVC(40)	CTH	CTH/ RVC(40)	CTH	CTH/ RVC(40)
金属制品	7304.11.10	钢铁石油或天然气管	关税	0	0	5%	4.5% 11年	1.5% 3年	4.5% 10年	0	0	0	0
			原产地规则	—	CTH/ RVC(40)	—	CTH/ RVC(40)	CTH	CTH/ RVC(40)	CTH	CTH/ RVC(40)	CTH	CTH/ RVC(40)
	7315.11.20	铰接链—摩托车用	关税	0	11.2% 15年	8%	11.3% 16年	7.20%	11.2% 15年	0	11.4% 20年	0	11.4% 20年
			原产地规则	—	CTH/ RVC(40)	—	CTH/ RVC(40)	CTH	CTH/ RVC(40)	CTH	CTH/ RVC(40)	CTH	CTH/ RVC(40)
	8208.10.11	机械器具刀片	关税	0	7.5% 15年	8%	7.5% 16年	8%	7.5% 15年	0	7.6% 20年	0	7.6% 20年
			原产地规则	—	CC/ RVC(40)	—	CC/ RVC(40)	CTH	CC/ RVC(40)	CC	CC/ RVC(40)	CC	CC/ RVC(40)

续表

进口商品类别	HS编码	进口商品名称		东盟		日本		韩国		澳大利亚		新西兰	
				生效前	生效后	生效前	生效后	生效前	生效后	生效前	生效后	生效前	生效后
运输工具	8703.21.30	小轿车，气缸<1000毫升	关税	15%	25%U	15%	25%U	25%U	25%U	0	25%U	0	25%U
			原产地规则	—	RVC(40)	—	RVC(40)	CTH/RVC(60)	RVC(40)	CTH/RVC(45)	RVC(40)	CTH/RVC(45)	RVC(40)
	8703.23.61	小轿车，气缸2500～3000毫升	关税	15%	15%U	15%	15%U	15%	25%U	15%	25%U	15%	25%U
			原产地规则	—	RVC(40)	—	RVC(40)	CTH/RVC(60)	RVC(40)	CTH/RVC(45)	RVC(40)	CTH/RVC(45)	RVC(40)
	8802.40.20	飞机	关税	0	0	1%	0	0	0	0	0	0	0
			原产地规则	—	RVC(40)	—	RVC(40)	CTH	RVC(40)	CTH	RVC(40)	CTH	RVC(40)

RCEP 系列研究之四：中韩间关税减让安排

——与中韩 FTA 的对比分析*

RCEP 签署前，我国已与除日本外的其他成员国签订了双边或多边自贸协定，中国—韩国自由贸易协定（简称"中韩 FTA"）是其中之一，该协定签署于 2015 年 6 月 1 日，提出"建立双方间明确和互利的贸易规则"的目标。RCEP 与中韩 FTA 都把关税削减作为互利贸易规则的重要内容，两者不同的减税安排交织将形成关税税率交叉。厘清 RCEP 与中韩 FTA 下关税削减安排的联系与区别，对指导企业做好享惠规划、充分释放降税红利具有重要意义。本文对 RCEP 下中韩关税减让承诺作出梳理，并重点与中韩 FTA 相关规定对比，进而提出相关建议。

一、RCEP 下中韩减税承诺情况

根据 RCEP 关税承诺表，中韩间的关税减让主要有三种类型：第一种，关税最终降为零；第二种，关税削减但不降为零（包括维持不变关税税率）；第三种，不做削减或取消关税承诺。中国对韩进口商品关税承诺表共 8277 条，韩国对中国进口商品关税承诺表共 12244 条。

在平均关税降幅上，RCEP 生效后中韩两国间的平均关税[①]将逐年大幅下降，中国对韩国商品平均关税由 9.76%降到 0.12%，韩国对中国商品平均关税

* 作者：夏运彬、王琳华、高淑君、刘志。

① 本文采用简单平均关税计算，在税率有多个选择的税目假设符合数值税率，如 RCEP 韩国关税承诺表中"306263000"的基础税率为"35%或 236 韩元/千克，以较大者为准"，取值 35%进行计算分析，中韩 FTA 韩国关税减让表中出现多选税率的税目采取同样方式处理。

由13.49%降到0.07%。总体看，韩国对我国商品平均关税降税幅度大于中国对韩国的，韩国最终平均关税水平也更低。

在关税削减进度上，根据两国减税期安排①，零关税商品占比提升关键节点的第10年、15年、20年，中国对韩进口商品零关税占比分别达到79.68%、82.76%、86.00%，韩国分别达到77.27%、85.83%、85.99%。最终零关税占比中国对韩国商品为86.00%，韩国对中国为85.99%。

在特殊商品上，韩国有12.84%的自中国进口商品不做削减或取消关税承诺，主要集中在机器设备、水产品、汽车等领域（见本文附表1）。此外，韩国对中国的8种商品维持固定不变关税税率，主要是鱼、甲壳动物、软体动物及其他水生无脊椎动物，针织或钩编的服装及衣着附件，非针织或非钩编的服装及衣着附件，陶瓷产品等。

二、RCEP与中韩FTA减税安排比较

（一）两个协定的减税规则设置存在差异

1.减税期规则不同

RCEP与中韩FTA关税削减期设置均包括协定生效后关税立即降为零，及以10年、15年、20年为期限逐年降税。此外，中韩FTA还设置了5年内关税降为零的分类，且对其他期限降税进行了细分，如韩方设置了“10-A”分类，含义为“1～8年保持基准税率，自第9年1月1日两年内等比削减，自第10年起1月1日起免除关税”。相较而言，中韩FTA降税分类更复杂，可分为3大类，共计19种（见本文附表2）。

2.减税商品目录略有不同

将中韩FTA与RCEP的关税减让表商品目录进行逐一对比。我国对韩国的关税削减方面，中韩FTA涉及商品8194种，RCEP涉及8277种，其中，8133种商品两个协定均涉及，61种为中韩FTA自有，144种为RCEP自有。韩国对中国的关税削减方面，中韩FTA涉及商品12232种，RCEP涉及12244种，其中12097种商品两个协定均涉及，135种为中韩FTA自有，147种为RCEP自有。

① 根据协定，RCEP于2022年1月1日生效，RCEP第1年为2022年1月1日至2022年12月31日。每一后续年指自该年1月1日起的12个月的期间。

3.减税起始时间不同

中韩FTA生效日期为2015年12月20日，生效后立即执行降税。RCEP于2020年11月15日完成签署，2022年1月1日正式生效。

（二）中韩FTA减税安排整体优于RCEP

1.RCEP的减税期更长

中韩FTA将在协定签署后20年内完成关税削减，而RCEP的关税削减期则长达35年，减税红利释放较慢。如，中国进口自韩国的机动车辆用照明装置、内燃发动机的进气过滤器，我国出口到韩国的铣削工具、往复式排液泵等产品，直到第35年才完成关税削减。两协定的减税时间安排如图1所示。

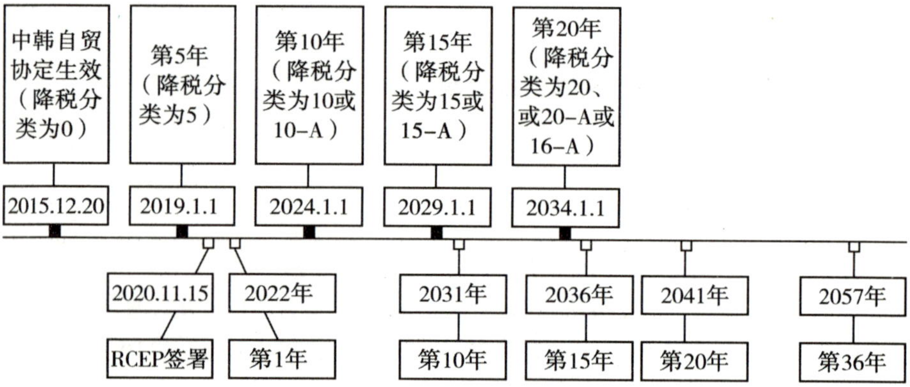

图1　RCEP与中韩FTA关键时间点分布

资料来源：根据中国自由贸易区服务网数据整理。

2.中韩FTA有更多商品、以更快速度实现零关税

第一，中韩FTA下，对进口自对方国家的商品最终零关税占比，中国为90.65%，韩国为92.15%；而RCEP双方最终零关税占比都约为86%，均低于中韩FTA水平（见表1）。第二，在零关税实现速度上，中韩FTA也显著快于RCEP，以韩国对我国的进口商品为例，85.96%的商品在中韩FTA中更早降为零关税，0.09%的商品在RCEP中更早降为零关税。

表 1　RCEP 与中韩 FTA 减税对比

		RCEP		中韩 FTA	
		中国—韩国	韩国—中国	中国—韩国	韩国—中国
涉及商品种类		8277	12244	8194	12232
零关税商品占比	首年	38.64%	50.36%	20.12%	49.93%
	第 5 年	38.64%	50.36%	40.61%	61.65%
	第 10 年	79.68%	77.27%	71.37%	79.22%
	第 15 年	82.76%	85.83%	84.86%	88.26%
	第 20 年	86.00%	85.99%	90.65%	92.15%
	最终	86.00%	85.99%	90.65%	92.15%

资料来源：根据中国自由贸易区服务网数据计算整理。

3.中韩 FTA 关税优惠已高于 RCEP 生效后首年水平

截至 2021 年年初，由于中韩 FTA 已完成七次降税，降税分类为“0”和“5”项下的商品关税已削减为零，其他分类商品正按计划降税。中国对进口自韩国的商品零关税占比已达 40.61%，韩国对进口自中国的商品零关税商品占比已达 61.65%。RCEP 生效第 1 年两国零关税占比分别为 38.64%、50.36%，均低于同期中韩自贸协定零关税占比。中韩 FTA 项下关税优惠幅度大于 RCEP 的情况更为普遍，例如汽车线束在中韩 FTA 中税率已经降为 3.2%，而 RCEP 生效首年的协定税率仍为 7.2%。

（三）RCEP 关税安排在少部分产品上较中韩 FTA 更优

对韩出口方面，RCEP 生效后，最终降税幅度高于中韩 FTA 的有 5 大类、13 种产品，主要包括冻石首鱼、合成纤维制针织或钩编套头衫等、合成纤维制男式其他羽绒服、棉制男衬衫、合成纤维制女式其他羽绒服、上釉的陶瓷品等（见本文附表 3）。

自韩进口方面，RCEP 下生效后，最终降税幅度高于中韩 FTA 的主要集中在 3 大类：光学、照相、电影、计量、检验、医疗或外科用仪器及设备、精密仪器及设备；核反应堆、锅炉、机器、机械器具及其零件；电机、电气设备及其零件等，共计 50 种产品（见本文附表 4）。

（四）RCEP 原产地规则比中韩 FTA 更具应用潜力

1.RCEP 原产地认定规则更加灵活多样

第一，RCEP 的成员国企业在确定商品原产资格时，除有特定原产地规则的产品外，还有多种标准可选取适用，包括完全获得标准、区域价值成分标准、税则归类改变标准、特定制造或加工工序标准等。第二，按照区域价值成分标准计算时，中韩 FTA 只能通过间接减扣计算，RCEP 增加了直接累加计算方法。第三，RCEP 下特定原产地规则的适用门槛也有所降低，规则选取更加灵活多样，例如，番茄汁（2009.50）的原产地判定规则由“章改变”变为“章改变或区域价值成分（40%）”标准。

2.RCEP 的区域累积规则红利扩大

RCEP 区域累积规则从中韩 FTA 的“双边”体系，上升为 15 个成员国统一的“多边”体系。累积的使用范围扩大到各缔约方内的所有生产和货物增值。某些在中韩 FTA 原产地规则下不能算作原产的商品，在 RCEP 区域价值累积后，将可能被认定为 RCEP 区域原产，进而享受 RCEP 优惠关税。例如，中国从澳大利亚进口产品 A，加工成产品 B，出口到韩国。在原中韩 FTA 原产地规则下，中国加工增值额未达到产品总价值的 40%，则无法适用中韩 FTA 中的优惠税率；而在 RCEP 下，中国和澳大利亚加工增值累积额达到产品总价值的 40% 即可被认定为原产于中国，进而享受 RCEP 的优惠税率。

3.RCEP 的原产地签证程序更加便利

在原产地规则程序上，RCEP 也作出便利化改进。RCEP 规定，中韩两国将在 10 年内实施经核准出口商原产地自主声明制度，即在传统由官方签证机构签发原产地证书之外，核准企业还可用自主原产地声明享受协定税率。RCEP 还为国际中转、分销货物设定了背对背原产地证明规则，相关货物再次分批分期出口到 RCEP 成员方，企业可凭该证明享受协定项下优惠税率，将为货物在区域内批发和分销提供享惠便利，为中韩间扩大贸易创造良好条件。

三、相关建议

韩国 GDP 全球排名第 11 位，在与我国已签署双边自贸协定的国家中经济体量最大，是山东第三大贸易伙伴。2020 年，山东受惠于中韩 FTA 的出口货值占对韩出口的 50%，高于全国平均 10 个百分点，利用自贸减税规则扩大对韩经贸交流合作。下一步，要以 RCEP 签署带动形成的区域大市场为契机，不断激发贸易合作潜力，让省内企业更好享受自贸红利。

（一）择优用好两个协定的减税条款

一是进一步梳理分析已签自贸协定与 RCEP 的减税规则，定期调研企业利用自贸协定的困难问题，形成自贸协定信息综合发布、原产地规则专业咨询服务、自贸协定专业培训和人才培养等综合服务平台。二是加大对不同协定的税则、税率的宣讲，指导企业针对自身产品，做好享惠规划，综合利用优惠关税政策，最大程度享受关税减让红利。

（二）深度用好 RECP 原产地规则

升级的原产地规则下，企业实现 40% 区域价值成分的难度降低，对贸易投资产生积极影响，并加速区域内的商品、技术、服务、资本流动。一方面，要发挥山东与韩国制造业的互补优势，扩大与韩国间的汽车零部件等中间产品贸易，引导企业用好累计规则开拓韩国市场。另一方面，要抓住 RCEP 机遇，强化招商引资，吸引跨国公司在山东产业布局，带动山东融入双循环新发展格局和全球产业链分工体系。同时，注意应对产业转移挑战，引导企业做好转型升级。

（三）把握 RCEP 带来的新机遇

一是针对 RCEP 项下减税力度大的出口产品，要结合山东企业实际，深入挖掘减税带来的市场机遇。同时，利用降税机遇，积极扩大自韩国的医疗器械等高端产品进口。二是用好背对背原产地证明规则，引导企业优化销售策略以及物流安排，促进对韩的海外仓集货分销、国际中转等业态发展。三是积极联合韩国拓展东盟等第三方市场。

（四）发挥威海中韩自贸区地方经济合作示范区作用

威海是我国首个被写入国际双边自贸协定的城市，是山东拓展对韩贸易的优势与特色。一是要提前谋划对接国际高标准规则，在山东与韩国间先行先试自主原产地声明、六小时通关等便利化制度，为 RCEP 落地和中日韩自贸区谈判探索经验。二是深入推进“四港联动”，建好对韩物流贸易通道，打造对韩桥头堡，在中日韩合作大局中体现山东担当、展现山东作为。

附表 1　韩国不做削减或取消关税承诺的商品情况

	税目	子目数	品类	占比
1	84	148	核反应堆、锅炉、机器、机械器具及其零件	9.34%
2	03	127	鱼、甲壳动物、软体动物及其他水生无脊椎动物	8.02%
3	87	107	车辆及其零件、附件，但铁道或电车道车辆除外	6.76%
4	07	106	食用蔬菜、根及块茎	6.69%
5	52	95	棉花	6.00%
6	02	74	肉及食用杂碎	4.67%
7	20	62	蔬菜、水果、坚果或植物其他部分的制品	3.91%
8	44	62	木及木制品；木炭	3.91%
9	04	58	乳品；蛋品；天然蜂蜜；其他食用动物产品	3.66%
10	08	57	食用水果及坚果；果皮	3.60%
11	12	50	含油子仁及果实；杂项子仁及果实；工业用或药用植物；稻草、秸秆及饲料	3.16%
12	16	46	肉、鱼制品；甲壳、软体和其他水产品的制品	2.90%
13	11	40	制粉工业产品；麦芽；淀粉；菊粉；面筋	2.53%
14	29	40	有机化学品	2.53%
15	54	34	化学纤维长丝；化学纤维纺织材料制扁条及类似品	2.15%
16	06	30	活树、活植物；鳞茎、根及类似品；插花	1.89%
17	51	29	羊毛、动物细毛或粗毛；马毛纱线及其机织物	1.83%
18	39	28	塑料及其制品	1.77%
19	10	23	谷物	1.45%
20	62	23	非针织或非钩编的服装及衣着附件	1.45%
21	55	20	化学纤维短纤	1.26%
22	17	18	糖及糖食	1.14%
23	19	18	谷物、粮食粉、淀粉或乳的制品；糕饼点心	1.14%
24	13	17	虫胶；树胶、树脂及其他植物液、汁	1.07%
25	01	16	活动物	1.01%
26	21	16	杂项食品	1.01%

续表

	税目	子目数	品类	占比
27	24	16	烟草、烟草及烟草代用品的制品	1.01%
28	09	14	咖啡、茶、马黛茶及调味香	0.88%
29	15	13	动、植物油、脂及其分解产品；精制的食用油脂；动、植物蜡	0.82%
30	71	13	天然或养殖珍珠、宝石或半宝石、贵金属、包贵金属及其制品；仿首饰；硬币	0.82%
31	27	12	矿物燃料、矿物油及其蒸馏产品；沥青物质；矿物蜡	0.76%
32	70	12	玻璃及其制品	0.76%
33	68	11	石料、石膏、水泥、石棉、云母及类似材料的制品	0.69%
34	69	11	陶瓷产品	0.69%
35	33	10	精油及香膏；芳香料制品及化妆盥洗品	0.63%
36	73	10	钢铁制品	0.63%
37	82	10	贱金属工具、器具、利口器、餐匙、餐叉及其零件	0.63%
38	35	9	蛋白类物质；改性淀粉；胶；酶	0.57%
39	38	8	杂项化学产品	0.51%
40	22	7	饮料、酒及醋	0.44%
41	18	6	可可及可可制品	0.38%
42	28	6	无机化学品；贵金属、稀土金属、放射性元素及其同位素的有机及无机化合物	0.38%
43	60	6	针织物及钩编织物	0.38%
44	76	6	铝及其制品	0.38%
45	37	5	照相及电影用品	0.32%
46	61	5	针织或钩编的服装及衣着附件	0.32%
47	64	5	鞋靴、护腿和类似品及其零件	0.32%
48	74	5	铜及其制品	0.32%
49	86	5	铁道或电车道机车、车辆、轨道固定装置及相关零件、附件；机械交通信号设备	0.32%

续表

	税目	子目数	品类	占比
50	05	4	其他动物产品	0.25%
51	40	4	橡胶及其制品	0.25%
52	56	4	絮胎、毡呢及无纺织物；特种纱线；线、绳、索、缆及其制品	0.25%
53	23	3	食品工业的残渣及废料；配制的动物饲料	0.19%
54	85	3	电机、电气设备及其零件；录音机及放声机、电视图像、声音的录制和重放设备及其零件、附件	0.19%
55	89	3	船舶及浮动结构体	0.19%
56	25	2	盐；硫磺；泥土及石料；石膏料、石灰及水泥	0.13%
57	34	2	肥皂、有机表面活性剂、洗涤剂、润滑剂、人造蜡、调制蜡、光洁剂、蜡烛及类似品、塑型用膏、“牙科用蜡”及牙科用熟石膏制剂	0.13%
58	57	2	地毯及纺织材料的其他铺地制品	0.13%
59	59	2	浸渍、涂布、包覆或层压的织物；工业用纺织制品	0.13%
60	75	2	镍及其制品	0.13%
61	66	1	雨伞、阳伞、手杖、鞭子、马鞭及其零件	0.06%
62	90	1	光学、照相、电影、计量、检验、医疗或外科用仪器及设备、精密仪器及设备；上述物品的零件、附件	0.06%
63	94	1	家具；寝具等；发光标志、发光铭牌及类似品；活动房屋	0.06%

资料来源：根据中国自由贸易区服务网数据整理。

附表 2　中韩自贸协定关税减让表降税分类表

	类型	含义
最终降为零关税	0	自协定生效之日起免除关税
	5	自第 5 年 1 月 1 日起免除关税
	10	自第 10 年 1 月 1 日起免除关税
	10-A	1～8 年保持基准税率，自第 9 年 1 月 1 日 2 年内等比削减，自第 10 年起 1 月 1 日起免除关税
	15	自第 15 年 1 月 1 日起免除关税
	15-A	1～10 年保持基准税率，自第 11 年 1 月 1 日 5 年内等比削减，自第 15 年起 1 月 1 日起免除关税
	20	自第 20 年 1 月 1 日起免除关税
	20-A	1～10 年保持基准税率，自第 11 年 1 月 1 日 10 年内等比削减，自第 20 年起 1 月 1 日起免除关税
	20-B	1～12 年保持基准税率，自第 13 年 1 月 1 日 8 年内等比削减，自第 20 年起 1 月 1 日起免除关税
降部分关税	PR-1	协定生效之日起削减基准税率的 1%
	PR-8	协定生效之日起 5 年内等比削减基准税率的 8%，自第 5 年 1 月 1 日起保持基准税率的 92%
	PR-10	协定生效之日起 5 年内等比削减基准税率的 10%，自第 5 年 1 月 1 日起保持基准税率的 90%
	PR-15	协定生效之日起 5 年内等比削减基准税率的 15%，自第 5 年 1 月 1 日起保持基准税率的 85%
	PR-20	协定生效之日起 5 年内等比削减基准税率的 20%，自第 5 年 1 月 1 日起保持基准税率的 80%
	PR-30	协定生效之日起 5 年内等比削减基准税率的 30%，自第 5 年 1 月 1 日起保持基准税率的 70%
	PR-35	协定生效之日起 5 年内等比削减基准税率的 35%，自第 5 年 1 月 1 日起保持基准税率的 65%
	PR-130	协定生效之日起从价计 10 年内等比削减至 130%，自第 10 年 1 月 1 日起保持从价计 130% 的税率
税率不变	E	保持基准税率

资料来源：根据中国自由贸易区服务网数据整理。

附表 3　RCEP 下韩国对自中国进口商品减税力度更大商品情况

<table>
<tr><th rowspan="2"></th><th rowspan="2">税目</th><th rowspan="2">货品名称</th><th colspan="2">中韩 FTA</th><th colspan="2">RCEP</th></tr>
<tr><th>基准税率</th><th>降税分类</th><th>基准税率</th><th>降税分类</th></tr>
<tr><td>1</td><td>0303899091</td><td>冻石首鱼</td><td>43%</td><td rowspan="10">不降税</td><td>40%</td><td>不降税</td></tr>
<tr><td>2</td><td>0307991100</td><td>冻、干、盐腌或盐渍的贝类内收肌</td><td rowspan="3">20%</td><td rowspan="3">20%</td><td>维持 18.0% 关税</td></tr>
<tr><td>3</td><td>0507901190</td><td>其他</td><td rowspan="2">每年降税 1 个百分点，到第 20 年降为零</td></tr>
<tr><td>4</td><td>0507901200</td><td>鹿茸</td></tr>
<tr><td>5</td><td>2103901090</td><td>其他类调味汁</td><td>45%</td><td>8%</td><td>U（税则项不作任何减征或取消税则的承诺）</td></tr>
<tr><td>6</td><td>3505101000</td><td>环糊精</td><td rowspan="2">8%</td><td rowspan="2">8%</td><td>第一年降为零</td></tr>
<tr><td>7</td><td>6908901000</td><td>上釉的大瓷器或陶瓷砖、瓦、块及类似品</td><td>维持 4.0% 关税</td></tr>
<tr><td>8</td><td>6110301000</td><td>合成纤维制针织或钩编套头衫等</td><td rowspan="6">13%</td><td rowspan="6">13%</td><td rowspan="6">维持 6.5% 关税</td></tr>
<tr><td>9</td><td>6201931000</td><td>合成纤维制男式其他羽绒服</td></tr>
<tr><td>10</td><td>6205200000</td><td>棉制男衬衫</td></tr>
<tr><td>11</td><td>6202931000</td><td>合成纤维制女式其他羽绒服</td><td rowspan="3">5 年等削减至 11.7%，后维持不变</td></tr>
<tr><td>12</td><td>6204621000</td><td>粗斜纹棉布制女式长裤、工装裤等，包括蓝色牛仔裤</td></tr>
<tr><td>13</td><td>6204629000</td><td>其他</td></tr>
</table>

资料来源：根据中国自由贸易区服务网数据整理。

附表 4　RCEP 下中国对自韩国进口商品减税力度更大商品情况

<table>
<tr><th rowspan="2"></th><th rowspan="2">税目</th><th rowspan="2">货品名称</th><th colspan="2">中韩 FTA</th><th colspan="2">RCEP</th></tr>
<tr><th>基准税率</th><th>降税分类</th><th>基准税率</th><th>降税分类</th></tr>
<tr><td>1</td><td>11042910</td><td>大麦的</td><td>65%</td><td rowspan="12">不降税</td><td>65%</td><td>自第 15 年开始削减，第 36 年及以后降为 52%</td></tr>
<tr><td>2</td><td>85258012</td><td>非特种用途的，广播级</td><td>—</td><td rowspan="2">35%</td><td>第 20 年起降为为 0</td></tr>
<tr><td>3</td><td>84191910</td><td>太阳能热水器</td><td>35%</td><td>第 10 年起降为为 0</td></tr>
<tr><td>4</td><td>15171000</td><td>人造黄油，但不包括液态的</td><td rowspan="3">30%</td><td rowspan="3">30%</td><td>自第 15 年开始削减，第 36 年及以后降为 24%</td></tr>
<tr><td>5</td><td>85287110</td><td>彩色卫星电视接收机</td><td rowspan="2">第 10 年起降为为 0</td></tr>
<tr><td>6</td><td>85287180</td><td>其他彩色的</td></tr>
<tr><td>7</td><td>15179010</td><td>起酥油</td><td rowspan="2">25%</td><td rowspan="2">25%</td><td>自第 15 年开始削减，第 36 年及以后降为 20%</td></tr>
<tr><td>8</td><td>37019990</td><td>其他</td><td>第 10 年起降为为 0</td></tr>
<tr><td>9</td><td>85432010</td><td>输出信号频率在 1500 兆赫兹以下的通用信号发生器</td><td>15%</td><td>15%</td><td>第 20 年起降为为 0</td></tr>
<tr><td>10</td><td>90308910</td><td>电感及电容测试仪</td><td>14%</td><td>14%</td><td>第 10 年起降为为 0</td></tr>
<tr><td>11</td><td>16042011</td><td>鱼翅罐头</td><td rowspan="2">12%</td><td rowspan="2">12%</td><td rowspan="2">自第 15 年开始削减，第 36 年及以后降为 9.6%</td></tr>
<tr><td>12</td><td>16042091</td><td>鱼翅</td></tr>
</table>

续表

<table>
<tr><th rowspan="2"></th><th rowspan="2">税目</th><th rowspan="2">货品名称</th><th colspan="2">中韩 FTA</th><th colspan="2">RCEP</th></tr>
<tr><th>基准税率</th><th>降税分类</th><th>基准税率</th><th>降税分类</th></tr>
<tr><td>13</td><td>90308410</td><td>电感及电容测试仪</td><td rowspan="6">10%</td><td rowspan="16">不降税</td><td rowspan="6">10%</td><td>第 20 年起降为为 0</td></tr>
<tr><td>14</td><td>84433110</td><td>静电感光式</td><td rowspan="4">第 10 年起降为为 0</td></tr>
<tr><td>15</td><td>84433912</td><td>将原件通过中间体转印的(间接法)</td></tr>
<tr><td>16</td><td>84863041</td><td>超声波清洗装置</td></tr>
<tr><td>17</td><td>85258011</td><td>特种用途的</td></tr>
<tr><td>18</td><td>87089390</td><td>其他</td><td>维持 6%</td></tr>
<tr><td>19</td><td>59119000</td><td>其他</td><td rowspan="4">8%</td><td rowspan="4">8%</td><td>第 20 年起降为为 0</td></tr>
<tr><td>20</td><td>84864022</td><td>引线键合装置</td><td rowspan="9">第 10 年起降为为 0</td></tr>
<tr><td>21</td><td>90303900</td><td>其他，带记录装置</td></tr>
<tr><td>22</td><td>90308990</td><td>其他</td></tr>
<tr><td>23</td><td>90249000</td><td>零件、附件</td><td>6%</td><td>6%</td></tr>
<tr><td>24</td><td>90301000</td><td>离子射线的测量或检验仪器及装置</td><td rowspan="2">5%</td><td rowspan="2">5%</td></tr>
<tr><td>25</td><td>90318039</td><td>其他</td></tr>
<tr><td>26</td><td>90181949</td><td>其他</td><td rowspan="3">4%</td><td rowspan="3">4%</td></tr>
<tr><td>27</td><td>90221920</td><td>X 射线无损探伤检测仪</td></tr>
<tr><td>28</td><td>90221990</td><td>其他</td></tr>
</table>

续表

	税目	货品名称	中韩FTA 基准税率	中韩FTA 降税分类	RCEP 基准税率	RCEP 降税分类
29	21069090	其他	20%	5年等比削减至18.4%，后维持不变	20%	自第15年开始削减，第36年及以后降为16.00%
30	87082990	其他	10%	5年等削减至9%，后维持不变	10%	维持6%
31	84864021	塑封机	5%	5年等比削减至4.5%，后维持不变	5%	第20年起降为为0
32	90181291	彩色超声波诊断仪				第10年起降为为0
33	90181299	其他				
34	85189000	零件	10.50%	5年等比削减至8.4%，后维持不变	11%	
35	72210000	不规则盘卷的不锈钢热轧条、杆	10%	5年等比削减至8%，后维持不变	10%	第20年起降为为0
36	84864039	其他	5%	5年等比削减至3.5%，后维持不变	5%	第10年起降为为0
37	85229031	激光视盘机的机芯	30%	5年等比削减至19.5%，后维持不变	30%	第20年起降为为0
38	85229029	其他				第10年起降为为0
39	85229039	其他				
40	85229022	磁头	25%	5年等比削减至16.25%，后维持不变	25%	

续表

	税目	货品名称	中韩FTA		RCEP	
			基准税率	降税分类	基准税率	降税分类
41	84213910	家用型	15%	5年等比削减至9.75%，后维持不变	15%	第20年起降为为0
42	85013100	输出功率不超过750瓦	12%	5年等比削减至7.8%，后维持不变	12%	维持6%
43	90241090	其他	7%	5年等比削减至4.55%，后维持不变	7%	第20年起降为为0
44	90328100	液压或气压的				
45	90318031	超声波探伤检测仪	5%	5年等比削减至3.25%，后维持不变	5%	第10年起降为为0
46	90318032	磁粉探伤检测仪				
47	90318033	涡流探伤检测仪				
48	90185000	眼科用其他仪器及器具	4%	5年等比削减至2.6%，后维持不变	4%	第20年起降为为0
49	85381090	其他	7%	5年等比削减至3.5%，后维持不变	7%	
50	84439929	其他	6%	5年等比削减至3%，后维持不变	6%	第10年起降为为0

资料来源：根据中国自由贸易区服务网数据整理。

RCEP推动山东自贸试验区与日韩在重点产业领域耦合发展研究*

RCEP带来更加开放的货物、服务和投资的区域性环境，关税减让、原产地规则等，可能带来贸易创造和贸易转移效应，负面清单、投资准入、投资便利化等将推动区域直接投资流量的增加，带动区域内生产网络的融合和重构，自贸试验区优势产业集群构建迎来机遇。

中日韩具有良好的产业合作基础，RCEP签署实现了我国与日本建立自贸关系的重大突破，将带动三国产业相互促进、强化协同对接的新可能。

RCEP背景下，山东与日韩产业耦合发展的机遇主要在以下方面：贸易与投资网络重构带来产业联通新节点的机遇，企业区域布局更趋灵活带来市场主体发展的机遇，构建地区自贸安排带来制度创新的机遇，区域联系密切带来中日韩第三方市场合作的机遇。

山东自贸试验区在新一代信息技术、康养产业、先进制造业、海洋产业、新能源新材料、航运物流业、文化产业等产业领域具备与日韩耦合发展的基础。山东自贸试验区与日韩产业耦合发展，需要应对好中日韩间的产业结构互补性减弱、竞争性增强的趋势，中日韩间的技术合作受到限制，低端产业面临东南亚国家的竞争，产业合作受到其他省份的激烈竞争，与日韩合作优势弱化等挑战。建议山东自贸试验区抓住以下方面，推动与日韩合作。平台方面，借助RCEP密切与日韩广泛联系，用好已有鲁日韩合作平台，突出日韩主题园区作用；路径方面，注重以贸易带动投资，注重国内市场，注重企业"走出去"，注重第三方市场合作；领域方面，在数字贸易、服务贸易、科技合作等方面率先突破，主体上抓

---

* 作者：刘志、王琳华、高淑君、胡苏楠。

大不放小，保障人才、资金、数据要素自由流动，强化知识产权保护。

山东自贸试验区济南、青岛、烟台三个片区可聚焦功能定位，明确对日韩产业合作的重点和主攻方向，分别抓住康养医疗、航运金融、海洋经济三个领域进行制度创新，实现与日韩产业合作的率先突破，耦合发展。山东自贸试验区可将 RCEP 中的 203 项软性义务作为制度创新的重要方向，按照这些软性义务的不同分类，制定不同的落实措施，通过整体提升，对标优化营商环境；同时，对于制度瓶颈，争取条款先行先试，实现单点突破。由于 RCEP 的减税影响可能有限，投资准入低于自贸试验区开放水平，且议题设置上仍有较大空间，在充分把握 RCEP 机遇的同时，还应客观认识 RCEP 的局限。

一、RCEP 签署背景及主要内容

（一）背景

当今世界正经历百年未有之大变局，新冠肺炎疫情影响下，全球经济复苏乏力，贸易投资萎缩，经济全球化遭遇逆流，国际规则加速重构。在此背景下，RCEP 将产生多层次、全方位的积极影响。从全球格局看，RCEP 全体成员国共同承诺降低关税、开放市场、减少壁垒，坚定支持经济全球化，凝聚了支持多边主义的国际共识，将提振各方信心，为世界经济复苏注入强大能量。从区域角度看，RCEP 囊括了东亚地区主要国家，形成统一经贸规则和一体化大市场，将极大促进区域内贸易和投资往来，稳固我国与周边国家的产业链、价值链、供应链，为应对复杂多变的国际局势提供定力。RCEP 是唯一涵盖中日韩三国的自由贸易协定，实现了我国首次与世界前 10 大经济体建立自贸关系的重大突破，建立起中日、日韩间的自贸关系。山东与日本、韩国地缘相近，经济结构互补性强，经贸往来密切，人文交流频繁，山东以 RCEP 签署为契机，深化与日韩全方位合作具有重要意义。山东自贸试验区可突出制度创新，在 RCEP 框架下深化产业与日韩产业的耦合发展，也将会辐射带动山东省整体产业转型升级，助推山东省双循环新发展格局的构建。

1.RCEP 基本情况

历经 8 年艰苦谈判，2020 年 11 月 15 日，我国正式签署《区域全面经济伙伴关系协定》（RCEP）。RCEP 是全面、现代、高质量、互惠的自贸协定，也是全球涉及人口最多、经贸规模最大、最具发展潜力的自贸协定。RCEP 是我国签署的内容最全面的自贸协定，我国与自贸伙伴的贸易额占比将由现在的 27%增加到35%左右，超过1/3的进出口实现零关税。按照RCEP相关规定，在两年内按照“6+3”规则，即在6个东盟成员国和3个非东盟成员国获批后，在这些成员国之间生效。RCEP协定已于2022年1月1日生效。

2.RCEP规模

2019年数据显示，RCEP的15个成员国总人口达22.7亿，GDP达26万亿美元，出口总额达5.2万亿美元，均占全球贸易总量约30%。RCEP的生效实施，标志着全球人口最多、经贸规模最大、最具发展潜力的自由贸易区正式落地。RCEP与其他区域性自贸协定的对比如表1所示。

表1　2019年各主要区域性自贸安排规模对比

	自贸安排	GDP占比	贸易占比	人口占比
亚洲—大洋洲	RCEP	29.3%	27.4%	30%
欧洲	EU	19.5%	29.6%	5.8%
北美	NAFTA	25.3%	13.5%	6.4%
亚太	CPTPP	12.9%	14.9%	6.9%

数据来源：根据相关统计数据整理计算。

3.日本、韩国参与FTA情况

RCEP生效之前，除中日、日韩之间未签署区域或双边自贸协定之外，RCEP各成员国间都有相互达成的双边、多边自贸安排。日本已签署或生效自贸协定21个，自2004年，日本与新加坡签订第一个自贸协定后，又分别与墨西哥、智利、东盟及部分成员国、瑞士、印度、秘鲁、澳大利亚、蒙古国、欧盟、英国等国家和地区达成了一系列自贸协定，还在美国退出TPP后主导完成了CPTPP，提高了日本在区域经济合作中的地位，其自贸区覆盖率大幅提升。据统计，日本与已签署或生效的EPA/FTA等对象国之间的贸易额占日本贸易总额的比重达79%。韩国已生效的自贸协定共15个，韩国在自贸伙伴选择上，重点放在主要发达国家、资源大国以及与韩国交往密切的核心经济圈上，自贸区战略虽然起步比较晚，但推进速度较快，与欧盟、美国签署的自贸协定分别于2006年和2012年生效。

（二）RCEP条款分析

RCEP共有20个章节，主要围绕货物贸易、服务贸易和投资便利展开，并在电子商务全球化、中小企业发展等议题上作出了比WTO更高水平的安排。

其核心在于推进货物贸易、服务贸易、投资以及人员流动方面的市场开放；在关税上取得重大突破，给予"渐进式"零关税政策；纳入原产地规则、贸易救济、知识产权、电子商务、争端解决、竞争与合作、海关程序与贸易便利化等议题内容；纳入知识产权、电子商务、竞争等现代化议题。

1.RCEP 主要条款概述

RCEP 核心在于增强货物贸易、服务贸易、投资以及人员流动方面的市场开放，尤其在关税上取得重大突破，给予"渐进式"零关税政策。服务贸易方面，消除歧视性措施，促进服务贸易自由化，在金融、通信、专业服务和人员流动领域加强区域内合作，实现国民待遇和非差别化的最惠国待遇，承诺显著高于原有的"10＋1"自贸协定水平。投资方面，采用负面清单的方式进行投资准入谈判，电子商务章节对跨境数据流动和数据本地化存储，以及在无纸化贸易、电子认证和电子签名、消费者线上保护、线上个人信息保护、国内监管框架、海关关税、透明度、网络安全、争端等方面作出规定，促进缔约方以及全球范围内使用电子商务，加强缔约方在电子商务发展方面的合作，提出数字贸易中国版本。纳入知识产权、电子商务、竞争、政府采购等现代化议题，加强中小企业、经济技术等领域合作，满足了发展中国家和最不发达国家的实际需求竞争方面，通过采取和维持禁止反竞争行为的法律法规，以及通过缔约方在制定和实施竞争法律法规方面的区域合作，促进市场竞争，提高经济效率和消费者福利，以便利缔约方之间的贸易和投资。政府采购方面，希望缔约方认识到促进政府采购相关法律、法规和程序的透明度以及开展合作的重要性。贸易救济方面，设立过渡性保障措施，帮助进口缔约方防止或补救对生产同类产品或直接竞争产品的国内产业造成威胁的情况。合作方面，提供可公开访问的信息平台，促进中小企业信息共享，为中小企业提供获利机会，并在成员国之间开展重点经济技术合作，向发展中成员国和最不发达成员国提供能力建设和技术援助。

2.RCEP 利好中日韩产业耦合发展的重点条款分析

(1)关税减让预计将带动区域贸易增量。货物贸易自由化一直是各国达成自由贸易协定时关注的重要内容，RCEP 以降低或消除关税为目标，15 个成员国之间采用两两出价的方式，对货物贸易自由化作出安排。协定生效后，区域内 90％以上的货物贸易在 20 年内最终实现零关税。中国承诺对东盟国家实现最终 90.5％的零关税比例，对澳大利亚、新西兰实现最终 90％的零关税比例，对日、韩实现最终 86％的零关税比例。如表 2 所示，大部分零关税商品在协议生效当年就会立即降低税率。

表 2　中国与 RCEP 成员国相互立即零关税比例

	成员国对中国立即零关税占比（%）	中国对成员国立即零关税占比（%）
新加坡	100.0	67.9
菲律宾	80.5	67.9
文莱	76.5	67.9
澳大利亚	75.3	64.7
马来西亚	69.9	67.9
泰国	66.3	67.9
越南	65.8	67.9
新西兰	65.5	65.0
印度尼西亚	65.1	67.9
日本	57.0	25.0
韩国	50.4	38.6
缅甸	30.0	67.9
柬埔寨	29.9	67.9

数据来源：商务部官方网站。

从中日韩三国看，相互间的降税幅度大，同时也存在部分降税和不降税的商品品类。中日韩关税减让安排见表 3。

表 3　中日韩关税减让安排

	中国—韩国		中国—日本	
	中国承诺	韩国承诺	中国承诺	日本承诺
协议生效立即降为零	38.6%	50.4%	25%	56%
最终零关税百分比	86%	86%	86%	84.70%
部分降税	1%	1.1%	0.4%	0
U 项	13%	12.9%	13.6%	12%

数据来源：RCEP 减税承诺表。

区域内各国进行大幅度的关税减让，并明确了关税减让商品的范围、减让幅度以及减让时间安排，降低了区域内的贸易成本和不确定性，叠加非关税壁垒降低、贸易便利化措施，都将提高区域内贸易的规模，产生贸易创造效应，预计将带动区域内的贸易增长，以贸易带动投资，以投资优化产业布局，不断巩固提升区域产业链、价值链和供应链合作。山东与日韩之间的减税规模分析详见本文附件1。

(2)中日两国首次达成自贸协定实现历史性突破。RCEP签署，实现了我国与日本建立自贸关系的重大突破，两国首次达成双边关税减让安排。根据双方关税承诺表，我国对日本出口的10567种商品，平均关税将由7.47%最终降至趋近于零；我国从日进口的8277种商品，平均关税将由协定实施前的9.76%最终降至0.04%。从全国看，根据全球贸易数据库（World Integrated Trade Solution, WITS）2018年的数据，日本自中国进口商品中有59.98%税目、74.63%金额的商品免税，实际贸易加权平均税率为2.47%；中国自日本进口商品中有7.8%税目、15.8%金额的商品免税，实际贸易加权平均税率为6.09%。从山东看，根据2020年数据，中日关税协定共涉及山东进口商品额188.9亿元，占山东进口总额的2.1%，占自日本进口总额的51.9%，以HS8位编码计商品共2427项。其中第一年关税降为零的商品进口额为30.5亿元，占比为16.1%，涉及商品代码308项，主要产品有精炼铜的阴极进口8亿元、铁道及电车道机车等车辆的驾驶转向架进口2.2亿元、内窥镜进口1.8亿元等。关税逐年下降的商品进口额为158.4亿元，占比83.9%，涉及商品代码2119项，主要产品有活塞内燃机进口5.5亿元、液晶显示板4.8亿元、乙烯4.6亿元等。以商品关税的互惠为基础，将带动中日间商品、服务贸易、投资、技术研发等产业链各个方面的合作，带来产业相互促进、强化协同格局的可能。

(3)原产地规则有利于重塑形成区域供应链和价值链。RCEP的一个关键性突破在于为整个区域制定了共同的原产地规则，可以降低跨国企业在亚洲的生产成本，从而影响全球投资分布和产业链布局。具体而言，RCEP的“区域累积原产地规则”使得商品原产地价值成分可在15个缔约方构成的区域内进行累积，即在确定出口产品原产资格时，来自RCEP任一缔约方的价值成分都可累计计算，当成员国内区域价值累积达40%，即可获得货物原产国地位，享受自贸协定优惠税率，这将扩大各成员国之间进出口贸易中低关税与零关税产品的受惠范围，提高成员国之间的中间产品贸易，进而加强区域内的供应链关系，带动RCEP区域内调整、重构生产网络。原产地认定程序方面，在传统由官方签证机构签发原产地证书之外，经核准的货物出口商或生产商可拥有签发原产地声明的资格，明确各缔约方应在10～20年之间落实该制度。同时，背对背原产地证明制度可以让中间缔约方将原缔约方已出具原产地证明的进口货物再次分批分期灵活地出口销售给其他缔约方时，仍然享受原产地规则协定税率。原产地规则下，原先因为成本问题而在区域外的生产可能转移到区域内，尤其是对于多次跨境进行生产的商品，区域内国家之间的中间品流动将显著上升，分工程度提高，带动区域内产业链进一步融合。从价值链角度看，半成品、零部件等中间产品贸易也将从中受益，中日韩成品和零部件等相关产业的协作优势将进一步提高。

(4)贸易便利化加速货物流转提高产业协同。RCEP要求缔约方简化海关通关程序，促进货物快速通关，以进一步提高区域内生产要素和商品的自由流动。贸易便利化及通关程序中的预裁定、抵达前处理、信息化等条款，将大大提升成员国之间的贸易效率，降低制度型成本，例如，对于海鲜、水果和蔬菜等生鲜、易腐、快运货物，规定所有成员方为其6小时内入境提供便利。例如，抵达前处理程序上，允许货物抵达前提交进口所需的文件和其他信息，以便加快货物放行，在海关提前申报制度下，企业可以在运输工具抵港前完成申报、关税缴纳等手续，抵港后未被布控查验的货物可直接放行提离，实现通关流程"零待时"。同时，RCEP要求缔约方取消进口货物数量限制、取消农业出口补贴、统一技术标准法规和合格评定程序；成员国还在WTO检验检疫规则的基础上，增强了成员国之间的合作，约定在标准、技术法规和合格评定程序中减少不必要的技术性贸易壁垒。这些便利化措施将使得货物进出口贸易中各种壁垒消除，形成"低成本效应"，促成贸易创造与贸易转移，而区域内的贸易创造与贸易转移，也必将促成区域内更为完整、紧密与高效的产业链的形成。

(5)投资开放扩大有助于吸引外资拓展合作领域。RCEP协议中有近10章内容与投资相关，在投资领域实现了较高程度的自由化，对保护投资、促进投资以及投资便利化措施进行了详细的规定，并设置了"棘轮"承诺，建立对跨境投资的争端预防和协调机制。15个成员国分别作出了高于各自"10+1"自贸协定水平的开放承诺。日本、韩国、澳大利亚、新加坡、文莱、马来西亚、印尼采用负面清单承诺，中国和其他8个成员国采用正面清单承诺，并将于协定生效后6年内转化为负面清单。我国放开市场准入新增22个部门、11个领域，包括管理咨询相关服务、制造业相关服务、专业设计服务、养老服务、体育娱乐服务、客运服务、市场调研服务、人员安置服务、美容美发服务、建筑物清洁服务、印刷服务；提高37个部门、12个领域的承诺水平，包括法律服务、建筑工程服务、环境服务、保险服务、银行服务、证券服务、海运及相关服务、航空器维修和计算机订座系统服务、房地产服务、广告服务、软件执行服务、口译笔译服务。同时，将金融、电信、专业服务等领域纳入开放条款中，提高区域内服务贸易开放水平。这些将有利于各自由贸易试验区突出高水平开放，立足不同定位打造发展优势，加快形成区域内的生产分工网络。

(6)数据保护和流动规则促进区域内数字贸易发展。RCEP 明确以更加开放的态度对待数字贸易发展，首次在亚太地区达成范围全面、水平较高的多边电子商务规则，提供良好的制度保障，促进各成员电子商务的使用与合作。条款主要包括，促进无纸化贸易，推广电子认证和电子签名，保护线上消费者权益，保护电子商务用户个人信息，加强针对非应邀商业电子信息的监管合作等。特别是各成员国还同意维持当前不对电子商务征收关税的做法。我国首次在国内法律框架下，在自贸协定中纳入数据流动、信息存储等规定，有条件允许跨境数据自由流动，首次在贸易协定中将数字环境下的侵权行为纳入民事救济和刑事救济的实施程序范围，以适应数字环境的知识产权保护要求。这顺应了近年来数字经济在我国快速发展的趋势，将加速经济数字化转型，通过与大数据、人工智能等高新技术的融合，创造新业态和新模式，也加快区域供应链的整合与协作。数字规则的确立将大大降低 RCEP 成员国之间数据要素传输的交易成本，促进数据的跨境流动与集聚，从而有利于区内以数据为核心的相关产业发展，促进产业链的数字化与服务化转型。

(7)知识产权保护为高技术产业发展提供了保障。RCEP 知识产权章节包含 83 个条款，是协定中内容最多、篇幅最长的章节，比以往我国签署的 FTA 更加具体和全面，内容涵盖了著作权、商标、地理标志、专利、外观设计、遗传资源、传统知识和民间文艺、反不正当竞争、知识产权执法、合作、透明度、技术援助等广泛领域，体现了知识产权保护发展的新趋势，为区域创新合作和可持续发展提供了方案。特别是延长著作权保护期、扩大专利保护范围、扩大商标申请范围、细化权利实施等亮点性条款，提高了区域知识产权整体保护水平。知识产权保护作为创新驱动发展的“刚需”，在对内激励创新、对外促进开放中发挥着至关重要的作用，RCEP 在知识产权保护等领域所承诺的开放水平高于已有自贸协定承诺的水平，增加了侵权成本，为域内资本、知识、技术等要素的跨境流动创造了有利条件，对区域创新链的构建与融合具有重要促进作用。特别有助于高技术含量产业的投资，对于发挥创新链对产业链的优化升级具有重要意义。

(8)鼓励中小企业发展为区域产业合作注入新活力。在以往的 FTA 中，中小企业仅作为经济技术合作的一个条款，而 RCEP 则专门设置了中小企业章节，足见 RCEP 对中小企发展的重视。该章节的内容涵盖信息共享、联络点设置，探索缔约方间的中小企业交流机制、中小企业能力提升等方面的内容；涉及鼓励中小企业合作领域涵盖电子商务、全球价值链、创业创新、知识产权等诸多方面，条款内容具有务实性和前瞻性，有利于改善区域中小企业的市场准入及全球价值链参与度，促进和便利中小企业间的合作关系。特别是鼓励创新和使用技术，强调提高中小企业对知识产权制度的认识、理解和使用，推广良好的管理实践和制定有助于中小企业发展的法规政策，营造利于区域内中小企发展的良好环境；明确了中小企业的合作机制，提出设立可持续发展委员会，多种方式落实合作内容及评估协定实施的有效性等，将极大增强中小企业的产业链参与能力。

(9)人员的区域往来更加便利产业合作纽带拉的更紧密。RCEP 在自然人移动方面承诺将适用范围扩展至服务提供者以外的投资者、随行配偶及家属等自然人类别。要求缔约方对各成员国的投资者、公司内部人员、合同服务提供者、随行配偶及家属放宽临时入境的签证、许可等入境限制，并可获得居留权利。取消了对公司内部流动人员临时入境的数量、劳动力市场测试或其他类似的限制，人员自由流动的便利性，超过各国之间协定安排。同时，对专业资质互认作出合作安排，要求缔约方加强有关承认专业资格机构之间的对话，就专业资质、许可或注册等方面进行磋商。为企业引进海外人才、促进人力资源要素优化配置提供更多便利。特别是我国的承诺部分，降低了外国医师的市场准入限制，列出了计算机及其相关服务中专业人才的国民待遇限制，将促进具有一定专业技术的外国医师、工程师等专业人员来华进行专业技术合作。

(10)营商环境进一步改善厚植了产业发展沃土。RCEP 投资条款对非服务业领域市场准入承诺适用“棘轮”机制，对服务业领域投资作出较高水平的开放承诺。通过提升投资保护、促进和便利化水平，增强投资环境的可预测性、安全性和稳定性，大大提高了市场准入的确定性，在当前各国投资布局从“效率优先”向“安全优先”的背景下，为产业发展带来了稳定预期。RCEP 通过采取和维持禁止反竞争行为的法律法规，以及通过缔约方在制定和实施竞争法律法规方面的区域合作，促进市场竞争，提高经济效率和消费者福利，以便利缔约方之间的贸易和投资。设立可公开访问的信息平台，促进企业信息共享，实现经济技术合作。向发展中成员国和最不发达成员国提供能力建设和技术援助，有利于中日韩开展第三方市场合作。经贸投资争端在 WTO 争端解决基础上，优化流程、缩短期限，在程序公开和透明度等方面提出了更高的要求，提高了争端解决的时效性和公信力，确保能够更好地维护成员国的利益和协定的正常运转。设立过渡性保障措施，帮助进口缔约方防止或补救对生产同类产品或直接竞争产品的国内产业造成威胁的情况。政府采购的相关法律、法规和程序更加透明度。

(11)软性义务条款是制度创新的重要方向。RCEP 条款可分为“硬性要求”与“软性义务”两类。软性义务对各成员国的要求较为灵活，提出建议方向，在表述上一般以“尽可能”“适当”“及时”等词作为开头。这些软性义务涵盖程序机制、法律机制、服务机制、流程时间、信息共享等方方面面，可以作为营商环境改善的目标，也可以作为自贸试验区下一步制度创新的方向。本文设立专栏对 RCEP 条款全文进行了梳理分析，共列出 203 项软性义务条款，为制度创新和营商环境改善提供了参考(详细分析参见本文附件 2)。

(三)RCEP 的几点局限性

1.减税影响可能有限

我国已与东盟、韩国、澳大利亚和新西兰单独签署自贸协定，相较于这些自贸协定，RCEP 的降税力度偏低，部分行业短期受益并不明显。例如，中韩自贸协定生效以来已进行了 7 轮降税，90%以上的货物可凭自贸协定原产地证书在我国和韩国适用零关税或优惠的协定税率，中韩自贸协定适用税率低于 RCEP 税率的情况普遍存在，如“汽车线束”韩方的最惠国税率为 8%，2020 年中韩自贸协定税率为 3.2%，并逐年递减 0.8 个百分点，而 RCEP 生效首年的协定税率为 7.2%，远高于中韩自贸协定的规定。例如，中澳自贸协定下，“其他果汁”为零关税，而 RCEP 澳方作为例外产品，征收 5%的关税。另外，各国的降税豁免产品较多，例如，日本对中国、韩国的未降税商品均为 1394 项，韩国对中国、日本的未降税商品分别为 1585 项、2087 项，中国对日本、韩国的未降税商品分别为 1128 项、1078 项。

2.RCEP 投资准入低于自贸试验区开放水平

我国对外资准入的管理制度已从正面清单转为负面清单，并在《外商投资法》中以法律形式确立。自 2017 年以来，已经连续 4 年修订全国和自贸试验区外资准入负面清单，特别管理措施条目数分别由 93 项和 122 项减至 33 项和 30 项。RCEP 对非服务部门承诺的负面清单共有两个，在 A 清单中，投资保留及不符措施共有 12 项，均为国民待遇保留，在这些承诺中，与自贸试验区及全国现行开放水平持平的有 7 项(其中,有 1 项低于自贸港开放水平),低于自贸港、自贸试验区及全国现行开放水平的有 3 项,与全国现行规定持平但低于自贸试验区开放水平的共有 2 项。从 RCEP 作出的服务贸易承诺水平看,不论是新增承诺还是扩展承诺,不仅没有超出自贸试验区外商投资准入负面清单(2020 年版)的水平,甚至低于全国版负面清单水平。例如,对航空器的维修服务,RECP 规定,允许外国投资者在中国设立部分由外国投资者投资的航空器修理和维护企业,中方应在该企业中控股或处于主导地位;而国内投资准入负面清单已取消该领域的中方控股限制。

3.议题设置上仍有较大空间

RCEP 成员国规模大、覆盖人口多,成员国发展阶段不同,更加强调遵循以 WTO 为核心的多边贸易体制规则,侧重发展中国家的利益,承诺对发展中经济体给予特殊和差别待遇,给予柬埔寨、缅甸等欠发达国家可以有更长的过渡时间。RCEP 仍以传统议题为主,不包含劳动或环境章节,还保留了一定的农产品配额,在规则制定方面有限,比如,在竞争章节中,不包括关于国有企业的内容。在争端解决条款方面,RCEP 包含一项"投资者—国家"争端解决(Investor-State Dispute Settlement, ISDS)条款,暂时没有 ISDS 机制。排除了投资者通过最惠国待遇条款适用其他的争端解决程序,投资者无法通过其他的争端解决程序对 RCEP 项下的利益进行救济。

二、自贸试验区与日韩产业耦合发展的基础、机遇及挑战

(一)发展基础

1.RCEP 成员国层面

(1)从整体看,产业协作体系紧密。21 世纪以来,全球价值链和区域产业链之间的关系发生了较大改变,东亚地区依靠着紧密的产业内分工和低廉的劳动力成本,成为全球最大的制造业加工中心。中国加入 WTO 后深度融入全球价值链体系,成为世界工厂,日本、韩国则对中国制造业等领域进行技术转移,三方形成了比较稳定的产业链及贸易三角关系。通过中日韩三国间、三国与 RCEP 其他成员国间经贸合作,形成了以中国、东盟为生产加工中心,日本和韩国为中间品供给中心的地区产业链体系。近年来,虽然中国产业结构在不断转型升级,但这种区域分工合作模式及各方地位并未发生彻底改变。中日韩三国产业结构和发展的差异,形成了较强的互补性和巨大的产业合作空间,形成了

区域的生产优势。《日本经济新闻》对“2019 年 74 种主要商品、服务占有率”的调查显示，中日韩三国占世界市场的品种有 26 种，占世界总数的 1/3。此外，中日韩作为亚洲最具活力的三大经济体，经济总量已超过欧盟，占 RCEP15 个国家总量的 80％以上，占全球 GDP 约 20％；三国总人口接近 16 亿，拥有世界上规模最大、成长最快的中等收入群体，既是“世界工厂”，又是“世界市场”，对全世界具有巨大吸引力。

（2）从各成员国看，RCEP 成员国各有优势。RCEP 成员国资源禀赋、发展水平、市场需求不同，具有产业合作的势能。除中国外，成员国大体可分为四个梯队。第一梯队为日本、韩国、新加坡、澳大利亚和新西兰等发达或较发达经济体，在产业链高端具有优势，能够利用资金技术优势向其他国家投资；这些国际较强的消费能力也将创造更多贸易机会。第二梯队为印度尼西亚、马来西亚、菲律宾、泰国和越南，属于新兴经济体，处于快速发展阶段，能够结合各自在人力、资源等方面的优势在产业链中低端深度竞争合作。第三梯队为缅甸、柬埔寨、老挝，处于待发展阶段，对外部资金的需求长期保持迫切态势，在产业链低端以及基础设施建设方面具备较大潜力。第四梯队为文莱，经济体量较小，但社会发展水平较高，其基础设施改善需求也会带来工程与投资机会。中国在经济发展水平和资源禀赋上介于第一梯队和第二梯队之间，与第一、二梯队国家间的竞争与合作会长期存在，且在竞争中比较优势显著，产业链正向高端移动。数据上，RCEP 成员国间的投资约占 RCEP 吸收 FDI 总额 30％，显示出巨大的产业合作潜力。

（3）从未来趋势看，中日韩之间产业合作有较大空间。随着 RCEP 区域内部产业链关联的不断加深，各成员国创新系统的联系也将日益紧密。日韩作为科技领先国家，一方面，区域市场一体化带来的产业链规模扩张将引发对创新成果更大的现实需求，以提升区内创新活动的潜在收益，激发创新动力；另一方面，技术创新可以借由市场规模效应在其他成员国的产业链上得以应用和转化，形成创新链与产业链的良性互动，提升区域产业链能级水平。中国工业门类齐全、制造业发达，产业工人和科技研发队伍规模庞大；日本在高科技和高新技术领域有较强的优势；韩国作为新兴的发达国家，创新能力较强，高新技术产业发展较快。在未来，三国不论是在传统领域还是新兴领域都有广泛的合作空间，特别是在科技创新、公共卫生、节能环保、碳中和、医疗康养、金融服务、现代农业及第三方市场等领域，仍具有实现高水平互利共赢的潜力。

2.山东层面

(1)山东完整的产业体系承载能力高。根据联合国工业发展组织的分类标准,中国是唯一拥有全部大、中、小工业门类的国家。2018 年,HS6 位码下全球贸易共包括 3556 种中间产品,中国在其中 2247 种上出口规模位列全球前三。作为产业配套最为齐全的省份,山东则拥有中国近 1/10 的经济总量、1/8 的工业产出,市场主体超过 900 万户,产业布局涵盖全部 41 个工业大类、207 个工业中类中的 197 个、666 个工业小类中的 526 个,31 个制造业行业大类中,18 个主营业务收入占全国比重超过 5%。产业基础配套能力强,嫁接高端技术、承接产业转移合作的需求和潜力大。改革开放四十多年来,山东深度嵌入全球产业链供应链,累计落户外资企业达到 1.7 万家,2017 年以来世界 500 强在鲁新设外商投资企业就达到 143 家,累计总数达 812 家。

(2)山东与 RCEP 成员国的经贸合作基础坚实。从贸易看,2020 年,山东与 RCEP 其他 14 个成员国的货物进出口总额为 7743 亿元,同比增长 12.7%,占山东进出口总额的 35.2%。其中,出口额 4688.8 亿元,进口额 3054.2 亿元,贸易顺差 1634.6 亿元。从利用外资看,RCEP 成员国在山东新设外商投资企业 965 家,增长 16.4%,实际投资 23.5 亿美元,增长 70.9%,占比 13.3%,其中,制造业实际使用外资占比 43.7%,主要集中在汽车制造业、化学原料和化学制品制造业、铁路船舶航空航天和其他运输设备制造业。从对外投资看,山东对 RCEP 成员国实际投资 22.8 亿美元,同比增长 26.2%,占比 27.3%。其中,对东盟国家实际投资 21.2 亿美元,对韩国实际投资 7180.5 万美元,对澳大利亚实际投资 5286.4 万美元。特别是 RCEP 签署后,山东在全国率先出台《落实〈区域全面经济伙伴关系协定〉先期行动计划》,在货物贸易、服务贸易、物流运输等方面先行先试,创办日本、韩国、RCEP 区域进口商品博览会。在这些政策、平台的带动下,2020 年前三季度,山东实际使用日韩外资 8 亿美元,同比增长 133%;对 RCEP 成员国进出口额同比增长 37.4%。

(3)山东与日韩的贸易、投资往来密切。从进出口看,山东与日韩间的贸易规模呈逐年上升趋势,对日韩的出口呈现明显上升,对日韩出口占山东出口总额的比重基本保持稳定,同时,对日韩出口占全国对日韩出口总额的比重呈现波动上升趋势。从进出口产品来看,生鲜、矿产品、纺织品等低附加值产品在鲁日韩贸易总额中占据较大比重。此外,机械产品、光学医疗器械、化工产品等高附加值产品的贸易潜力较大。2015～2020 年鲁日、鲁韩贸易情况见表 4 和表 5。

表4 2015～2020年鲁日贸易情况

		2015年	2016年	2017年	2018年	2019年	2020年
进口	金额(亿元)	—	350.1	363.5	335.4	318.9	364.1
	增速	-18.4%	7.4%	3.6%	-7.9%	-4.9%	14.2%
	占山东进口总额比重	5.4%	5.5%	4.6%	3.8%	3.4%	4.1%
	占全国对日进口额比重	3.7%	—	3.3%	2.8%	2.7%	3.0%
出口	金额(亿元)	—	918.8	1083.0	1134.5	1192.8	1203.3
	增速	-7.8%	0.4%	17.9%	4.8%	5.1%	0.9%
	占山东出口总额比重	10.2%	10.2%	10.9%	10.7%	10.7%	9.2%
	占全国对日出口额比重	10.9%	—	11.7%	11.7%	12.1%	12.2%

数据来源：国研网数据库。

表5 2015～2020年鲁韩贸易情况

		2015年	2016年	2017年	2018年	2019年	2020年
进口	金额(亿元)	—	957.1	908.7	884.6	797.7	745.3
	增速	-7.1%	-12.7%	-5.1%	-2.8%	-9.8%	-6.5%
	占山东进口总额比重	18.1%	14.9%	11.6%	10.1%	8.6%	8.3%
	占全国对韩进口总额比重	10.1%	—	7.6%	6.6%	6.7%	6.2%
出口	金额(亿元)	—	947.0	1040.6	1050.1	1153.3	1333.5
	增速	5.5%	4.3%	9.9%	1.0%	9.8%	15.6%
	占山东出口总额比重	10.1%	10.5%	10.4%	9.9%	10.4%	10.2%
	占全国对韩出口总额比重	14.4%	—	15.0%	14.6%	15.1%	17.1%

数据来源：国研网数据库。

从日韩对山东投资看，2015～2019年，受多重因素的影响，日韩对山东投资波动较大，并呈现下降趋势，但2020年出现强势反弹。日本对山东投资规模稳定，2018～2020年投资水平基本在3亿美元以下；虽然韩国对山东投资金额到2019年出现大幅度下降，但2020年以来，日韩对山东投资则出现大幅增长，实现翻番，且增长趋势延续到2021年，一定程度上体现了山东日韩以投资为牵引的产业合作表现出强大的后劲。2015～2021年上半年山东实际使用日韩资情况见表6。

表6 2015～2021年上半年山东实际使用日韩资情况

	合计			韩资			日资		
	金额（亿美元）	同比	占比	金额（亿美元）	同比	占比	金额（亿美元）	同比	占比
2015年	28	32.2%	17.2%	20.7	35.1%	12.7%	7.3	26.2%	4.5%
2016年	—	—	20%	—	16.6%	13.4%	—	−16.7%	3.4%
2017年	18.3	7.7%	15.8%	14.2	8.5%	12.2%	4.1	5.2%	3.6%
2018年	16.7	−9.0%	13.5%	14.4	1.3%	11.6%	2.4	−44.4%	1.9%
2019年	5.2	−69%	3.5%	3.7	−74.2%	2.5%	1.5	−36.8%	1.0%
2020年	11.9	130.5%	6.8%	8.8	136.3%	5.0%	3.1	115.7%	1.8%
2021年上半年	5.6	203.6%	5.0%	3.5	218.0%	3.1%	2.1	182.7%	1.9%

数据来源：山东省商务厅。

(4)山东具备联合日韩开展对东盟产能合作的基础。东盟地区是山东对外投资最活跃的地区，投资覆盖整个东盟地区。山东投资主要集中在新加坡、印度尼西亚、马来西亚、柬埔寨和越南，领域主要集中在橡胶轮胎、纺织服装、机械设备、化工冶金、电子电器等。2020年，山东在东盟对外承包工程新签合同额21.3亿美元，完成营业额20.5亿美元，累计对外派出各类劳务人员5707人次。截至2021年一季度，山东已累计备案核准对东盟境外投资企业（机构）731家，备案核准中方投资156.4亿美元。例如，山东电力建设第三工程有限公司与日本三井合作，为阿曼等第三方国家提供电力基础设施项目，成为带动山东电力行业“走出去”的典型。

(二)机遇

1.贸易与投资网络重构带来产业联通新节点的机遇

RCEP投资便利化、负面清单等措施将降低区域内贸易与投资壁垒，扩大区域内投资规模，改变区域内投资的流向，利于商品与要素的跨国自由流动，企业可以更容易获取国内稀缺的原材料和技术，促使区域内生产网络的融合与重构。一方面RCEP成员国要素禀赋优势互补，发展水平具有显著的梯度差异，山东可以充分利用产业优势，对接RCEP关键制造业国家打造先进制造业集聚区，以国内产业链供应链重组为主，积极利用日韩对我国产业链短板的补充作用，谨慎适时地将适当产业梯度转移到东盟，让产品得到更为广阔的市场，拓宽企业的利润来源。另一方面国际经济循环格局正在发生深度调整，全球供应链向区域化和本土化转移趋势进一步明显，在RCEP框架下，山东发挥自身优势，与各成员国建立起互利共赢的合作关系，将为贸易往来、吸引外来投资提供更多的机会，带动优化产业链供应链布局，深度融入亚太经济圈和全球体系。基于以上，落实到产业合作上，将带动产生新的产业联通节点，并以产业联结带动形成产业链的融合和价值链的跃升，为自贸试验区产业发展提供新机遇。

2.企业区域布局更趋灵活带来市场主体发展的机遇

RCEP所采用的原产地区域累积规则，将推进中日韩与成员国之间产业的合理配置与产业链的深度融合，同时，RCEP区域市场一体化创造了全球最大的统一市场，加之区域累计规则的红利，将吸引区域外跨国资本在区域内进行生产布局，以便靠近需求市场、利用各成员国的资源优势以及区域内的优惠政策，客观上将产生跨区域产业链重构的结果，同时也将提升整个东亚地区产业链分工的规模与能级，这为跨国公司利用各国比较优势优化产业链布局提供了更大的操作空间。可借此契机，一方面鼓励国内企业积极走出去，在域内开拓新的出口市场，通过对外直接投资直接参与区域产业链重构，充分利用域内成员国的比较优势，优化生产布局提升利润空间；另一方面还应通过打造一流的营商环境，吸引区域内外的高端项目和要素资源集聚，促进区域创新链发展，助推产业链升级。

3.构建地区自贸安排带来制度创新的机遇

RCEP生效后，将有效整合区域内成员国之间现有双边自贸协定下包括“原产地规则”在内的各类复杂不一的规则和框架，降低其给企业带来的“意大利面碗”效应，淡化或替代成员国之间现有的以双边为主的自贸安排复杂格局，优化成员国之间的自贸合作机制，一定程度上减少因过多的双边自贸安排带来的国际经贸合作“碎片化”现象。2018年9月的麦肯锡全球高管调查中，有33%的受访企业表示，贸易政策的不确定性是他们最担心的问题，接近一半的受访者表示其所在企业将因此调整全球布局，还有1/4的受访者表示所在企业将对本地供应链加大投入。RECP降低了区域内“多重原产地规则效应”导致的使用贸易协定的交易成本，整体提升亚太区域自贸合作机制的多边化水平，为成员国搭建更广阔的深度经贸合作平台，为成员国间产业链和经贸关系的稳固提供了制度保障，同时也为自贸试验区以制度创新保障产业发展提供了对标依据和方向。

4.区域联系密切带来中日韩第三方市场合作的机遇

中日韩三国作为对外投资大国，扮演着东盟新增投资的主要资金来源国的角色。据渣打银行的《商业无国界：中国—东盟贸易走廊》的报告，中国企业期待在 RCEP 生效后将加速投资东盟，有近九成的受访企业计划在 RCEP 生效后的 3～5 年内对东盟增加投资超过 25%，42%的企业增加投资的比例超过 50%。根据亚洲开发银行测算，2016～2030 年，东南亚地区每年需要约 2100 亿美元的基础设施投资，大量的基础建设项目等待资金入场开发。特别是韩国的新南方政策、中国的"海上丝绸之路"，都将部分东盟国家作为吸引力的投资目的地。在 RCEP 的推动下，中日韩在东南亚的基础设施投资将进一步强化，三国在东盟的基础建设投资等领域，有望迎来更多的合作机会。

（三）挑战

1.国际不稳定、不确定因素多

中美博弈的长期化，可能导致中美经济关系的持续走弱，影响到与日韩间的产业链、价值链稳定与融合。日韩作为美国的盟国，其对外政策不可避免地受到美国的影响和制约，经济上日韩是与中国产业链深度融合的邻邦，需要密切合作，但政治上日韩受制于与美国的联盟关系。2020 年以来，新冠肺炎疫情在全球范围内蔓延，对全球分工体系造成了严重冲击，阻断正常的国际贸易和投资活动，而全球分工网络高度依赖货物、服务、人员的流动，全球化的产业链供应链受到冲击。在此背景下，各国都开始考虑将重要产业的产业链供应链转移回本国国内，全球价值链出现明显的收缩特征。同时，叠加海运运输价格飙升、原材料价格持续走高、汇率波动震荡等宏观因素，全球范围内的产业合作面临冲击。

2.中日韩间的产业结构互补性减弱、竞争性增强

中国经过几十年的发展，已经形成了高中低的全产业链条，开始从工业化中期发展阶段向后期阶段过渡转变。从数据上看，中国技术密集型产业的增速与利润都明显高于传统行业，在经济当中的占比明显提升，中国与日韩两国在产业链的高端市场中出现了竞争，且中韩产业间的竞争性更强于中日。特别是中日韩在计算机、电子和电气设备以及未分类的机械和设备领域竞争加剧，在基本金属和金属制品行业的关系亦由互补性转变为竞争性。例如，中国在数字通信产业等高附加值产业的专利数明显增加，根据 WIPO 统计数据，截至 2020 年 3 月，中国（16%）和韩国（9.9%）专利集中在数字通信行业，两者占比差距缩小。一旦中国价值链攀升威胁到日韩的产业利益，可能引发区域合作的冲突，如果中日韩三国无法形成稳固的产业互补关系，可能存在因价值链攀升引发的

内部冲突。同时，日韩吸引制造业回流也加大了我国与日韩产业合作的难度。

3.中日韩间的技术合作受到限制

一方面，随着中国在全球价值链分工中的地位变化，日韩要保持其产业链优势地位，就要继续提升其技术水平，两国担心对中国的技术出口影响其技术优势，往往限制高技术出口，强调对自身高技术扩散的限制。例如，三星供应商向中国京东方科技集团股份有限公司出售有机电激光显示（Organic Ligh-Emitting Diode，OLED）屏幕技术之后，韩国政府就出台了限制向中国出口OLED屏幕生产技术及设备的政策，韩国贸易、工业与能源部将OLED生产设备纳为国家核心产业，管制相关的产品出口，计划将OLED设备指定为“国家核心技术”，须由政府批准之后才能进行出口贸易。这是继面板与显示器的设计、制程、生产与驱动科技纳为管制技术与产品之后，又一项相关面板与显示的项目被列入管制。另一方面，对中国拥有高技术优势的通信网络领域，日韩又限制产品进口。高技术产品获得市场越大，其实现规模经济、积累技术经验的效率越高，日韩此举，不利于相关产业发展壮大，也将对中日韩产业深化合作造成不利影响，制约RCEP区域产业链的稳定形成。

4.低端产业面临东南亚国家的竞争

RCEP项下关税壁垒削减将促使货物自由流通，以返销为主的加工贸易将逐步被内外兼顾的一般贸易取代，山东与日韩毗邻的区位优势逐渐弱化，加工成本偏高、开发国内市场的物流劣势将逐渐显现，部分劳动密集型或以国内市场为主的韩资、日资企业，从山东加速转出。加之山东劳动力、环保等成本的提高，东南亚等国的优惠政策吸引，这一过程可能加剧。根据麦肯锡的报告，我国在全球价值链中所参与的部分生产环节正在被替代，2014～2017年，中国占新兴经济体劳动密集型产品出口的比例从55%下降至52%，同期越南增加了2.2%。在成本方面，根据国际劳工组织报告，中国的平均工资水平高于大多东盟成员国，2017年，中国平均工资为916美元，而越南为240美元，印度尼西亚为204美元。在优惠政策上，中国企业所得税为25%，越南、柬埔寨都是20%，且越南外商税收优惠为开始获利起2年内税收豁免、4年内享受50%减免。

5.山东与日韩合作受到其他省份的激烈竞争

近年来，日韩对我国的投资愈发看重当地的产业环境，2012～2020年，日本、韩国分别在我国投资392.8亿美元、364亿美元，近一半金额投到了广东、江苏两省，这期间山东实际使用日韩资116.9亿美元，只占到日韩对我国投资的15.4%。广东省正是靠着汇集东风日产、广汽本田、广汽丰田、一汽大众、比亚迪、长安等知名整车厂商，形成了广州、深圳、佛山三个整车制造产业集群，以齐全配套的汽车产业链，吸引韩国现代汽车在广州落地了全球首个海外的氢燃料电池动力系统生产项目，并带动引进了上下游 20 多个氢能产业项目，建成了涵盖燃料电池催化剂、电堆、系统、车载氢系统与加氢设备、整车装备制造、检验检测等环节的氢能全产业链。江苏则靠着强大的集成电路生产能力，吸引韩国 SK 在无锡累计投资约 200 亿美元，成为江苏单体投资规模最大、存储半导体生产技术最先进的外资企业，同时带动了一大批配套新一代信息技术项落地。

6.山东与日韩合作优势弱化

近年来，由于山东与日、韩投资热点的产业协同程度较低，加之受前几年地缘政治影响对日韩招商一度“休眠”，吸收日韩投资占山东实际使用外资的比重从 2017 年的 15.8%锐减到 2019 年的 3.5%，中韩(烟台)产业园的韩资聚集区作用发挥不充分。2019 年，烟台中韩产业园仅吸收韩资 1710 万美元，下降 70%。根据彼得森国际经济研究所分析，高端制造业将是 RCEP 实施后我国最大的受益行业，但山东省传统制造业比较高、高端制造业比重低，像海尔、潍柴等具有较长产业链条供应链的头部企业偏少，高新技术产品出口占比较低，很难充分利用原产地累计规则，限制了中间产品联系为主产业群的培育和发展。此外，RCEP 对营商环境提出了更高要求，如不能建立起适应 RCEP 规则的国际化营商环境，山东吸引日韩资本、人才聚集也将面临更大挑战。自贸试验区对日韩合作的特色探索所不足，从经贸合作看，2020 年山东自贸试验区济南、青岛、烟台三个片区对日韩出口总额占片区全部出口的 19.5%，占比基本与山东情况持平。但片区实际使用日资、韩资分别为 6106 万美元、1740 万美元，占实际使用外资总额的比重分别为 2.8%和 0.8%，低于山东实际使用日韩资占比。在制度创新方面，深化中日韩合作更是有待进一步破题。

三、山东自贸试验区与日韩的产业比较优势分析

(一)日韩的贸易及投资结构分析

日韩的贸易及投资结构分析可以从以下三方面来看。

第一，货物贸易。若将某商品在全球贸易中的占比作为产业竞争力及比较优势的指标，则如表 7 所示，日本优势产业主要是在电子信息、车辆船舶、机械制造等领域。2019 年，日本总贸易额规模较大的主要是机动车辆及其零件、附件产业。韩国优势产业主要在集成电路、船舶、高端化工等领域，2019 年，韩国

集成电路总贸易额为791亿美元，占世界集成电路总贸易额的9.5%；船舶总贸易额为171亿美元，占世界该税目总贸易额的比重达22.6%。

表7　2019年日韩全球出口前20商品

日本				韩国			
HS码	名称	贸易额（亿美元）	占该类全球比	HS码	名称	贸易额（亿美元）	占该类全球比
8486	制造半导体单晶柱或晶圆的机器及附件	226	21.2%	8901	船舶	171	22.6%
8429	机动推土机等设备	99	20.3%	2902	环烃	90	18.3%
8532	电容器	62	18.9%	8529	专于税号85.25至85.28所列装置或设备的零件	102	15.5%
8901	船舶	137	18.1%	7210	非合金钢平板轧材	59	11.6%
7208	非合金钢平板轧材	73	15.2%	8507	蓄电池	74	11.3%
9032	自动调节或控制仪器及装置	54	12.2%	7208	非合金钢平板轧材	54	11.1%
8703	载人的机动车辆	980	11.2%	9013	光学仪器及器具	69	10.9%
8407	活塞内燃发动机	64	10.1%	8542	集成电路	791	9.5%
3920	其他非泡沫塑料制品	56	8.9%	8534	印刷电路	48	9.3%
8443	复印机及起部件	94	8.8%	8473	用于税号84.69至84.72所列机器的零件	114	8.4%
8409	发动机的零件	66	8.5%	8523	声音或其他信息录制设备	52	8.1%
8479	其他机器及机械器具	88	8.3%	3907	初级形状的聚缩醛，其它聚醚及环氧树脂	49	7.5%
8708	车辆的零件、附件	327	7.7%	8486	制造半导体单晶柱或晶圆的机器及附件	79	7.4%

续表

日本				韩国			
HS码	名称	贸易额（亿美元）	占该类全球比	HS码	名称	贸易额（亿美元）	占该类全球比
8541	半导体器件等	86	6.3%	3304	美容品或化妆品及护肤品	53	6.7%
8536	电路开关等电器装置	75	6.2%	8479	章其他机器及机械器具	63	6.0%
8704	货运机动车辆	84	5.8%	2710	石油及从沥青矿物提取的油类，但原油除外	393	5.0%
9999	未按种类指定的商品	450	4.1%	8703	载人的机动车辆	405	4.6%
8542	集成电路	278	3.3%	8708	车辆的零件、附件	190	4.5%
7108	金及制品	64	2.4%	8541	半导体器件等	52	3.8%
2710	石油及从沥青矿物提取的油类	110	1.4%	8517	网络设备	178	2.8%

数据来源：联合国贸易数据库。

从山东与日韩贸易看，山东主要出口和进口商品差异较大，如表8、表9所示。山东对日韩出口商品主要集中在纺织服装、食品、化工、贱金属及制品等较低端行业。山东自日韩进口则为机器、机械器具、电气设备及其零件，矿产品，光学、照相、电影、计量、检验、医疗或外科用仪器及设备，精密仪器及设备，钟表，乐器等。

表8　2019年鲁日间进出口主要品类

出口			进口		
品类	名称	金额（亿元）	品类	名称	金额（亿元）
第十一类	纺织原料及纺织制品	46.8	第十六类	机器、机械器具、电气设备及其零件，录音机及放声机、电视图像、声音的录制和重放设备及其零件	21.5

续表

出口			进口		
品类	名称	金额（亿元）	品类	名称	金额（亿元）
第十六类	机器、机械器具、电气设备及其零件，录音机及放声机、电视图像、声音的录制和重放设备及其零件、附件	29.2	第六类	化学工业及其相关工业的产品	4.9
第四类	食品，饮料、酒及醋，烟草、烟草及烟草代用品的制品	24.2	第十八类	光学、照相、电影、计量、检验、医疗或外科用仪器及设备，精密仪器及设备，钟表，乐器	3.7
第二十类	杂项制品	13.1	第七类	塑料及其制品，橡胶及其制品	3.4
第一类	活动物，动物产品	11.0	第十一类	纺织原料及纺织制品	2.3

数据来源：国研网数据库。

表 9　2019 年鲁韩间进出口主要品类

出口			进口		
品类	名称	金额（亿元）	品类	名称	金额（亿元）
第十六类	机器、机械器具、电气设备及其零件，录音机及放声机、电视图像、声音的录制和重放设备及其零件、附件	41.9	第十六类	机器、机械器具、电气设备及其零件，录音机及放声机、电视图像、声音的录制和重放设备及其零件、附件	44.5
第十一类	纺织原料及纺织制品	28.7	第五类	矿产品	14.7
第六类	化学工业及其相关工业的产品	12.3	第七类	塑料及其制品，橡胶及其制品	13.8
第十五类	贱金属及其制品	22.4	第十五类	贱金属及其制品	12.9

续表

出口			进口		
品类	名称	金额（亿元）	品类	名称	金额（亿元）
第四类	食品，饮料、酒及醋，烟草、烟草及烟草代用品的制品	10.5	第六类	化学工业及其相关工业的产品	11.1

数据来源：国研网数据库。

第二，服务贸易。日本与中国的服务贸易主要集中在交通、版税和许可费、其他商业服务板块（见表 10），2019 年，该三大板块贸易额占日本服务贸易总额的 61.6%。2011～2019 年，日本版税和许可费、其他商业服务进口、出口上升幅度相对较大，其中版税和许可费出口增加了约 62%，其他商业服务进口增加了约 50%；2018 年，日本其他商业服务进口达到了单项最高 680 亿美元，2011～2019 年，其他商业服务进口平均约 576 亿美元。

表 10　2011～2019 年日本与中国服务贸易情况　　单位：亿美元

	服务贸易	2011	2012	2013	2014	2015	2016	2017	2018	2019
日本出口	交通	417	429	396	396	354	317	342	289	262
	旅行	110	146	151	188	250	308	0	421	461
	施工服务	110	116	97	112	107	93	104	92	106
	保险服务	16	4	2	16	16	21	22	25	23
	金融服务	41	46	46	73	103	118	105	115	143
	计算机和信息服务	20	23	27	32	33	39	51	46	70
	版税和许可费	290	319	316	373	365	391	417	455	469
	其他商业服务	366	255	285	375	341	393	412	421	466
	个人文化娱乐服务	2	2	2	5	6	8	10	6	9
	政府服务	30	31	26	45	43	51	49	47	45

续表

	服务贸易	2011	2012	2013	2014	2015	2016	2017	2018	2019
日本进口	交通	495	554	470	459	410	381	401	384	343
	旅行	273	279	219	193	160	186	0	202	213
	施工服务	77	78	75	104	82	75	82	82	73
	保险服务	68	74	67	51	48	57	63	71	81
	金融服务	33	32	36	53	60	62	77	82	85
	计算机和信息服务	52	57	63	116	134	144	143	158	207
	版税和许可费	192	199	178	209	170	202	214	217	263
	其他商业服务	445	450	485	591	610	626	632	680	667
	个人文化娱乐服务	10	12	11	9	13	14	12	7	7
	政府服务	19	19	18	20	20	20	20	20	19

数据来源：联合国服务贸易数据库。

韩国与中国的服务贸易主要集中在交通、旅行和其他商业服务板块（见表 11），2018 年，该三大板块贸易额占韩国服务贸易总额的 81.2%。2011～2018 年，交通的贸易额虽略有下降，但总体交通的进口、出口贸易年均值都在 300 亿美元以上，贸易规模底数较高；旅行、其他商业服务的贸易额则呈现波动上升态势，韩国其他商业服务进口年均贸易额达到 293 亿美元。

表 11　2011～2018 年韩国与中国服务贸易情况　　单位：亿美元

	服务贸易	2011	2012	2013	2014	2015	2016	2017	2018
韩国出口	交通	370	414	376	381	341	274	248	277
	旅行	124	133	144	175	148	169	134	153
	施工服务	155	197	204	194	122	118	106	127
	保险服务	5	5	6	8	7	7	11	9
	金融服务	18	18	13	14	16	18	22	29
	计算机和信息服务	13	15	22	30	35	37	46	51
	版税和许可费	44	39	44	55	66	69	73	78
	其他商业服务	136	163	176	209	190	208	212	217
	个人、文化和娱乐服务	5	7	7	9	9	11	9	11
	政府服务	12	12	12	11	11	9	10	11

续表

	服务贸易	2011	2012	2013	2014	2015	2016	2017	2018
韩国进口	交通	306	313	302	319	295	288	302	321
	旅行	199	206	216	232	253	272	317	320
	施工服务	38	34	49	41	26	22	27	33
	保险服务	7	8	9	7	8	10	12	10
	金融服务	20	23	20	18	17	17	19	20
	计算机和信息服务	15	15	18	20	28	27	35	30
	版税和许可费	74	86	98	105	101	94	97	99
	其他商业服务	254	287	277	301	283	285	335	329
	个人、文化和娱乐服务	6	8	8	9	7	7	7	8
	政府服务	11	10	11	10	13	14	17	15

数据来源：联合国服务贸易数据库。

第三，对外投资。日本倾向于投资非制造业类，除2020年外，日本对制造业投资额均小于非制造业的投资。从投资规模看，制造业和非制造业投资规模均呈现波动式增长。2011～2019年，日本对外投资规模不断提高，2019年，日本对外投资整体规模大规模下滑，其中非制造业下降幅度最大，降低59.54%。从制造业细分行业看，化学及医药行业、运输机械设备、电气机械设备是日本对外投资制造业的主要细分行业。其中，2019年日本缩减大部分行业的对外投资，而电气机械设备、木材纸浆的投资依旧不减。韩国对世界投资主要集中在制造业、金融保险业。投资规模上，2011～2020年，韩国对全球制造业投资1104.46亿美元，居韩国对外投资行业排名第1位，其次为金融保险业1085.29亿美元；投资增速上，2011～2020年，韩国在全球的行业布局除采矿业外均呈现出增长态势，对金融保险业投资规模增速最快。韩国对华投资规模最大的是制造业，2011～2020年间，累计投资达339.32亿美元，占韩国对华投资总额的82.56%，专业科学技术活动业、信息通讯业、交通运输仓储业、采矿业五大行业均为韩国对华投资过亿美元级行业。日韩全球投资布局参见本文附件3。

(二)山东自贸试验区的产业发展环境

2020年，山东自贸试验区新设企业3.3万家，同比增长85%，其中外资企业288家，市场主体加速集聚；实际利用外资22.1亿美元，同比增长125%，高出山东104.9个百分点，进出口总额2916.1亿元，同比增长17.1%，高出山东9.6个百分点；已落户丰田、斗山、LG、现代、夏普、SK等世界500强项目125个。全国首个日资超高清产业研究院、山东首个日资职业技能培训机构、山东首家韩资律师事务所、中韩国家级科创孵化基地，以及一批韩资投资协会、旅行社也都落户自贸试验区，实现外资开放领域扩围。打造保税展示交易中心、大宗商品交易平台、跨境电商综合枢纽，发展保税经济、跨境电商、离岸贸易等，新业态新模式壮大发展。山东产业技术研究院、山东高等技术研究院等产业孵化平台在济南片区落地；烟台片区发挥全国唯一自贸试验区与国家级中韩产业园叠加联动的优势，创新推出"两国双园"合作模式；青岛与韩国仁川、日本宫崎市等7个地方经济区和组织建立友好合作，共享贸易、港航、技术、人才等发展资源，与日韩的合作平台进一步搭建。全面落实外商投资"准入前国民待遇＋负面清单"管理制度，首创中日韩投资"云上审批"，省内海港空港与日韩主要口岸建立"多港联动"合作机制，开展信息互换、外检内放、AEO互认等创新合作，投资贸易便利化水平提升。探索形成"仲裁＋调解＋诉讼＋公证＋知识产权保护"五位一体法律服务体系，促进科技交流；实现全国首笔中国—新加坡货币互换新元融资业务、山东首单飞机融资租赁业务、首个知识产权资产证券化项目，设立首家合格境外有限合伙人企业，要素自由流动更有保障。

（三）日韩优势产业及自贸试验区可重点对接的产业分析

1.全球产业链分类

按照价值创造源泉的不同，全球产业链可分为以下五个类型。

(1)创新型。汽车、计算机和电子以及机械等行业催生了价值最大、贸易强度最高、知识最密集的商品贸易价值链。这些行业的产量仅占全球总产出的13%，但贸易占比高达35%，行业价值链一半以上的贸易都与中间产品有关。此外，这一行业类别1/3的劳动力具备较高的技能。行业在研发和无形资产上的平均支出占到营收的30%，是其他行业价值链的2～3倍。只有少数发达经济体参与此类价值链，但近年来，中国在该领域的影响正在加大。

(2)劳动密集型。该类型主要包括纺织、服装、玩具、鞋履和家具制造业，其特点是贸易强度大，劳动密集度高；超过2/3的营收要作为劳动力成本再投入价值链，而且多数劳动力的技能较低。此类产品重量轻，贸易属性强，全球产量的28%为出口。近年来，制造业逐步流向发展中国家，中国是全球最大的生产国，随着制造技术和市场需求的不断发展，未来各国的产业参与情况很可能出现显著变化。

(3)资源密集型。该类型主要包括农业、采矿、能源和基础金属等行业,创造价值几乎与全球创新型产业相当,该产业链上的许多产出都作为中间产品进入其他产业,例如,采矿和基础金属行业的全部产出都是中间产品。这一类产业链的生产选址比较苛刻,既要便于获取自然资源,也要便于仓储和运输。

(4)劳动密集型。该类型主要包括零售和批发、运输和存储以及医疗保健。由于其"面对面"的特点,贸易强度较低,但贸易增速高于其他各类价值链。随着商品贸易、旅游和商务旅行的逐渐增多,交通运输领域的服务贸易有所增加。家乐福、沃尔玛等零售商的全球扩张也推动了批发零售贸易的增长。

(5)知识密集型。该类型主要包括专业服务、金融中介、IT 服务等高价值行业,尽管这些行业看似不受地域限制,但由于监管原因,其贸易强度低于制造行业。该价值链的贸易流之所以覆盖全球,是因为成本与距离没有直接关系。参与该价值链的绝大多数是发达经济体,只有 21%的出口来自发展中经济体。

2.可重点对接的产业

当前日韩在创新型和知识密集型产业领域具备明显优势,综合考虑 RCEP 机遇及山东自贸试验区的基础优势,结合调研,本文认为,山东自贸试验区可将以下产业作为重点对接领域。

(1)新一代信息技术。日本电子信息产业生产规模占世界总产值的 1/5,居全球第 2 位;韩国是仅次于美国、日本和德国的世界第四大电子产品制造国,全球约 40%的半导体芯片、36%的电脑显示屏都是来自韩国。日本企业已将发展重心转向关键电子元器件领域,在半导体、音频、视频、电子材料、专用设备等方面维持技术领先和较高的市场占有率。日本的佳能、尼康、京瓷、夏普、日本电产、东京电子等在各自领域保持行业领军地位,在半导体原料及装备、光刻胶、OLED 发光材料、8K 显示、人工智能、集成电路和平板显示器领域具有较强竞争力;信越和胜高两家企业合计占全球硅晶圆市场份额的约 50%;在光刻机领域,2020 年日本佳能和尼康两家公司合计市场份额占全球 38%。韩国的半导体存储器、光元件及分离器等各领域都保持较高速度增长,产自韩国的 LCD、OLED 面板国际市场占有率为 42.7%;在无线通信器材领域,韩国也较为领先,手机及零部件市场占有率排世界第 5 位;在人工智能翻译服务、语音助理、金融产业、医护产业及法律服务等领域都取得了市场和技术优势,特别是人工智能同半导体、芯片产业的结合走在世界前列。从山东看,济南软件信息服务业发达,齐鲁软件园是山东唯一国家数字服务出口基地,主要日韩资企业包括 NEC

软件、富士软件、艾尼凯斯特软件等著名公司。青岛集成电路产业发展迅速，芯恩（青岛）集成电路、安润封测等企业相继落户，建设芯片封装、检测及设计研发中心，实现从IC设计到晶圆制造、封装测试、方案开发和市场销售的全产业链综合服务。烟台是我国重要的消费电子产业基地，电子信息产业发达，相关企业近千家，2020年新一代信息技术产业产值达526.4亿元，拥有以睿创微纳、艾睿光电、一诺电子、正海科技、富准电子等为代表的红外敏感材料、芯片、半导体企业，以显华、万润、九目为代表的高端液晶材料生产企业，以乐金显示、乐金电子部品、栗山电子等为代表的线路板、显示器、触摸屏生产企业，以富士康科技（烟台）工业园为代表的游戏机、智能穿戴设备、手机等消费电子产品生产企业。未来，济青烟三个片区可发挥优势，重点瞄准工业互联网、自动驾驶、人工智能、智能传感器、8K显示器，与日本NEC、丰田、富士通、索尼、佳能、松下、夏普等企业对接合作。

（2）康养产业。日韩是我国医药产品的主要进口来源地，尤其日本是新药研发能力仅次于欧美的世界第三强，2018年世界制药企业50强排名中，武田制药、第一三共、大冢制药、太阳制药、田边三菱制药等8家日本企业入围。日本拥有高端医疗器械领域先进的生产制造能力，例如，重离子治癌是世界公认的先进放疗方法，日本重离子肿瘤治疗装备和技术居世界最前沿，全世界投入运营的重离子治疗中心共8家，日本占了6家。面对国内老龄化问题，日韩也在养老产业领域进行了有力探索。从山东看，济南片区聚焦医疗康养产业发展，打造集医疗医药研发、生产、流通、服务于一体的产业链条，山东省互联网医保大健康平台、生物医药（械）OEM超级工厂、山东大生命科学研究院串联成从市场、生产、研发、中试、临床、审批再到市场的闭环式生物医药逆产业超级生态，区内已集聚医药企业2200家，占济南市医药企业总数的70%，新药特药研发、细胞治疗、基因检测、互联网医疗等领域快速增长，产业体系日趋完善。特别是中日国际医疗科技园将推动医药医疗器械研发、细胞生物制药研发、检验检测、软件服务外包等医疗科技企业集聚，与日本东丽、佳能等知名企业合作，搭建国际透析、医疗影像中心等医疗国际合作载体，形成“研发—生产—检测—流通—服务”全产业链生态。2020年，济南片区医疗康养产值达600亿元，同比增长12%。青岛全球最大通量基因测序仪投产，基因测试用生物芯片上市，海洋生物领域基因测序能力和基因数据库储存量均居全国第一。烟台首家中韩合资医疗机构等“首”字号项目落地，荣昌生物等企业A股上市。未来，山东可以进一步瞄准生物医药、医疗器械、医用材料的制造应用和医养结合领域，加强与日韩在居家养老、健康管理和服务规范等方面的交流学习，推动日韩先进医疗资源与山东健康需求有效衔接，引进智能化老年产品，学习、引入日本“介护保险”“社区养老”方面的制度经验，丰富养老服务业态，发展国际医疗旅游和高端医疗服务。

(3)先进制造业。日韩制造业的优势主要在汽车、电子、造船及机械装备、化工等领域，拥有日本三菱重工、川崎重工、石川岛播磨、日立造船、日立产机、住友化学、小松制作所，韩国现代起亚汽车、大宇造船、三星重工、SK、乐天、POSCO、斗山、GS 等大型装备制造业企业。两国造船业的国际市场占有率高达 50%。2019 年日本汽车产量为 2607 万辆，居世界第一；韩国汽车产量为 395 万辆，居世界第七。除整车外，日本的零部件产业规模巨大，配套体系完善。日本的机床工业长期居世界首位，以高品质和卓越的可靠性赢得广泛声誉，也是日本主要出口商品，山崎马扎克、天田、大隈、森精机、牧野都是世界知名的机床制造商。此外，日韩两国的零部件产业规模巨大，配套体系完善。2017 年世界百强零部件供应商中，日本占据 29 席，电装、爱信精机、普利司通、丰田自动织机、日本精工、康奈可、矢崎都是世界知名零部件供应商。日本还号称“机器人王国”，自 20 世纪 80 年代以来，其机器人的生产、出口和应用都居世界首位，工业机器人广泛应用于汽车、电子行业。日韩化学工业产值居世界前三。从山东看，先进制造是新旧动能转换的重点领域。例如，青岛总投资 300 亿元的协同式集成电路制造(CIDM)项目 8 寸芯片投产，总投资 200 亿元的富士康电子元器件项目签约，高端封测项目设备安装调试，总投资 8 亿元的智能网联汽车示范应用项目签约落户，力神叠片式磷酸铁锂电池、绿联智能制造实现投产；青岛松下电子部品(保税区)有限公司完成全自动化技改升级，人机界面技术器件生产为国内第一。同时，重点推进 8 英寸、12 英寸芯片投产，高端封测项目试生产，华芯智存签约落户；加快澳柯玛智慧冷链项目投产运营，力神动力电池新生产线设备安装，海奥斯等项目开工建设。未来，针对 RCEP 项下我国负面清单“棘轮”承诺取消造船股比限制等的利好安排，加强与日本机器人领域的产业合作，聚焦细分领域发力，如仿真机器人的研发等，推动韩国投资船段企业向整船制造升级，可重点瞄准数控机床、工业机器人、溅射技术设备、除尘器、离心式通风机、液压缸密封件、行星齿轮等，与发那科、安川电机、三菱重工、荏原制作所、日本精工、阪上制作所对接，在装备制造、汽车领域继续进行深度合作，推动形成中日韩优势互补的产业链格局系。

(4)海洋产业。日本、韩国有世界先进的清洁养殖技术、海洋牧场体系以及世界最尖端的港口物流运营信息系统，在海洋能源利用、海洋空间利用、海洋环境保护、海洋交通安全等方面都拥有世界领先技术。从山东看，海洋产业综合实力雄厚，海洋电力业、海洋渔业、海洋工程建筑业、海洋盐业增加值均居全国首位，海洋石油、海洋生物医药、海洋工程装备、海洋化工等产业规模位居全国前列。以烟台为例，烟台现有规模以上船舶及海洋工程装备企业 26 家，形成了以中集来福士、杰端集团、中柏京鲁船业、蓬莱大金等为主的海洋工程装备及配套企业群，实现了深水钻井平台、生产平台、拆解平台、特种船舶、海洋渔业装备、海上风电装备等系列化自主设计建造能力，建成了国内唯一的国家级海洋石油钻井平台研发（实验）中心。以创新引领蓝鲸 1 号、国鲍 1 号等深海重器建设在研发、技术提升等方面实现重大突破，带动 2020 年烟台市海工装备产业产值同比增长 10%。构建海洋种业全链条引育体系，全国首创海洋知识产权中心、海洋生物资源"生态链式"养护模式等，建设北方现代海洋种业引进中转基地，牵手海南崖州湾科技城打造水产种业"南繁北育"品牌，实现重点区域生物多样性修复、高营养层级生物资源量分别增加 15%、30%。海工装备方面，与中集来福士、京鲁船业等 70 多家企业建立产学研合作，带动和关联的涉海产业产值超 300 亿元。依托海工装备产业优势，探索与海洋牧场试点融合，引领海工装备"油转渔"等新兴业态快速发展，创建"总部基地＋孵化加速器＋专业园区"的海洋新兴产业培育模式，集聚了中科院烟台产业技术创新与育成中心、中俄海洋技术创新中心等 20 个项目创新探索出水产新品种知识产权保护路径。探索与海洋牧场试点融合，制定全国首个海洋牧场平台确权路径，建成全国首座深远海智能化养殖网箱，带动烟台海洋牧场综合经济收入提升。未来，山东可学习借鉴日韩发展经验，引进先进技术，引领山东省海洋产业向高端发展，加强与日韩共同探讨海洋经济发展方向，在海洋清洁能源、海洋医药、海洋食品、海洋工程、海洋生态保护修复、海洋科学研究等领域探索新的交流合作，拓展产业合作范围，加大产业合作强度，共同推动海洋经济发展。

（5）新能源新材料。新能源方面，日韩节能环保产业化发展程度较高，特别是日本的节能环保技术世界领先，致力于资源和能源的循环利用，三菱、日产在全球率先开发出电动汽车，丰田、本田的混合动力、氢燃料电池技术全球领先。日本政府设立了"碳基金"，对日本企业到海外投资节能环保项目给予一定的政策性补贴并可进行排放权交易。韩国 LG 化学在小型电池、IT 机器及新软件、汽车电池、OLED 照明及家庭用电力储存装置等领域的探索值得特别关注。新材料方面，2018 年日本新材料类企业超过 3 万家，产值超过约 5000 亿美元，其中化学类新材料占 77%，纤维类占 13%，陶瓷类占 5%。例如，在全球市场占有率较高的企业中，富士胶片、柯尼卡美能达占 TAC 薄膜类产品的 100%，东京应化、三菱化学、新日铁住金、住友化学等占抗碱底漆的 70%，日东电工、住友化学占偏光板的 60%，日立化成、三菱化学、JFE 化工占负极材料的 50%，旭化成、东丽、住友化学、宇部兴产等占锂电池隔膜的 50%，旭硝子、日本电气硝子占玻璃基板的 50%。从山东省视角看，中日韩三国重视在节能环保领域的合作。例如，烟台片区围绕一汽宝雅布局动力电池、驱动电机、电控系统等核心配套，以传统汽车与新能源汽车双擎驱动、精准补链；依托万华产业链，推动下游企业向市内化工园区延伸布局，实现龙头企业配套本地化；加快建设泰和新材产业园，拓展智能纤维、军工航天、安全防护、高温过滤等下游应用。未来，可以新能源汽车领域为突破口，引进日本氢燃料电池系统合作项目，依托韩国在山东的发动机总成基地、新能源研发中心，引进整车、新能源汽车及关键零部件与服务项目，实现新能源领域的率先突破。

(6)航运物流业。RCEP 带来的贸易增量预计将引致航运物流需求增长，跨境交易的频繁度增加也需要便捷的物流渠道为支撑，电子商务发展亟需快捷便利的通关等措施。从山东看，与日韩具备合作发展物流产业的优越条件，山东港口是全国第二大外贸口岸。2020 年，青岛港吞吐量全球排名第五，集装箱吞吐量全球排名第六。青岛片区现有航运物流类企业 996 家，其中规上企业 72 家，仓储设施面积超过 100 万平方米，年周转能力超 500 万吨。全产业链各环节发展较为成熟，海陆运输体系完善，特别是在海铁联运、中转集拼等货物组织方面，青岛片区具有一定的基础和优势。当前青岛片区正加快发展船舶管理、船员服务、船舶供应等业务，并规划建设航运中心、船员服务中心等实际载体，聚焦国际贸易，打造"关、检、汇、税、贸、储、运、融"一体化产业链条，推动航运、贸易、金融协同发展，首创海铁联运货物"全程联运提单"、智能空轨集疏运系统、入境空箱顺势无干扰智慧监管等模式，推动实现航运物流效率变革；首创舱单状态下无须报关的国际中转集拼业务，通关时间比韩国釜山港节省 1.5 天，创新"先期机检、码头直提"模式，通关时效平均提升 3～7 小时，每自然箱节省物流成本 600～1000 元，提升港航物流便利化；首创原油进口"先放后检"模式、外贸原油国际中转业务，吸引英国 BP、俄罗斯石油、荷兰壳牌等 400 多家油品贸易企业集聚；依托船供油业务延伸物料、淡水等船供应，突破航次修理、船员登陆服务等功能，建设船供油信息化综合服务平台、供退船业务平台和国际船舶物料供应基地，打造形成综合性国际船供中心。未来，青岛片区可以进一步发展航运物流产业，为RCEP落地实施提供坚实的基础保障，同时带动片区主导产业发展。

(7)文化产业。山东是儒家文化发源地，与日韩文化交流优势得天独厚。济南片区畅通文化出海通道，服务黄河战略，获批“国家文化出口基地”和“国家对外文化贸易基地”，依托黄河流域文化出口公共服务平台，与青海、甘肃、陕西、河南等沿黄四省500多家中小文化企业签订入驻协议，形成品牌孵化、产品制造、供应链金融、海外推广全链条服务体系，服务全国2000多家非遗工坊。与意大利CM集团等世界知名品牌合作开发文化融合产品，促进中国文化走向世界。未来，可以利用山东得天独厚的人文环境优势，打造中日韩儒家文化旅游品牌，不断深化对外开放，在RCEP服务贸易便利化条件下，依托文化贸易基地，与日韩动漫、影视、艺术文化等优势领域的龙头企业积极对接，成立中日韩文化产业合作发展协作体，联合开发文化融合产品，创建文化创意、文化拍卖、艺术品保税展示、跨语言服务、游戏动漫开发、影视服务、数字文化贸易等综合性全链条的“文化出海”服务体系。允许日韩企业在自贸片区设立独资演出经纪机构、独资印刷企业，以及合资经营的文艺表演团体，共同推动文化和旅游协同创新、融合发展，打造宜居、宜学、宜养、宜业的良好环境。

四、山东自贸试验区与日韩产业耦合发展的建议

(一)合作平台

第一，借助RCEP密切与日韩的广泛联系。以RCEP签署为契机，支持企业强化与日韩合作伙伴的紧密联系，在RCEP框架下建立研发合作、技术标准统一、市场拓展等形式的创新型产业联盟，带动形成耦合发展的产业集群。密切与日韩政府机构、商协会、社会组织的合作，聚焦生物医药、人工智能、新能源汽车、海洋经济、节能环保等产业领域，以共同举办论坛、研讨和项目对接等活动，提供产品、技术、资源的展示、交易、服务平台，构建产业合作的生态，探讨资源双向流动的制度创新。巩固提升与日韩地方政府建立的友好关系，加强在环保、文化、旅游、人才培养等多领域的交流，扩大对日韩的宣传，特别是投资便利化、项目落地要素保障等方面的新政策措施，提升日韩企业对山东投资环境的认可度。

第二，用好已有鲁日韩合作平台。深度融入参与各类面向日韩的合作平台，利用跨国公司领导人青岛峰会、儒商大会、山东与世界500强连线等系列重

大活动，并在山东与 RCEP 区域合作对接会、深化山东—韩国开放合作推进会、深化山东—日本开放合作推进会等重大经贸活动中纳入自贸元素，促进山东自贸试验区济南、青岛、烟台三个片区与日韩企业的对接及合作。

第三，突出日韩主题园区作用。对标江苏中韩（盐城）产业园、广东中韩（惠州）产业园，高标准建设“中日产业园”“中韩产业园”等中日韩经贸合作地方实体园区，构建“平台支撑＋产业培育”创新发展模式，提高产业聚集度，先行落地中日韩三国政府达成的双多边重点合作项目。加强与威海中韩自贸区地方经济合作示范区、中韩（烟台）产业园的协同联动，深化中日韩区域经济合作的差异化探索，支持中韩（烟台）产业园与新万金韩中产业园深化合作，加快培育中日国际医疗科技园、自贸创新产业园、检验检测产业园等产业创新发展平台。充分发挥自贸试验区制度创新和对外开放优势，叠加经济功能区产业、政策和空间优势，实施自贸试验区联动创新区建设，以产业联动为主线，以政策互惠为保障，以平台共享为支撑，探索联动创新和共建共享，带动与日韩的合作在山东多点开花。

（二）合作路径

第一，注重以贸易带动投资。在 RCEP 关税、非关税壁垒降低的背景下，可提高通关流程效率，面向日韩继续优化在信息互换、监管互认、执法互助以及检验检疫、标准计量等方面的合作机制。扩大 AEO 高级认证企业规模。用好 RCEP 支持电子商务发展、实施背对背原产地证明等政策措施，加快发展面向日韩、东盟的跨境电商、市场采购，扩大中间品贸易。抓住与日本首次建立自贸关系的契机，深入研究日本制造产业链的关联和上下游配套情况，特别是日本先进制造业龙头企业投资布局，寻找制造业领域的贸易对接机遇，深化技术合作，带动产业融合。

第二，注重国内市场。顺应国内居民消费重心从商品消费转向服务消费的趋势，抓住生活服务领域有序开放的时机，吸引日韩外资投向医疗、健康、养老、育幼、旅游、家政等生活性服务业，增加优质服务供给。畅通中日、中韩间的跨境冷链物流通道，推进中日韩海关“前置检测、结果互认”“一次检测、快速通关”等便利化措施，打造日韩的水产品、肉类、乳品、冷鲜水果等冷链商品集散地，扩大日韩特色商品进口，满足国内消费需求。在保证海关监管前提下，探索将跨境电子商务零售进口商品“网购保税＋线下自提”模式从海关特殊监管区域拓展至自贸试验区。立足济南片区保税展示交易，做大面向日韩的保税展示交易规模，增设进境口岸免税店，吸引境外消费回流，探索建设日韩特色商品市内免税店。

第三，注重企业“走出去”。鼓励企业抓住 RCEP 生效时机，通过并购、股权投资等形式，稳步扩大在日韩投资，支持企业通过创设实验室或与日韩企业联合设立研发中心等形式，利用日韩当地资源开展科技研发活动，并积极推动科技成果回流。支持企业深化与当地企业合作，在日韩建立公共海外仓，搭建以海外仓为支点的海外集货、配送中心，健全境外服务体系。支持日韩人才开展离岸创新创业活动，提高日韩人才在自贸试验区创新创业的便利度。

第四，联合拓展第三方市场。随着 RCEP 落地生效，中日韩的投资预计会流向具有生产要素成本优势的东盟国家，三国可以发挥各自的比较优势，在战略互补的同时，实现深化合作。联合日韩的企业、商会等，集合日韩先进技术优势和我国产能优势，研究探索对接广大东盟国家发展需求，特别是与东盟“数字发展战略”“工业 4.0 战略”的对接，突出基础设施、金融、物流、信息技术等重点领域合作，开展贸易、投资和工程联合承包合作，以及大数据、5G 技术、生物医药、新材料、新能源等领域的合作。探索中日韩企业和机构共同发起设立东盟国家专项基金，用于开拓第三方市场，支持三国的企业在资本、技术、品牌和渠道等方面开展多种合作模式，在东盟国家共同建设产业合作园区、制造基地和销售渠道。

（三）合作领域

第一，突破数字贸易。积极开展电子商务规则的先行先试，加强网上消费者权益保护，为我国参与全球数字服务贸易规则制定探索经验。探讨中日韩间数字经济合作的可能性领域，在平台间连接、基础设施建设等方面进行合作，共同建立“网络贸易特区”，探索运输、保管、审批、售后服务等方面战略合作。

第二，突破服务贸易。随着 RCEP 落地生效，三国区域内投资将更多地流向 RCEP 中新增和更加开放的服务部门。可以把服务贸易作为日韩合作的重点领域，探索加大医疗、商务服务、航运服务等领域的开放力度，探索制定适合山东的跨境服务贸易负面清单，形成与国际相衔接的服务业规则、规制、管理、标准等制度体系。顺应全球价值链中制造服务化趋势日益明显的新态势，发展生产性服务业，着力加强与日韩在研发设计、信息咨询、金融服务等新兴服务贸易，依托山东的制造业，以服务链接制造，吸引生产性服务业在自贸片区的集聚。同时，推动山东汽车、化工、装备制造等领域日韩投资企业向研发、设计、营销、维修等领域延伸，更加深度实现产业契合。支持企业发展以知识为基础的人力资本，积极承接产品技术研发、工业设计等高端服务业外包，带动和发展全球价值链合作。加强与日韩在游戏动漫、影视制作等方面的交流与合作，允许日韩外商独资设立影视作品摄制制作公司。

第三，突破科技合作。整合中日韩优势科技创新资源，探索建设三方共同参与的新型研发机构，搭建集研发合作、成果转化、风险投资、技术交易、人才交流于一体的面向日韩科技合作的平台，以此为载体促进先进技术领域的跨国合作，形成协同创新的生态系统。支持建立以行业为单位，龙头企业为主体、市场为导向的研发联盟，鼓励自贸试验区企业与日韩的科研机构、高校、企业开展合作研发。支持片区内的企业积极参与新技术标准制定、技术保护等相关国际合作，为自主研发技术争取国际市场。扩大与日韩的学术交流和联合办学，推进中日韩学历证书和职业资格证书互认，引进韩资、日资职业技能培训机构，鼓励在自贸试验区举办具有独立法人资格的中日、中韩合作办学机构。建设中日韩国际化人才培养创业创新基地，合作建设教育平台和特色新型智库，对拥有重大创新技术的日韩籍高层次人才以技术入股方式在示范区注册企业的，进一步简化办理程序和申请材料。

（四）合作主体

第一，以大企业为主导。利用RCEP签署有利时机，拓宽与日韩500强为代表跨国公司的合作领域，注意这些大企业中国地区总部，及时掌握其核心层的投资与决策动态，特别是吸引丰田、伊藤忠、住友、三星、SK等重点企业布局高端产业链，加快其产业链上下游配套企业引进，构建完备产业生态。结合各片区的产业基础，对尚未在山东投资日韩500强企业，分析投资领域、投资动向、在我国布局情况，对有合作基础潜力的，“一企一策”逐一加强对接。

第二，中小企业延链补链。迎合RCEP鼓励中小企业发展的规定，为小企业提供公益性、社会化的公共服务，支持外综服等新业态发展，为中小微企业提通关、物流、退税、保险等综合服务。建立高新技术产业孵化机制，为中小创新创业型企业提供地方优惠政策指引、法律法规解读、科技成果转化、国际合作等服务，助力日韩中小企业快速发展。探索创办专门面向RCEP中小企业的合作论坛、研讨和项目对接等活动，搭建中小企业国际合作交流平台。靶向开拓如日本哈德洛克等具有独到技术中小企业的合作，填补产业链上的关键空白，采取“市场、人才、技术”等多种合作方式，突出特色、精耕细作。支持山东有条件的企业探索与日本中小企业开展股权并购合作，获得关键技术、核心人才等创新资源。制定支持中小企业发展的政策措施，促进更多日韩小企业投资。对拟在自贸试验区创业的日韩等国留学生，简化工作许可办理手续，并将创业经历视同工作经历。

（五）合作环境

第一，强化人才保障。以落实 RCEP 自然人移动条款为基础，畅通人才自由流动渠道，吸引重点产业的核心技术人才集聚，为山东与日韩产业合作提供关键支撑。对照 RCEP 规则，放宽对居民及商务人士的签证限制，给予商务人员的配偶及子女临时出入境驻留权利，提高对日韩人才的吸引力。探索以人才引进和使用为重点的日韩人才出入境签证、入境工作许可及居留的便利化制度，制定完善有针对性的户籍管理、子女上学、住房便利、出入境管理等系列配套政策。建立与日韩接轨的柔性人才引进机制，通过技术合作开发或是高薪聘请等方式，引进先进制造业与现代服务业的中高层次技术和管理人才，鼓励企业返聘日韩重点领域的退休人员。探索对日韩高端人才实行简税制，对其取得的各类补贴、奖励免征个人所得税。对企业急缺的日韩专业人才，放宽工作经历、学历、年龄等限制，执业许可有效期与合同或项目实施时间一致。试点对日韩导游、相应资质建筑企业和医美等专业人士执业资格单向认可。加大与日韩人力资源机构的合作，全产业链引进人力资源专业服务机构，特别是知名国际猎头和高端培训机构等，满足自贸试验区企业对海内外优秀人才的需求。推动当地高校、科研院所、专业培训机构和日韩企业开展合作，为企业提供定向培养、联合培养、岗前培训和技能提升培训等各层次人才培养服务。

第二，保障资金等要素的自由流动。推进跨境贸易资金结算自由化便利化，探索符合条件的外国投资者自由转移投资收益。试点跨境双向人民币资金池，以改进跨国公司外汇资金集中运营管理制度，完善结售汇管理。引进日韩的银行、证券、保险等金融机构在自贸试验区设立分支机构，支持日韩商业银行设立不设外资持股比例上限的金融资产投资公司和理财公司，实施内外资金融机构一致性管理。支持开展日韩资银行跨境贷、日韩资企业集团内部双向借款等跨境人民币创新业务，探索中日韩跨境人民币直接贷款业务试点，探索通过人民币资本项下输出贸易项下回流方式，重点推动与日韩贸易和投资领域的人民币跨境使用。支持自贸试验区范围内银行按规定发放面向日韩的人民币贷款。支持山东自贸试验区内银行机构自主优化审核流程，运用金融科技手段对交易单证与外汇收支一致性实施审核，研究探索适应离岸贸易发展的产业政策安排，通过离岸贸易提高企业全球资源配置能力，带动金融开放取得实质性进展。

第三，加强知识产权保护。落实好RCEP关于知识产权保护的规定，深入了解日韩企业的知识产权状况，积极推动与日韩知识规则对接，推动一体化的行业标准共通，构建RCEP知识产权保护体系。在国内知识产权和标准制定方面深化改革，发挥中国内需市场广阔的优势，吸引跨国公司把更高水平的研发活动转移到我国境内。推进日韩减少在高技术进口和出口的限制，在市场基础上促进中日韩区域产业合作。建设知识产权服务集聚区，综合运用专利、商标、商业秘密、地理标志、合同和技术措施等手段，探索构建知识产权保护制度体系，实现知识产权执法合作，完善自贸试验区知识产权运用和保护体系。引进培育品牌知识产权服务机构，指导、鼓励知识产权服务机构为企业开展知识产权托管、专利导航、战略研究等服务。建立知识产权争端解决与快速维权机制，完善知识产权管理和执法体制以及纠纷调解、援助、仲裁等服务机制，开展外商投资企业知识产权质押贷款业务。

第四，提高数据流动便利度。在国家数据跨境传输安全管理制度框架下，以自贸试验片区内企业与日韩企业间的点对点合作为基础，采用“白名单”方式，制定数据跨境传输的评估机制和操作规则。制定数据流通备份审查、跨境数据流动和交易风险评估等数据安全管理机制，最大限度推动与日韩间的数据安全自由流动。对非敏感数据允许其自由流动及非本地化存储，制定网络访问和使用、源代码、个人信息保护、非应邀商业电子信息、计算机设施本地化等方面的基础标准，提高区域数据分析与管理进程及执法保障等，先行探索中国特色的跨境数据流动规则体系。

（六）制度创新

第一，对新议题进行先行压力测试。以RCEP落地实施为基础，紧跟国家制度型开放的步伐，对标CPTPP等高标准经贸规则，对提升政府治理能力的规则进行先行先试。针对环境、劳工、国有企业等新议题，在自贸试验区进行试点，重点对接监管一致性、争端解决、竞争政策、政府采购等规则，建立与国际接轨的公平竞争、国际仲裁和商事调解机制。顺应高标准经贸规则由“边境上”向“边境内”拓展的基本趋势，探索试行国有企业、劳动和环境保护等相关规则，由此倒逼更深层次的改革，激发市场的活力。细化并落实准入前后的国民待遇标准,加强公平竞争审查,为各类市场主体营造公开、透明、可预期的市场环境,降低制度型成本,提升循环的效率。

第二,对软性义务条款先行落地。对于信息服务、信息共享、公布信息等软性义务条款规定,面向日韩及相关企业构建信息平台,或在国际贸易单一窗口等已有平台,叠加相关功能,打通信息壁垒,实现相关信息的及时准确公布,实现信息共享与透明。对于服务机制类软性义务条款,对标条款规定,努力优化相关服务,营造良好环境。对于合作机制、互助机制等软性义务条款,加强与日韩相关部门机构的联系,探索建立地方性合作机构,共同服务于 RCEP 生效落地。对于流程机制、流程时间、机动机制等软性义务条款,在现有法律法规范围内,做最大限度的制度创新和流程优化,营造最优环境。同时,在优化货物装运前检验流程,建立针对已在日韩等国取得专业技术资格人才的认证程序及标准,常态化举办面向日韩的投资促进活动,探索建立包括交易、支付、售后等环节的国内电子交易全流程监管体系,探索建立与日韩联通的中小企业信息共享服务平台等方面先行先试。

(七)突出差异化探索

山东自贸试验区济南、青岛、烟台三个片区聚焦功能定位,明确对日韩产业合作的重点和主攻方向,发挥比较优势,构建对日韩合作的优势产业集群,实现对日韩两国的产业互补、合作共赢。根据三个片区的发展定位规划,结合调研,本文认为,三个片区应分别抓住康养医疗、航运金融、海洋经济三个方向实现制度创新,实现与日韩产业合作的率先突破,耦合发展。

第一,济南——康养医疗。高水平建设济南国际医学科学中心,打造济南国际医疗科技园,构建"医疗+科技+金融"融合发展的产业生态体系塑造对日韩科技医疗合作新优势。一是探索放宽对日韩的医疗器械和医药产品进口管制,缩短引进日韩医疗器械和药品等备案注册时间周期,对临床急需、日韩已上市且我国尚无同品种产品获准注册的重症急需新药,治疗严重危及生命疾病、境外已上市且我国尚无同品种产品获准注册的医疗器械,在济南区内具备相应诊疗科目的医疗机构先行试用。二是支持企业向日韩开展药品跨境电子商务零售进口试点,特别是对日本的非处方药和健康保健药品的进口。三是逐步取消日韩合资或合作医疗机构的境外资本股权比例限制,允许在山东自贸试验区设立外商独资综合门诊部、口腔诊所和医疗美容机构,放宽境外医师注册条件等政策先行先试。

第二，青岛——航运金融。立足青岛港口，实现国际物流中枢的扩展功能作用，开展物流增值服务，搭建“航运＋贸易＋金融”平台，构建完整的航运服务链条，打造日韩和中亚国家商品双向进入中国、贯通欧亚大陆市场的贸易物流大通道。一是建立与日韩的港口合作联盟，强化与东盟国家港口的合作，推进与RCEP成员国的重要港口自由通航，根据市场需求实时增加集装箱运输航线，共同发展集装箱联运与国际中转、物流配送等航运物流业务。二是加快东北亚国际航运中心建设。利用RCEP贸易便利化政策，通过加密重点航线、优化多式联运布局、提高通关效率等措施，大力发展跨境集货分销、国际中转业务。三是吸引日韩企业在青岛片区设立采购中心、贸易型总部和物流型总部，建立整合贸易、物流、结算等功能的营运中心，探索中日韩转口及过境贸易、冷链运输、通关、物流、结算新模式，日韩空运货物经胶东新机场转运，打造经仁川国际机场通达全球的“3C”带电类商品出口快捷通道。四是支持青岛打造国际邮轮母港，推动青岛港与日本、韩国港口之间合作开发豪华邮轮商品。探索开展离岸金融、航运保险等金融业务，拓展涉海融资租赁品种和经营范围。五是争取重点政策突破，争取向日韩开放第五航权，探索允许中资公司拥有或控股拥有非五星旗船，争取沿海捎带与启运港退税政策，吸引日韩人流、物流集聚。

第三，烟台——海洋经济。依托烟台船舶及海洋工程装备及配套企业群，深化与日韩的合作，推进一二三产业融合，延伸拓展产业链条，打造海洋服务业、海洋优质种业等优势产业，探索发展“海工＋文旅”等新业态，提升海洋产业附加值和竞争力。一是在海洋药物在研发、生产、服务等环节产业集群化发展，研究探讨政府设立海洋生物医药孵化基金和产业扶持基金可行性，支持建设配备研发、创新、生产等功能的海洋生物医药中试基地。二是借助日韩拥有的海洋科技创新资源和研发经验，通过创新联合等方式，攻克重大关键技术难点，推动船舶海工装备等产业升级，扩大船舶与海工装备的保税维修业务规模。三是允许烟台片区开展海上非油气平台确权颁证先行先试，允许烟台片区海工装备转文旅平台在特殊监管区域外开展保税维修再制造，赋予烟台片区多宝鱼等水产苗种进出口审批自主权。四是巩固海洋合作伙伴关系，聚焦中日韩捕捞渔业、水产育苗养殖、海洋产品加工、海洋资源开发，深化与日韩在科技创新、生态保护、海洋治理等领域的合作，探索先行参与国际海洋治理机制和相关规则制定与实施。

附件1　RCEP下山东与日韩的减税规模预估及影响分析

调降关税将直接降低贸易成本，助推贸易规模扩大，不同商品的降税幅度差别，还将间接影响贸易结构和产业布局。本文对RCEP下山东与日韩间的关税削减总规模、二十一大类产品分项减税规模及减税规模居前20位商品的减税情况进行了估算，与江苏、浙江进行了减税情况的横向对比。计算上，为排除疫情影响，以2019年鲁日韩间的贸易数据为基准，以RCEP生效后以6位HS编码（日本数据未获取，以4位HS编码计）平均关税及相关年份的降税幅度为标准。由于中韩自贸协定已生效多年，中韩间已经进行了关税削减；减税规模受企业实际运用自贸协定比率限制；加之未考虑贸易增量及贸易结构变化，故估算存在部分误差。

一、韩国分析

（一）总量方面

从山东看，2019年，韩国向山东出口额112.49亿美元，自山东进口额165.22亿美元。RCEP在2022年生效，假设企业全部享惠，则将为山东进口企业减免1.2亿美元的进口关税，为韩国进口企业减免2.3亿美元的进口关税。随着减税幅度加大，每年减免关税金额将逐年递增，截至减税期满，山东企业将累计享受减免关税133.2亿美元，韩方企业累计享受减免关税263.0亿美元（见表1）。

表1　RCEP生效后减免关税金金额　　单位：亿美元

	第1年	第5年	第10年	第15年	第20年	累计
山东进口企业减免关税额	1.2	2.4	3.9	4.1	4.2	133.2
韩国进口企业减免关税额	2.3	4.8	8.0	8.5	8.5	263.0

数据来源：海关总署贸易数据及RCEP关税承诺表。

从全国看，韩国自我国的进口方面，2019年，韩国共计进口我国商品1139.4亿美元，减税首年，预估韩国将减免关税14.5亿美元。其中，韩国自山东进口额占自中国进口额的14.5%，减免关税额占15.5%；韩国自江苏进口额占自中国进口的22.8%，减免关税额占16.5%；韩国自浙江进口额占自中国进口的7.7%，减免关税额占10.6%。中国自韩进口方面，预估中国将减免关税16.57亿美元，其中山东自韩进口额占全国的6.6%，减免关税额占全国的

6.96%，江苏自韩进口额占全国的 24.7%，减免关税额占全国的 13.34%，浙江自韩进口额占全国的 5.6%，减免关税额占全国的 6.09%。

根据相关研究，关税每降低 1%，将拉动出口增加约 1.9%。RCEP 生效后降税幅度逐年递增，中国关税下降速度快于韩国关税，随着平均降税幅度逐年递增，带动鲁韩进出口的效应不断加强，若降税效应完全发挥，经加权计算，2022 年山东企业进口将平均降税 2.47%，韩国企业进口平均降税 2.54%，预计将带动进口 4.90%、出口 5.06%。

（二）结构方面

1.二十一大类进出口商品。山东、江苏、浙江三省企业自韩国进口方面，关税减让主要集中在食品、饮料，矿产品，塑料橡胶制品，贱金属及其制品，运输设备，精密仪器等领域。同时，由于三个省的进口结构不同，不同类产品的进口关税减让也有不同，山东享惠规模居前三位的分别是机械设备、贱金属及其制品、矿产品；浙江为矿产品、化工产品、机械设备；江苏为机械设备、化工产品、贱金属及其制品。韩国自三省进口上，山东减税规模最大的是纺织行业，浙江、江苏均是机械设备制造行业。此外，山东动植物产品、轻工业制品等领域享惠规模也较大。山东、江苏、浙江三省二十一大类商品减免关税金金额见表 2。

表 2　山东、江苏、浙江三省二十一大类商品减免关税金金额　　单位：万美元

	名称	国内进口企业减免关税金额				韩国进口企业减免关税金额			
		山东	浙江	江苏	全国	山东	浙江	江苏	全国
第一类	活动物；动物产品	79	16	0	295	362	102	311	1310
第二类	植物产品	19	1	32	249	132	7	21	440
第三类	油脂类	1	0	4	9	12	4	2	29
第四类	食品；饮料；酒醋烟	100	112	9	701	657	61	147	2026
第五类	矿产品	1735	5390	1228	22783	283	41	174	4079
第六类	化工产品	689	1237	5130	40745	2230	5168	2642	40400
第七类	塑料橡胶制品	1028	539	1688	14240	661	596	433	3072

续表

	名称	国内进口企业减免关税金额				韩国进口企业减免关税金额			
		山东	浙江	江苏	全国	山东	浙江	江苏	全国
第八类	皮制品；鞍具及挽具；旅行用品；包	0	0	0	606	815	190	140	4631
第九类	木制品；编结材料制品	1	0	0	7	208	32	68	434
第十类	木浆；纸板及其制品	1	0	4	244	0	0	0	0
第十一类	纺织原料及纺织制品	785	349	709	7797	5017	2304	2208	15612
第十二类	鞋帽伞杖鞭，羽毛及制品；人造花；人发制品	17	4	5	106	1153	493	432	4174
第十三类	石材制品；陶瓷；玻璃其制品	21	24	534	3637	1295	991	740	7133
第十四类	宝石，贵金属；首饰；硬币	1	0	12	566	30	7	82	331
第十五类	贱金属及其制品	1955	1033	3426	20055	2255	1763	1746	6790
第十六类	机械设备	4447	1271	6344	33033	5115	9641	4623	39833
第十七类	运输设备	95	11	162	1671	137	264	96	1167
第十八类	精密仪器及设备；钟表等	326	85	2802	18873	580	1776	502	7712
第十九类	武器、弹药及其零件	0	0	0	0	0	0	0	0
第二十类	杂项制品	18	13	14	168	1644	634	1066	6350
第二十一类	艺术品、收藏品及古物	0	0	0	4	0	0	0	0

数据来源：海关总署贸易数据及 RCEP 关税承诺表。

2.减税规模居前20位的商品。山东、江苏、浙江三省企业自韩国进口方面，三省享惠规模居前的产品较为集中，主要为丙烷等化工产品，零配件，其他机器设备等(见表3)。

表3　山东、江苏、浙江三省进口韩国商品减税金额居前20位商品　　单位：万美元

山东			江苏			浙江		
HS码	商品	金额	HS码	商品	金额	HS码	商品	金额
853890	其他	699.4	250300	各种硫磺	2311.2	270799	其他	3297.2
854449	其他	645.3	271019	其他	1273.7	271019	其他	1693.2
271112	丙烷	367.9	271112	丙烷	738.5	740311	阴极及阴极型材	391.9
730890	其他	344.6	271320	石油沥青	568.2	842139	其他	388.5
848390	单独报验的带齿的轮、链轮及其他传动元件；零件	344.5	284290	其他	546.4	290321	氯乙烯	219.5
843050	其他自推进机械	327.9	290321	氯乙烯	490.6	730890	其他	218.8
841950	热交换装置	287.4	291614	甲基丙烯酸酯	458.4	271320	石油沥青	192.1
252310	水泥熟料	275.5	340590	其他	395.6	380892	杀菌剂	109.8
270799	其他	270.8	350610	适于作胶或粘合剂用的产品	367.6	190230	其他面食	103
848190	零件	258.1	370710	感光乳液	344.3	842010	研光机或其他滚压机器	102.3
401693	垫片、垫圈及其他密封垫	242.5	390720	其他聚醚	319.4	271112	丙烷	88.7

续表

山东			江苏			浙江		
HS码	商品	金额	HS码	商品	金额	HS码	商品	金额
271320	石油沥青	238.7	390799	其他	313.4	293379	其他内酰胺	87.7
271012	轻油及其制品	169	390950	聚氨基甲酸酯	306.3	392010	乙烯聚合物制	85.5
271019	其他	160.7	391190	其他	304.1	842199	其他	83.8
740311	阴极及阴极型材	153.9	392062	聚对苯二甲酸乙二酯制	268.9	390740	聚碳酸酯	72.3
720851	厚度超过10毫米	145	401693	垫片、垫圈及其他密封垫	254.3	740400	铜废碎料	66.6
721913	厚度在3毫米及以上，但小于4.75毫米	142.2	600410	按重量计弹性纱线含量在5%及以上	250.5	841391	泵用	63.4
410799	其他	117.4	700600	经弯曲、磨边、镂刻、钻孔、涂珐琅或玻璃	248.8	390330	丙烯腈丁二烯苯乙烯（ABS）共聚物	61
392690	其他	117.2	702000	其他玻璃制品	234.1	284290	其他	58.2

数据来源：海关总署贸易数据及RCEP关税承诺表。

韩国自三省进口方面，山东原产货物享惠规模较大的主要是合成纤维、化学纤维等，江苏主要是用于制冷设备的压缩机、其他设备装置等。浙江主要是视摄像机、数字照相机及视频摄录一体机等（见表4）。

表4　韩国进口山东、江苏、浙江三省商品减税金额居前20位商品　　单位：万美元

全国			山东			江苏			浙江		
HS码	商品	金额	HS码	商品	金额	HS码	商品	金额	HS码	商品	金额
300490	其他	9913.7	611030	化纤制针织钩编套头衫、开襟衫、外穿背心等	934.3	852990	其他	1654.2	851660	其他炉；电锅、电热板、加热环、烧烤炉及烘烤器	842.2
852990	其他	4348.2	852990	其他	918.5	845129	其他	1615.4	300490	其他	467
901380	其他装置、仪器及器具	3473	854430	车辆、航空器、船舶用点火布线组及其他布线组	894.8	901380	其他装置、仪器及器具	1047.2	852990	其他	272.8
294190	其他	2992.4	620462	棉制	888.5	284190	其他	865.9	961700	带壳的保温瓶和其他真空容器及其零件，但玻璃瓶胆除外	264.1
430310	衣服及衣着附件	2926.4	940190	零件	569	841430	用于制冷设备的压缩机	663.8	282520	锂的氧化物及氢氧化物	264
271019	其他	2865.3	620293	化纤制女式羽绒防寒短上衣等	430	284290	其他	556.3	851679	其他	261.7

续表

全国			山东			江苏			浙江		
HS码	商品	金额	HS码	商品	金额	HS码	商品	金额	HS码	商品	金额
851770	零件	2772.7	820730	锻压或冲压工具	337.7	300490	其他	519.3	841451	台扇、落地扇、壁扇、换气扇或吊扇，包括风机	248.8
611030	化纤制针织钩编套头衫、开襟衫、外穿背心等	2161.5	950300	三轮车、踏板车、踏板汽车和类似的带轮玩具；玩偶车；玩偶；其他玩具；缩小	337.1	841960	液化空气或其他气体的机器	365	851629	其他	242
851660	其他炉；电锅、电热板、加热环、烧烤炉烘烤器	2158.5	630790	其他	268.1	841899	其他	354.4	611030	化纤制针织钩编套头衫、开襟衫、外穿背心等	238.3
620462	棉制	1945.5	250410	粉末或粉片	223.3	611030	化纤制针织钩编套头衫、开襟衫、外穿背心等	328.6	630790	其他	220.4
950300	三轮车、踏板车、踏板汽车和类似的带轮玩具	1643.9	840991	专用于或主要用于点燃式活塞内燃发动机的	223.3	854370	其他设备及装置	290.7	852580	电视摄像机、数字照相机及视频摄录一体机	219.9
845129	其他	1620.9	640510	皮革或再生皮革制鞋面的	198	291539	其他	231.2	620293	化纤制女式羽绒防寒短上衣等	196.5

续表

全国			山东			江苏			浙江		
HS码	商品	金额	HS码	商品	金额	HS码	商品	金额	HS码	商品	金额
854370	其他设备及装置	1539.6	430310	衣服及衣着附件	184.5	840991	专用于或主要用于点燃式活塞内燃发动机的	227.3	820559	其他	168.7
282520	锂的氧化物及氢氧化物	1389.1	030389	其他：	175.2	851770	零件	217.8	850940	食品研磨机及搅拌器；水果或蔬菜的榨汁机	156.5
620293	化纤制女式羽绒防寒短上衣等	1269.8	292090	其他	172.2	620293	化纤制女式羽绒防寒短上衣等	196.9	950300	三轮车、踏板车、踏板汽车和类似的带轮玩具	154.5
284290	其他	1263.7	854370	其他设备及装置	166.6	850980	其他器具	196.5	701912	粗纱	154.2
531100	其他纺织用植物纤维机织物；纸纱线机织物	1241.3	690220	含有按重量计超过50%的三氧化二铝、二氧化硅或其混合物或化合物	157.6	900190	其他	176.5	620462	棉制	147.8
284190	其他	1232.9	460219	其他	156.1	640510	皮革或再生皮革制鞋面	175	290339	其他	146.6
850980	其他器具	1205.5	420500	皮革或再生皮革的其他制品	154.9	620462	棉制	171.9	850980	其他器具	144.3

续表

全国			山东			江苏			浙江		
HS码	商品	金额	HS码	商品	金额	HS码	商品	金额	HS码	商品	金额
854430	车辆、航空器、船舶用点火布线组及其他布线组	1140.1	840999	其他	154.9	370130	其他硬片及软片	161.1	731815	其他螺钉及螺栓	142.4

数据来源：海关总署贸易数据及 RCEP 关税承诺表。

二、日本分析

（一）总量方面

从山东看，2019 年，日本向山东出口 46.15 亿美元，自山东进口 172.88 亿美元。RCEP 在 2022 年生效，企业全部享惠，则将为山东进口企业减免 0.56 亿美元的进口关税，为日本进口企业减免 2.55 亿美元的进口关税。随着减税幅度加大，每年减免关税金额将逐年递增，截至减税期满，山东企业将累计享受减免关税 43.53 亿美元，日方企业累计享受减免关税 150.74 亿美元（见表 5）。

表 5　RCEP 生效后减免关税金金额　　单位：亿美元

	第 1 年	第 5 年	第 10 年	第 15 年	第 20 年	累计
山东进口企业减免关税额	0.56	1.32	2.27	2.68	2.78	43.53
日本进口企业减免关税额	2.55	4.68	7.35	9.30	9.74	150.74

数据来源：海关总署贸易数据及 RCEP 关税承诺表。

从全国看，日本自我国进口方面，2019 年，日本共计进口我国商品 1429.83 亿美元，2022 年，预估日本将减免关税 9.85 亿美元。其中，日本自山东进口额占自中国进口的 12.09%，减免关税额占 25.86%；日本自江苏进口额占自中国进口的 20.61%，减免关税额占 13.76%；日本自浙江进口额占自中国进口的 8.83%，减免关税额占 9.37%。中国自日进口方面，预估中国将减免关税 26.73 亿美元，其中山东自日进口额占全国的 2.69%，减免关税额占全国的 2.09%，江苏自日进口额占全国的 17.21%，减免关税额占全国的 12.29%，浙江自日进口额占全国的 6.11%，减免关税额占全国的 4.45%。

RCEP 生效后，降税幅度逐年递增，经加权计算，2022 年山东企业自日本进口将平均降税 1.86%，日本企业进口平均降税 1.25%，预计将带动山东省对日本进口 3.53%、出口 2.38%。

（二）结构方面

1.二十一大类进出口商品。山东、江苏、浙江三省企业自日本进口上，关税减让主要集中在机械设备、运输设备、精密仪器及设备、贱金属及其制品、化工产品等领域。同时，由于三个省的进口结构不同，不同类产品的进口关税减让也有不同，山东享惠规模居前三位的分别是机械设备、化工产品、贱金属及其制品；浙江为机械设备、化工产品、运输设备；江苏为机械设备、化工产品、精密仪器及设备。日本自三省进口上，山东减税规模最大的是食品饮料行业，浙江、江苏均是纺织原料及纺织制品行业。此外，山东纺织原料及纺织制品、植物产品等减税规模也较大。全国、山东、江苏、浙江二十一大类商品减免关税金额见表 6。

表 6　全国、山东、江苏、浙江二十一大类商品减免关税金额　　单位：万美元

	名称	国内进口企业减免关税金额				日本进口企业减免关税金额			
		山东	浙江	江苏	全国	山东	浙江	江苏	全国
第一类	活动物；动物产品	93	22	9	444	875	214	32	1771
第二类	植物产品	4	44	11	115	1819	639	255	6243
第三类	油脂类	4	0	0	24	2	4	7	41
第四类	食品；饮料；酒醋烟	80	590	37	3741	14969	1097	625	28451
第五类	矿产品	252	721	437	3364	79	149	33	2374
第六类	化工产品	739	2256	6180	24084	1369	1306	2765	12049
第七类	塑料橡胶制品	389	1046	1961	10133	243	344	570	2729
第八类	皮制品；鞍具及挽具；旅行用品；包	2	3	4	35	82	74	88	687
第九类	木制品；编结材料制品	6	2	0	35	605	362	279	2783
第十类	木浆；纸板及其制品	1	9	18	165	0	0	0	0

续表

	名称	国内进口企业减免关税金额				日本进口企业减免关税金额			
		山东	浙江	江苏	全国	山东	浙江	江苏	全国
第十一类	纺织原料及纺织制品	342	408	574	3165	3872	2217	5266	19218
第十二类	鞋帽伞杖鞭，羽毛及制品；人造花；人发制品	37	2	5	109	426	508	1351	5649
第十三类	石材制品；陶瓷；玻璃其制品	154	172	525	3171	81	30	128	806
第十四类	宝石，贵金属；首饰；硬币	32	13	124	1397	16	14	10	147
第十五类	贱金属及其制品	587	1319	2895	16497	135	965	469	4048
第十六类	机械设备	1945	2439	11709	57930	256	512	1038	5069
第十七类	运输设备	362	2247	2862	120448	0	0	0	0
第十八类	精密仪器及设备；钟表等	481	398	5332	20463	0	19	12	96
第十九类	武器、弹药及其零件	0	0	0	0	0	0	2	11
第二十类	杂项制品	74	215	165	1980	648	773	620	6330
第二十一类	艺术品、收藏品及古物	0	0	1	27	0	0	0	0

数据来源：海关总署贸易数据及 RCEP 关税承诺表。

2.减税规模居前 20 位的商品。三省企业自日本进口方面，进口享惠规模居前的产品较为集中，主要为载人的机动车辆、机动车辆的零件、医疗仪器等（见表 7）。

表7　中国、山东、江苏、浙江自日本进口商品减税金额居前20位商品　单位：万美元

全国			山东			江苏			浙江		
HS码	商品	金额	HS码	商品	金额	HS码	商品	金额	HS码	商品	金额
8703	主要用于载人的机动车辆	109883	8408	压燃式活塞内燃发动机	363	9013	其他税号未列名的液晶装置；激光器	3422	8703	主要用于载人的机动车辆	1940
8708	机动车辆的零件、附件	9241	8504	变压器、静止式变流器及电感器	196	8703	主要用于载人的机动车辆	2241	2902	环烃	768
9013	其他税号未列名的液晶装置；激光器	6276	2842	其他无机酸盐及过氧酸盐	177	8408	压燃式活塞内燃发动机	1711	3909	初级形状的氨基树脂、酚醛	618
8536	电路的开关、保护或连接用的电器装置	5139	8703	主要用于载人的机动车辆	162	8529	专用于或主要用于税号85.25至85.28所列装置或设备的零件	1070	2710	石油及从沥青矿物提取的油类，但原油除外；以上述油为基本成分	572
8408	压燃式活塞内燃发动机	3960	7304	无缝钢铁管及空心异型材	155	2842	其他无机酸盐及过氧酸盐	1003	2106	其他税号未列名的食品	444
8473	专用于或主要用号84.69至84.72所列机器的零件、附件	3162	9018	医疗、外科、牙科或兽医用仪器及器具	154	2902	环烃	910	8408	压燃式活塞内燃发动机	340

续表

全国			山东			江苏			浙江		
HS码	商品	金额	HS码	商品	金额	HS码	商品	金额	HS码	商品	金额
8504	变压器、静止式变流器及电感器	3154	8607	铁道及电车道机车或其他车辆的零件	147	8536	电路的开关、保护或连接用的电器装置	777	8708	机动车辆的零附件	304
2902	环烃	2966	4011	新的充气橡胶轮胎	143	3920	其他非泡沫塑料的板、片、膜、箔及扁条	633	2901	无环烃	303
9018	医疗、外科、牙科或兽医用仪器及器具	2815	8536	电路的开关、保护或连接用的电器装置	142	8507	蓄电池，包括隔板，不论是否矩形	526	2903	烃的卤化衍生物	252
8529	专用于或主要用于税号85.25至85.28所列装置或设备的零件	2657	2707	蒸馏高温煤焦油所得的油类及其他产品	138	3004	由混合或非混合产品构成的治病或防病用药品	510	7403	未锻轧的精炼铜及铜合金	186
8486	专用于或主要用于制造半导体单晶柱或晶圆、半导体器件、集成电路或平板显示器的器及装置	2531	2901	无环烃	134	8477	本章其他税号未列名的橡胶或塑料及其产品的加工机器	493	2905	无环醇及其卤化、磺化、硝化或亚硝化衍生物	153

续表

全国			山东			江苏			浙江		
HS码	商品	金额	HS码	商品	金额	HS码	商品	金额	HS码	商品	金额
8443	用于税目84.42的印刷用版(片)、滚筒及其他印刷部件进行印刷的机器	2468	9013	其他税号未列名的液晶装置;激光器,但激光二极管除外;本章其他税号未列名的光学仪器及器具	107	8708	机动车辆的零件、附件,税号87.01至87.05所列车辆用	485	9619	任何材料制的卫生巾及止血塞、婴儿尿布及尿布衬里和类似品	136
9001	光导纤维及光导纤维束;光缆,但税号85.44的货品除外;偏振材料制的片及板;未装配的各种材料制透镜	2270	8529	专用于或主要用于税号85.25至85.28所列装置或设备的零件	101	2903	烃的卤化衍生物	463	8516	电热的快速热水器、储存式热水器、浸入式液体加热器;电气空间加热器及土壤加热器;电热的理发器具	132
8407	点燃往复式或旋转式活塞内燃发动机	1959	9022	X射线或α射线、β射线、γ射线的应用设备	95	9001	光导纤维及光导纤维束;光缆	462	3907	初级形状的聚缩醛、其他聚醚及环氧树脂	122

续表

全国			山东			江苏			浙江		
HS码	商品	金额	HS码	商品	金额	HS码	商品	金额	HS码	商品	金额
8516	电热的快速热水器、储存式热水器、浸入式液体加热器	1860	5503	合成纤维短纤，未梳或未经其他纺前加工	87	9010	本章其他税号未列名的照相洗印用装置及设备；负片显示器；银幕及其他投影屏幕	448	7219	不锈钢平板轧材，宽度在600毫米及以上	117
2903	烃的卤化衍生物	1742	8414	空气泵或真空泵、空气及其他气体压缩机、风机、风扇；装有风扇的通风罩或循环气罩	86	8419	利用温度变化处理材料的机器、装置及类似的实验室设备	431	8444	化学纺织纤维挤压、拉伸、变形或切割机器	116
8429	机动推土机、侧铲推土机、筑路机、平地机、铲运机、机械铲、挖掘机、机铲装载机、捣固机械及压路机	1721	8431	专用于或主要用于税号84.25至84.30所列机械的零件	83	8504	变压器、静止式变流器及电感器	431	8501	电动机及发电机	116

续表

全国			山东			江苏			浙江		
HS码	商品	金额	HS码	商品	金额	HS码	商品	金额	HS码	商品	金额
3907	初级形状的聚缩醛、其他聚醚及环氧树脂	1719	8413	液体泵，不论是否装有计量装置；液体提升机	74	7410	铜箔	413	7318	钢铁制的螺钉、螺栓、螺母	114
9030	示波器、频谱分析仪及其他用于电量测量或检验的仪器和装置	1663	6914	其他陶瓷制品	73	8443	用于税目84.42的印刷用版（片）、滚筒及其他印刷部件进行印刷的机器	407	5403	人造纤维长丝纱线	113

日本自三省进口方面，山东原产货物享惠规模较大的主要是他方法制作或保藏的肉，鲜或冷藏的洋葱、青葱等蔬菜等。江苏主要是绝缘（包括漆包或阳极化处理）电线、电缆，橡胶、塑料、皮革或再生皮革制外底等产品。浙江主要是餐桌、厨房或其他家用铝制器具及其零件，绝缘（包括漆包或阳极化处理）电线、电缆等产品（见表8）。

表8 日本进口中国、山东、江苏、浙江商品减税金额居前20位商品 单位：万美元

全国			山东			江苏			浙江		
HS码	商品	金额	HS码	商品	金额	HS码	商品	金额	HS码	商品	金额
1602	其他方法制作或保藏的肉、食用杂碎或动物血	21389	1602	其他方法制作或保藏的肉	12323	8544	绝缘（包括漆包或阳极化处理）电线、电缆	1037	7615	餐桌、厨房或其他家用铝制器具及其零件	739

续表

全国			山东			江苏			浙江		
HS码	商品	金额	HS码	商品	金额	HS码	商品	金额	HS码	商品	金额
8544	绝缘（包括漆包或阳极化处理）电线、电缆（包括同轴电缆）及其他绝缘电导体	5062	0703	鲜或冷藏的洋葱、青葱等蔬菜	542	6404	橡胶、塑料、皮革或再生皮革制外底，用纺织材料制鞋	876	8544	绝缘（包括漆包或阳极化处理）电线、电缆	512
6212	胸罩、束腰带、紧身胸衣、吊裤带、吊袜带、束袜带和类似品及其零件	3123	6110	针织或钩编的套头衫、开襟	537	6204	女式西服套装、便服套装、上衣、连衣裙、裙子、裙裤	742	2008	用其他方法制作或保藏的其他税号未列名水果、坚果及植物的其他食用部分	359
9503	三轮车、踏板车、踏板汽车和类似的带轮玩具	2229	6109	针织或钩编的T恤衫、汗衫	474	6110	针织或钩编的套头衫、开襟	522	6404	橡胶、塑料、皮革或再生皮革制外底，用纺织材料制鞋面的鞋靴	273

续表

全国			山东			江苏			浙江		
HS码	商品	金额	HS码	商品	金额	HS码	商品	金额	HS码	商品	金额
2008	用其他方法制作或保藏的其他税号未列名水果、坚果及植物的其他食用部分	2071	9504	视频游戏控制器及设备、游艺场所、桌上或室内游戏用品	403	6212	胸罩、束腰带、紧身胸衣、吊裤带、吊袜带、束袜带和类似品及其零件	286	6110	针织或钩编的套头衫、开襟衫、背心及类似品	244
9405	其他税号未列名的灯具及照明装置，包括探照灯、聚光灯及其零件	2021	0304	鲜、冷、冻鱼片及其他鱼肉	353	2915	饱和无环一元羧酸及其酸酐、酰卤化物、过氧化物和过氧酸以及它们的卤化、磺化、硝化或亚硝化衍生物	254	6104	针织或钩编的女式西服套装、便服套装、上衣、连衣裙、裙子、裙裤、长裤、护胸背带工装裤、马裤及短裤	227
6110	针织或钩编的套头衫、开襟衫、背心及类似品	1785	6104	针织或钩编的女式西服套装、便服套装、上衣、连衣裙、裙子、裙裤、长裤、护胸背带工装裤、马裤及短裤	353	6109	针织或钩编的T恤衫、汗衫	245	9405	其他税号未列名的灯具及照明装置	214

续表

全国			山东			江苏			浙江		
HS码	商品	金额	HS码	商品	金额	HS码	商品	金额	HS码	商品	金额
2710	石油及从沥青矿物提取的油类，但原油除外；以上述油为基本成分	1735	6305	货物包装用袋	329	2933	仅含有氮杂原子的杂环化合物	241	3926	其他塑料制品及税号39.01至39.14所列其他材料的制品	178
1211	主要用作香料、药料、杀虫、杀菌或类似用途的植物或这些植物的某部分	1722	6404	橡胶、塑料、皮革或再生皮革制外底，用纺织材料制鞋	329	9405	其他税号未列名的灯具及照明装置，包括探照灯、聚光灯及其零件	241	9613	香烟打火机和其他打火器	176
6403	橡胶、塑料、皮革或再生皮革制外底，皮革制鞋面的鞋	1506	0306	带壳或去壳的甲壳动物，活、鲜、冷、冻、干、盐腌或盐渍的；熏制的带壳或去壳甲壳动物	310	3926	其他塑料制品及税号39.01至39.14所列其他材料的制品	234	1211	主要用作香料、药料、杀虫、杀菌或类似用途的植物或这些植物的某部分	164
3926	其他塑料制品及税号39.01至39.14所列其他材料的制品	1374	1605	制作或保藏的甲壳动物、软体动物及其他水生无脊椎动物	287	6403	橡胶、塑料、皮革或再生皮革制外底，皮革制鞋面的鞋靴	231	4601	用编结材料编成的缏条及类似产品	161

续表

全国			山东			江苏			浙江		
HS码	商品	金额	HS码	商品	金额	HS码	商品	金额	HS码	商品	金额
6104	针织或钩编的女式西服套装、便服套装、上衣、连衣裙、裙子、裙裤、长裤、护胸背带工装裤、马裤及短裤	1287	1905	面包、糕点、饼干及其他烘焙糕饼	279	6203	男式西服套装、便服套装、上衣、长裤、护胸背带工装裤、马裤及短裤	229	0902	茶，不论是否加香料	160
7615	餐桌、厨房或其他家用铝制器具及其零件	1106	1604	制作或保藏的鱼；鲟鱼子酱	275	6202	女式大衣、短大衣、斗篷、短斗篷、带风帽的防寒短上衣	226	2933	仅含有氮杂原子的杂环化合物	159
2005	其他未冷冻蔬菜，用醋或醋酸以外的其他方法制作或保藏的	1098	4421	其他木制品	262	6211	运动服、滑雪服及游泳服；其他服装	210	9503	三轮车、踏板车、踏板汽车和类似的带轮玩具	155

续表

全国			山东			江苏			浙江		
HS码	商品	金额	HS码	商品	金额	HS码	商品	金额	HS码	商品	金额
6203	男式西服套装、便服套装、上衣、长裤、护胸背带工装裤、马裤及短裤（游泳裤除外）	1058	8544	绝缘（包括漆包或阳极化处理）电线、电缆（包括同轴电缆）及其他绝缘电导体	255	1602	其他方法制作或保藏的肉、食用杂碎或动物血	197	0604	制花束或装饰用的不带花及花蕾的植物枝、叶或其他部分、草、苔藓及地衣，鲜、干、染色、漂白、浸渍或用其他方法处理的	154
4421	其他木制品	1049	6302	床上、餐桌、盥洗及厨房用	233	3307	剃须用制剂、人体除臭剂、沐浴用制剂、脱毛剂和其他未列名的芳香料制品及化妆盥洗品	184	1602	其他方法制作或保藏的肉、食用杂碎或动物血	150
6109	针织或钩编的T恤衫、汗衫及其他背心	1036	6204	女式西服套装、便服套装、上衣、连衣裙、裙子、裙裤	211	2903	烃的卤化衍生物	152	2710	石油及从沥青矿物提取的油类，但原油除外；以上述油为基本成分	149

续表

全国			山东			江苏			浙江		
HS码	商品	金额	HS码	商品	金额	HS码	商品	金额	HS码	商品	金额
9504	视频游戏控制器及设备、游艺场所、桌上或室内游戏用品	871	1202	未焙炒或未烹煮的花生，不论是否去壳或破碎	209	6206	女衬衫	147	2005	其他未冷冻蔬菜，用醋或醋酸以外的其他方法制作或保藏的	143
3824	铸模及铸芯用粘合剂；其他税号未列名的化学工业及其相关工业的化学产品及配制品	785	4602	用编结材料直接编成或用税号 46.01 所列货品制成的篮筐、柳条编结品及其他制品；丝瓜络制品	199	3824	铸模及铸芯用粘合剂；其他税号未列名的化学工业及其相关工业的化学产品及配制品	144	6204	女式西服套装、便服套装、上衣、连衣裙、裙子、裙裤、长裤、护胸背带工装裤、马裤及短裤	137

数据来源：海关总署贸易数据及 RCEP 关税承诺表。

附件 2　RCEP 软性义务条款梳理及分析

RCEP 条款可分为“硬性要求”与“软性义务”两类。软性义务对各成员国的要求较为灵活，提出建议方向，在表述上一般以“尽可能”“适当”“及时”等词作为开头。这些软性义务可以作为营商环境改善的目标，也可以作为自贸试验区下一步制度创新的方向。本文对 RCEP 条款全文进行了梳理分析，共找出 203 项软性义务条款，见表 1。

表 1　RCEP 软性义务条款分类及在各章分布　　单位：项

	程序机制	法律机制	服务机制	共享机制	合作机制	互助机制	机动机制	机制规定	机制建立	流程机制	流程时间	信息服务	信息公布	信息共享	行政机制	制度建立	合计
货物贸易		1								3	4		1				9
原产地规则		2					1			1	5		3				12
海关程序和贸易便利化	8	5		4		2	2			7	10		6		1		45
卫生与植物卫生措施	6	1		5	1		2			4	6		2				27
标准技术法规合格评定程序	2				4				1	1	3		1	1			13
贸易救济										2	3						5
服务贸易	2	1			2					3	3			1			11
自然人临时移动			1					2		1				1			6
投资			2		2			1	1								6
知识产权	2		1		4				1		4	1	6			9	28
电子商务					3					3	1		2				9
竞争										1	1						2
中小企业	1				3									1			4
经济与技术合作					5												5
政府采购	1				1							1	2				5

续表

	程序机制	法律机制	服务机制	共享机制	合作机制	互助机制	机动机制	机制规定	机制建立	流程机制	流程时间	信息服务	信息公布	信息共享	行政机制	制度建立	合计
一般条款与例外		2			1				1		3	1	1				9
机构条款																	0
争端解决									1	4							5
最终条款									1								1
合计	22	12	4	9	26	2	5	3	6	30	43	3	24	4	1	9	203

如表1所示，软性条款的分类可分为程序机制、法律机制、流程机制、信息公布等类别，在海关程序和贸易便利化、卫生与植物卫生措施、知识产权等章节较为集中。部分软性条款为程序性规定，属于国家事权，可按照商务部及海关总署的要求落实；部分软性义务条款已由山东出台的《落实〈区域全面经济伙伴关系协定〉先期行动计划》提出要求，如“在尽可能短的时间内放行，并且在可能的范围内，在货物抵达后和提交放行所要求的信息后六小时内放行”的规定；部分条款在地方角度则有较大的探索空间。结合山东自贸试验区发展定位，本文提出以下可面向日韩先行先试，进行制度创新的方向。

一、整体提升，对标优化营商环境

一是对于信息服务、信息共享、公布信息等条款规定，面向日韩及相关企业构建信息平台，或在国际贸易单一窗口等已有平台叠加功能。打通信息壁垒，实现相关信息的及时准确公布，实现信息共享与信息透明。

二是对于服务机制等类型的条款规定，可逐一对标条款原文，努力优化政务服务的流程标准等，营造良好环境。

三是对于合作机制、互助机制等条款规定，加强与日韩相关部门机构的联系，探索建立地方性的合作机构，共同服务于RCEP生效落地和区域内企业。

四是对于流程机制、流程时间、机动机制等条款规定，在现有法律法规范围内，顶格设置标准，打造最优营商环境。

二、单点突破，争取条款先行先试

一是优化货物装运前检验流程，实行抽检或分类检验模式。（对标条款：第四章海关程序和贸易便利化，第七条海关程序，在不损害任何缔约方使用第一款未涵盖的其他类型的装运前检验权利的前提下，鼓励每一缔约方对装运前检验的使用不再采用或适用新的要求）

二是探索建立针对已在日韩等国取得专业技术资格人才的认证程序及标准。（对标条款：第八章服务贸易，第十五条国内法规，每一缔约方应当规定适当的程序，以核实另一缔约方专业人员的资格）

三是以自贸试验区为载体平台，常态化举办面向日韩的投资促进活动。（对标条款：第十章投资，第十六条投资促进，缔约方应当通过以下方式努力促进和提高本地区作为投资地区的认知：鼓励缔约方间的投资；在两个或多个缔约方之间组织联合投资促进活动；促进商业配对活动；组织和支持举办与投资机会以及投资法律法规和政策相关的各种介绍会和研讨会；以及就与投资促进有关的其他共同关心的问题进行信息交流）

四是探索建立包括交易、支付、售后等环节的国内电子交易全流程监管体系。（对标条款：第十二章电子商务，第十条国内监管框架，每一缔约方应当努力避免对电子交易施加任何不必要的监管负担）

五是探索建立与日韩联通的中小企业信息共享服务平台，实现资源对接及技术成果转化便利。（对标条款：第十四章中小企业，第二条信息共享，每一缔约方应当促进与本协定相关的关于中小企业的信息共享，包括通过建立和维持一个可公开访问的信息平台，以及通过信息交流在缔约方之间共享知识、经验和最佳实践）

RCEP 软性义务条款摘录见表 2。

表 2　RCEP 软性义务条款摘录

	章		条		条款内容	所属范围
1	第二章	货物贸易	第五条	加速关税承诺	三、一缔约方可以在任何时间单方面加速或改进附件一(关税承诺表)中其承诺表所列的关税承诺。任何此类关税承诺的加速或改进应当扩展至所有缔约方。该缔约方应当在新的优惠关税税率生效前尽早通知其他缔约方	流程机制
2					四、为进一步明确,在一缔约方单方面加速或改进第三款所提及的关税承诺后,该缔约方可以提高其优惠关税水平,但不得超过附件一(关税承诺表)中其承诺表所列的该相关年度的优惠关税税率水平。该缔约方应当在此类日期前尽早通知其他缔约方新的优惠关税税率的生效日期	流程机制
3			第十三条	农业出口补贴	二、缔约方的共同目标是在多边框架下取消对农产品的出口补贴,并且应当共同努力阻止对农产品的出口补贴以任何形式被重新使用	法律机制
4			第十九条	进口许可程序	三、每一缔约方应当尽可能在生效前 30 天,将其任何新的进口许可程序以及对现行进口许可程序所做的任何修改通报其他缔约方	流程机制
5					四、在实施任何新的或修改的进口许可程序前,一缔约方应当在官方政府网站上公布新程序或者对程序的修改。在可能的情况下,该缔约方应当在新程序或对程序的修改生效前至少 21 天公布	流程时间
6					七、在可能的范围内,每一缔约方应当在 60 天内答复另一缔约方关于各自许可机构采用的授予或拒绝进口许可的标准的所有合理咨询。该进口缔约方应当公布足够的信息,以便其他缔约方和贸易商了解授予或分发进口许可的依据	流程时间
7					九、如一缔约方拒绝另一缔约方某一货物的进口许可申请,应申请人的请求,该缔约方应当在收到该申请后的一段合理时间内向申请人解释拒绝的理由	流程时间

续表

	章		条		条款内容	所属范围
8	第二章	货物贸易	第二十条	进口和出口规费和手续	二、每一缔约方应当迅速公布其征收的与进口或出口有关的规费和费用的细节，并且应当在互联网上提供此类信息	信息公布
9	第二章	货物贸易	第二十一条	部门倡议	一、缔约方可以决定就特定部门问题启动一项工作计划。如缔约方决定启动该工作计划，则该计划应当由货物贸易委员会制定和监督实施。缔约方应当努力在工作计划开始后的两年内完成该工作计划	流程时间
10	第三章	原产地规则	第十七条	原产地证书	六、每一缔约方应当向其他缔约方提供其签证机构的名称、地址、签名和公章样本。缔约方应当致力于建立安全网站供缔约方访问并展示近三年的上述信息	信息公布
11	第三章	原产地规则	第二十一条	经核准出口商	二、出口缔约方主管部门应当：(四)及时将授权信息录入第六款所述的经核准出口商数据库中	信息公布
12	第三章	原产地规则	第二十一条	经核准出口商	三、经核准出口商应当承担以下义务：(四)对本款第(二)项提及的信息的任何修改及时通知出口缔约方的主管部门	流程时间
13	第三章	原产地规则	第二十一条	经核准出口商	四、每一缔约方应当及时将以下信息导入经核准出口商数据库：(一)出口商的法定名称及地址；(二)经核准出口商的授权号码；(三)经核准出口商权限的授予日期和失效日期(如适用)；并且(四)授权货物清单(协调制度章级以上)。第(一)项至第(四)项所述项目的任何变更、授权的撤回或中止，应当以同样的方式及时导入经核准出口商数据库	信息公布
14	第三章	原产地规则	第二十一条	经核准出口商	八、应进口缔约方海关的要求，经核准出口商应当随时准备提交证明有关货物原产资格的完备文件，包括供应商或生产商依据进口缔约方国内法律法规出具的声明以及履行本章其他要求的文件	流程机制
15	第三章	原产地规则	第二十二条	申请享受优惠关税待遇	四、进口缔约方海关可以酌情要求进口商提交文件证明货物依照本章要求具备原产资格	机动机制
16	第三章	原产地规则	第二十二条	申请享受优惠关税待遇	四、对于第一款第(一)项至第(四)项的核查，进口缔约方应当：(三)致力于在收到必要信息之日起 90 日内、最长 180 日内作出核查决定	流程时间

续表

	章		条		条款内容	所属范围
17	第三章	原产地规则	第二十七条	文件保存要求	一、每一缔约方应当要求：(一)其出口商、生产商、签证机构或主管部门自原产地证明签发之日起3年或其相关法律法规所规定的更长的期限内，保存充分证明货物原产资格的所有必要记录；并且(二)其进口商自该货物进口之日起3年或其相关法律法规所规定的更长的期限内，保存充分证明享受优惠关税待遇的货物原产资格的所有必要记录	法律机制
18	第三章	原产地规则	第三十一条	处罚	每一缔约方应当采取或维持适当的处罚或其他措施打击违反与本章规定相关法律法规的行为	法律机制
19	第三章	原产地规则	第三十三条	联络点	每一缔约方应当在本协定对该缔约方生效之日起30日内，指定一个或多个联络点负责本章的实施，并且向其他缔约方通知具体联络信息。如有变动，各缔约方应当及时通知其他缔约方	流程时间
20	第三章	原产地规则	第三十四条	产品特定原产地规则的转版	二、缔约方应当确保对第三章附件一(产品特定原产地规则)的转版不减损产品的特定原产地规则，并且及时完成	流程时间
21	第三章	原产地规则	第三十四条	产品特定原产地规则的转版	三、RCEP联合委员会应当根据货物委员会的建议，采纳以后续修订版协调制度为目录的第三章附件一(产品特定原产地规则)的转版。各缔约方应当及时公布已采纳的以修订版协调制度为目录的第三章附件一(产品特定原产地规则)的转版	流程时间
22	第四章	海关程序和贸易便利化	第四条	一致性	二、为履行第一款的义务，每一缔约方应当努力采取或维持行政措施，以保证其海关法律和法规在其关税领土内一致地实施和适用，最好通过建立确保该缔约方的海关法律和法规在其区域海关之间一致实施的行政机制	行政机制
23	第四章	海关程序和贸易便利化	第四条	一致性	三、鼓励每一缔约方与其他缔约方共享第二款所提及的其与行政机制相关的实践和经验，以提高上述行政机制的运行	共享机制

续表

	章		条		条款内容	所属范围
24	第四章	海关程序和贸易便利化	第五条	透明度	一、每一缔约方应当以非歧视和易获得的方式，在可能的范围内在互联网上迅速公布下列信息，以使政府、贸易商和其他利害关系人能够知晓：（一）进口、出口和过境程序（包括港口、机场和其他入境点的程序）以及所需表格和文件；（二）对进口或出口所征收的，或与进口或出口相关的任何种类的关税和国内税的实施税率；（三）政府部门或代表政府部门对进口、出口或过境征收的或与进口、出口或过境相关的规费和费用；（四）用于海关目的的产品归类或估价规定；（五）与原产地规则相关的普遍适用的法律、法规及行政裁定；（六）进口、出口或过境的限制或禁止；（七）针对违反进口、出口或过境手续行为的惩罚规定；（八）上诉或审查程序；（九）与任何一国或多国缔结的与进口、出口或过境相关的协定或协定部分内容；以及（十）与关税配额管理相关的程序	信息公布
25					二、特别是，每一缔约方应当在可能的范围内并在适当的情况下，通过互联网提供更新下列信息：（一）关于其进口、出口和过境程序的说明，包括上诉或审查程序，从而使政府、贸易商和其他利害关系人知晓进口、出口和过境所需的实际步骤；（二）向该缔约方进口、自该缔约方出口或经该缔约方领土过境所需的表格和文件；以及（三）咨询点的联络信息，以及第四章第六条（咨询点）所规定的如何咨询海关事项的信息	信息公布
26					三、在可能的范围内，每一缔约方在制定新的或修订现行的海关法律和法规时，应当公布，或以其他方式，使此类建议的新的或经修订的海关法律和法规容易获得，并向利害关系人提供对建议的海关法律和法规提出意见的合理机会，除非此类预先通知被排除	信息公布
27 28					四、每一缔约方应当，在可行的范围内，以符合其法律、法规和法律制度的方式，保证在与货物（包括过境货物）的移动、放行和通关相关的新的或修订的普遍适用的法律和法规生效之前，尽可能早地公布或以其他方式使与此类法律和法规相关的信息可公开获得，以使贸易商和其他利害关系人知晓	信息公布

续表

	章		条		条款内容	所属范围
29	第四章	海关程序和贸易便利化	第七条	海关程序	二、每一缔约方应当保证其海关程序，在可能的范围内并且在其海关法律和法规允许的范围内，符合世界海关组织的标准和建议的做法	程序机制
30			第八条	装运前检验	二、在不损害任何缔约方使用第一款未涵盖的其他类型的装运前检验权利的前提下，鼓励每一缔约方对装运前检验的使用不再采用或适用新的要求	程序机制
31			第九条	抵达前处理	二、每一缔约方应当在适当的情况下，规定以电子格式预先提交第一款所提及的文件和其他信息，以便在货物抵达前处理此类文件	程序机制
32			第十条	预裁定	二、一缔约方可要求一申请人在该缔约方内拥有法人代表或进行注册。在可能的范围内，此类要求不得限制有资格申请预裁定的人员类别，并且应当特别考虑中小企业的特定需求。这些要求应当明确、透明，并且不得构成任意或不合理的歧视	程序机制
33					四、每一缔约方应当以作出预裁定的缔约方的官方语言或其决定的语言作出预裁定。预裁定应当在收到所有必要信息后，以合理的、规定的方式在规定期限内，并且尽可能在90天内向申请人作出。每一缔约方应当在此类申请之前，规定并公布作出预裁定的期限。在海关收到申请后，确有合理理由超过规定期限作出预裁定的，海关应当在规定期限届满前将此类延迟的理由通报申请人	流程时间
34					八、如一缔约方撤销、修改或废止一项预裁定，应当在出现下列情况时，迅速向申请人提供书面通知，列出相关事实和其作出决定的依据：(一)法律、法规或行政法规发生变动；(二)提供了错误信息或隐瞒了相关信息；(三)作出预裁定所依据的重要事实或情况发生变动；或者(四)预裁定有错误	流程时间

续表

	章		条		条款内容	所属范围
35	第四章	海关程序和贸易便利化	第十一条	货物放行	二、根据第一款，每一缔约方应当采取或设立允许货物从海关通关的时间不得超过保证遵守海关法律和法规所需的时间，并且尽可能在货物抵达后和提交所有海关通关所需信息后48小时内放行的程序	流程时间
36					三、如任何货物被选中进行进一步检查，此类检查应当以合理和必要为限，并且审查的进行和完成不得不适当地迟延	程序机制
37						
38					六、为了防止易腐货物出现可避免的损失或变质，在符合所有管理要求的前提下，每一缔约方应当在海关监管下提供易腐货物的放行：(一)通常情况下，在尽可能短的时间内放行，并且在可能的范围内，在货物抵达后和提交放行所要求的信息后六小时内放行	流程时间
39					七、每一缔约方在安排任何可能要求的检查时，应当适当优先考虑易腐货物	机动机制
40					八、货物移动至该储存设施，包括经营者移动该货物的授权，如有要求，可能须经相关主管机关批准。应进口商请求，在可行的并且符合国内法律的情况下，每一缔约方应当规定在此类储存设施中予以放行所需的任何程序	程序机制
41			第十二条	信息技术的应用	一、每一缔约方应当在可能的范围内，基于国际接受的货物快速通关和放行的标准，应用信息技术以支持海关运行	程序机制
42					二、每一缔约方应当在可能的范围内，使用可以加速货物放行的海关程序的信息技术，包括在货物运抵前提交数据，以及用于风险目标管理的电子或自动化系统	流程时间
43					三、每一缔约方应当努力使公众可获得其贸易管理文件的电子版	信息公布
44					四、每一缔约方应当努力将以电子方式提交的贸易管理文件接受为与此类文件的纸质版有同等法律效力的文件	法律机制
45					五、在制定规定使用无纸化贸易管理的倡议时，鼓励每一缔约方考虑由国际组织主持制定的国际标准或方法	法律机制

续表

	章		条		条款内容	所属范围
46 47	第四章	海关程序和贸易便利化	第十三条	对经认证的经营者的贸易便利化措施	二、成为经认证的经营者的规定标准应当与遵守一缔约方的法律、法规或程序中所规定的要求相关，或与未遵守此类要求的风险相关。(一)此类应当公布的标准可以包括:3.财务偿付能力，包括在适当的情况下提供足够的担保或保证;(二)此类标准不得:2.在可能的范围内，限制中小企业的参与	法律机制
48 49 50					三、根据第一款提供的贸易便利化措施，应当至少包括下列措施中的三条措施:(一)在适当的情况下降低单证和数据要求;(二)在适当的情况下降低实地检验和检查比例;(三)在适当的情况下加快放行时间	流程时间
51					四、鼓励每一缔约方基于国际标准，如存在此类标准，制定经认证的经营者计划，但此类标准对实现所追求的合法目标不适当或无效的情况除外	法律机制
52					六、鼓励缔约方在适当的情况下，使用根据第四章第二十条(磋商和联络点)和货物委员会指定的联络点，通过以下措施，在制定各自的经认证的经营者计划方面进行合作:(一)交换与此类计划和采用新计划的倡议相关的信息;(二)共享商业视角和经验的观点，以及业务拓展中的最佳实践;(三)共享与相互认可此类计划方法相关的信息;以及(四)考虑如何加强此类计划的利益以促进贸易，并且首先指定海关官员为协调员以解决经认证的经营者的海关问题	共享机制
53 54			第十四条	风险管理	三、每一缔约方应当将海关监管，并且在可能的范围内将其他相关边境监管集中于高风险货物，加快放行低风险货物。每一缔约方还可随机选择货物进行此类监管，并将其作为风险管理的一部分	流程机制
55					四、每一缔约方应当基于通过适当选择性标准进行的风险评估进行风险管理。此类选择性标准可以包括，尤其是协调制度编码、货物性质和描述、原产国、货物启运国、货值、贸易商合规记录以及运输工具类型	机动机制

续表

	章		条		条款内容	所属范围
56	第四章	海关程序和贸易便利化	第十五条	快运货物	一、每一缔约方应当通过以下方式，采取或设立海关程序，在维持适当的海关监管和选择的同时，至少允许通过航空货运设施入境的货物加快通关：（一）规定抵达前处理与快运货物相关的信息；（二）在可能的范围内，允许通过电子方式，一次性提交涵盖一批快运货物中所有货物的信息；（三）将放行快运货物所需的单证减少到最低程度；（四）规定在正常情况下尽快放行快运货物，并且在可能的情况下，在货物抵达并且提交放行所需信息后六小时内放行；（五）努力将第（一）项到第（四）项中的待遇适用于任何重量或价值的货物，同时认可允许一缔约方要求额外的入境程序，包括申报、证明单证及关税和国内税的支付，并且基于货物种类限制此类待遇，只要此类待遇不仅限于文件等低价值货物；（六）在可能的范围内，规定除某些特定货物外，免于征收关税和国内税的微量货值或应纳税额。与以《1994年关税与贸易总协定》第三条相一致的方式对进口征收的国内税，例如增值税和消费税等，不受本规定约束	流程机制
57						
58						
59			第十七条	放行时间研究	一、鼓励每一缔约方定期并且以一致的方式，使用例如世界海关组织发布的《货物放行时间测算指南》等工具，测算其海关放行货物所需时间，并且公布其结果，以：（一）评估贸易便利化措施；（二）考虑进一步改善货物放行所需时间的机会	流程机制
60						
61					二、鼓励每一缔约方与其他缔约方共享其在第一款所提及的放行时间研究方面的经验，包括所使用的方法、发现的瓶颈问题	共享机制

续表

	章		条		条款内容	所属范围
62	第四章	海关程序和贸易便利化	第十九条	海关合作	一、在认为适当的情况下,每一缔约方的海关可以在下列方面协助其他缔约方海关:(一)本章的实施和运行;(二)制定和实施海关最佳实践和风险管理技术;(三)简化和协调海关程序;(四)提高技术技能和技术的使用;(五)《海关估价协定》的适用;(六)缔约方可能共同决定的其他海关问题	互助机制
63 64	第四章	海关程序和贸易便利化	第十九条	海关合作	二、每一缔约方应当,在可能的范围内,将任何重大的行政变动,法律或法规,或与其规制进口或出口的法律或法规相关的,可能对本章的运用产生实质性影响的类似措施的修改,及时通知其他缔约方。通知可以以英文或该缔约方的语言作出,并将向根据第四章第二十条(磋商和联络点)指定的联络点提供	流程时间
65	第四章	海关程序和贸易便利化	第十九条	海关合作	三、一缔约方海关,在认为适当的情况下,可以与其他缔约方共享关于海关管理发展的信息和经验	共享机制
66	第四章	海关程序和贸易便利化	第十九条	海关合作	四、每一缔约方应当在可能和可行的范围内,与拥有共同边界的其他缔约方,根据共同同意的条款进行合作,以协调跨境程序,从而便利跨境贸易	互助机制
67	第四章	海关程序和贸易便利化	第二十条	磋商和联络点	三、每一缔约方应当在本协定对其生效之日起30天内,为本章的目的,指定一个或多个联络点,并将联系方式和其他相关信息(如有)通报其他缔约方。每一缔约方应当迅速向其他缔约方通报此类联系方式的任何变动	流程时间

续表

	章		条		条款内容	所属范围
68	第五章	卫生与植物卫生措施	第五条	等效性	三、在决定一项卫生与植物卫生措施的等效性时，进口缔约方应当考虑出口缔约方可获得的知识、信息和经验，以及管理能力	程序机制
69					八、如一进口缔约方承认一出口缔约方一项特定的卫生或植物卫生措施、一组措施或制度性的措施的等效性，该进口缔约方应当将决定以书面形式告知该出口缔约方，并在合理期限内实施该措施。在决定为否定的情况下，该进口缔约方应当以书面形式提供理由	程序机制
70					九、在共同同意的情况下，鼓励涉及肯定的等效性决定的缔约方，在货物委员会中共享信息和经验	共享机制
71					四、如一进口缔约方收到一出口缔约方关于确定地区条件的请求，并且确定该出口缔约方提供的信息充分，该进口缔约方应当在合理期限内开始评估	程序机制
72					七、如一进口缔约方承认一出口缔约方特定的地区条件，该进口缔约方应当将决定以书面形式告知该出口缔约方，并在合理期限内实施该措施	程序机制
73					八、如对该出口缔约方提供的证据的评估未能使进口缔约方作出承认地区条件的决定，该进口缔约方应当在合理期限内向该出口缔约方以书面形式提供其决定的理由	程序机制
74					九、在共同同意的情况下，鼓励涉及作出承认地区条件决定的缔约方，向货物委员会报告结果	共享机制
75					二、进行风险分析时，一进口缔约方应当：（二）考虑对贸易的限制不超出为达到适当的卫生或植物卫生保护水平所要求1的限度的风险管理方式	机动机制
76			第八条	审核	四、进口缔约方应当向出口缔约方提供对审核结果提出意见的机会，并且在得出结论和采取任何行动之前考虑任何此类意见。进口缔约方应当在合理期限内，向出口缔约方以书面形式提供陈述其结论的报告或者摘要。如提供此类报告或摘要须经请求，进口缔约方应当通知出口缔约方	流程时间

续表

	章		条		条款内容	所属范围
77	第五章	卫生与植物卫生措施	第九条	认证	二、一出口缔约方应当保证由一进口缔约方要求的，并由该出口缔约方主管机关提供的，以证明该出口缔约方满足进口缔约方的卫生与植物卫生要求的文件，包括证书，使用英文，除非该进口缔约方与该出口缔约方另有约定。如该进口缔约方要求此类文件，该进口缔约方应当努力以英文提供此类文件的要求	程序机制
78	第五章	卫生与植物卫生措施	第九条	认证	三、缔约方认识到一进口缔约方在适当的情况下，可以允许与卫生或植物卫生要求相关的保证以除证书之外的其他方式提供，以及不同的制度可以满足相同的卫生与植物卫生目标	法律机制
79	第五章	卫生与植物卫生措施	第十一条	紧急措施	一、如一缔约方采取一项为保护人类、动物或植物生命或健康所必要的紧急措施，并且这一措施可能对贸易产生影响，该缔约方应当立即通过第五章第十五条（联络点和主管机关）中指定的一个或多个联络点，或缔约方已建立的沟通渠道，以书面形式向相关出口缔约方进行通报	流程时间
80 81	第五章	卫生与植物卫生措施	第十一条	紧急措施	二、相关出口缔约方可以请求与采取第一款所提及的紧急措施的缔约方进行讨论。此类讨论应当在可行的范围内尽快举行。参与讨论的每一缔约方应当努力提供相关信息，并且应当适当考虑通过讨论提供的任何信息	流程机制
82	第五章	卫生与植物卫生措施	第十一条	紧急措施	三、如一缔约方采取了紧急措施，其应当在合理期限内，自行或者应一出口缔约方请求，对该措施进行审查。在必要的情况下，进口缔约方可以请求提供相关信息，并且该出口缔约方应当努力提供相关信息，以协助该进口缔约方对已经采取的紧急措施进行评估	流程机制
83	第五章	卫生与植物卫生措施	第十一条	紧急措施	六、作为第五款所提及的意见提交期限的一部分，应另一缔约方请求并且在适当的可行的情况下，进行通报的缔约方应当考虑另一缔约方可能提出的与拟议措施相关的科学或贸易的关注以及替代措施的可获得性	机动机制

续表

	章		条		条款内容	所属范围
84	第五章	卫生与植物卫生措施	第十一条	紧急措施	八、在向WTO通报卫生或植物卫生措施后，应请求，一缔约方应当在相关缔约方同意的合理期限内，以英文向提出请求的缔约方提供文件或者文件的摘要，该摘要描述了已采取的卫生或植物卫生措施的要求	流程时间
85					九、一缔约方，应另一缔约方的合理请求，应当在合理的期限内，向提出请求的缔约方提供关于任何卫生或植物卫生措施的相关信息和澄清，包括：(一)适用于进口特定产品的卫生或植物卫生要求；(二)提出请求的缔约方的申请的状态；以及(三)批准特定产品进口的程序	流程时间
86					十、如一出口缔约方内的动物或植物卫生状态或食品安全问题发生重大变化可能影响贸易，该出口缔约方应当通过第五章第十五条(联络点和主管机关)指定的联络点，或缔约方已建立的沟通渠道，向相关缔约方提供及时的和适当的信息	流程时间
87					十一、一进口缔约方应当通过第五章第十五条(联络点和主管机关)指定的联络点，或缔约方已建立的沟通渠道，向相关缔约方提供及时的和适当的信息，如：(一)进口缔约方确定与出口货物相关的严重的或反复发生的卫生或植物卫生违规；或者(二)考虑到保护进口缔约方内的人类、动物或植物的生命或健康的必要性而临时采取的不利于或影响另一缔约方出口的卫生或植物卫生措施	信息公布
88					十二、如一出口缔约方确定已经出口了可能与重大的卫生或植物卫生风险相关的出口货物，该出口缔约方应当尽可能而且尽快地向进口缔约方提供信息	信息公布
89			第十三条	合作和能力建设	三、在开展合作活动中，缔约方应当努力与双边的、区域的或多边的工作计划进行协调，以避免不必要的重复以及最大限度地利用资源	合作机制
90					四、鼓励缔约方在货物委员会与其他缔约方共享信息和合作活动的经验	共享机制

续表

	章		条		条款内容	所属范围
91	第五章	卫生与植物卫生措施	第十四条	技术磋商	一、当一缔约方认为一项卫生与植物卫生措施正在影响其与另一缔约方的贸易时，其可以通过第五章第十五条（联络点和主管机关）指定的联络点，或缔约方已建立的沟通渠道，请求获得一份该卫生与植物卫生措施的详细解释。另一缔约方应当迅速答复对此类解释的任何请求	流程机制
92					二、一缔约方可以要求与另一缔约方举行技术磋商，以解决在适用卫生或植物卫生措施过程中出现的对特定问题的任何关注。被请求缔约方应当迅速答复对此类磋商的任何合理请求	流程机制
93			第十五条	联络点和主管机关	四、缔约方认识到主管机关在实施本章中的重要性。因此，缔约方的主管机关可以按照共同同意的方式就本章涵盖的事项互相合作。如缔约方同意，鼓励缔约方与货物委员会共享各自主管机关此类合作的信息和经验	共享机制
94			第十六条	实施	在共同同意的情况下，缔约方可以制定双边或者多边安排，以列出共同确定的谅解和本章在适用时的细节。在共同同意的情况下，鼓励已在本章项下采取此类安排的缔约方向货物委员会报告此类安排	共享机制
96	第六章	标准、技术法规和合格评定程序	第五条	国际标准、指南和建议	三、缔约方应当在适当的情况下，加强互相之间在例如 WTO/TBT 委员会等其他国际层面的活动中讨论国际标准和相关问题时的协调和沟通	合作机制
97			第六条	标准	二、如制定一缔约方的国家标准需要对相关国际标准内容或结构进行修改，应另一缔约方请求，该缔约方应当鼓励其标准化机构提供标准内容和结构方面的差异，以及差异的原因	机制建立
98					四、每一缔约方应当鼓励其领土内相关的一个或多个标准化机构与其他缔约方的一个或多个标准化机构之间在如下领域进行合作：（一）交换标准的信息；（二）交换与标准制定程序相关的信息；以及（三）在有共同利益的领域进行国际标准化活动	合作机制

续表

	章		条		条款内容	所属范围
99	第六章	标准、技术法规和合格评定程序	第七条	技术法规	二、在实施《技术性贸易壁垒协定》第二条第二款时，每一缔约方应当考虑可供选择的替代方案，以保证拟议采取的技术法规对贸易的限制不超过为实现合法目标所必需的限度	程序机制
100					七、应有兴趣制定与另一缔约方技术法规相似的技术法规的一缔约方的请求，被请求缔约方应当在可行的范围内提供相关信息，包括其在制定过程中所依据的研究或文件，机密信息除外	信息共享
101			第八条	合格评定程序	三、每一缔约方应当尽可能保证接受另一缔约方的合格评定程序结果，即使另一缔约方的合格评定程序与自己的程序不同，除非这些程序不能确保符合与自己程序等效的技术法规或标准	程序机制
102					八、缔约方同意鼓励相关合格评定机构开展更密切的合作，以便利缔约方接受合格评定结果	合作机制
103					九、每一缔约方应当在可能的范围内，在不低于给予该缔约方合格评定机构的条件下，允许另一缔约方的合格评定机构参与其合格评定程序	合作机制
104			第十条	技术讨论	一、如一缔约方认为有需要解决与贸易和本章项下的条款相关的问题，其可以作出书面请求进行技术讨论。被请求缔约方应当尽快对该请求作出答复	流程时间
105			第十一条	透明度	二、应书面请求，如已有通报的技术法规和合格评定程序的英文全文或摘要，一缔约方应当向提出请求的缔约方提供。如没有通报的技术法规和合格评定程序的英文全文或摘要，该缔约方应当在有关缔约方同意的合理期限内，在可能的情况下，在收到书面请求后 30 天内，以英文向请求缔约方提供一份摘要，说明所通报的技术法规和合格评定程序的要求。在实施前句要求时，摘要的内容应当由被请求缔约方确定	流程时间

续表

	章		条		条款内容	所属范围
106	第六章	标准、技术法规和合格评定程序	第十一条	透明度	四、除发生安全、健康、环境保护或者国家安全的紧急问题或面临发生此类问题的威胁外，每一缔约方通常应当依照《技术性贸易壁垒协定》第二条第九款和第五条第六款向 WTO 通报之日起 60 天内，允许其他缔约方提供书面意见。每一缔约方应当考虑另一缔约方的意见，并且应当应请求努力提供对这些意见的答复	流程机制
107	第六章	标准、技术法规和合格评定程序	第十一条	透明度	六、如一缔约方因技术法规或合格评定程序不符合要求而在入境点扣留进口货物时，其应当尽快将扣留的原因通报进口商或其代表	信息公布
108	第六章	标准、技术法规和合格评定程序	第十一条	透明度	七、除本章另有规定外，一缔约方根据本章请求提供的任何信息或解释，应当由被请求缔约方在有关缔约方同意的合理期限内以书面或电子形式提供，并且在可能的情况下，在 60 天内提供	流程时间
109	第七章	贸易救济	第十一条	一般规定	二、在任何调查程序中，当一缔约方的调查机关决定进行实地调查以核查一应诉方 3 提供的信息，且该信息与计算反倾销税幅度和可诉补贴水平有关，则调查机关应当迅速通知该应诉方其调查意向，且：(一)应当努力向该应诉方至少提前 7 个工作日提供关于调查机关拟开展实地调查以核查信息的日期	流程时间
110	第七章	贸易救济	第十二条	通报和磋商	一、一缔约方主管机关在收到针对另一缔约方进口产品的附有适当证明文件的反倾销申请后，应当努力在发起反倾销调查的至少七天前，向另一缔约方提供其收到申请的书面通知	流程时间
111	第七章	贸易救济	第十二条	通报和磋商	二、一缔约方主管机关在收到针对另一缔约方进口产品的附有适当证明文件的反补贴税申请后，且在发起补贴调查的至少 20 天前，应当努力向另一缔约方提供其收到申请的书面通知，并邀请另一缔约方就该申请进行磋商。有关缔约方将努力在此期间内进行磋商	流程机制

续表

	章		条		条款内容	所属范围
112	第七章	贸易救济	第十二条	通报和磋商	三、关于第二款所指的磋商，拟发起第二款所指调查的缔约方应当在发起调查前，应另一缔约方要求向其提供申请的非机密文本。拟发起调查的缔约方还应当努力向另一缔约方提供充分的机会，在适当且符合前一缔约方法律和法规规定的程序规则情况下，提出评论并提交额外信息或文件	流程机制
113			第十四条	基本事实的披露	在不违背《反倾销协定》第六条第五款和《补贴与反补贴措施协定》第十二条第四款规定的前提下，每一缔约方应当确保，在可能的限度内，在作出最终裁定至少10天前，充分和有意义地披露所有正在考虑中的、构成是否实施措施决定依据的基本事实	流程时间
114	第八章	服务贸易	第十三条	承诺表的修改	二、为通过第一款第（二）项中所提及的谈判实现补偿性调整，相关缔约方应当努力在此类谈判之前保持互利承诺的总体水平，使其对于贸易的有利程度不低于此类谈判前修改方在附件二（服务具体承诺表）其承诺表中规定的水平	流程机制
115			第十四条	透明度	二、除紧急情况外，最迟应当在措施生效之时，每一缔约方应当迅速公布下列措施：（一）影响服务贸易的普遍适用的所有相关措施；以及（二）一缔约方为签订国的所有有关或影响服务贸易的国际协定	流程时间
116					三、在可能的范围内，每一缔约方应当通过互联网使第二款所提及的措施和国际协定可公开获得，并在其法律框架所规定的范围内以英文提供	信息共享
1117			第十五条	国内法规	二、每一缔约方应当维持或在可行时尽快设立司法、仲裁或行政庭或程序，应受影响的服务提供者请求，对影响服务贸易的行政决定进行迅速审查，并在有正当理由的情况下提供适当救济	法律机制
118					四、如果与GATS第六条第四款有关的谈判结果生效，缔约方应当审查该此类谈判的结果，并且应当在适当的情况下，在缔约方之间磋商后对本条进行修正，使此类谈判的结果在本章项下生效	流程机制

续表

	章		条		条款内容	所属范围
119、120	第八章	服务贸易	第十五条	国内法规	七、如一缔约方要求服务的提供得到授权，该缔约方应当保证其主管机关：（二）当申请人根据其法律和法规提交完整申请后，在合理期限内通知该申请人与该申请相关的决定；（三）在可行的范围内，就申请的处理进度制定时间表	流程时间
121、122	第八章	服务贸易	第十五条	国内法规	八、每一缔约方应当规定适当的程序，以核实另一缔约方专业人员的资格。如许可或资质要求包括通过考试，每一缔约方应当在可行的范围内保证：（一）考试应当有合理的时间间隔安排；以及（二）提供合理期限，使利害关系人能够提交申请	程序机制
123	第八章	服务贸易	第十六条	承认	五、在适当的情况下，应该基于多边同意的准则进行承认。在适当的情况下，缔约方应当与相关政府间组织和非政府间组织合作，以制定和采取与承认相关的共同的国际标准和准则，以及与服务贸易和专业的实践相关的共同的国际标准	合作机制
124	第八章	服务贸易	第十六条	承认	六、如本章附件三（专业服务）所示，每一缔约方应当努力便利专业服务贸易，包括通过鼓励其领土内的相关机构就与承认相关的协定或安排进行谈判	合作机制
125	第九章	自然人临时移动	第六条	处理申请	一、如一缔约方要求办理移民手续的申请，该缔约方应当尽快处理从第九章第二条（范围）涵盖的另一缔约方的自然人处收到的完备的移民手续申请或者相关延期申请	服务机制
126	第九章	自然人临时移动	第六条	处理申请	三、每一缔约方应当应请求，并且在收到第九章第二条（范围）涵盖的另一缔约方的自然人完备的移民手续申请后的合理期限内，致力于向申请人通报申请的状态	流程机制
127	第九章	自然人临时移动	第六条	处理申请	四、每一缔约方应当在其法律法规允许的范围内，致力于在与纸质形式提交的申请的真实性同等的条件下，接受以电子格式提交的移民手续申请	机制规定
128	第九章	自然人临时移动	第六条	处理申请	五、在适当的情况下，每一缔约方应当在其法律法规允许的范围内，根据其法律法规接受经认证的文件的复印件以代替原件	机制规定
129	第九章	自然人临时移动	第七条	透明度	二、每一缔约方应当在可行的范围内，致力于以英文公布第一款中所提及的信息	信息共享

续表

	章		条		条款内容	所属范围
130	第十章	投资	第十条	特殊手续和信息披露	二、尽管有第十章第三条（国民待遇）和第十章第四条（最惠国待遇）的规定，一缔约方可以仅为信息收集或统计的目的，要求另一缔约方的投资者或其涵盖投资提供与该投资有关的信息。该缔约方应当尽可能保护已提供的任何保密信息不受任何可能损害投资者或涵盖投资的合法商业利益或竞争地位的披露的影响	机制规定
131			第十六条	投资促进	缔约方应当通过以下方式努力促进和提高本地区作为投资地区的认知：（一）鼓励缔约方间的投资；（二）在两个或多个缔约方之间组织联合投资促进活动；（三）促进商业配对活动；（四）组织和支持举办与投资机会以及投资法律法规和政策相关的各种介绍会和研讨会；以及（五）就与投资促进有关的其他共同关心的问题进行信息交流	合作机制
132			第十七条	投资便利化	一、在遵守其法律法规的前提下，每一缔约方应当努力便利缔约方之间的投资，包括通过（一）为各种形式的投资创造必要的环境；（二）简化其投资申请及批准程序；（三）促进投资信息的传播，包括投资规则、法律、法规、政策和程序；以及（四）设立或维持联络点、一站式投资中心、联络中心或其他实体，向投资者提供帮助和咨询服务，包括提供经营执照和许可方面的便利	服务机制
133					二、在遵循其法律法规的前提下，一缔约方在第一款第（四）项下的活动在可能的范围内可以包括帮助任何其他缔约方的投资者和涵盖投资通过以下方式与政府机构友好地解决在其投资活动中产生的投诉或不满：（一）接收并在可能的情况下适当考虑投资者提出的、与影响其涵盖投资的政府行为有关的投诉；以及（二）在可能的范围内提供帮助，以解决投资者在与涵盖投资相关的方面遇到的困难	合作机制
134					三、在遵守其法律法规的前提下，每一缔约方可以在可能的情况下，考虑建立机制，以解决向影响另一缔约方投资者经常发生问题的相关政府机构提出建议	机制建立
135					四、缔约方应当努力便利其各自主管机关之间举行会议，通过交流信息和方法，更好地便利投资	服务机制

续表

	章		条		条款内容	所属范围
137	第十一章	知识产权	第六条	知识产权权利用尽	每一缔约方应当有权建立其各自的知识产权权利用制度	制度建立
138			第十三条	集体管理组织	一、每一缔约方应当鼓励此类组织以公平、高效、公开透明和对其成员负责的方式运作，包括公开和透明地记录许可使用费的收取和分配	制度建立
139					二、缔约方认识到促进各自集体管理组织间合作的重要性，以相互确保缔约方之间更容易地许可内容，并鼓励相互转让使用另一缔约方国民的作品或其他受著作权保护的主体的许可使用费	制度建立
140			第十七条	政府使用软件	每一缔约方确认其承诺：（二）鼓励其区域和地方政府采取或维持与第（一）项所提及的措施类似的措施	制度建立
141			第十八条	限制和例外	三、除其他方式外，每一缔约方应当致力于通过与第一款相一致的限制和例外，为合法目的在其著作权和相关权利制度中提供适当的平衡。合法目的包括但不限于：教育、研究、批评、评论、新闻报道和为盲人、视障者或其他印刷品阅读障碍者获得已出版作品提供便利	制度建立
142			第二十六条	驰名商标的保护	一、每一缔约方应当规定适当措施，驳回、注销商标注册申请，以及禁止在相同或类似货物或服务上使用与该驰名商标相同或近似的商标，若该商标的使用可能造成与在先驰名商标的混淆	制度建立
143			第四十三条	专利电子申请制度	鼓励每一缔约方采用专利电子申请制度，以便利专利申请人申请	制度建立
144			第四十四条	18 个月公布	一、每一缔约方应当在专利申请提交日或者在主张优先权的情况下，在最早的优先权日起的 18 个月届满后，迅速公布任何专利申请，除非该申请已被提前公布或者已经被撤回、放弃或者驳回	流程时间
145					二、如一项未决申请未依照第一款的规定迅速公布，该缔约方应当尽快公布该申请或相应的专利	流程时间

续表

	章		条		条款内容	所属范围
146	第十一章	知识产权	第五十三条	遗传资源,传统知识和民间文学艺术	一、在遵循其国际义务的前提下,每一缔约方可以制定适当的措施保护遗传资源、传统知识和民间文学艺术	制度建立
147	第十一章	知识产权	第五十三条	遗传资源,传统知识和民间文学艺术	二、作为一缔约方专利制度的一部分,如该缔约方对遗传资源的来源或起源有披露要求,该缔约方应当努力使与此类要求相关的法律、法规和程序可获得,包括在可行的情况下通过互联网提供,以使利害关系人和其他缔约方能够了解这些要求	信息服务
148	第十一章	知识产权	第五十三条	遗传资源,传统知识和民间文学艺术	三、每一缔约方应当致力于进行专利质量审查,可以包括:(一)当确定在先技术时,可以考虑可公开获得的与遗传资源相关的传统知识的文献信息。(二)第三方以书面形式向主管审查机关引用可能与可专利性有关的在先技术披露,包括与遗传资源相关的传统知识相关的在先技术披露的机会;以及(三)在适用和适当的情况下,使用与遗传资源相关的传统知识的数据库或数字图书馆	信息公布
149	第十一章	知识产权	第五十五条	域名	依据各自国家顶级域名(ccTLD)管理制度中的域名,根据其法律和法规,以及如适用,其有关保护隐私和个人数据的相关管理员政策,每一缔约方应当提供下列各项:(一)基于互联网名称与数字地址分配机构批准的《统一域名争议解决政策》中确立的原则或仿照该原则建立适当的争端解决程序,或者:1.旨在以迅速且合理的费用解决争端;2.公平合理的;3.不过度繁琐;以及(二)至少在有人以营利为目的恶意注册或持有一与商标相同或足以导致混淆的近似域名的情况下,提供适当的救济	制度建立
150	第十一章	知识产权	第六十六条	申请中止或扣押	每一缔约方应当致力于规定,已接受的中止或扣押申请在适当期限内继续有效,以期将权利持有人的行政负担减少到最低限度	程序机制

续表

	章		条		条款内容	所属范围
151	第十一章	知识产权	第六十九条	依职权中止放行涉嫌盗版货物或假冒商标货物	一、每一缔约方应当设立或维持关于进口装运的程序,使其主管机关可以根据该程序自行采取行动,中止放行涉嫌盗版货物或假冒商标货物。每一缔约方应当规定,如其主管机关自行采取行动,进口商和权利持有人应当被迅速通知该中止放行	流程时间
152					二、一缔约方可以设立或维持关于出口装运的程序,使其主管机关可以根据该程序自行决定中止放行涉嫌盗版货物或假冒商标货物。该缔约方应当规定,如其主管机关自行采取行动,出口商和权利持有人应当被迅速通知该中止放行	流程时间
153			第七十一条	主管机关在合理期限内作出侵权认定	每一缔约方应当采取或维持一程序,通过此程序其主管机关可在启动第十一章第六十五条(依权利人申请中止放行涉嫌盗版货物或假冒商标货物)和第十一章第六十九条(依职权中止放行涉嫌盗版货物或假冒商标货物)所述程序后的合理期限内认定涉嫌盗版货物或假冒商标货物是否侵犯知识产权权利	程序机制
154			第七十六条	合作和对话	四、缔约方应当努力合作,以促进关于有效利用和保护知识产权以及知识产权权利实施方面的教育和认识	合作机制
155					六、缔约方应当酌情在各自专利机关之间开展合作,以便利查询和审查工作的共享以及质量保证体系信息的交流,以期增进对缔约方专利制度的理解	合作机制
156					七、缔约方应当努力合作,分享各缔约方为阻止互联网著作权侵权所采取步骤的信息	合作机制
157					九、缔约方应当努力在专利宽限期相关的问题上进行合作,以支持创新	合作机制
158			第七十七条	透明度	一、每一缔约方应当规定,关于知识产权权利的效力、范围、取得、实施和阻止滥用的终局司法裁决和普遍适用的行政裁定应当至少以该缔约方的一种官方语言公布,或者当这种公布不可行时,以能够让其他缔约方和权利持有人知悉的方式公布。每一缔约方应当努力规定,在可行的情况下,此类终局司法裁决在网上公布	信息公布
159						
160					二、每一缔约方应当在其法律法规允许的范围内,采取适当措施向公众公布或使公众获得有关知识产权权利的申请和注册信息。如适用,公布关于其法律状况的信息,如注册日期和失效日期	信息公布

续表

	章		条		条款内容	所属范围
161	第十一章	知识产权	第八十二条	改善知识产权管理程序	缔约方认识到为其知识产权制度提供有效管理的重要性，为此，每一缔约方应当继续审查，如适当，并努力改进其知识产权管理程序	机制建立
162	第十一章	知识产权	第八十三条	简化书面程序要求	在第十一章第八十二条（改善知识产权管理程序）之上，每一缔约方应当致力于简化其维持的下列任何程序要求：（一）与专利申请有关的翻译证明；以及（二）专利、工业设计和商标申请的签名认证	服务机制
163	第十二章	电子商务	第四条	合作	一、每一缔约方应当在适当时就以下开展合作：（一）共同帮助中小企业克服使用电子商务的障碍；（二）确定缔约方之间有针对性的合作领域，以帮助缔约方实施或者加强其电子商务法律框架，例如研究和培训活动、能力建设，以及提供技术援助；（三）分享信息、经验和最佳实践，以应对发展和利用电子商务所面临的挑战；（四）鼓励商业部门开发增强问责和消费者信心的方法和实践，以促进电子商务的使用；以及（五）积极参加地区和多边论坛，以促进电子商务的发展	合作机制
164	第十二章	电子商务	第四条	合作	二、缔约方应当努力采取建立在国际论坛既有合作倡议而非使之重复的合作形式	合作机制
165 166	第十二章	电子商务	第五条	无纸化贸易	一、每一缔约方应当：（一）考虑包括世界海关组织在内的国际组织商定的方法，致力于实施旨在使用无纸化贸易的倡议；（二）努力接受以电子形式提交的贸易管理文件与纸质版贸易管理文件具有同等法律效力；以及（三）努力使电子形式的贸易管理文件可公开获得	流程机制
167	第十二章	电子商务	第八条	线上个人信息保护	五、缔约方应当在可能的范围内合作，以保护从一缔约方转移来的个人信息	合作机制
168	第十二章	电子商务	第十条	国内监管框架	二、每一缔约方应当努力避免对电子交易施加任何不必要的监管负担	流程机制
169 170	第十二章	电子商务	第十二条	透明度	一、每一缔约方应当尽快公布与本章实施相关或影响本章实施的一般适用的所有相关措施，或如上述情况不可行，以其他方式使公众获悉，包括在可行的情况下在互联网上公布	信息公布
171	第十二章	电子商务	第十二条	透明度	二、每一缔约方应当尽快答复另一缔约方关于特定信息的相关请求，该信息是关于该缔约方与本章实施相关或影响本章实施的一般适用的任何措施	流程时间

续表

	章		条		条款内容	所属范围
172	第十三章	竞争	第三条	针对反竞争行为的适当措施	八、每一缔约方应当保证在对违反其竞争法律或法规的任何人或者实体进行处罚或者救济之前，向此类人或者实体提供关于违反竞争法律或法规而受到指控的原因，在可能的情况下，该原因应当以书面形式提供，并且向此类人或实体提供公平的机会以听取其意见以及使其提交证据	流程机制
173			第四条	合作	缔约方认识到其各自竞争主管机关之间相互合作对于促进有效竞争执法的重要性。合作的形式可以包括：(一)一缔约方认为其竞争执法活动可能对另一缔约方重大利益产生实质影响的，应当尽快通报另一缔约方	流程时间
174	第十四章	中小企业	第二条	信息共享	一、每一缔约方应当促进与本协定相关的关于中小企业的信息共享，包括通过建立和维持一个可公开访问的信息平台，以及通过信息交流在缔约方之间共享知识、经验和最佳实践	信息共享
175					(三)缔约方认为对有兴趣从本协定提供的机会中获益的中小企业有用的其他与商业相关的信息。三、每一缔约方应当采取合理的步骤，以保证第二款所指的信息准确且为最新版本	程序机制
176			第三条	合作	一、缔约方应当加强本章项下的合作，可包括：(一)鼓励高效且有效地执行涉及便利性和透明度的贸易规章制度；(二)改善中小企业市场准入以及全球价值链参与度，包括促进和便利企业之间的合作关系；(三)促进中小企业使用电子商务；(四)探索缔约方创业计划经验交流的机会；(五)鼓励创新和使用技术；(六)提高中小企业对知识产权制度的认识、理解和有效使用	合作机制
177						
178						

续表

	章		条		条款内容	所属范围
179	第十五章	经济技术合作	第二条	目标	二、缔约方应当寻求优先考虑经济技术合作倡议，并且在可能的情况下，最大限度地减少正在进行的工作和资源使用的重复性，特别是在东盟成员国与其自由贸易伙伴签订的自由贸易协定项下	合作机制
180			第三条	范围	二、缔约方应当探索并开展经济技术合作活动，包括侧重于下列内容的能力建设和技术援助：（一）货物贸易；（二）服务贸易；（三）投资；（四）知识产权；（五）电子商务；（六）竞争；（七）中小企业；以及（八）缔约方一致同意的其他事项	合作机制
181			第四条	资源	二、在互惠基础上，缔约方可以考虑与以下方面合作或接受来自以下方面的帮助：（一）非缔约方；或者（二）次区域、区域或国际组织或机构，且该方有兴趣发展互惠合作和伙伴关系以支持工作计划的实施	合作机制
182 183			第五条	工作计划	二、为鼓励本协定的有效实施和使用，缔约方将在工作计划中优先考虑下列活动：（一）向发展中国家缔约方和最不发达国家缔约方提供能力建设和技术援助；（二）提高公众意识；（三）增加企业获取信息的途径；以及（四）缔约方可能一致同意的其他活动	合作机制
184	第十六章	政府采购	第三条	原则	缔约方认识到政府采购在进一步推动本地区经济一体化以促进经济增长和就业方面的作用。如政府采购明确向国际竞争开放，每一缔约方应当在尽可能且适当的情况下，根据该缔约方适用的被普遍接受的政府采购原则进行政府采购	程序机制
185			第四条	透明度	一、每一缔约方应当：（一）使其政府采购相关法律法规可被公开获取；以及（二）努力使其政府采购相关程序可被公开获取，其中可能包括采购机会公布地址的信息	信息公布
186					二、每一缔约方努力在尽可能且适当的情况下，通过电子方式使第一款所涉信息可被获取并更新	信息公布
187					四、每一缔约方努力使第一款所涉信息的英文版本可被获取	信息服务

续表

	章		条		条款内容	所属范围
188	第十六章	政府采购	第五条	合作	缔约方努力就政府采购相关事项进行合作,以便更好地理解每一缔约方的政府采购制度。此类合作可以包括:(一)在尽可能的情况下就缔约方的法律、法规和程序以及其中任何的修订交换信息;(二)向缔约方提供培训、技术援助或能力建设,并共享与上述举措相关的信息;(三)在可能的情况下,共享包括与涵盖微型企业在内的中小企业相关的最佳实践信息;以及(四)在可能的情况下,共享与电子采购系统相关的信息	合作机制
189	第十七章	一般条款和例外	第三条	公布	一、每一缔约方应当保证迅速公布其与本协定涵盖的任何事项相关的法律、法规、程序及普遍适用的行政裁定,包括在可行的情况下,在互联网上公布,或者以使利害关系人和其他缔约方能够知晓的方式使其可获得	信息公布
190					二、在可能和可行的范围内,每一缔约方应当:(一)提前公布拟采取的与本协定涵盖的任何事项相关的任何此类法律、法规、程序及普遍适用的行政裁定;以及(二)在适当的情况下,向利害关系人和其他缔约方提供合理机会,对与本协定涵盖的任何事项相关的任何此类法律、法规、程序及普遍适用的行政裁定提出意见	机制建立
191			第四条	信息的提供	应任一缔约方的请求,被请求的缔约方应当就提出请求的缔约方认为可能影响本协定执行的,与本协定所涵盖的任何事项相关的现行或拟议的法律、法规、程序及普遍适用的行政裁定,迅速提供信息并且答复问题	信息服务
192			第五条	行政程序	为以一致、公正、客观和合理的方式实施其与本协定所涵盖的任何事项相关的法律、法规、程序和普遍适用的行政裁定,每一缔约方应当确保在特定案件中对特定人、货物或服务适用此类措施的行政程序中:(一)在可能的情况下,依照其国内程序,向另一缔约方直接受到此类程序影响的人提供关于程序启动时间的合理通知,包括对程序性质的描述、据以启动程序的法定权力声明以及关于任何所涉问题的总体描述;(二)在时间、程序的性质以及公共利益允许的情况下,在采取任何最终行政行为前,向直接受到此类程序影响的另一缔约方的人提供合理机会,表达支持其立场的事实和理由	合作机制

续表

	章		条		条款内容	所属范围
193	第十七章	一般条款和例外	第六条	审查和上诉	一、每一缔约方应当建立或维持司法、准司法或者行政庭或者程序，以便迅速审查并且在必要时纠正与本协定所涵盖的任何事项相关的最终行政行为。此类审查庭应当公正并且独立于被授权行政执法的机关或机构，并且不得与该事项的结果存在任何实质利益	法律机制
194	第十七章	一般条款和例外	第九条	反腐败措施	一、每一缔约方应当根据其法律和法规，采取适当措施预防和打击与本协定涵盖的任何事项有关的腐败	法律机制
195	第十七章	一般条款和例外	第九条	反腐败措施	五、一缔约方在第一款或者第二款项下采取或维持的任何限制或者该限制的任何变更应当迅速通报其他缔约方	流程时间
196	第十七章	一般条款和例外	第九条	反腐败措施	六、采用或维持第一款或第二款项下任何限制的一缔约方应当：(一)在投资的情况下，对就其采取的措施请求进行磋商的任何其他缔约方作出答复，如果此类磋商未在本协定之外另行举行；(二)在服务贸易的情况下，迅速与就其所采取的限制请求进行磋商的任何其他缔约方开始磋商，如果此类磋商未在《WTO 协定》框架下进行	流程时间
197	第十七章	一般条款和例外	第八条	联络点	每一缔约方应当自本协定对其生效之日起 30 天内，指定一个总体联络点，以便利缔约方之间就与本协定相关的任何事项进行沟通，并将该联络点的联络信息通报其他缔约方。每一缔约方应当迅速向其他缔约方通报此类联络信息的任何变动。此方面的所有官方沟通应当以英文进行	流程时间
198	第十九章	争端解决	第六条	磋商	七、争端各方应当善意地进行磋商，并且尽一切努力通过磋商达成共同同意的解决办法。为此，争端各方应当：以及(三)努力使其对事项专门负责或拥有专业知识的政府机关或其他管理机构的人员可以参与磋商	机制建立

续表

	章		条		条款内容	所属范围
199	第十九章	争端解决	第十三条	专家组程序	四、在与争端各方磋商后，根据第十九章第十一条（专家组的设立及重新召集）设立的专家组应当尽快并且在可能的情况下，在设立之日起 15 天内，确定专家组程序的时间表。自专家组设立之日起至专家组向争端各方提交最终报告之日止的期限一般不得超过七个月	流程机制
200					五、根据第十九章第十六条（执行审查）或第十七条（补偿和中止减让或其他义务）第十三款重新召集的专家组应当尽快，并且在可能的情况下，在重新召集之日起 15 天内，确定执行审查程序的时间表，同时考虑第十九章第十六条（执行审查）中规定的期限	流程机制
201					十二、每一争端方和每一第三方应当迅速地、全面地答复专家组提出的其认为必要和适当的此类信息的任何请求	流程机制
202					十四、根据第十九章第十一条（专家组的设立与重新召集）设立的专家组应当自其设立之日起 150 天内向争端各方发布中期报告。在紧急情况下，包括涉及易腐货物的情况，专家组应当努力在其设立之日起 90 天内发布中期报告	流程机制
203	第二十章	最终条款	第八条	一般性审查	二、在根据本条进行审查时，缔约方应当：（一）考虑进一步加强缔约方之间贸易与投资的方法；以及（二）考量：1.根据本协定设立的所有委员会和附属机构的工作；以及国际层面的相关发展	机制建立

附件 3　2011～2020 年来日、韩全球投资布局分析

本文从全球与中国两个维度，对 2011～2020 年日本、韩国的对外投资情况[①]进行了统计分析，总结规律与趋势，为山东吸引日韩投资提供参考。

① 本文的韩国数据来自韩国进出口银行，日本数据来自日本财务省，国内数据来自国家统计局及各省统计局。

一、韩国部分

（一）韩资的全球布局

通过对2011～2020年，韩国向七大区域[①]、175个国家或地区、19个行业的投资数据进行整理分析，得出韩国在全球的投资规模与投资结构特点如下。

1.韩资的区域布局。从总体规模看，2011～2020年，韩国对亚洲投资最多，累计达1353.26亿美元，其余依次为北美洲、欧洲、中南美洲、大洋洲、中东，非洲最少，为29.55亿美元（如图1所示）。

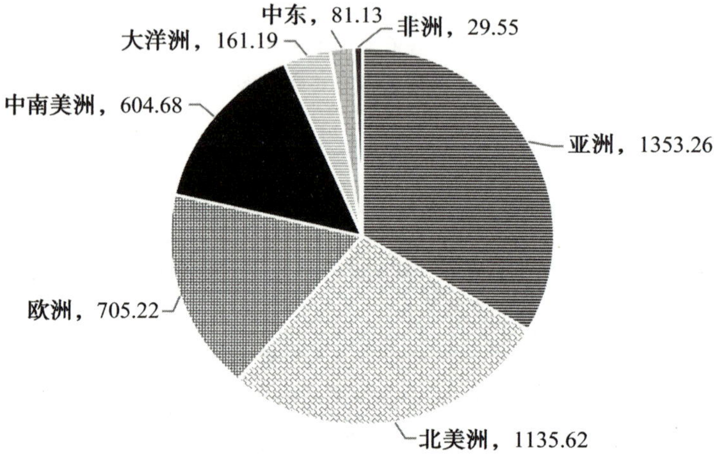

图1　七大区域近10年实际使用韩资金额情况（单位：亿美元）

从时间趋势看，韩国对七大区域的投资整体呈平稳增长态势，个别区域的个别年份波动较大。其中，对北美洲投资增长最为明显；对亚洲、欧洲和中南美洲三大区域的投资规模增长趋势显著，在2019年达到峰值，受新冠肺炎疫情影响，对以上区域投资在2020年均有小幅下降；对大洋洲、非洲的投资呈现不同幅度的逐年下降；对中东投资波动较大，2012～2015年投资逐渐上升，其后大幅缩减（如表1所示）。

① 七大区域：亚洲、北美洲、欧洲、中南美洲、大洋洲、中东、非洲。

表1　2011～2020年韩国对七大区域投资趋势　　单位：百万美元

区域	累计金额	趋势	区域	累计金额	趋势
亚洲	135325.63		中南美洲	60467.63	
北美洲	113562.24		大洋洲	16118.68	
欧洲	70521.60		中东	8112.76	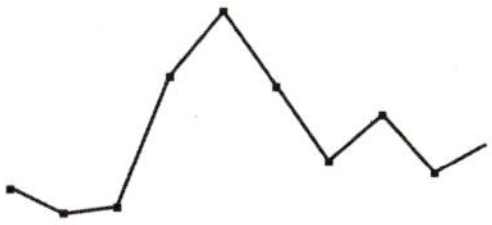
非洲	2954.74	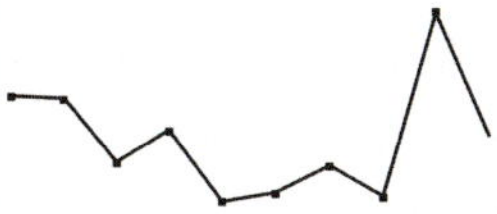			

2.韩资的行业布局。从投资结构看，韩国在全球的投资行业布局差异明显。其中，制造业、金融保险业位于第一梯度，投资金额均超1000亿美元；房地产业，采矿业，批发零售业，信息通讯业，电力、燃气、蒸汽空调供应业，建筑业共计六个行业的投资金额均在100亿美元以上500亿美元以下，位于第二梯度；交通运输、仓储业，专业、科学技术活动业，商业设施管理、商业支持服务、租赁业，住宿、餐饮业，农、林、渔业，艺术、体育、再创作相关服务业共计六个行业的投资金额在10亿美元以上100亿美元以下，位于第三梯度；其余五个行业的投资额在10亿美元以下，位于第四梯度。投资规模排名前九的行业分别为制造业、金融保险业、房地产业、采矿业、批发零售业、信息通讯业、电力燃气蒸汽空调供应业、建筑业、交通运输仓储业（如图2所示）。

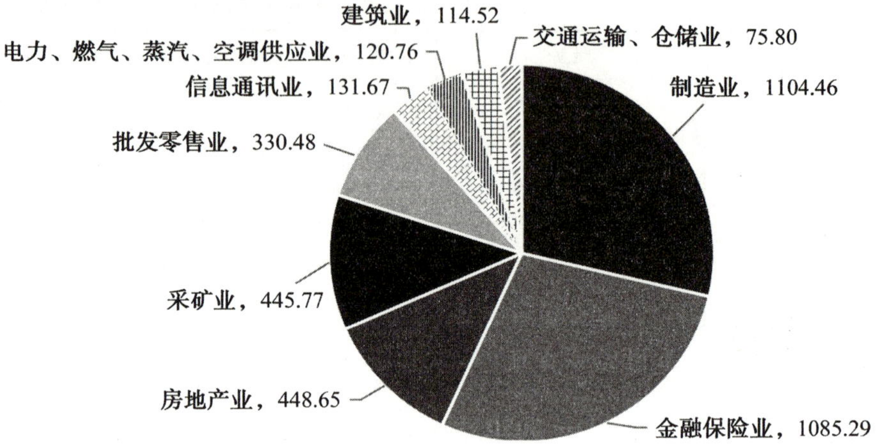

图 2　2011～2020 年韩国对外投资前九大行业情况(单位:亿美元)

从时间趋势看,韩国在全球的产业布局除采矿业外均呈现增长态势。制造业、金融保险业、房地产业三个行业增势明显,其中金融保险业的增速最快。农林渔业和住宿、餐饮业等行业呈现波动趋势(如表 2 所示)。

表 2　2011～2020 年韩国 19 个行业对外投资趋势　　单位:亿美元

行业	累计金额	趋势	行业	累计金额	趋势
制造业	1104.46		金融保险业	1085.29	
房地产业	448.65		采矿业	445.77	
批发零售业	330.48		信息通讯业	131.67	

续表

行业	累计金额	趋势	行业	累计金额	趋势
建筑业	114.52	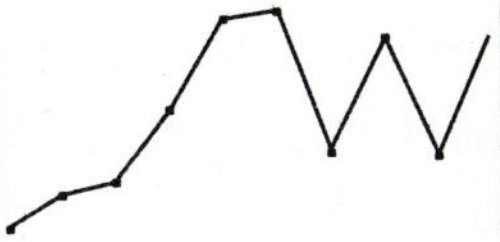	电力、燃气、蒸汽、空调供应业	120.76	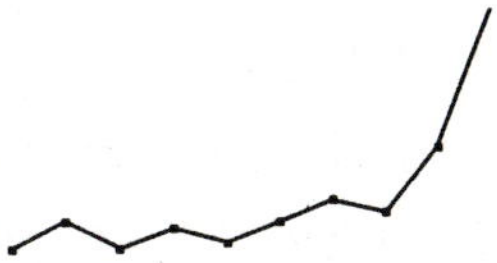
交通运输、仓储业	75.80		专业、科学技术活动业	61.97	
商业设施管理、商业支持服务、租赁业	50.49	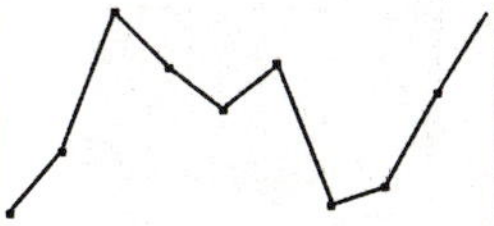	住宿、餐饮业	49.77	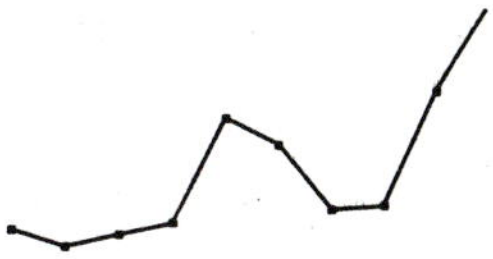
农、林、渔业	14.32		艺术、体育、再创作相关服务业	10.77	
供水、污水、废物管理、材料回收业	9.56		人类健康和社工活动业	7.86	
教育业	4.11		公共行政和国防、强制性社会保障业	2.80	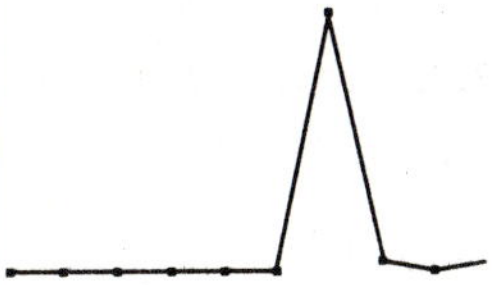
会员组织、维修和其他个人服务业	1.47				

3.韩国对外投资的国家（地区）布局。从投资规模看，2011～2020年，实际使用韩资金额过亿美元的国家（地区）达75个，占（比）42.9%①。排名前十位国家（地区）分别为美国、中国、开曼群岛、越南、中国香港、新加坡、卢森堡、澳大利亚、英国、加拿大。其中，美国是唯一利用韩资超千亿美元的国家，达1027.5亿美元；其次是中国，实际使用韩资金额达411.05亿美元；韩国对新加坡、卢森堡、澳大利亚、英国、加拿大五国的投资接近，在100～155亿美元区间（如图3所示）。

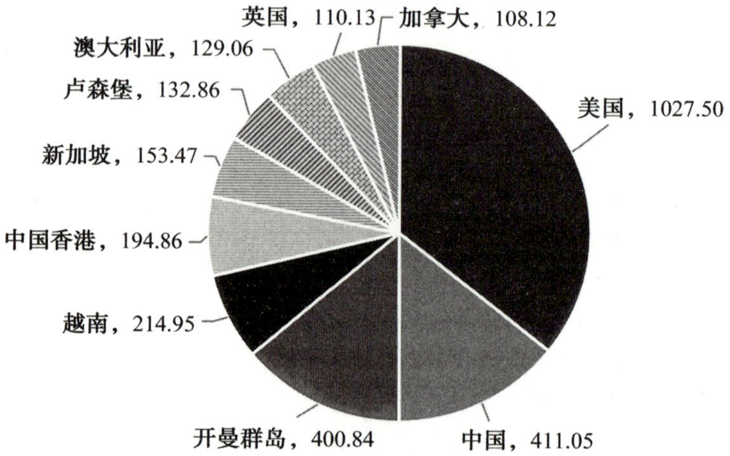

图3　2011～2020年利用韩资前十位国家实际使用韩资金额情况（单位：亿美元）

从时间趋势看，总投资规模排前十位的国家（地区），除澳大利亚自2013年逐年大幅度下降外，其余国家均呈现不同幅度上升趋势。美国呈现高位平稳增长态势。RCEP成员国中，韩国对中国、越南、新加坡、印度尼西亚、日本、缅甸、柬埔寨投资增长态势显著。其中，韩国对新加坡、日本两国的投资规模增速最快，近三年越南、印度尼西亚、缅甸、柬埔寨增速陡增。韩国对菲律宾、马来西亚、泰国、新西兰四国投资区域平稳，对老挝投资规模小且呈现“W型”下降趋势。值得注意的是，位于中南美洲的开曼群岛，欧洲的卢森堡、德国、波兰四个国家或地区实际使用韩资规模增速最快。韩国对英国、加拿大、比利时、阿联酋、西班牙五国的投资规模整体呈现“U”形增长趋势且近三年对其投资力度加大，位于“U”的上升阶段；对欧洲瑞士和亚洲孟加拉国投资呈阶梯状增长趋势，

① 此处统计国家为175个。

对亚洲巴基斯坦、欧洲丹麦投资处于"W"形增长趋势的增长阶段。这在一定程度上表明,韩国正加速推进在欧洲城市的产业链供应链布局,逐步向中南美洲、中东、南亚加大投资。

(二)韩国在中国投资情况

2020年,中国实际利用外商直接投资金额达1443.7亿美元,其中韩国和日本在华投资占比分别为2.50%、2.34%。2020年,山东实际使用外资176.5亿美元,居全国第四位,增长20.1%,高于全国15.6个百分点,韩国、日本作为山东第二和第三大外资来源地,它们对山东省投资分别增长136.4%、115.7%,合计占山东比重较上年提高3.3个百分点。

1.中国各省份实际使用外资总量。从外资总量看,2011～2019年,中国各省份[①]实际使用外资总量规模排名前十位的省份为江苏、广东、上海、浙江、山东、河南、辽宁、安徽、天津、北京(如图4所示)。

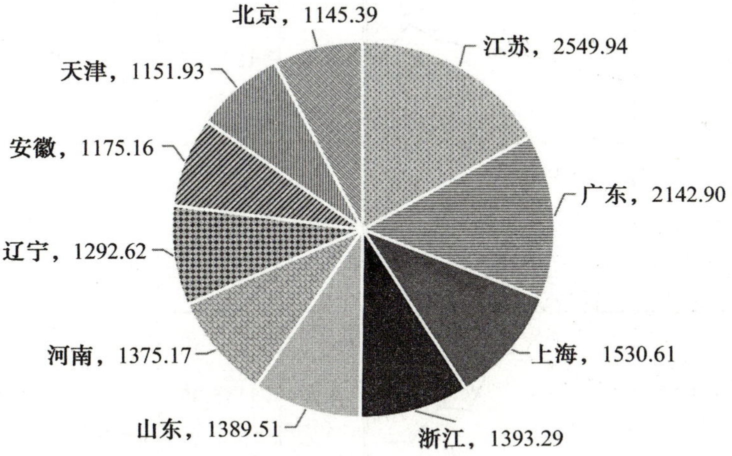

图4 2011～2019年中国实际使用外资前十位省份情况(单位:亿美元)

从时间趋势看,江苏、广东、上海呈现高位平稳状态;2011～2018年浙江、山东平稳增长,2019年转折出现大幅下降趋势;河南、安徽、湖南、江西、湖北、陕西、宁夏七省区呈现稳步增长趋势;辽宁、天津两省市实际使用外资规模大幅下降,黑龙江、吉林2017年或2018年出现断崖式下降。这在一定程度上表明,中国

---

① 由于数据的可获得性,本报告暂排除西藏、港澳台四个地区,特选30个省(区、市)作为分析对象。

东中西部整体外商投资结构正逐步优化，东中部省市虽是外资主要投资地，但西部省份如四川、重庆、贵州、宁夏的利用外资规模在迅速增长（如表3所示）。

表3　2011～2019年中国部分省（区、市）实际使用外资趋势　　单位：亿美元

	累计金额	趋势		累计金额	趋势
江苏	2549.94		广东	2142.90	
上海	1530.61		浙江	1393.29	
山东	1389.51		河南	1375.17	
辽宁	1292.62		安徽	1175.16	
天津	1151.93	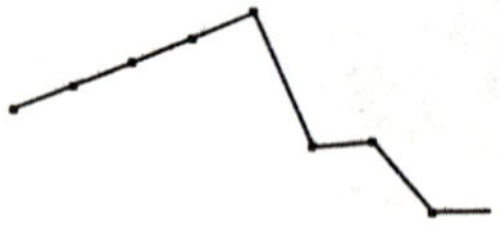	北京	1145.39	
湖南	1043.91		四川	940.00	
江西	864.13		湖北	800.57	

续表

	累计金额	趋势		累计金额	趋势
重庆	516.19		陕西	432.49	
黑龙江	403.66		内蒙古	329.35	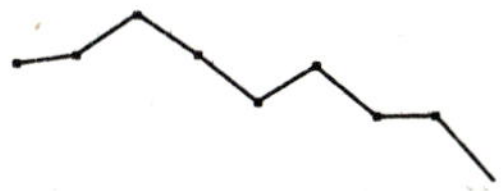
山西	209.49		云南	157.49	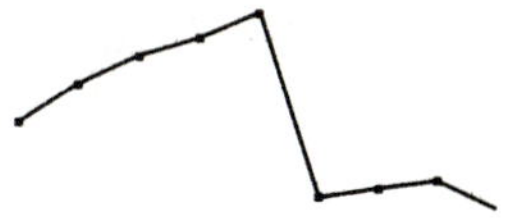
海南	155.62		吉林	113.18	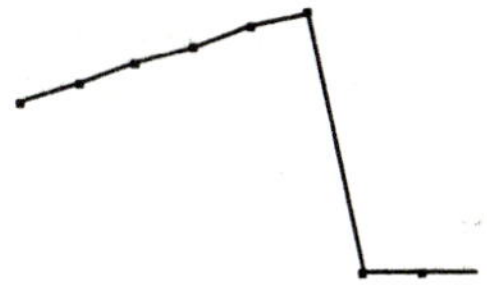
广西	85.12		贵州	55.47	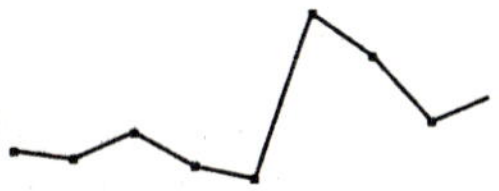
新疆	32.26	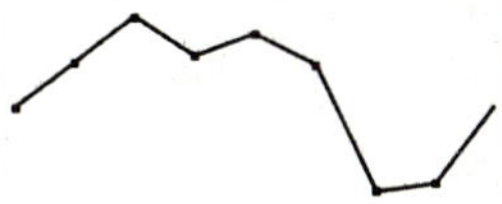	宁夏	18.78	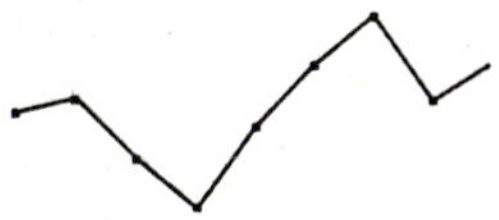
甘肃	7.05		青海	6.79	

2.韩国在华投资总体规模趋势。从年度规模看,2011～2020 年韩国对中国投资规模总量为 411.05 亿美元。整体看,韩在华投资规模扩大,2017～2018 年的增速最大,受疫情影响,2020 年韩在华投资呈下降趋势(如图 5 所示)。

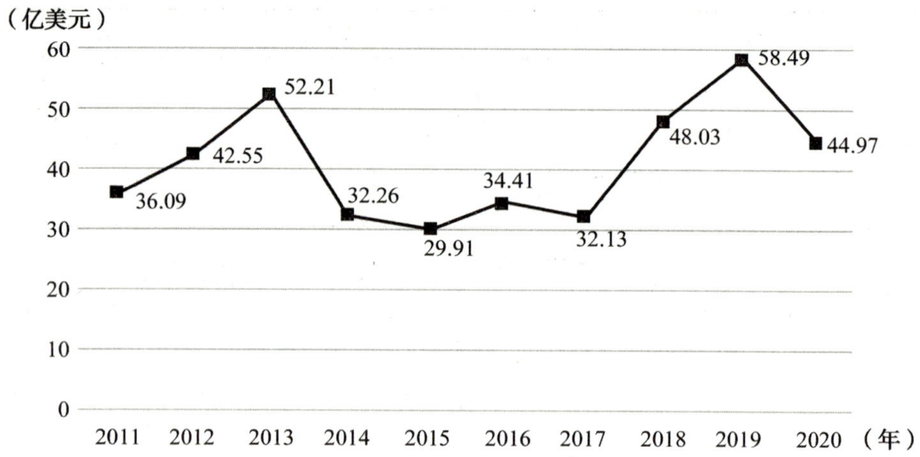

图 5　2011～2020 年中国实际使用韩资金额情况

3.韩国对中国各省份投资总量。从投资规模看，与其他国家相比，韩国对中国各省份[1]的投资规模较大。2011～2019 年有近 9 成省份实际使用韩资达亿美元级，其中，广东、山东、陕西实际使用韩资规模位列全国前三位，分别为 152.24 亿美元、134.9 亿美元、121.2 亿美元，天津、江苏、辽宁等均进入全国前十，中国东部省份占据 70%，中部占 10%，西部 20%（如图 6 所示）。

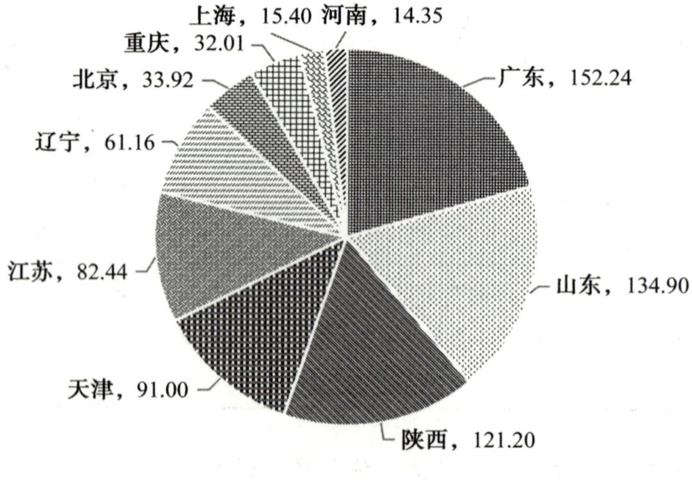

图 6　2011～2019 年韩国在华投资前十位省份(单位：亿美元)

① 因数据的可获得性，本节共选择 23 个省(区、市)作为分析对象。

从时间趋势看，韩国对中国的区域投资布局由以东部为主逐渐转向东中西综合布局。除山东、浙江、河北、福建以外，韩国对中国东部省份投资额呈现整体上升态势。值得注意的是，2019年山东实际使用韩资额降幅最大。韩国对东部江苏、广东、北京、上海投资增幅明显，呈现逐年上升趋势。2011～2019年，韩国对中西部地区投资增长显著，陕西、湖南、宁夏、新疆四个省区增幅较大，重庆经历高速增长、大幅下降、趋于平稳的增长过程。一定程度上表明，近年来中西部省区实际利用韩资规模增长，韩国加大对东中西部产业链供应链布局（如表4所示）。

表4　2011～2019年韩国对中国部分省（区、市）实际投资额趋势情况　　单位：亿美元

	金额	趋势		金额	趋势
广东（东部）	152.24		山东（东部）	134.9	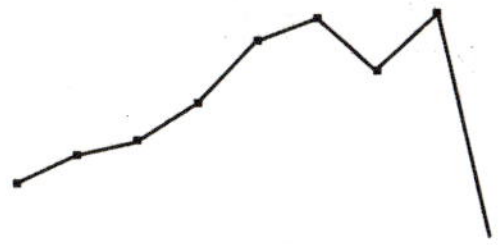
陕西（西部）	121.20		天津（东部）	91	
江苏（东部）	82.44		辽宁（东部）	61.16	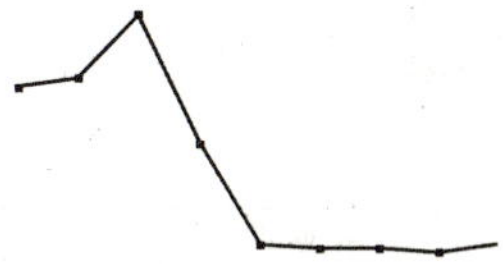
北京（东部）	33.92	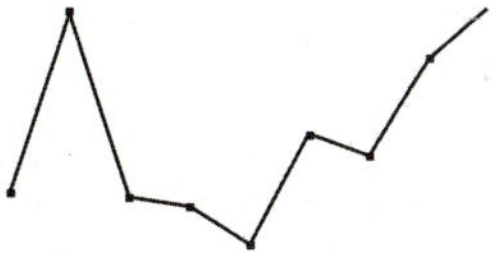	重庆（西部）	32.01	
上海（东部）	15.4		河南（中部）	14.35	

续表

	金额	趋势		金额	趋势
浙江（东部）	13.16		安徽（中部）	12.56	
黑龙江（西部）	10.45	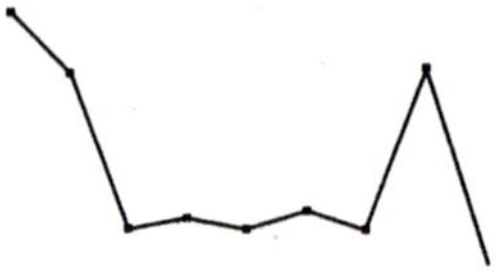	河北（东部）	8.79	
湖南（中部）	7.67		云南（西部）	2.08	
福建（东部）	1.89		山西（中部）	1.4	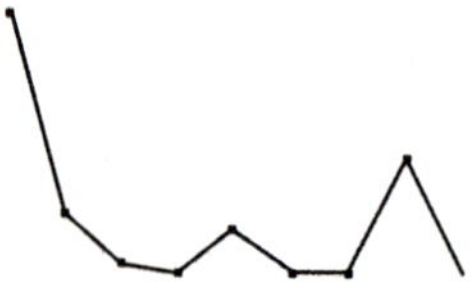
江西（中部）	1.32		内蒙古（西部）	0.85	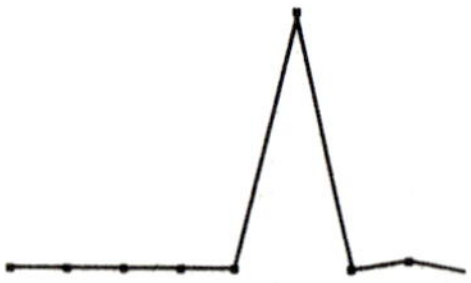
海南（东部）	0.35		宁夏（西部）	0.18	
新疆（西部）	0.08				

4.韩国在华投资行业结构。从投资规模看，2011～2020年韩国对中国投资主要集中在制造业、金融保险业、批发零售业、房地产业四大行业。其中，制造

业最多，达 339.32 亿美元，占 82.56%。专业、科学技术活动业，信息通讯业，住宿、餐饮业，交通运输、仓储业，采矿业五大行业均为韩投资的亿美元级行业。韩国对我国各行业的投资占比如图 7 所示。

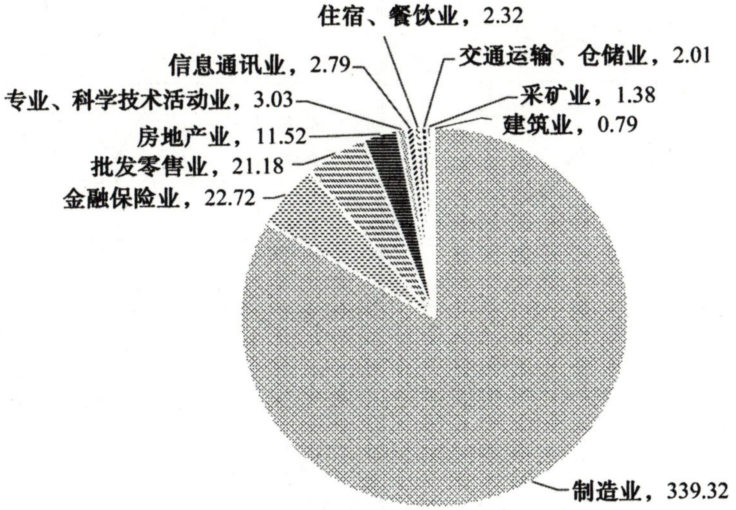

图 7　2011～2020 年韩国在华投资排名前十位行业情况(单位:亿美元)

从时间趋势看，韩国对中国的金融保险业，房地产业，交通运输、仓储业，商业设施管理、商业支持服务、租赁业，公共行政和国防、强制性社会保障业投资呈现逐年下降趋势且降幅显著，采矿业，农、林、渔业增长趋势明显且增幅较大，制造业、批发零售业高位稳定增长，教育业呈现波浪式增长(如表 5 所示)。

表 5　2011～2020 年韩国在华行业投资情况　　单位:亿美元

行业	金额	趋势	行业	金额	趋势
制造业	339.32		金融保险业	22.72	
批发零售业	21.18		房地产业	11.52	

续表

行业	金额	趋势	行业	金额	趋势
专业、科学技术活动业	3.03		信息通讯业	2.79	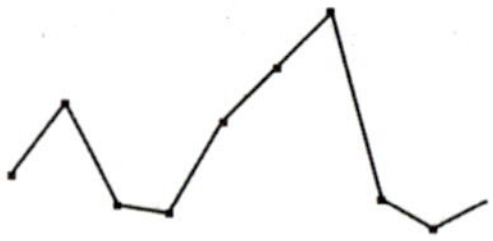
住宿、餐饮业	2.32	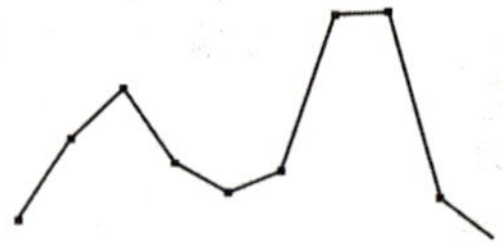	交通运输、仓储业	2.01	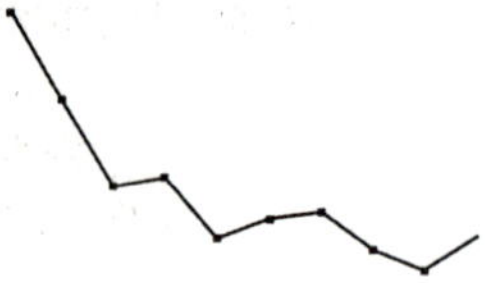
采矿业	1.38		建筑业	0.79	
商业设施管理、商业支持服务、租赁业	0.79		农、林、渔业	0.73	
会员组织、维修和其他个人服务业	0.63		电力、燃气、蒸汽、空调供应业	0.59	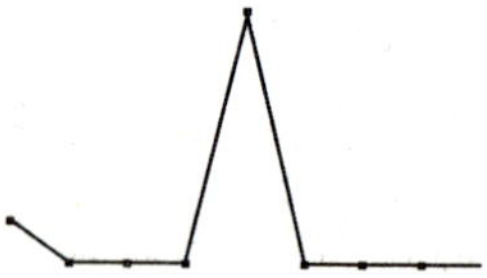
艺术、体育、再创作相关服务业	0.58		教育业	0.32	
人类健康和社工活动业	0.26		供水、污水、废物管理、材料回收业	0.1	
公共行政和国防、强制性社会保障业	0.00	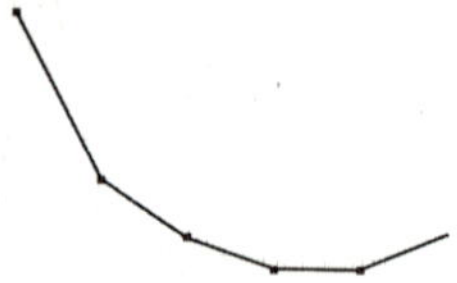			

二、日本投资部分

(一)日资的全球布局

本文采用日本财务省2011～2020年的统计数据，分析日本对外投资的国别、行业、区域趋势演进及布局特点。

1.日资的区域布局。分大洲看，日本对欧洲、北美洲、亚洲投资额较大，2011～2020年，日本对欧洲、北美洲、亚洲投资总额分别为87.7万亿日元、85.3万亿日元、80.4万亿日元。2011～2019年，日本对各区域的投资总体呈现上升趋势。2020年，日本收缩投资，对非洲缩减投资规模最大，亚洲、欧洲次之，大洋洲和北美洲减资规模较小，其中大洋洲还呈现逆势增长态势。经济区域看，日本对欧盟、东盟两区域的投资规模较大，其中对东盟的投资约占亚洲的50%。

2.日资的行业布局。据日本财务省统计，日本对外投资的制造业、非制造业可分为12类、10类细分行业(如表6所示)。

表6　日本制造业与非制造业细分行业

	序号	细分行业
制造业	1	食品
	2	纺织
	3	木材、纸浆
	4	化学、医药
	5	石油
	6	橡胶、皮革
	7	玻璃、陶瓷
	8	铁、非铁、金属
	9	一般机械设备
	10	电气机械设备
	11	运输机械设备
	12	精密机械设备

续表

	序号	细分行业
非制造业	1	农、林业
	2	渔、水产业
	3	采矿业
	4	建筑业
	5	运输业
	6	通讯业
	7	批发、零售业
	8	金融、保险业
	9	房地产业
	10	服务业

从行业看，2011～2020年，日本倾向于投资非制造业类，除2020年外，日本对制造业投资额均小于非制造业的投资。规模看，制造业和非制造业投资规模均呈现波动式增长。2011～2019年，日本对外投资规模波动提高；2020年，日本对外投资整体规模大规模下滑，其中非制造业下降幅度达到59.5%。

制造业细分行业看，化学、医药，运输机械设备，电气机械设备是日本对外投资制造业的主要细分行业。其中，2019年日本缩减大部分行业的对外投资，而电气机械设备和木材、纸浆的投资依旧不减。

非制造业细分行业看，金融、保险业，批发、零售业，通讯业是日本对外投资非制造业的主要细分行业。2019年，日本在通讯业，批发、零售业，房地产业的全球投资缩减力度较大，对金融、保险业和采矿业的投资略减。

从日本对外投资的国家布局分国家看，日本对东盟整体投资规模呈现“V”形波动趋势，但对东盟制造业的投资较稳定。

日本对泰国、新加坡、印度尼西亚这三国投资额较大，行业看，对三国金融、保险业均投资较大数额，对新加坡批发、零售业投资较大。

日本对RCEP成员国投资总额较大，2018年、2019年、2020年分别达7.9万亿日元、9.1万亿日元、7.1万亿日。其中，日本对东盟十国投资占对RCEP成员国总投资的60%以上，对中国、澳大利亚的投资次之。

（二）日本在华投资布局

1.日本在华投资趋势。无论是制造业和非制造业领域，日本对中国投资规模都相对较大，但以制造业为主。2018年，日本开始对中国非制造业领域加大投资，同时缩减中国制造业的投资规模，在一定程度上表明，日本在中国非制造业的布局调整。

日本对中国制造业投资前三大领域分别是运输机械设备、一般机械设备、电气机械设备，对运输机械设备投资在2020年逆势增长。

日本对中国非制造业领域的投资，主要集中在批发、零售业和金融、保险业。

2.日本对中国各省份投资。从中国东、中、西划分看，日本对中国东部省份投资规模较大，中部次之，但近年来，对中西部的投资呈上升趋势。从中国东部看，2011～2019年，江苏省吸引日资规模整体高于山东、上海、浙江，但呈现逐年下降趋势，2017年，日本对广东省投资规模“陡增”。从中国中部看，日本对中国中部省份的投资力度加大，安徽省吸引日资规模最大，对河南省的投资规模逐年上升，逐渐与湖南省持平。从中国西部看，日本对中国西部省份整体投资较少，其中日本对陕西省投资呈现“波动式”上升，2019年实现大幅增长。日本对内蒙古、宁夏的投资呈现小幅度上升趋势。

发挥公证制度优势
推动山东自贸试验区营商环境法治化*

“十四五”规划提出，要深化简政放权、放管结合、优化服务改革，全面实行政府权责清单制度，持续优化市场化法治化国际化营商环境，在此大背景下，公证机构转型发展、服务自贸试验区建设势在必行且大有可为。公证制度作为国际通行的法律制度，也是我国唯一的预防性司法制度，具有防控风险、诉前引导、调解纠纷等功能，是构建自贸试验区公共法律服务体系的重要内容。2021年1月22日，全省首家合作制公证处齐鲁公证处①正式入驻山东自贸试验区济南片区，围绕自贸试验区企业和重点领域产业发展需求，优化搞活体制机制，探索、创新公证服务产品和模式。课题组通过调研齐鲁公证处如何结合公证职能和自贸试验区产业发展实际开展的相关业务，对如何发挥公证制度优势推动自贸试验区营商环境法治化提出几点建议。

一、发挥公证政务辅助优势，优化营商环境

公证业务一般都与办理政务事项相关，申请人在办理公证前后经常在多个部门之间奔波往返，如能将公证业务与相关政务事项实行联合办理，会大大提高办事效率。原济南市高新公证处利用大数据手段，先后将公证与不动产登记和机动车登记实行业务联办，实现公证和政务事项的业务系统相互融合和数据共享，当事人只需一次信息录入即可同时办理公证和政务事项。截至2020年

* 作者：夏运彬、谢萍、李金凤。

① 原山东省济南市齐鲁公证处与济南市高新公证处重组整合，以合作制形式成立山东省济南市齐鲁公证处，于2021年1月1日对外开展业务。

11月，济南市高新公证处共办理公证与不动产登记联办业务113件、机动车抵押等相关车管业务331件，实现了法律效果和社会效果的统一。[①] 政务辅助大厅的创新模式，大大提升公证和政务服务便捷度，真正实现“最多跑一次”。同时，许多在办公证业务都与政务事项相关，公证的政务辅助功能仍有很大拓展空间。

（一）出国（境）公证业务

出国（境）公证业务主要包括出国留学类、定居移民类和探亲旅游类等类型，具体包括亲属关系、身份证、护照、国籍、婚姻状况公证等业务，多与公安、民政等部门职能相关，可以探索实现公证与相关部门数据共享，将出国（境）手续和证件办理、婚姻状况及身份证明出具等政务事项与公证业务实行联办，节省出国（境）事务的办理时间。

（二）商事活动（涉外）公证业务

商事活动（涉外）公证业务主要包括营业执照、资信证明、公司章程、股东会决议等公证事项，相关政务事项多属于市场监督管理部门的职能范围，其中企业登记、证照办理等与公证联系紧密，可探索联办。由于自贸试验区未来涉外投资贸易的需求将迅速增长，公证机构可拓展相关公证业务服务链条和环节，如为企业在国外设立机构、招标投标、招商引资、对外贸易、承揽工程、劳务合作等提供延伸公证服务，办理互联网跨国境公证认证及相关业务，同时探索与境外投资审批、备案等省级以内权限政务事项实行联办。例如深圳前海公证处结合深圳市重点领域产业发展首创跨境公证法律服务，通过建立与境外委托机构便捷沟通渠道，向参与海外投资的企业提供背景资质等信息的公证证明等服务，此创新举动被中山大学自贸区高端论坛评为“2018～2019年度中国自由贸易试验区制度创新十佳案例”。

（三）参与行政执法辅助和司法辅助事务

公证参与行政执法辅助和司法辅助，既是构建自贸试验区多元化纠纷解决机制的重要内容，又是公证机构自身改革创新发展的迫切需求。充分发挥公证提前预防纠纷、固定证据的优势，提升行政执法和司法规范化和透明度，推动社会纠纷解决资源的合理配置和高效利用。在实际操作中，可以建立行政执法部

---

① 参见《济南市司法局：推行“一次办好”公证业务联办新模式》，2020年12月16日，https://new.qq.com/omn/20201216/20201216A03FME00.html。

门公证绿色通道和急证通道制度，对执法部门保全证据类公证事项优先办理，在法律许可的范围内实行“容缺受理”，简化申请手续，减轻执法部门负担。司法辅助方面，公证机构可以在合作法院设立司法辅助专窗，全面参与法院的送达、排期、调查、保全、执行、调解等审判辅助工作，并为当事人提供咨询服务、领取和收发材料、送达情况查询、面签授权等司法辅助服务，开设“公证＋诉讼”绿色通道，节省当事人转递公证文书的时间，为诉讼提质加速。

二、发挥公证证据保全优势，服务知识产权保护

2019 年《国务院关于印发 6 个新设自由贸易试验区总体方案的通知》重点关注了知识产权综合改革对破解贸易转型和创新驱动发展瓶颈的先行探索和示范带头作用，自贸试验区可发挥公证的证据保全优势，通过信息技术及时固化、锁定电子证据，降低信息沟通成本，维护区域内企业合法权益，这也是营造尊重知识价值的营商环境需要。

（一）打造集约化知识产权公证服务平台

延伸知识产权公证服务链，开展集维权、调解、公证等为一体的云平台建设，在相关部门主导下强化与法院、互联网企业、调解委员会等相关机构的合作，提供涵盖原创保护、侵权调查、维权监测、代为取证、自助取证存证、公证证明、纠纷调解和诉讼对接等一站式知识产权公证法律服务。

（二）做好纠纷预防和风险防控

发挥公证纠纷预防功能，提供知识产权交易中双方身份及权属核验、交易风险审查、合同代书及合同审查、公证提存等服务，将公证服务嵌入商标、专利等知识产权交易流程。推动公证服务向知识产权形成端、纠纷预防端延伸，利用“公证＋区块链”和电子存证技术对知识产权和商业秘密等内容进行预先固定和保全，提前开启权利保护和纠纷预防，实现对知识产权事前、事中、事后的全方位法律保护。

（三）构建“调解＋和解＋赋强公证”纠纷解决模式

建立健全公证与知识产权行政、仲裁以及司法机构之间的衔接机制，构建适合自贸试验区的知识产权纠纷多元化解平台，形成“调解＋和解＋赋强公证”的知识产权公证服务模式，对有给付内容的调解协议、知识产权质押融资合同等办理赋予债权文书强制执行效力公证，有效化解知识产权“讼累”。

三、发挥赋强公证优势，服务金融创新

自贸试验区作为金融创新高地，尤其需要引入公证服务来强化金融风险防控，辅助金融创新，为实体经济的高质量发展提供精准、优质、高效的金融公证服务。公证机构应以市场主体需求为导向，进一步拓展和延伸金融公证业务种类和环节，充分发挥赋予债权文书强制执行效力公证优势，有效维护各方利益，为企业和个人提供综合性金融解决方案。

（一）创新服务模式

构建自贸试验区金融公证服务平台，搭建金融活动主体之间的信息桥梁，通过公证提供对债务人资信、担保财产权属以及权利文书的真实性审核，合同签订和审查，债权文书公证，抵押（质押）登记手续办理，代为催收债务和申请执行等的全流程、多维度服务，使公证深度融入金融产业链。积极开展网络赋强公证，有效提升公证服务便捷度，节省融资成本。

（二）创新金融产品

契合自贸试验区企业融资需求，公证机构可以整合金融产业链上下游企业，推出适应中小企业需求的金融公证业务类型。例如深圳公证处推出一款金融创新产品“公证安心贷”，产品由“公证服务＋金融居间服务”组成，对接银行等金融机构以及大型担保公司，为企业提供包括公证监督、法律审查、资金监管、信息存证、事务代办等公证服务，有效解决中小企业融资难、费用高等难题。

（三）创新服务领域

积极拓展、创新金融领域公证，推动公证服务向信托保险、融资租赁、融资担保、资产管理、商业保理等领域和企业建立内控机制、资产评估、权益转让、清算退出等环节延伸，探索在互联网金融中引入强制执行公证，解决呆坏账比例居高不下的难题，拓展企业线下追索欠款的路径。2020 年 4 月 29 日，深圳前海公证处与招联金融签约广东省首个互联网消费金融债权文书在线赋强项目，将公证债权文书法律制度应用于网络金融领域，实现了“公证赋强、科技赋能”。

四、开拓公证新领域，融入人力资本产业链

2021 年 1 月 22 日，济南高新区打造的全国人力资本产业公共服务平台与齐鲁公证处联合开展的“人才公证链”项目正式启动，该项目将公证和人力资本产业有效融合，运用互联网信息技术赋能改造传统服务业，探索、创新公证服务

产品和流程设计,使公证加速融入人力资本产业链。

(一)创新人才公证服务模式

推动公证与银行、保险、担保等金融机构深化合作,以满足主体个性化多元化需求为导向,探索人才金融领域的公证服务模式创新,开发适合不同客户群体和金融创新模式的配套公证服务项目。充分发挥线上赋强公证、电子数据存证等业务优势,促进人力资本知识产权的保护利用,在为人才金融创新防控风险、保驾护航的同时,最大程度提升个人人力资本价值。

(二)出台吸纳人才的公证服务优惠政策

根据人才和客户的需求,将电子数据公证、保全证据公证等业务形式相结合,提供"量身定制"个性化综合性公证服务方案。针对自贸试验区发展所需高层次人才和国外引进人才,推出公证创新业务和优惠政策,例如开通高层次人才公证绿色通道、预约上门办理、网络在线等服务,助力自贸试验区吸纳和引进所需高端人才。

(三)提升公证服务便捷度

拓展在线办证业务,为异地或海外客户办理远程视频公证,实现"零接触"办理公证,提供智能化、人性化、便捷化的公证服务。加强与人力资本产业各相关部门和机构的合作,实现系统相互融合和数据实时共享,将人才公证业务与有关部门人才优惠政策享受、进出国(境)手续证件办理等业务实行联合办理,使人才享受到便捷高效的服务,全身心投入发展事业。

互联网时代的公证服务,能为自贸试验区建设各环节提供第三方保障,促进市场主体公平有效交易,提升优化法治营商环境。处于转型期的公证机构要把握制度创新的有利契机,适应商事活动中交易迅速、便捷、安全的效率价值要求,以理念创新带动业务创新和制度创新,实现自贸试验区建设中公证机构的嵌入式发展,建设信息化、便捷化、综合性的现代公证法律服务机构,助力自贸试验区打造法治化营商环境。

自贸试验区政策效应评估方法综述*

2013年8月，中国（上海）自由贸易试验区正式挂牌，截至2021年6月，我国已先后分六批设立21个自贸试验区。从功能定位看，自贸试验区是新时期我国对外开放的核心平台，是我国全面深化改革的试验田，自贸试验区以小区域“试验”模式出场，以制度创新为核心，培育新的制度增长点，推动建设更高水平开放型经济新体制，打造对外开放和创新发展的新高地。从数据看，截至2021年上半年，我国自贸试验区累计承接2800多项国家改革试点任务，累计在国家层面推出278项制度创新成果向全国或特定地区推广，其中，前18个自贸试验区已在本省份内推广了约1400项制度创新成果，有力地为区域经济发展输出了制度增长点。

在“十四五”期间，自贸试验区将进一步服务国家重大战略，加速对接国际高标准经贸规则，被赋予更大改革自主权，承担更为艰巨的改革探路任务，深化首创性、集成化、差别化改革探索，可见，国内自贸试验区建设已迈入新一轮高速赛道，科学的自贸试验区决策依赖于科学的政策评估，自贸试验区经济效应评估已经成为政府主管部门、学术界关注焦点。对于山东自贸试验区研究来说，要对自贸试验区及政策进行精确量化评估，要对下一阶段的发展路径和任务进行压力测试评估，为山东自贸试验区科学决策提供依据。

一、对自贸区及其政策效应计量评估概述

（一）关于自贸区及政策效应评估概述

在自贸试验区政策评估体系中，政策的实施效应评估是开展政策设计机

---

* 作者：张永康。

制、政策协同度、政策工具组合、政策倾向性、政策路径机制、政策效率等后续评估的基础。由于自贸试验区的设立及其政策在本质上是一种政策干预行为，一个没有自贸区的省市在某个时间点设立了自贸试验区，就相当于被施加了一项政策干预，自贸试验区自主制定、复制推广的具体政策和制度也是一种政策干预。因此，自贸试验区政策效应评估就是评估这些干预行为的效果如何，怎样才能客观衡量这项政策干预是否合理、是否过度，自贸试验区未来提升方向在哪里，提升空间有多大，政策临界点在哪里，从而为自贸试验区建设决策和制度创新提供精确依据。

自贸试验区及政策效应属于具体区域、具体节点、可观测个体的微观经济效应，具体包含：开放效应、区域增长效应、外国直接投资（Foreign Direct Investment，FDI）引致效应、产业结构效应、贸易创造效应、技术外溢效应、区域创新效应、区域内产业链协同效应、税收增长效应、区域间协同发展效应、要素流动效应等，对自贸试验区的上述效应均可以通过量化评估实现定量测度，因此，对自贸试验区政策效应的定量评价就成为近年来研究的热点，也是研究的难点。

（二）自贸试验区政策效应评估方法及计量评估的优势

政策的经济效应评估方法大体分为定性分析和定量分析两种路径。其中，定性分析多为描述型研究，不需要量化评估工具，无法对研究对象的经济效应直接量化展示，所以，仅仅依靠描述型定性研究，研究者难以对自贸试验区开展前文所述的诸如政策效果量化、创新力量化、开放水平测度、区域经济贡献度、产业贡献度、产业链协同度、要素效率等具体的量化评估任务。比如，山东自贸试验区是通过哪些传导机制推动山东经济增长的？对山东经济贡献有多大？在推进山东与日韩合作上贡献度有多大？服务业扩大开放的承压极限在哪？政策工具强化方向在哪？上述问题均需要定量研究。

当前，自贸试验区政策效应的定量评估方法主要是指计量经济的评估方法，研究者采取计量经济学思想和模型开展评估测算已成主流，这得益于近年来计量分析技术的成熟与普及。比如，研究者经常利用引力模型实证分析某自贸试验区的贸易便利化与进出口流量的关系；借鉴系统动力学的方法对某些自贸区数据分析，构建出自贸区效应溢出系统关系模型，以此评估自贸试验区带来的人才溢出效应等。而在自贸试验区政策效应评估中应用最广的计量方法是“反事实分析框架”，也就是常说的反事实分析法，近年来，学界采用反事实分析框架下的众多模型评估自贸试验区政策效应已成为热潮，比如研究者利用双重差分法评估自贸试验区设立对经济增长、本土资本流动产生的正向效应。

这种"反事实"构建方法本质上是一种假设的经济状态，具体逻辑是一个政策事件实施后，有些样本接受了政策实施，有些样本没有接受政策实施，这就会产生至少两组被观测研究的样本群体，研究者把受到政策干预的样本称为实验组，把未受到政策干预的样本称为控制组，其中为实验组找到一个接近自然产生的控制组，相当于为实验组构造了一个"反事实"控制组，这是观测研究中最为重要的一步；要确保实验组和控制组在政策实施前的发展结果拟合良好，将两组在政策实施后的结果进行比较，差值就是实验组的政策实施效应。

但是，现实经济运行中，极少有政策是采取随机方式实施的，比如某个地区设立自贸试验区与否，是国家综合考虑各种因素之后的决策，绝不是全国各地区随机、等概率地被施加设立自贸试验区，这就等于是说那些被设立自贸试验区的地域本身就具有某些资源优势、发展惯性倾向等，这就是内在性。所以即便设立自贸试验区之后，该地域的发展成果也未必全是得益于自贸试验区这一纯外部性干预。比如，设立自贸试验区的地方就是实验组，对于实验组的个体，研究者无法观测其在未设立时的表现，对于控制组的个体，研究者也无法预测其在接受政策干预时的表现，从逻辑上看，这就等于存在两组"反事实"，所以，如何构建"反事实"框架就成为政策效应评估的关键。

反事实法的逻辑容易理解，但是反事实法属于模拟自然实验法，要使构建的"反事实"框架尽量逼近"自然真实"，也就是要使那个未受政策实施影响的控制组，既要在政策实施前很好地拟合实验组发展态势，又能在政策实施节点之后"纯粹地"展示出自身发展的影响变量仅仅是缺少了外部政策影响，而没有受其他混杂变量因素的影响，并且还要确保控制组个体一旦接受政策干预也会像实验组一样有共同反应趋势，只有这样，两组的结果变量之差才是纯政策效应。由于经济研究中数据属于非实验数据，其最大问题是不具备实验数据的可重复、可控制、随机性，那么在构建反事实框架下的实验组和控制组时，两个组中个体样本的变量不是以随机、完全可观测可控制的方式接受政策干预的，可能导致控制组和实验组的可观测变量分布并不相同，从而存在个体异质性、不可测的混杂因素、变量漏项等问题，造成两个组的可观测变量的不匹配，进而导致变量受影响。比如实验组的区域或个人，其发展基础、资源、能力、条件等个体特征具有明显异质性，会影响个体决策，间接影响变量，进而对结果变量产生影响，这就是混杂因素，研究者要控制不可观测的混杂因素对个体结果变量的影响，要控制实验组和控制组的个体异质性，这是研究中较大的挑战。总之，控制组和实验组的个体异质性、不可观测的混杂因素、可观测变量的不匹配等问题，都会导致政策效应评估偏差。

目前，反事实分析框架下常用方法包括：双重差分法（DID）、合成控制法（SCM）、回归合成控制法（HCW）、断点回归法（RD）、倾向值匹配法（PSM）等；其中，双重差分法（DID）是目前应用最多的方法，回归合成控制法（HCW）法是应用潜力最大的方法。在实际应用中，多种方法可以综合运用，比如可以构建PSM-DID的评估方法，用倾向值匹配法的控制组个体匹配方法，解决双重差分法对不可观测混杂要素处理不足的问题；再比如，在稳定性检验中可以任意更换评估方法以检验结果是否一致，在应用合成控制法评估之后，再用双重差分法进行重复评估进行检验。下面重点介绍双重差分法、合成控制法、回归合成控制法、倾向值匹配法四种自贸试验区政策效应评估方法。

二、"反事实"框架下评估自贸试验区效应的四种方法

（一）双重差分法（DID）

双重差分法将制度变迁以及新政策视作为外生于经济系统的一次"自然实验"，实验某项政策在发生和不发生这两种情况下的差别，具体逻辑是当一个具有试点性质的政策实施时，比如在某地设立自贸试验区就可以看作是一项试点政策，为了研究该政策效应，研究者要为该地寻找一个或几个未实施该政策的地区，作为反事实参照系，于是，受政策干预的为实验组，未受政策干预的为控制组，并且在政策冲击前，两组没有显著差异。那么就可以将控制组在政策发生前后的变化看作实验组未受政策冲击时的状况，但是这时的状况还不等于纯粹的政策效应，因为不论是实验组还是控制组，本身不论是否实施某项政策，两个都会存在惯性发展，这就是两组固有的时间效应，这就需要将实验组的前后变化值再减去控制组的前后变化值，也就是实验组差分与控制组差分之差，从而降低了时间效应干扰，得到政策效应更为可靠的估计，这就是所谓的"双重差分"。此方法是研究"山东自贸试验区的设立对于提升山东开放水平效能测度""山东自贸试验区某项政策对山东某领域发展有多大效应"等问题的常用研究方法。该方法优点是：不直接对比样本在政策前后的均值变化，而是使用个体数据进行回归，从而判断政策的影响是否具有显著的统计意义，有效控制了被解释变量和解释变量之间的相互影响，能够允许存在不可观测因素，并且允许

不可观测因素影响个体是否接受政策，使政策效应评估模型与现实经济更接近，避免内生性问题的困扰。但是，双重差分法的局限性也很明显：一是对数据的要求严格，必须具有至少两年（政策实施前后各一年）的面板数据集，实验组与参照组样本越大越好，除了政策干预与否这一区别之外，两组样本特征越接近越好，比如在自贸试验区效应评估时，双重差分法会假设作为实验组的自贸试验区和没有设立自贸试验区的参照组都是随机选取的，但是这显然是与实际经济决策不符的。二是该方法要求两组个体特征尽可能相似，还要求面对政策干预的反应一致，需要假设实验组和控制组个体之间存在共同的趋势因子并且这些趋势因子的影响是同质（在相同政策干预下对两组个体产生相同影响）。事实上，现实中的实验组与控制组中个体由于受某些不可观测因素的影响，在面对政策干预时可能作出不同反应，从而使得实验组难以剔除内生性问题，导致评估结果有偏差。

（二）合成控制法（SCM）

合成控制方法主要思想如下：哪怕控制组个体和处理组个体的特征不相似，但是可以对这些控制组个体进行某种加权赋予权重，再通过选取权重，构造一个合成控制组，这个被合成的控制组与实验组受政策干预前的行为相似，发展趋势拟合良好。比如在评估山东自贸试验区某项深化对日韩合作政策效应时，该方法不是去挑选出各方面和山东自贸试验区类似、却未实施日韩合作政策的其他自贸试验区作为参照组合，而是对其他自贸试验区进行加权，从其他自贸试验区变量组合里各取相似变量，合成一个跟山东自贸试验区较为类似的对照组，这个“合成的山东自贸试验区”与真实的山东自贸试验区具有较好对应性，能较好地模拟山东自贸试验区在不实施该项日韩合作政策时的情况，在深化对日韩合作政策实施后，对比山东自贸试验区与“合成的山东自贸试验区”的结果变量差值，即为净政策效应。可见，该方法有效解决了在选择控制组个体和构建控制组时存在的选择主观性、个体相似性不足等问题。合成控制方法与DID方法的相似之处是，两种方法都要求政策实施对实验组有影响，但是对控制组没有影响。不同之处包括：一是合成控制方法要求政策干预在某时刻只影响一个地区，而其他地区在所有时间内都没有受到该政策的影响，适用于处理组个体较少的政策评估问题；而DID方法则可以处理具有多个处理组个体和控制组个体的情况。二是合成控制法通过加权后合成的控制组与实验组具有良好对应性，通过对多个对照组对象进行加权，构造出一个与实验组完全类似的、合理的控制组，并根据控制组的数据构建出“反事实”样本；而双重差分法具有样本选择偏误，也无法克服由于存在随时间变化的混杂因素而导致内生性问题。

（三）回归合成控制法（HCW）

HCW法是面板数据政策评估方法，是当研究者面临数据有限时采取的一种统计方法（样本中每个个体都受到多样的混杂因素影响，研究者无法掌握所有因素），其逻辑如下：假设在经济运行系统中存在着一些公共因子影响着实验组和控制组样本截面上个体，这些因子使截面之间具有某种关联性，该方法不需要去测量这些公共因子，只需利用截面个体间相关性的变动，来构造一个实验组的合理参照对象的加权组合，然后对比实验组和对照组在政策实施后的差别，就可以评估某项政策的实施效果。比如评估限购政策对于国内城市房价影响时，该方法在无法一一掌握每个城市影响限购政策的因素时，就假设国内各城市房价由一些共同因子决定，利用非限购城市房价增速与限购城市房价增速的横截面相关性，构造限购城市在不实施限购政策情况下的房价增速“反事实”状态，然后对比真实房价增速与“反事实”状态下房价增速，就得出了限购政策影响。以自贸试验区效应评估为例，应用HCW法不要求自贸试验区实验组和对照组具有共同发展趋势，这一特点使其成为当前政策效果评估的强有力工具。HCW法与合成控制法相比，两种方法都是用控制组个体的结果变量构建“反事实”基础，不过在控制组个体的权重设定上，HCW法使用简单的线性回归改进，使得个体权重唯一，允许对照组权重为负，且权重和可以不为1，这使得HCW法能够最大限度避免无法找到合适对照组的情况；同时，HCW法仅需全部样本的结果变量数据就可以评估，而合成控制法不仅需要样本的结果变量数据，而且还需要预测协变量数据。因此，HCW法在数据支持上更为简单、灵活。再看“HCW法”与双重差分法比较，双重差分法需要假设实验组和控制组个体之间存在共同趋势因子，并且这些趋势因子的影响是同质的，所以双重差分法无法应用在限购政策等类型的评估案例中，因为每个城市实施限购政策所受的影响因子差异较大，双重差分法要求的同质假设不一定成立。

（四）倾向值匹配法（PSM）

倾向值匹配法也是政策评估中常用的一种方法，其主要思想是：要求控制组中要有足够的个体，根据控制组个体受干预的概率，将控制组个体与实验组个体进行匹配，并用匹配后的控制组个体的观测结果近似表示实验组个体在未接受政策干预时的反事实结果，通过比较两组的平均差异作为政策的平均效应，该方法一定程度上降低了样本的自我选择问题，使得倾向得分匹配在政策评估中得到了广泛应用。倾向值匹配方法与DID方法的关系在于，DID方法可以看成一种特殊的匹配方法，是对潜在结果增量的匹配，而不是直接对潜在结果进行匹配。倾向值匹配方法的主要缺陷在于不允许存在未观测的混杂因素，即无法解决内生性问题，因此，研究者就将匹配方法同DID模型结合，消除不随时间变化且未观测的混杂因素，以此减轻内生性问题。倾向值匹配方法的局限性包括：一是需要极强的前提假设，该方法的实施依赖满足条件独立性和共同区间两个假设条件，所谓条件独立性指的是在控制协变量后，个体到底在处理组还是控制组，独立于潜在结果；所谓共同区间假设条件指的是要求样本中要同时存在处理组和控制组。二是数据量要求极大，该方法往往应用于截面数据，为了保证条件独立假设成立，需要尽可能多地搜集协变量信息，将混杂因素分离出来。同时，为了保证能找到与实验组个体特征最为接近的控制组，研究者也需要收集大量个体数据，保证结果精度。

三、应用反事实框架评估自贸区效应的代表案例

目前，在我国已设立的21个自贸试验区中，针对自贸试验区政策效应的计量评估研究集中在上海自贸试验区，主要原因是上海自贸试验区设立较早，数据较为全面，政策效应显著，制度创新活跃，上海自贸试验区自身也注重经验总结和政策效应量化评估。除了上海自贸试验区之外，学界对广东、福建、天津、湖北等自贸试验区的政策效果量化研究也陆续展开。比如，学界运用"反事实"法评估广东自贸试验区对提升粤、港、澳经济联系强度的研究；利用回归合成法和合成控制法对上海自贸试验区制度创新的产业结构升级效应的研究；应用双重差分法对自贸试验区制造业结构升级效应研究；利用合成控制法对比分析沪、津、闽、粤四大自贸试验区对经济指标的差异化影响研究；对沪、津、闽、粤四大自贸试验区外资引致效应的研究；对服务自由化程度与经济增长之间相关关系的研究等等。在此，我们选取合成控制法的应用案例，以研究者应用合成控制法对上海自贸试验区的服务业增长政策效应研究为例，简要展示如何运用该方法开展自贸试验区政策效应评估。[①]

---

① 参见崔耕瑞：《中国上海自贸区的服务业增长政策效应研究》，《辽宁大学学报》（哲学社会科学版）2020年9月第5期。

第一步：研究者按照合成控制法要求，假想上海如果没有设立贸易试验区，其服务业的发展情况会怎样，照此假想寻找合适的控制组，即在各方面都与上海相似却未受服务业增长政策干预的其他地区，可很难找到理想的控制组地区，便通过为每一个控制组地区赋予一个权重，加权平均后构造出一个合成控制组，称为“合成上海”，对于权重的选择使得“合成上海”能够很好地拟合上海在政策干预之前的行为，从而期望“合成上海”能够在事后反映上海的反事实结果。

第二步：变量选择。合成控制法要求控制组中的地区没有受到政策干预，由于该案例以上海为实验组，为了避免 2015 年新设立自贸试验区对潜在的控制组造成影响，该案例将广东、天津和福建自贸试验区从控制组剔除。因此，除广东、天津和福建省之外的 27 个省（市、自治区，不包括我国港、澳、台地区）为控制组。然后，选取服务业发展水平（采用人均第三产业增加值来表示）、服务业投资水平（采用第三产业固定资产投资占全社会固定资产投资的比重来表示）、服务业规模水平（采用第三产业增加值占 GDP 的比重来表示）和服务业贸易水平（采用第三产业增加值占比与进出口总额乘积的对数来近似表示）等四项指标，作为服务业发展的代理变量（结果变量）。为了使“合成上海”更好地拟合上海的经济特征，同时为了避免所选变量受到政策干预的影响，选择的预测变量均为事前变量，包括投资水平（采用全社会固定资产投资与 GDP 的比来表示）、政府支出水平（采用地方政府一般预算支出与 GDP 的比来表示）、教育水平（采用人均受教育年限来表示）、经济发展水平（采用人均 GDP 来表示）、消费水平（采用全社会消费品零售额与 GDP 的比来表示）和金融发展水平（采用金融机构贷款余额与 GDP 的比来表示）六项指标。

第三步：通过计量软件测算构成“合成上海”的各地区权重组合，分别是：以服务业发展水平为结果变量时控制组的权重组合，“合成上海”由北京、江苏和新疆构成；以服务业投资水平为结果变量时控制组的权重组合，“合成上海”由北京和江苏构成；以服务业规模水平为结果变量时控制组的权重组合，“合成上海”由北京和江苏构成；以服务业贸易水平为结果变量时控制组的权重组合，由北京和江苏构成。这一步的关键在于“合成上海”在政策实施之前能否很好地拟合实验组的预测变量，要先对比上海在设立自贸试验区之前与“合成上海”在关键经济变量上的均值对比情况。如果各关键经济变量的真实值和合成值均较为相近，说明“合成上海”的服务业发展水平、投资水平、规模水平以及贸易水平的评估效应可靠程度较高。

第四步：回归测算“合成上海”的服务业发展水平、投资水平、规模水平以及贸易水平的结果变量，并与上海自贸试验区的真实数据进行对比，得出上海自贸试验区的服务业增长政策效应。

第五步：进行稳健性检验。为了保证上述结果的稳健性，采用更换研究方法、更换控制组来检验上海自贸区对服务业的影响，同时采用更换实验组的方法检验其他省份自贸试验区的设立对服务业的影响。一是更换研究方法，采用双重差分法检验自贸试验区设立对服务业的影响。二是更换控制组，前文以除天津、福建和广东外的 27 个省份为控制组，在这一步要进一步将 2017 年和 2018 年增设的自贸试验区以及黑龙江从原控制组剔除，并以上海为实验组，利用合成控制法进行重新估计。三是更换实验组，采用合成控制法构建“合成广东”“合成天津”和“合成福建”，将这三个控制组拟合自贸试验区设立之前的广东、天津和福建的服务业发展水平，并在自贸试验区设立之后，比较广东、天津和福建服务业发展水平真实值与合成值。

四、“十四五”期间自贸试验区政策研究展望

在自贸试验区建设中，通过对自贸试验区政策效应开展系统的计量评估，有助于提高自贸试验区建设的决策精准性、施策科学性。“十四五”期间，对于自贸试验区开放水平压力测试、区域供应链协同、创新要素流动效率、服务业开放效应等内容将会成为定量研究热点。首先，自贸试验区研究会涌现更多新方法、新领域，计量研究方法将会进一步扩宽自贸试验区研究场景。其次，“十四五”规划对自贸试验区下一步发展提出新要求，自贸试验区“先行先试”探索任务更为艰巨，计量研究方法在自贸试验区研究中的工具优势将会进一步释放。

依托贸易规则探究数字服务贸易发展路径*

随着大数据、云计算、物联网、人工智能等新一代信息科技的崛起，以数据为要素，以服务为核心的数字贸易蓬勃兴起。连续多年，我国数字经济规模稳居世界第二，数字产业化和产业数字化飞速发展。本文从数字服务贸易内涵界定入手，通过分析“美式”“欧式”“日式”“中式”规则特点，结合国内外发展现状与山东实际情况，提出山东省发展数字服务贸易，扩大开放的政策建议。

一、数字服务贸易发展现状

（一）数字服务贸易的内涵界定

数字贸易（Digital Trade）起源于数字经济（Digital Economy），随着信息技术的不断革新，其内涵不断延伸，显示出旺盛的生命力。2017 年，美国贸易代表办公室在《数字贸易的主要障碍》中将数字贸易内涵再次扩展，肯定其广泛性，不仅包括产品的线上销售和服务的在线提供，还应包括实现全球价值链的数据信息、实现智能制造的服务，以及无数其他平台和应用。总的来说，数字贸易的范畴既涉及服务贸易，又涉及货物贸易；既包含信息通信技术产品和服务，又覆盖信息通信技术与其他经济部门融合应用的部分。①

在以人工智能、大数据、云计算、物联网为代表的新兴技术的不断推动下，数字服务贸易（Digital Services Trade）发展进入“快车道”。当前，国际上对于数字服务贸易尚未进行统一定义。经济合作与发展组织（Organization for Eco-

---

* 作者：高淑君、商庆竹、胡苏楠、何晓然。

① 参见李忠民、周维颖、田仲他：《数字贸易：发展态势、影响及对策》，《国际经济评论》2014 年第 6 期。

nomic Co-operation and Development，OECD）、联合国贸易和发展会议（United Nations Conference on Trade and Development，UNCTAD）等国际组织普遍认为数字服务贸易是通过网络传输交付的数字产品和服务的贸易，但对具体服务类别和范围的认识尚不统一。OECD最早对数字服务贸易进行研究，认为该贸易形式是通过信息通信网络跨境传输交付的贸易，具体体现为以数字技术为实现方式的金融、劳务、社交等服务交易，不仅包括旅游、教育、医疗等服务贸易数字化，还包括新型的数字服务内容，如搜索引擎、云提供的数字服务和数据跨境流动带来的服务等。UNCTAD则将数字服务定义为“通过信息通信网络（语音和数据网络）远程交付的服务产品”，将数字服务贸易定义为“通过信息通信网络跨境交付的所有服务贸易”。①

国内研究则更注重对交易过程的描述。商务部认为，数字服务贸易包含于数字贸易，其开展依赖于数字化载体，包括传统服务产业的数字化以及技术迭代后所催生的全新经济模式或业态，其将数字服务贸易界定为：“采用数字化技术进行研发、设计、生产，并通过互联网和现代信息技术手段为用户支付的产品和服务。”②中国信息通信研究院认为，数字服务贸易是指通过信息通信网络跨境传输交付的贸易，除数字化产品和服务贸易外，还包括数据的贸易。

在国内外机构对数字服务贸易内涵进行界定的基础上，学者们对其进行了更加深入细致地研究。比利时学者威廉姆斯将数字服务贸易界定为通过数字化手段提供的服务，既包括传统服务，也包括新一代服务。③ 国内学者宋丽等认为，数字服务贸易是依赖于数字技术，以数字技术为载体实现服务的交付和提供，它不仅包含传统服务贸易的数字化转型，也包括在数字技术推动下出现的新型的服务贸易形式，即数字产业化。④ 综上分析，数字服务贸易是指在线上开展的跨境服务贸易，既包含于数字贸易，又包含于服务贸易。数字服务贸易的内容包含两个方面：一是传统服务贸易数字化，二是新型数字服务的产业化发展，其中包含数字内容的服务以及云计算等数字服务。无论是传统服务贸易的数字化转型，还是数字内容的服务、数字服务等新型服务贸易提供方式，都是借

---

① 参见王拓：《数字服务贸易及相关政策比较研究》，《国际贸易》2019年第9期。

② 中国商务部服贸司：《中国数字服务贸易发展报告2018》，2020年12月12日。

③ Ines Willemyns, “GATS Classification of Digital Services-Does ‘The Cloud’ Have a Silver Lining?”, *Journal of World Trade*, Vol.53, No.1(2018).

④ 参见宋丽、翁国民：《数字服务贸易规则的发展趋势及中国的因应之策——以海南自贸港为视角》，《上海政法学院学报（法治论丛）》2021年第2期。

助于互联网平台实现数据流动从而产生经济价值，核心都是数据。

（二）全球数字服务贸易规则发展概况

当前，数字服务贸易发展如火如荼，各国为争取技术话语权，纷纷扩大相关研发投入。美、日、欧在全球数字贸易方面处于第一梯队，发展数字服务贸易具有比较优势，已然成为推动高标准数字服务贸易规则建立的主要力量。2018 年以来签署的《美墨加协定》（USMCA）、《欧盟－日本经济伙伴关系协议》（EU-Japan EPA）、《美日数字贸易协定》（U.S.-Japan Digital Trade Agreement）、《全面与进步跨太平洋伙伴关系协定》（CPTPP）等自由贸易协定，集中体现了美、日、欧等发达国家在数字贸易领域主导的规则，如减少国际数据传输和数据本地化政策的不确定性、加强跨境数据自由流动性、严格保护数据隐私及知识产权等。[①] 目前，数字服务贸易规则领域比较有特色的是“美式模板”“欧式模板”“日式模板”和“中式模板”。

1.“美式模板”

美国一直保持着数字技术的全球领先地位，是最早布局数字技术战略的国家。美国也是最早开展数字贸易的国家，目前是全球数字贸易巨头，其国内在网络、数字技术支持下的数字服务贸易居于全球首位。“美式模板”的核心是推动国际数字服务市场的自由和开放，主要是关于数字服务市场准入、非歧视性待遇、跨境数据自由流动、数据非强制性本地化存储、源代码保护等内容。2020 年 7 月 1 日正式生效的 USMCA 首次以数字贸易作为章节标题，在内容上最能彰显美国数字贸易规则，比如重申对数字产品免征关税与禁止歧视性措施以推动跨境数据的自由流动、取消数据存储地点要求、限制政府要求披露源代码与算法的权力等内容。[②] 作为数字服务贸易比较优势国，美国认为数字服务税是一种针对美国企业的歧视性税收，坚持在 OECD 框架内就数字服务税问题开展多边谈判。此外，美国在世界贸易组织（以下简称“WTO”）会议上支持电子传输永久免关税的主张，并提出建立更加开放自由的数字贸易市场，对所有的数字产品和服务免征关税。

---

① 参见王晓红、朱福林、夏友仁：《“十三五”时期中国数字服务贸易发展及“十四五”展望》，《首都经济贸易大学学报（双月刊）》2020 年第 6 期。

② 参见翁国民、宋丽：《〈美墨加协定〉对国际经贸规则的影响及中国之因应——以 NAFTA 与 CPTPP 为比较视角》，《浙江社会科学》2020 年第 8 期。

2.“欧式模板”

尽管欧盟中发达国家占多数，但其在数字贸易发展上仍然弱于美国，因此在数字贸易的关税主张上趋于严格，态度相对谨慎。“欧式模板”的核心是认同跨境数据自由流动。

欧盟数字服务市场开放的同时更加注重隐私保护。[①] 2018 年 5 月 25 日欧盟正式实施的《通用数据保护条例》(General Data Protection Regulation, GDPR)就加大了对数据隐私的保护，其管辖范围拓展至欧盟境外的“涉欧”数字企业，涉及个人数据主体权利强化、数据控制者和处理者的责任加强、跨境传输原则多样化等三个变化较大的方面。此外，税收成为欧盟保护数字产业越来越重要的手段，作为数字服务税的主要推进方，欧盟不仅规定对其成员国内外均征收 20%数字服务增值税，而且率先提出“数字税”草案，拟对全球营业收入超过 7.5 亿欧元、在欧盟营业收入达 5000 万欧元的大型互联网企业征税。在 WTO 的谈判会议上，欧盟亦持中立原则，主张不对数字贸易主体企业征收关税，但反对对数字产品永久免征关税的提案。欧盟对数字贸易的种种谨慎态度，使其在信息和通信行业的进出口占比一直处于较低的水平，甚至低于亚太地区。

3.“日式模板”

日本凭借其高端信息技术在数字化服务贸易方面的优势，抢占了国际贸易规则标准制定的先机。“日式模板”的核心是重视跨境数据的自由流动、数据存储非本地化、个人数据信息与知识产权的保护等。《全面与进步跨太平洋伙伴关系协定》(CPTPP)于 2018 年 12 月正式生效，其中关于跨境数据流动、本地化要求、源代码等的规定，为全球数字贸易规则谈判奠定了高水平的制度范本。2019 年 2 月 1 日《欧盟—日本经济伙伴关系协议》(EU-Japan EPA)的正式生效标志着全球最大的数据自由安全流动区域的成功创建。该协定中的数字贸易条款内容与日本的数字贸易发展战略相契合，符合日本的核心利益。比如“依据法律法规保护消费者个人数据信息”“协议生效之日起三年内重新评估是否纳入数据自由流动的条款”等。2019 年 10 月，日本与美国签署的《美日数字贸易协定》(U.S.-Japan Digital Trade Agreement)是数字贸易壁垒方面最全面、最

---

① 王晓红、朱福林、夏友仁：《“十三五”时期中国数字服务贸易发展及“十四五”展望》，《首都经济贸易大学学报(双月刊)》2020 年第 6 期。

高标准的贸易协定，它要求禁止对跨境电子数据交易（如软件、电子书、游戏和音乐等产品）征收关税；禁止政府强制要求企业公开专有计算机源代码以及影响软件性能的算法等，以保护其知识产权。日欧、美日自由贸易协定的签署及生效实施，标志着以日本为主的新一代数字服务贸易规则正在迅速形成。[①]

4.“中式模板”

尽管中国数字技术发展势头强劲，已成为数字贸易大国，但与欧美等发达国家仍存在较大差距。由于数字技术准入门槛高、对贸易规则的制定缺乏经验等，中国的数字服务贸易尚处于初步发展阶段，在交易中更是持谨慎态度。“中式模板”的核心表现在数据保护、网络安全、市场准入等方面，通过限制数据跨境流动、采取数据本地化措施、采用征收数字服务税的新型贸易壁垒等，增加境外数字服务企业的税负和运营成本，以实现本国网络安全、国家安全的合法政策目标。2016 年中国颁布的《网络安全法》规定，若因业务需要向境外传输有关数据，应根据国务院有关部门及国家网信部门制定的规则和法规进行数据安全性评估。增值电信业务方面，中国不仅对外资准入设置了股比条件，而且在 2017 年对互联网网络接入服务作出了新的规定，即“跨境经营企业禁止租用或自行建立专线”。在国家安全性提高的同时，也在一定程度上阻碍了境外产品、服务的进入，中断了国际间数字服务的交流共享。此外，中国主张对电子传输免征关税条款设置更长的时间限制，降低或取消数字贸易关税以促进本国数字产业发展。[②]

虽然各国的贸易规则都有其科学性和适用性，但不同的市场环境和发展阶段使得各国内生的标准和诉求暂时无法推广形成全球统一适用的规则。在数字服务贸易高速发展的今天，各国对 WTO 基于规则的多边贸易体系下，通过多边平台谈判促进统一规则的制定抱有更加迫切的希望。自 2019 年以来，数字服务贸易规则谈判日益成为各成员谈判的重点。在 2019 年初达沃斯论坛上，76 个成员签署达成了《关于电子商务的联合声明》，认为 WTO 成员方应积

---

① 参见董小君、郭晓婧：《美日欧数字贸易发展的演变趋势及中国应对策略》，《国际贸易》2021 年第 4 期。

② 参见赵晓斐：《数字贸易壁垒与全球价值链分工》，对外经济贸易大学经济系博士学位论文，2020 年。

极参与谈判，并积极应对全球经济在电子商务领域面临的挑战与机遇。[①] 学术界认为，解决好数字服务贸易规则的分歧，比如数字服务税、跨境数据流动、数据隐私等争议问题，将有助于推动 WTO 在其他规则层面的改革。

（三）主要经济体数字服务贸易发展现状

根据联合国贸发会最新发布的《2019 年"可数字化服务规模"报告》，2008～2019 年，全球可数字化服务出口的规模已从 1.9 万亿美元增长至近 3.2 万亿美元，且占全球服务出口的比重已达 52%。据统计，2020 年全球排名前 70 的互联网上市公司总市值增长了 58.9%。数字服务贸易在全球服务贸易中的主导地位正在逐步提升，成为推动全球服务贸易增长的新动能。

从数字服务贸易的限制壁垒来看，美国的数字贸易限制指数（DSTRI）[②]最低，日本次之，中国最高。美欧日中都非常注重跨国数据的自由流动、知识产权及个人信息保护，若 DSTRI 较高，会直接影响数字服务贸易的效率和质量，进而阻碍数字服务贸易发展规模与结构优化。2019 年，中国该指数为 0.5，远高于 OECD 成员国水平，而美国仅有 0.083，日本为 0.104。[③] 该指数侧面反映出当前美日在电信基础设施连通性、跨境电子交易监管、跨境支付体系兼容性及知识产权保护等方面发展态势较好，中国仍存在瓶颈。[④]

从数字服务贸易的发展总量来看，美日欧三大经济体的数字服务贸易出口规模较大，国际市场占有率较高。如图 1 所示，2019 年美国、日本、欧盟的数字服务贸易出口额分别为 5341.8 亿美元、1160.65 亿美元和 12575.97 亿美元，三大经济体的出口总额在国际市场的占比过半，达 59.76%。同年，中国数字服务贸易出口额为 1434.48 亿美元，在世界数字服务贸易出口中占比为 4.5%。中国数字服务贸易的出口额虽呈现逐年递增趋势，但在国际市场中的占比较低，与美欧相比仍有较大差距。

---

① 参见岳云嵩、李柔：《数字服务贸易国际竞争力比较及对我国的启示》，《中国流通经济》2020 年第 4 期。

② 数字服务贸易限制指数包括基础设施及联通、电子交易、支付系统、知识产权和影响数字交付服务贸易的其他壁垒等五方面，其值越高代表服务贸易壁垒越严重，反之，则越轻。

③ 参见 OECD 数字服务贸易限制指数数据库。

④ 参见陈秀英、刘胜：《数字化时代中国服务贸易开放的壁垒评估及优化路径》，《上海经济》2019 年第 6 期。

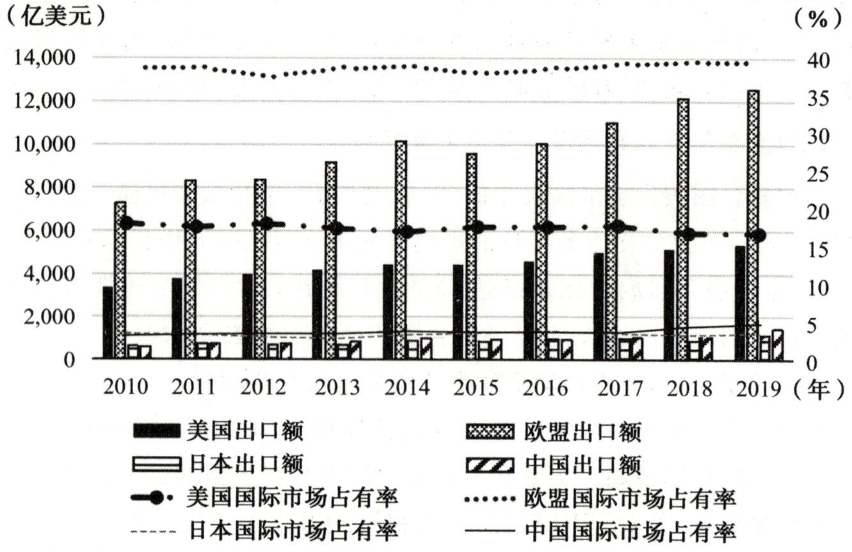

图1　2010～2019年四大经济体数字服务贸易出口额及其国际市场占有率

资料来源：联合国贸发会议数据库。

从数字服务贸易的出口结构来看，美欧在数字服务贸易的细分子类①中有较高国际市场占有率。如表1所示，与美日中相比，欧盟在10个细分子项中占据绝对发展优势，其国际市场占有率最高，其中计算机占比高达51.57%。美国在知识产权、金融、信息、文化娱乐等细分子项中占比较高，且在工程研发、管理咨询、计算机等细分子项呈现影响力提升的态势。日本在知识产权与工程研发方面具有比较优势，且多个细分子项的影响力都有所提升。而中国在金融、知识产权及文化娱乐方面占比较低，且金融占比不升反降，数字服务贸易国际竞争力较弱。

① 此处数字服务贸易的细分子类参考2010版扩展的国际收支服务分类及联合国贸发会议数字贸易分类方式，故数字服务贸易细分为9类子项。

表1　2019年四大经济体数字服务贸易细分子类国际市场占有率　　单位:%

指标	经济体	电信	计算机	信息	保险	金融	知识产权	管理咨询	工程研发	文化娱乐
2019年国际市场占有率	美国	8.74	6.74	25.90	11.84	26.07	28.69	18.01	25.12	28.44
	欧盟	36.35	51.57	41.21	32.94	32.16	32.28	32.33	41.29	37.97
	日本	1.57	0.91	0.76	1.81	2.65	11.41	1.54	3.87	1.13
	中国	2.68	9.40	—	3.48	0.75	1.62	6.78	6.18	1.45
与2014年相比变化率	美国	−5.46	1.86	−3.31	−0.12	0.79	−6.46	2.84	3.06	−3.65
	欧盟	−1.6	−0.56	8.84	1.36	−1.19	−1.81	−1.73	−2.29	3.62
	日本	0.20	0.43	0.16	0.66	1.11	0.91	0.47	−0.52	0.46
	中国	1.40	3.95	—	0.12	−0.21	1.42	—	—	1.2

资料来源:联合国贸发会议数据库。

从数字服务贸易的国际化程度来看,美国数字服务企业国际化水平全球领先。WTO发布的《2019年世界贸易报告》显示,2005～2017年,基于信息通信技术的服务贸易由10390亿美元增加至23680亿美元,比跨境提供服务的全球服务贸易出口增长了一倍多。2019年,美国可数字化服务出口排名全球第一,达到5341亿美元。谷歌(Google)、脸书(Facebook)、苹果(Apple)、亚马逊(Amazon)等大型平台企业以移动应用商店或搜索引擎为服务内容或桥梁,推动海外市场规模快速扩大。而百度作为全球最大的中文搜索引擎,在试图推进全球化搜索业务以扩大国际版图时,却由于多种原因未能实现。

二、政策利好带来数字服务贸易新机遇

(一)数字服务贸易发展政策层出

《国务院关于同意开展服务贸易创新发展试点的批复》(国函〔2016〕40号)提出,积极探索信息化背景下服务贸易发展新模式,依托大数据、物联网、移动互联网、云计算等新技术推动服务贸易模式创新,打造服务贸易新型网络平台。《国务院关于同意深化服务贸易创新发展试点的批复》(国函〔2018〕79号)提出,探索推进服务贸易数字化,运用数字技术提升服务可贸易性,推动数字内容服务贸易新业态、新模式快速发展。推动以数字技术为支撑、高端服务为先导的"服务+"整体出口。2019年,中共中央、国务院发布《关于推进贸易高质量发展的指导意见》提出,加快数字服务领域特色服务出口基地建设。2020年,国家认

定中关村软件园等12个园区为国家数字服务出口基地(见表2),目标是通过建立一批以数字服务出口为导向、具有较强带动作用的基地,培育数字服务新业态、新模式,打造数字贸易发展先行区。山东省齐鲁软件园入选首批“国家数字服务出口基地”。同时,我国推出了包括5G基站、大数据中心、人工智能和工业互联网在内的“新基建”项目,加快提升我国服务贸易对外开放。

表2　国家数字服务出口基地名单

	园区名称	所在地
1	中关村软件园	北京市
2	天津经济技术开发区	天津市
3	大连高新技术产业园区	辽宁省
4	上海浦东软件园	上海市
5	中国(南京)软件谷	江苏省
6	杭州高新技术产业开发区(滨江)物联网产业园	浙江省
7	合肥高新技术产业开发区	安徽省
8	厦门软件园	福建省
9	齐鲁软件园	山东省
10	广州市天河中央商务区	广东省
11	海南生态软件园	海南省
12	成都天府软件园	四川省

资料来源:中国经济网。

(二)我国数字服务贸易发展劲头十足

扩大优势出口是数字服务贸易的助推器。2019年,全球服务出口小幅增长1.9%,中国服务贸易出口2830亿美元,增长4.3%,进口5010亿美元,降低4.7%。而数字化服务贸易的交付程度也随之不断提升,占服务贸易的比重也明显提高。2019年,中国可数字化服务贸易规模为2722亿美元,占服务贸易总额的比重为35%,增速6.3%,高于服务贸易总体增速7.7%;可数字化服务出口总额占服务贸易总额比重为50.7%,高于上年1.4%。

根据商务部、网信办和工信厅对数字服务的界定,数字服务出口主要涉及软件、社交媒体、通信、云计算等一系列服务。数字服务贸易占服务贸易总额近

35%。研发、设计、咨询、供应链管理等其他商业服务，电信、计算机和信息服务，知识产权使用费三项类别是我国数字服务贸易的优势领域，分别占比15.7%、10.3%和5.2%，这说明我国发展数字服务贸易的关键是扩大优势产业出口(见表3)。

表3　2019年我国可数字化服务贸易进出口情况　单位：亿美元、%

	进出口		出口		进口		贸易差额	贸易额占比
	金额	同比	金额	同比	金额	同比		
保险服务	155.5	−7.4	47.8	−2.9	107.8	−9.3	−60.0	2.0
金融服务	63.8	13.8	39.1	12.3	24.7	16.4	14.4	0.8
电信、计算机和信息服务	807.6	14.0	538.0	14.5	269.0	13.2	269.6	10.3
知识产权使用费	410.3	−0.3	66.5	19.6	343.8	−3.4	−277.2	5.2
个人、文化和娱乐服务	52.8	14.5	12.0	−1.3	40.8	20.2	−28.8	0.7
其他商业服务	1232.0	5.1	733.5	4.9	498.5	5.4	235.1	15.7

数据来源：商务部。

(三)创新业态模式是数字服务出口的增长点

软件出口保持中高速增长。2019年我国软件和信息技术服务业出口执行额434.81亿美元，同比增长5.5%，较2016年增长1.27倍；协议金额604.08亿美元，同比增长7.7%，较2016年增长1.3倍；合同数57945个，同比下降6.3%，说明单笔合同执行额有所上升。我国在新一代信息技术开发应用服务外包领域具有发展优势，2019年执行金额同比增长154%。2010～2019年中国软件和信息技术服务业出口规模与增速见图2。

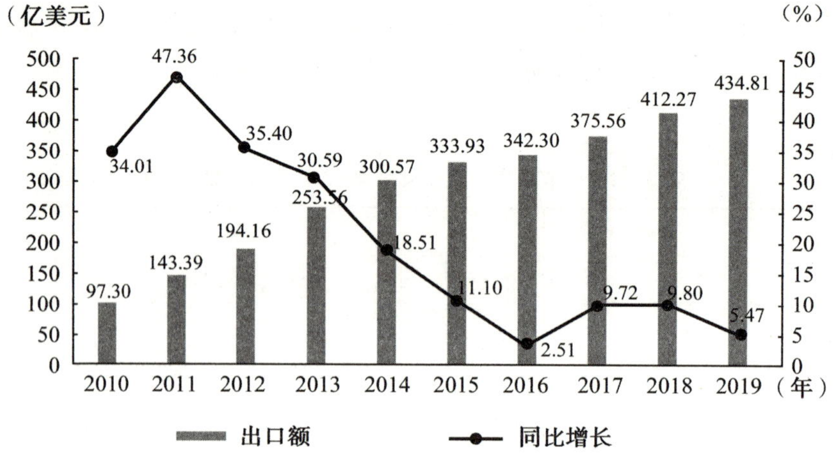

图 2 2010～2019 年中国软件和信息技术服务业出口规模与增速

资料来源：中国商务部服务贸易和商贸服务业司。

我国平台经济发展迅速，2020 年，互联网平台服务企业实现业务收入 4289 亿元，已经占到全部互联网收入 33%，同比增长 14.8%。[①] 不断发展的平台经济加速海外市场业务拓展，其中短视频社交媒体的海外业务实现跨越式发展。截至 2019 年一季度末，抖音海外版 TikTok 的 75 个语种产品已经覆盖全球超过 150 个国家和地区，全球下载量超过 10 亿人次。在面向全球市场的产品设计、投融资策略、本土化运营等方面，TikTok 为探讨中国社交媒体国际化发展提供了宝贵的实践经验。

信息通信行业是技术出口的主要领域。信息传输、计算机服务和软件业是我国技术出口最主要的行业领域。2020 年该领域技术出口合同额同比增长 14.5%，占技术出口合同总额的 34.9%。[②]

① 参见工业和信息化部运行监测协调局：《2020 年互联网和相关服务业运行情况》，2021 年 2 月 1 日，https://www.miit.gov.cn/jgsj/yxj/xxfb/art/2021/art_12c3219068d34c0494df817942a29fe5.html。

② 参见《2020 年我国技术出口合同金额下降 15.8%》，《服务贸易简报》2021 年第 2 期。

三、山东自贸试验区数字服务贸易出口模式探讨

(一)影响数字服务出口基地的主要因素

2019年,商务部、网信办和工信部发布《关于组织申报国家数字服务出口基地的通知》,将数字服务界定为“采用数字化技术进行研发、设计、生产,并通过互联网和现代信息技术手段为用户交付的产品和服务”,数字服务出口主要涉及软件、社交媒体、通信、云计算等一系列服务。[①] 山东自贸试验区创建数字服务出口基地,对山东打造国家级数字服务出口支撑平台,培育数字服务出口新业态新模式,实现服务出口数字化转型,抢占数字经济发展先机具有重要意义。齐鲁软件园被商务部、工信部联合认定为首批“国家数字服务出口基地”。

数字服务产业是数字服务贸易开展的基础,其大多数属于生产性服务业,是价值链分工中的重要环节,贯穿于生产制造的各个环节。一方面,商务部数据显示,以云计算、人工智能、区块链等新一代信息技术为代表的开发应用服务外包大幅增长,2019年的执行金额同比增长154.5%,合同数、协议金额分别增长3309.4%、201.4%,说明中国在新一代信息技术服务外包领域具有较大发展潜力;另一方面,中国的数字内容服务出口能力增强。《2019年中国游戏产业报告》显示,2019年中国自主研发游戏海外市场实际销售收入达115.9亿美元,同比增长21%,主要销往美日韩三国,三国市场收入合计占比达到67.5%,说明中国自主研发游戏的海外影响力和市场地位得到不同程度提升。但数字服务产业规模有限、产业龙头企业稀少,2019年中国云技术、人工智能、区块链技术等新一代信息技术开发应用服务仅占信息技术服务外包(ITO)的2.7%,软件产品出口仅占1.8%。相比谷歌、脸书、苹果、亚马逊等跨国公司,百度的国际化之路出现挫折。目前,山东省以浪潮为代表的大数据双创平台先后被评为国家双创示范基地、专业化大数据双创平台,为数字服务产业孵化奠定良好基础。山东省自贸试验区济南片区应抢抓契机,大力推动“互联网+医疗”、“互联网+教育”、“互联网+金融”、大数据、云计算、人工智能等传统或新兴服务业融合发展。

信息通信技术是数字服务和数字服务贸易的助推器,其与数据的加工、存储、传输等技术密切相关,能够推动产品数字化能力持续增强。中国互联网、物

---

① 参见岳云嵩、赵佳涵:《数字服务出口特征与影响因素研究——基于跨国面板数据的分析》,《上海经济研究》2020年第8期。

联网、无线宽带、移动终端、超级计算、5G 等技术和设施水平位居世界前列，中国已经建成全球规模最大的信息通信网络，国际光缆已通达 70 多个国家和地区，其中 4G 基站数量占全球总数 50%以上，已经开通 5G 基站 11 万个。截至 2021 年 2 月 23 日，山东 4G 基站总数达 32 万个、5G 基站 5.1 万个，均位居全国前列。中国已在俄罗斯、泰国、菲律宾、柬埔寨等国推介本国的区块链技术发展模式，逐步实现"走出去"。2018～2019 年，中国企业与 10 多个国家及国际组织共同推进超过 10 个区块链技术合作，在金融、环保、医疗领域引进区块链应用技术。目前，济南"链上自贸"已启动全市推广，通过"一物一码""一物一档""全程可诉""数据共享"等实现全过程监管的数字化贸易创新，可大大提升贸易便利化水平，降低国际交易成本，促进知识产权跨国保护，破解进口商品难退回等问题。但网络基础设施建设需持续推进、信息通信技术与产业结合度需进一步提高、"区块链"技术需发挥其最大化效用，以推动山东省自贸试验区济青烟片区的数字服务贸易的高效、高质量和规模化发展。山东省自贸试验区济南片区应继续加大在进口端、出口端、保税加工等领域的创新应用，打造对接国际经贸规则、服务更多企业的数字化贸易服务平台，促进国内国际市场双循环。

国家间服务贸易开放政策和网络互联互通是数字服务贸易开展的关键，若设置电信基础设施、电子商务、支付体系、知识产权等方面的数字贸易壁垒则可能会阻碍跨境数字服务，削弱贸易数字化转型的优势。截至 2020 年，中国已与 139 个国家、30 个国际组织签署了 201 份共建"一带一路"合作文件，网络信息通信设施建设合作空间不断扩大。《中华人民共和国数据安全法》于 2021 年 6 月 10 日发布，于 2021 年 9 月 1 日生效实施，鼓励跨境数据安全与开放流动，如第十一条规定："国家积极开展数据安全治理、数据开发利用等领域的国际交流与合作，参与数据安全相关国际规则和标准的制定，促进数据跨境安全、自由流动。"但中国的数字服务贸易非关税壁垒较为严重，在电信基础设施连通性、跨境电子交易监管、跨境支付体系兼容性及知识产权保护等方面仍存在瓶颈。目前，山东积极制定并落实 RCEP 先期行动计划，优化营商环境，衔接高标准国际经贸规则。在电子商务方面，RCEP 未禁止数据本地化（存储）要求，一定程度上减少了电子商务发展的障碍，可加强国家间服务贸易开放度。而 CPTPP 相较 RCEP，就数据本地化方面作出严格限制，以加强隐私保护和知识产权保护。若中国加入 CPTPP，山东省要用好数据资源、促进跨境数据安全有序流动，在自贸试验区探索经验显然十分必要。

(二)政策建议

1.深刻认识发展数字服务贸易的意义

当前,全球贸易向服务化方向发展,而数字服务贸易正是其中关键推动力。发展数字服务贸易对于我国融入新一轮以服务为核心的全球化分工具有重要意义。一是有利于加快山东省服务贸易企业数字化转型。以齐鲁软件园为起点,逐步辐射至全省各个相关领域产业,鼓励企业将更多资源投入到技术平台开发及云计算、人工智能、区块链等新技术应用中,提升云计算的应用功能,加快"云原生"布局。二是提升数字服务贸易自由化和便利化水平。在维护国家信息安全、经济安全的前提下,继续缩减服务业市场准入负面清单,减少影响信息技术、研发设计、金融保险、商务服务、文化等领域外资进入的限制性壁垒。推动数字服务贸易发展,有助于推动山东省以浪潮企业为代表的信息通信产业走出去,扩大市场规模,实现发展的良性循环。

2.积极推动山东省的数字服务出口增长

发展数字服务贸易的关键在于扩大出口,需强化理论和实践研究,出台有针对性的政策文件和法律法规。一是完善包容试错机制,推动山东省自贸试验区能够"主动创、大胆试"。如果加入 CPTPP,将涉及许多新经贸规则,自贸试验区作为改革开放的高地、产业的集聚地、经济发展的引领区,应对标 CPTPP 先进国际经贸规则,与日本、韩国率先进行压力测试,探索经验。二是增强数字技术与产业、贸易的融合能力,推动传统服务出口。一方面,通过农业、工业数字化转型,将专业知识技能转化为数字形式的产品和服务;另一方面,通过服务业数字化转型,提升其跨境传输交付水平。三是鼓励信息通信产业创新创业,推动新兴数字服务出口。充分利用大数据、云计算、人工智能、区块链等数字技术,提升货物贸易效率,扩大数字教育、数字娱乐、数字医疗、数字出版等领域贸易规模。

3.着力探索包容共赢的国际规则体系

当前,各国对数字服务贸易规则诉求存在较大差异,美欧日等发达地区主张高度开放的国际贸易环境,中国则主张适度的保护以保障本国产业有足够成长空间。面对差异化的市场布局,首先,我们应加强数字服务贸易国际合作机制。山东省应积极探索在现有数字服务贸易规则下与美欧日等发达地区的合作新模式,形成最大公约数;以"一带一路"为重点,推进数字服务贸易的标准体系建设;加强与相关国际专业组织、跨国企业的技术合作机制建设,发挥山东省

5G信息通信技术的领先优势，积极探索建立全球性的交互式操作系统，促进跨境数据流动的便利化。其次，积极提出“山东方案”。山东自贸试验区济青烟三大片区以主动创、大胆试的态度，率先开展CPTPP新经贸规则的压力测试，结合已有高标准服务贸易协定如RCEP，提出数字服务贸易的山东主张与方案，探索建立山东自贸试验区数字贸易规则。

海南自由贸易港高水平开放对山东自贸试验区建设的启示*

在贸易保护主义盛行和逆全球化思潮涌动的背景下，2020 年 6 月 1 日，我国正式推出《海南自由贸易港建设总体方案》，不以对等条件为前提加快高度的单向对外开放，是向更高层次和更大规模对外开放的一次重大跃升。作为高水平开放的试验田，在“一线彻底放开”“对外开放超级枢纽”“清单模式开放度”“突破性税制安排”等方面，为山东自贸试验区建设标注了新的对标方向。

一、《海南自由贸易港建设总体方案》概述

海南从我国设立的第 12 个自由贸易试验区一跃成为全国唯一的自由贸易港，探索由要素层面开放向制度层面全方位开放的转变。

从开放进阶看，我国改革开放历程，呈现出一条由点及面、由指定领域到各个领域扩展升级的发展脉络。1979 年设立经济特区和经济技术开发区等特殊经济功能区是开放 1.0 版，2001 年加入世贸组织是 2.0 版，2013 年设立自由贸易试验区是 3.0 版，2020 年建设海南自由贸易港是 4.0 版。

从主要内容看，海南自由贸易港建设的制度设计概括为“6＋1＋4”。“6”——贸易自由便利、投资自由便利、跨境资金流动自由便利、人员进出自由便利、运输来往自由便利、数据安全有序流动。“1”——构建现代产业体系，大力发展旅游业、现代服务业和高新技术产业，增强经济创新力和竞争力。“4”——加强税收、社会治理、法治、风险防控等四个方面的制度建设。

从阶段步骤看，海南自由贸易港建设将分步骤、分阶段进行。2025 年前，围

---

* 作者：李迎春、张永康。

绕贸易投资自由化、便利化，适时启动全岛封关运作。2035 年前，进一步优化完善开放政策和相关制度安排，全面实现以上“6 个便利”，推进建设高水平自由贸易港。

二、“一线放开，二线管住”，重在大胆突破

“一线”就是国境线，“二线”是海南与非试验区国内市场之间的连接线，“一线放开，二线管住”是一线有序彻底放开和二线管住的有效衔接。

（一）“一线放开”高效联通国际市场

建设方案明确了海南在贸易、投资、资金、人员和数据等要素自由流动的自由化和便利化的重大开放举措。比如在许可证、配额等非关税措施方面制定禁限清单，清单之外的商品自由进出口，实现“零壁垒”；在征税商品目录之外的商品免征关税，以联运提单付运的转运货物不征税、不检验，实行“零关税”；货物进入自贸港可以通过单一国际贸易窗口实现进出自贸港高效便利。

（二）“二线管住”有序衔接内地市场

“二线”制度设计主要目的在于隔离自贸港潜在风险。“二线管住”是海南省对接内地市场的管理环节，商品从海南进入内地，要征收关税和进口环节增值税、消费税，但鼓励类产业可以有条件免除关税；商品及运输工具由内地进入海南自贸港，按国内流通规定管理。海南原产地规则、零关税、低税率等制度设计将在内联外拓新路径的探索方面发挥重大作用。

（三）启示：从“片区内”到“片区间”，分步探索一线彻底放开

《中国（山东）自由贸易试验区条例（草案）》提出：“自贸试验区内海关特殊监管区域与境外之间的管理为一线管理，海关特殊监管区域与境内区外之间的管理为二线管理。按照一线放开、二线安全高效管住的原则，建立与国际贸易发展需求相适应的监管模式。”由于山东自贸试验区地域覆盖范围既包括海关监管区，也包括非海关监管区，并不具备全域“境内关外”的特殊监管条件。区内的保税政策仅在其中海关特殊监管区内实施，自贸试验区内整体投资准入开放水平与一般区域的开放梯度有限，放开资金、人员和数据跨境自由流动尚不具备必要监管条件。山东自贸试验区暂时无法达到与海南自贸港“岛内自由”相同的“区域内一线彻底放开”。建议山东自贸试验区建设下一步重点瞄准自贸试验区内、海关特殊监管区外的投资贸易便利化，有步骤地实现自贸试验区内“一线彻底放开”。

三、“打造超级枢纽门户”，重在高点定位

山东要打造面向日韩经济体的超级门户枢纽，不能局限于几个产业园、几项经贸交流与合作机制、几项贸易投资便利化举措，而是要借鉴海南自贸港建设的系统开放形态思维。

（一）海南自贸港首要任务是打造面向东盟开放的超级门户

根据 2019 年度《东盟融合报告》，东盟经济体包括 10 个国家 6.5 亿人口，以 3 万亿美元的体量跃升为全球第五大经济体，东盟对外贸易规模达 2.8 万亿美元，中国企业已在东盟累计投资突破 1000 亿美元。2020 年前 5 个月，东盟保持我国第一大贸易伙伴地位。海南是连接东亚与东南亚、南亚的节点，是中国面向太平洋、印度洋的前沿基地，开展对东盟、南亚各国的合作具有地理区位优势。在自贸港建设方案中，海南自贸港被定位为连接中国与世界的超级枢纽和开放门户，提出加强与东南亚国家交流合作，促进与粤港澳大湾区联动发展。海南自贸港依托“一线放开”串联起国内、东亚与东南亚的经济循环，吸引跨国公司选择海南作为总部基地或区域性、功能性总部，辐射内地市场和东南亚。内地企业也将借助海南高度开放的政策环境，把海南自贸港作为国内产能向东盟转移的枢纽，辐射和服务于东南亚、南亚的供应链和贸易链。海南要打造“具有国际影响力的消费中心”，离岛免税额度从 3 万元增至 10 万元，但目前实际人均只有 3400 元，主要原因在于免税消费市场经营主体单一，亟待扩大免税范围，激活市场氛围。“免税购物”“健康医养”是海南激活自贸港市场的两张“王牌”，规划细则尚在探索和调整中。

（二）把山东打造成为面向日韩经济体全面开放的超级门户

中日韩三国 GDP 占全球总量 1/5 以上，相互间构建了牢固的分工协作体系，成为事实上的经济共同体，正在逐步形成国际国内“双循环”之外的“小循环”。山东虽毗邻日韩，但至今未能成为中日韩区域循环的门户枢纽，应充分发挥上海合作组织地方经贸合作示范区、自贸试验区、中日中韩产业园、国际招商产业园等各类开放平台作用，让山东成为中日韩、东北亚开放合作的桥头堡。

（三）启示：实施“一国一地一策”合作行动计划，力争对外开放快走几步

2020 年 6 月 10 日，山东发布《中国（山东）自由贸易试验区条例（草案）》征求意见稿，“自选动作”突出山东特色，设立海洋经济和区域经济合作章节。在区域经济合作部分，主要在合作园区建设、提升中日韩区域通关便利化水平、服

务贸易合作、航运合作等方面作出具体制度设计。2020 年 7 月 1 日，中共山东省委十一届十一次全会常委会审议通过《关于深化改革创新打造对外开放新高地的意见》，提出“在与日韩地方合作上先行先试，实施‘一国一地一策’合作行动计划，探索对外地方合作新机制”。青岛力争打造国际消费中心城市，威海打造商品集散地，借助青岛、烟台自贸试验区片区打造面向日韩的跨境消费“天堂”，不仅需要突破性的税制举措，而且需要系统“基础开放体系”和免税实质优惠。建议以青岛、烟台、威海为物理区域，实行面向日韩的“一线放开”，以人流、物流、资金流、信息流的自由流动为目标，制定山东跨境服务贸易“负面清单”。对标海南自贸港跨境服务贸易清单，务必抢抓中日韩服务贸易增长红利，积极争取有竞争力的税制措施，实现实质性跨境便利和实惠。

四、对标“一负三正清单模式”，重在特色发展

2020 年 6 月 23 日，2020 年外商投资准入负面清单的全国版与自贸区版发布，在 2019 年版本上分别缩减 7 条。海南自贸港的制度设计拓展了清单管理模式，在准入负面清单和鼓励类正面清单的开放度上显著高于国内现有水平。

（一）海南制定“一负三正”清单

“一负”即一张负面清单，对企业进口自用设备零关税实行负面清单管理，负面清单之外的商品全部免税；“三正”即三张正面清单，对进口运营用的交通工具、进口用于生产自用或者两头在外模式进行生产加工活动所消耗的原辅料、岛内居民消费的进境商品实现正面清单管理，清单之内的商品全部免税。跨境服务贸易负面清单，是海南自贸港制度集成创新的一个亮点，也是中国跨境服务贸易的第一张负面清单，服务贸易包含跨境交付（国际海运、在线医疗等）、境外消费（出国旅游、留学等）、自然人流动（律师来华执业等）、商业存在（外资准入）四种形态，海南自由贸易港对前三种形态将制定负面清单，在清单之外的跨境服务贸易将自由准入。2020 年 7 月 11 日，海南出台《加强海南自由贸易港事中事后监管工作实施方案（试行）》，将对符合条件的 33 种轻微违法行为免于处罚，打造更为宽松的营商环境。

（二）新近发布的全国版和自贸试验区版清单

《外商投资准入特别管理措施（负面清单）（2020 年版）》《自贸试验区外商投资准入特别管理措施（负面清单）（2020 年版）》自 2020 年 7 月 23 日起施行。其中全国版从 40 条减少至 33 条，自贸试验区外商投资准入负面清单由 37 条减

少至30条。主要变化如下：一是加快服务业重点领域开放进程。金融领域，取消证券公司、证券投资基金管理公司、期货公司、寿险公司外资股比限制等。二是放宽制造业农业准入。制造业领域，放开商用车制造外资股比限制，取消禁止外商投资放射性矿产冶炼、加工和核燃料生产的规定。农业领域，将小麦新品种选育和种子生产须由中方控股放宽为中方股比不低于34%。三是自贸试验区继续先行先试，在医药领域，取消禁止外商投资中药饮片的规定。教育领域，允许外商独资设立学制类职业教育机构等。

（三）启示：从“跟跑”到“领跑”，制定山东自贸试验区的清单管理模式

山东自贸试验区建设对清单模式运用一直是“跟随”国家版负面清单，不利于山东自贸试验区主动开放、差异化探索，建议山东自贸试验区针对三个片区的特色领域尽快制定“山东版”负面清单。济南片区重点发展人工智能、产业金融、医疗康养等产业，建设全国重要的区域性经济中心、物流中心和科技创新中心。青岛片区重点发展现代海洋、航运物流、现代金融等产业，打造东北亚国际航运枢纽、东部沿海重要的创新中心、海洋经济发展示范区。烟台片区重点发展高端装备制造、新一代信息技术和生产性服务业等产业，打造中韩贸易和投资合作先行区、海洋智能制造基地、国家科技成果和国际技术转移转化示范区。此外，山东提出全面落实外商投资准入前国民待遇加负面清单管理制度，并与日本、韩国合作确定鲜活农副产品目录清单，要加快开通快速通关绿色通道。

五、对标突破性的税制安排，重在差异探索

税收优惠是世界自贸港的主要特征，也是最具吸引力的优惠政策之一。海南自贸港最为关键的也是税收优惠政策，到2035年形成适应需要的税收制度，实现实质特殊关区。

（一）海南特殊税制安排具有超强吸引力

海南首次系统性地设计税收激励与优惠，是对当前自贸试验区政策的超越。海南自贸港的“零关税”“15%的企业所得税”“最高15%的个人所得税”等特殊税制安排是贸易与投资、资金流入、人才引进等方面的重要驱动力，将成为国内外企业选择投资海南的首要因素。比如，对原产于海南或含进口料件加工增值超过30%的货物进入内地免征进口关税。旅游业、现代服务业、高新技术产业企业2025年前新增境外直接投资所得免征企业所得税。展会境外展品进口和销售免税。在海南自贸港工作的高端和紧缺人才，在海南岛内待满183

天，个人所得税实际税负超过15%的部分将予以免征等。

（二）税制对比

海南自贸港税制明显优于国内其他省份。2018年国内关税总水平已降至7.5%、企业所得税基础税率25%、个人所得税3%～45%累进。我国香港地区基本零关税，实行8.25%和16.5%两档利得税、不超15%的薪俸税和15%的物业税。新加坡基本零关税，实行17%的企业所得税且前30万新元可部分免除、2%～22%的超额累计个人所得税。考虑到海南特殊税制与其他省份税制之间的巨大差别，特殊税制安排将会改变诸多企业的决策。

（三）启示：从"不可能"到"可能"，积极争取山东自贸试验区的税制安排

随着国内自贸试验区政策竞争日益加剧，税制优惠政策竞争成为各方争取的重点。比如，厦门为了发展航空保税维修业务，向国家力争两项航材关税税率从14%和8%均降至1%暂定税率的支持。目前，航空保税维修也是山东较有发展潜力的产业之一，省内10个综合保税区中，开展保税维修的只有4个，如果按《关于支持综合保税区内企业开展维修业务的公告》（2020年第16号公告）全部开展业务，市场空间将达1000亿元。若对标厦门实行的支持税率，争取成功市场空间将进一步拓展。山东要打造面向日韩经济体的开放门户枢纽，建议对鼓励类领域的产业和企业，正面清单货物、日韩人才等方面，对标海南自贸港税制安排，争取申请制定山东的特殊税制。

浙江推动油气全产业链开放对山东产业发展的启示*

2020年4月，国务院批复《关于支持中国（浙江）自由贸易试验区油气全产业链开放发展的若干措施》（以下简称《若干措施》），这是国家层面首次对自贸试验区特定产业出台具体支持措施，浙江油气产业进入更加系统、开放、多元的高质量发展阶段。浙江自贸试验区自2017年获批，就确立了推动油品全产业链投资便利化和贸易自由化的重点任务，着力打造国际油品交易中心，国际海事服务基地、国际油品储运基地、国际石化基地，大宗商品跨境贸易人民币国际化示范区，构建油品全产业链。短短几年，浙江舟山成为全国第一、全球第八大加油港，集聚油气产业6000余家，2019年油品贸易额超过3200亿元。浙江从“不产一滴油”到形成“万亿级油气产业格局”的突破性发展，成为以政府“有形之手”强力推动产业开放发展的典型，其在重大战略谋划、制度顶层设计、产业开放推进等方面的经验做法，给我们以深刻启示。

一、立足区位优势，服务国家大局

舟山位于我国1.8万公里海岸线的中心，地处南北海运和长江水运“T”形枢纽位置，是重要的沿海开放门户。舟山港背靠沪宁杭等城市，东临国际海运主干道，深水港区优势突出，每年经过舟山附近海域的国际航行船舶超过10万艘次，2019年货物吞吐量11.19亿吨，连续11年位居全球港口第一，集装箱吞吐量超2753万标箱，位居全球前三。舟山得天独厚的区位优势奠定了世界级产业发展的基础。舟山放眼国际，立足全国，将区位优势转化为发展动力，为油

---

* 作者：夏运彬、刘志。

气产业链全球发展奠定了坚实基础，这种放眼世界的格局境界构成了舟山油气产业链全球发展的内核。

21世纪以来，世界原油供需格局不断调整。我国成为全球第一大原油进口国，但与之不匹配的是没有形成具有国际影响力的原油交易中心和定价中心，议价能力偏弱。2019年，我国颁布油气行业改革的政策法规，主要涉及放开市场准入、市场监管、体制改革、价格改革等方面，构建上游多主体多渠道供应、中间统一管网集输、下游市场充分竞争的油气市场体系。2019年版的《外商投资准入负面清单》取消了石油、天然气的外资限制，我国油气产业进入全面开放。在此背景下，浙江推动油气全产业链开放发展，承担起为国家油气改革的攻坚任务，为我国能源安全构筑屏障，为国内企业融入国际油气产业体系提供了窗口，更为浙江开放发展提供了广阔舞台。舟山踏准了我国油气产业开放顶层设计的节奏，也契合了浙江的禀赋优势，一定程度上也倒逼了国家油气领域的改革，同时，改革不断深入又为进一步发展提供了新动力新空间。

山东地处东亚经济圈的中心，靠近新亚欧大陆桥经济走廊枢纽，区位优势同样明显，对内，京津冀经济圈、中原经济区、长江经济带交汇；对外，毗邻日韩，与两国合作基础坚实。近年来，山东在国家战略中不断展现新作为，中国—上海合作组织地方经贸合作示范区搭建与“一带一路”合作新平台，威海中韩地方经济合作示范区承担中韩自贸政策先行先试任务，力争当好黄河流域生态保护和高质量发展的龙头。这些都是山东积极融入国家开放大局，促进自身发展的重要战略机遇。特别是山东依托欧亚班列，畅通互联互通国际大通道，东向，当好上海合作组织国家面向亚太地区的出海口；西向，当好与日韩第三方市场合作的跳板。

二、明确功能定位，制度创新破壁

国际国内发展经验表明影响某地区产业模式和结构变迁的要素，除了区位条件的改善之外，最本质、最核心的就是以制度创新实施定制化产业的发展策略。2018年中央经济工作会议提出“推动由商品和要素流动型开放向规则等制度型开放转变”，舟山围绕“制度含金量”在油品交易贸易上不断突破壁垒。全国率先破冰原油非国营贸易管理体制，落地自贸试验区的2家企业获批原油非国营贸易进口资质；开展油品“批发无仓储”改革试点，推动国家成品油批发仓储、取消原油销售仓储资质审批；创新油品贸易结算，开展跨境人民币结算便利化试点，建立我国船用燃料油价格指数。通过创新不断在制度层面构筑起竞争优势，形成红利的集中释放，这是地方努力争取、大胆突破、主动作为的结果。

自贸试验区是制度型开放的重要阵地，在“大胆试、大胆闯、自主改”的要求下，制度设计是非标准化的，实施效果的好坏取决于其政策制度体系与当地实际需要的契合度。从全国看，多地都结合自身定位禀赋，根据发展诉求，或面向特定区域、或针对特定产业探索创新路径。除自贸试验区外，北京服务业扩大开放、宁波中东欧“16＋1”地方经贸合作示范区等都呈现出了多样化、差异化、定制化特征。

当前，在技术变革、贸易争端、全球化与逆全球化博弈、新冠肺炎疫情冲击等多重不确定性影响下，产业布局处于大变革时期。通过有效制度安排破除制度障碍，以此构筑比较优势，承载趋势性、增长极型的产业机遇，力争在变局中弯道超车。2019 年以来，山东发挥自贸试验区制度创新高地作用，探索形成 60 余项制度创新举措，高端产业集聚作用凸显。未来，要继续发挥自贸试验区制度创新高地作用，推动制度性创新，以引领性项目、重点项目开路，逐一破解落地过程中的体制机制障碍，形成普适性制度创新成果，在日趋激烈的国际、省际竞争中占得先机。

三、注重建链延链，实现集群发展

浙江把保税燃油加注作为布局油气全产业链的切入口，创新推出跨关区港区直供、不同税号保税油品混兑、申报无疫放行、一船多供、先供后报、一库多供、两仓合一等多项全国首创措施。打造东北亚燃油加注中心，吸引东北亚国际航行加注业务集聚舟山，在此基础上注重产业的链条延伸和产业聚集效应，构建油气全产业链开放发展的产业业态圈。新出台的《若干措施》继续围绕打通贸易、储运、加工、流通等各个重要环节先行先试，在引进油品贸易国际战略投资者、加快推进石化炼化产业转型升级、提升油品流通领域市场化配置能力、提升大宗商品跨境贸易金融服务与监管水平等 11 个领域提出了 26 项具体支持措施。同时设计相应的金融、财税等配套政策，形成制度创新合力。

近年来，产业链发展在全国范围遍地开花，贵州大数据产业布局、重庆计算机制造基地、天津港保税区航空全产业链等，都是以“链”的思维，同时从企业链维度、供需链维度、价值链维度和空间链维度着手推动，实现了优势产业链集群式、跨越式发展。

山东是传统制造业大省，但产业大而不强，粗而不精，产业链较短、处于中低端，高附加值产品不足，建链、补链、延链空间巨大。近年来，山东省内也有威海建设惠普全球激光打印机基地、潍柴打造国际配套产业园，以产业链条延伸形成产业集聚的成功典型。未来，山东需要进一步明确发展思路，把握不同产业开放特点，形成清晰的产业定位，紧紧结合“八大发展战略”的内在需求，聚焦康养、新能源、工业互联网等重点产业错位发展，谨防“大而全”。一方面，抓住产业链重塑的有利机遇，继续大力招引重点发展领域的世界500强、行业领军企业，以大企业形成产业链龙头；另一方面，紧紧围绕产业链需求，培育一批中小企业，专、精、特、深做好配套，让产业生态更加稳固，推动重点产业取得突破，打造山东本地化、区域化特色产业集群。

四、构筑多元基础，用足政府推力

随着我国油气领域国际合作持续深化，国内、国际两个市场成为不可分割、相互影响的整体。浙江探索在全球范围优化配置资源，发展多层次油品市场，建立油品交易中心，实现期货和现货、境内和境外、线上和线下互联互通。开展油品贸易跨境人民币结算便利化试点，引入纽约、伦敦、新加坡、迪拜等地经验丰富的交易所作为战略投资者，吸引了包括沙特阿美、BP（英国石油公司）、霍尼韦尔、道达尔等一批世界油气巨头企业参与建设，建成全国首个民营千万吨级的液化天然气项目——新奥舟山液化天然气接收站。《若干措施》进一步提出，充分发挥各类企业积极性，招引油品贸易相关的中央企业、地方国有企业、民营企业在浙江自贸试验区集聚。国有、民营、外资充分竞争的化油气市场格局构筑起多元、良性的产业发展基础。

工作推动层面上，《若干措施》争取工作历时两年多，涉及十余个国家部委，政策突破点多，力度大，每项举措都是针对油气领域改革创新中遇到的难题研究提出，应对具体问题。在实施层面，浙江举山东之力支持油气产业发展，调动了从经济到技术、从能源到建筑、从环保到教育等各个部门都参与到的协调、监督及执行工作中。当地政府当好产业的领航者和护航员，提高行政效率，营造国际一流的生产服务环境，为油气全产业链的发展提供了沃土。

在百年未有之大变局中，政府的积极作为是变局中的“定海神针”，更是危中寻机的“强大引擎”。例如，新冠肺炎疫情发生后，相关部门主动推动复工、保障生产，济宁小松工程机械有限公司的重要上游企业日本胜代机械将在嘉兴、昆山两家工厂的产能迁至山东。党的十九大以来，山东聚焦打造对外开放新高地，不断强化顶层设计、实施流程再造、优化发展环境、通过实施“双招双引”、推进开发区改革、举办重大活动，为各类企业搭建合作发展平台。山东省委全委会专题研究扩大对外开放，出台《中共山东省委关于深化改革创新打造对外开放新高地的意见》，政策杠杆加码。下一步，要以各项措施落实为抓手，持续增强对推动开发发展的支持力度，持续提升企业获得感。

废钢处理堵点破解 山东境外船舶保税维修迎来新机遇*

2020 年 12 月 11 日，生态环境部、工业和信息化部、海关总署联合发布《关于外籍船舶在境内维修产生的废钢铁监管有关事项的通知》（简称《废钢监管通知》），该通知主要明确：外籍船舶在境内维修、改装产生的废钢铁，在符合国内固体废物管理相关法规标准条件下，准予在境内贮存、转移、利用和处置，不按照固体废物进口管理，无须办理固体废物进口许可证；废钢按规定报关纳税，免于交验进口许可证件，免于实施装运前检验，相关国外供货商、国内收货人免于实施注册登记等。

此项政策实施后，长期困扰境内企业开展境外船舶保税维修业务的主要堵点——维修产生的废旧钢铁处理问题便迎刃而解，这是对 2020 年 5 月《商务部 生态环境部 海关总署关于支持综合保税区内企业开展维修业务的公告》（简称“16 号公告”）的重大延伸突破。“16 号公告”明确了综合保税区内企业开展航空航天、船舶、轨道交通、工程机械、数控机床、通信设备、精密电子等 55 类产品的保税全球维修业务①，但是依然要求维修中产生的边角料、旧件、坏件等原则上应全部复运出境，无法复运出境的，一律不得内销，应进行销毁处置，属于固体废物的按照《固体废物进口管理办法》办理。可见“16 号公告”并没有破解船舶维修过程中产生的废钢处理等堵点问题，废钢是否是进口固废、如何处理等问题都没有明确。而此次《废钢监管通知》出台后，废钢定性和处理问题有

---

* 作者：夏运彬、张永康、李金凤。

① “16 号公告”中采用正面清单形式，公布了第一批全球维修产品目录，共 55 类产品。名录见本文后附表 1。

了政策依据。国内企业开展境外船舶保税维修迎来新机遇。

一、“废钢处理”曾是海上装备等保税维修业务长期堵点

我国拥有7个吞吐量排名全球前十的超级大港①，船舶服务市场潜力巨大，随着航空维修、船舶维修、医疗器械维修等高附加值服务环节加速向我国转移，我国境外船舶、海工等海上装备维修业务进入快速增长态势。但是，境外船舶、海工设备等保税维修，会产生大量废钢有待处理，尤其是山东省企业开展的设备开口类、船体结构修改造类维修，“废钢处理”成为影响此项业务的重要障碍。

按照原有监管制度（2018年海关总署第203号公告）规定，在船舶等保税维修过程中，维修坏件和维修边角料原则上应复运出境，其中属于固体废物的，按照《固体废物进口管理办法》规定办理。在这个框架下，船舶维修过程中产生的成百上千吨废钢被视为“进口固体废物”，企业必须取得固体废物进口相关许可证，如果要全部退运出境，巨额运输成本会严重影响项目收益；如果要进行内销，则要求船厂办理相关许可证，原进口固体废物必须经过加工，否则仅限留作本企业自用，而且在内销情况下，固废的国外供货商和国内收货人均需要注册登记证书；或者通过有资质的企业进行处置，但是这一过程成本巨大。

可见，原监管政策较为复杂，削弱了开展船舶保税维修的企业动力。但是从修船产生的废钢利用价值等看，修船废钢绝非“洋垃圾”。因此，此次《废钢监管通知》落地，企业内销、处置修船废钢有了解决方向，将极大提高企业开展海上装备保税维修再制造的积极性。

二、山东境外船舶保税维修基础及机遇

山东的青岛、烟台均具有开展船舶、海工设备等大型装备的保税维修基础，主要以烟台的中集来福士、杰瑞、巨涛和青岛的中国船舶重工等企业为代表。山东企业具有船舶、海上平台等大型装备一流的修改造能力，包括船壳外部开口类、涂装类、船体大修、海工设备维修等业务；济南佩森生物科技等一批配套企业也可提供关联业务。

但是，目前山东在船舶、海工设备等领域的保税维修业务尚未“破零”，存在问题如下：一是山东省尚未制定“船舶、海工装备保税维修产业发展方案”，缺少

① 按照世界集装箱吞吐量统计，我国进入前十的港口共7个，依次是：上海、深圳、宁波-舟山、广州、香港、青岛、天津。

顶层设计；二是山东尚未有企业获批境外船舶、海工设备等的保税维修资质；三是在2018年海关总署第203号公告后，未能抢先推动龙头企业"先行先试"该项业务，与舟山、天津相比，山东未能形成龙头＋民企＋配套的企业主体结构，业务链条短，业务稳定性差；四是保税维修业务多头监管，流程再造环节多、难度大，企业贸然推进大型装备保税维修的成本大、风险高，成为直接制约企业和地方部门放手探索的直接堵点，尤其是船舶大规模修改造过程中产生的成百上千吨废钢处理问题，成为企业开展业务的阻碍。

以位于烟台的某企业为例，该企业是我国大型海工装备制造企业，其主营业务包括海上油气钻井平台、海洋工程船等的设计建造和修改造，客户遍布欧洲、西非、中东、东南亚等地区，已完成各类型海工平台、船舶修理及升级改造项目50余艘，以钻井平台每5年进行一次的特检为例，费用约在6000万至1亿美元，该企业如能实现钻井平台特检保税维修业务，进而拓展船舶改造业务，可以实现新建与修改两类业务并重。

除了钻井平台检修服务之外，开展进口旧油轮改装浮式生产储油船(Floating Production Storage and Offloading，FPSO)，是该企业希望开展保税维修再制造业务的重要突破口，随着全球FPSO市场迎来大规模的复苏，2019～2020年就有总计超过500亿美元的24个FPSO项目获批，经济效益可观。当前，我国船厂正在迅速崛起成为FPSO世界建造和改装的主力军，山东部分企业也正在拓展FPSO项目。可见，山东具有发展船舶、海上平台等大型装备保税维修的制造基础和较大潜力。

但是，不论拆解旧油轮船体，还是对境外船舶进行开口类维修，均会产生大量旧钢板，所以，《废钢监管通知》出台后，横亘在山东海工船舶企业面前的废钢内销问题将进一步明确解决方向，山东船舶、海上平台等保税维修迎来新发展机遇。

三、抢抓政策机遇，推进船舶等海上装备保税维修业务

山东应抓住此次"废钢内销"机遇，一举破解船舶、海工装备等大型装备保税维修的系列堵点，打造船舶、海工设备等保税维修基地。

(一)建议制定船舶、海工装备等保税维修发展专项措施方案

山东可以借鉴舟山《船舶保税维修产业发展的若干意见》、天津《自贸区开展保税维修和再制造业务的实施办法》等措施，明确山东在大型海上装备领域

内全球保税维修基地的定位，形成山东船舶、海工设备保税维修政策框架，在监管创新、企业协同、主体培育、配套能力等重点方面实现突破。以浮式生产储油船领域竞争为例，江南造船、中船澄西、中远海运重工、外高桥造船、大船集团、招商重工、振华重工、惠生海工以及海油工程等都在竞争这一领域，山东需要为省内船舶海工装备企业搭建好顶层设计，尽快抢占保税维修竞争优势。

（二）建立山东船舶、海工装备保税维修企业联盟，优化企业主体结构，提升业务规模

舟山、天津等地采取企业抱团方式，引进国际船舶服务巨头，国内船舶工业巨头，招引配套服务企业，培育本地民企，形成配套服务较为完备的服务链，合力推动监管协同，共享维修能力，共同开拓全球业务，在保税维修业态竞争中优势明显。山东也应围绕龙头企业构建海上设备维修联盟，避免内耗竞争，招引配套企业聚集，着力引进国际船舶、海工设备服务巨头聚集，大力扶持本土配套企业。

（三）强化配套服务体系建设，从被动承接服务向一站全供应升级

目前，上海、舟山等地已经初步形成船舶维修的“上海配套”“舟山配套”特色，凭借的正是较为完备的维修服务能力和配套服务体系。一是在主体引进上，大力引进国际船舶服务巨头。二是通过完善保税仓库体系，招引国际著名的船配供应商在库内预存常用大宗物料，打造配件集散地。三是通过流程再造，开展料件进口、物流、跨港作业等流程创新，提高人、物、船的通关速度。对此，山东应加以借鉴，提升青岛、烟台等地在该业务上的一体化协同能力，比如简化待修设备、料件在青岛、烟台之间进出区结转、转区流程，放大山东省青、烟、威地区修改造整体效能，打出海上装备维修服务“山东配套”影响力。

（四）尽快复制先进地区经验，优先解决当前堵点问题

山东需要充分借鉴上海、天津、舟山等地可复制经验，优先在区外企业保税维修、区外企业开具保税维修账册、所用国内零部件及料件依规退税、保税仓库安排、待修物品和料件入境时间等方面解决堵点问题，快速响应企业诉求。比如参照上海经验，对获得核准证明的企业货物到达口岸后可以直接报关报检。

（五）推进保税维修业务数字化升级，拓展“单一窗口”功能，开展保税维修业务线上一口受理、一站式业务响应

以舟山为例，其依托浙江国际贸易“单一窗口”自贸特色版块，拓展船舶保税维修业务申报和受理功能，打通保税维修试点企业—口岸监管部门—外轮代

理公司—保税仓库之间的网上实时联系，实现船舶保税维修业务申报、审批的“一口受理”，这对山东推进保税维修业务数字化升级提供了有益借鉴。

四、保税维修新业态进入政策宽松期，山东应在更宽领域抢先一步

从《废钢监管通知》出炉时间看，距离“16号公告”仅仅6个月时间；从政策深度看，将保税维修轮船废钢同“进口固废”明确区别处理；从政策针对性看，这是对“16号公告”55类产品中某一具体品类的专项意见，均说明了我国保税维修等新业态发展将进入精细部署期，对于保税维修等新业态在承接国际高端价值链转移，助推我国加工贸易升级的角色定位上进一步强化。

可以预料，“16号公告”中其他产品，如航空航天、轨道交通、工程机械、数控机床、通信设备、精密电子等领域，也将大概率迎来配套举措，山东省需要提前研判这一政策趋势，抢抓本轮外贸新业态“窗口期”。

(一)尽快制定山东保税维修整体发展规划，拓宽保税维修潜在领域

山东应明确保税维修重点领域，“16号公告”保税维修业务首批55类产品目录中，有相当一部分都是山东优势产业，要摸清优势产业中代表性企业的意愿和诉求，通过流程再造、政策试点、基金引导等方式，鼓励企业承接全球保税维修业务，加速推动山东产业升级；天津在推进该业态发展路径方面值得借鉴，从2019年6月天津市商务局、市生态环境局、滨海新区人民政府、天津海关、天津自贸试验区管委会联合印发《关于在中国(天津)自由贸易试验区开展保税维修和再制造业务的实施办法》后，天津自贸试验区将保税维修业务领域拓展到了航空、船舶、工程机械、通信设备、精密电子、医疗器械等领域，为“16号公告”首批名单出炉进行了“先行先试”。此外，上海、舟山、天津等地保税维修业态，均从维修环节向部附件再制造领域延伸，兴起一批关键零部件制造企业。

(二)借助自贸试验区平台，加速推进保税维修产品目录之内产品领域的保税维修

山东企业在拟开展的保税维修业务领域中，大部分产品已经陆续列入正面清单目录，山东需要加速探索产品目录之内产品领域的保税维修，尽快提升山东保税维修业务规模。

附表1　保税维修产品目录(第一批)

序号	商品编码	商品名称
1	8406	汽轮机
2	8411	涡轮喷气发动机,涡轮螺桨发动机及其他燃气轮机
3	8412	其他发动机及动力装置
4	8413	液体泵,不论是否装有计量装置;液体提升机
5	8414	空气泵或真空泵、空气及其他气体压塑机、风机、风扇;装有风扇得通风罩或循环罩,不论是否装有过滤器
6	8421	离心机,包括离心干燥机;液体或气体的过滤、净化机器及装置
7	8425	滑车及提升机,但倒卸式提升机除外;卷扬机及绞盘;千斤顶
8	8427	叉车;其他装有升降或搬运装置的工作车
9	8429	机动推土机、侧铲推土机、筑路机、平地机、铲运机、机械铲、挖掘机、机铲装载机、捣固机械及压路机
10	8430	泥土、矿物或矿石的运送、平整、铲运、挖掘、捣固、压实、开采或钻探机械;打桩机及拔桩机;扫雪机及吹雪机
11	8432	农业、园艺及林业用整地或耕作机械;草坪及运动场地滚压机
12	8443	用税目84.42的印刷用版(片)、滚筒及其他印刷部件进行印刷的机器;其他印刷(打印)机、复印机及传真机,不论是否组合式;上述机器的零件及附件
13	8455	金属轧机及其轧辊
14	8456	用激光、其他光、光子束、超声波、放电、电化学法、电子束、离子束或等离子弧处理各种材料的加工机床;水射流切割机
15	8457	加工金属的加工中心、单工位组合机床及多工位组合机床
16	8458	切削金属的机床(包括车削中心)
17	8459	切削金属的钻床、镗床、铣床、攻丝机床(包括直线移动式动力头钻床),但税目84.58的车床(包括车削中心)除外
18	8460	用磨石、磨料或抛光材料对金属或金属陶瓷进行去毛刺、刃磨、磨削、珩磨、研磨、抛光或其他精加工的机床,但税目84.61的切齿机、齿轮磨床或齿轮精加工机床除外

续表

序号	商品编码	商品名称
19	8461	切削金属或金属陶瓷的刨床、牛头刨床、插床、拉床、切齿机、齿轮磨床或齿轮精加工机床、锯床、切断机及其他税号未列名的切削机床
20	8462	加工金属的锻造(包括模锻)或冲压机床;加工金属的弯曲、折叠、矫直、矫平、剪切、冲孔或开槽机床;其他加工金属或硬质合金的压力机
21	8463	金属或金属陶瓷的其他非切削加工机床
22	8465	木材、软木、骨、硬质橡胶、硬质塑料或类似硬质材料的加工机床(包括用打钉或打U形钉、胶粘或其他方法组合前述材料的机器)
23	8467	手提式风动或液压工具及本身装有电动或非电动动力装置的手提式工具
24	8468	焊接机器及装置,不论是否兼有切割功能,但税目85.15的货物除外;气体加温表面回火机器及装置
25	8471	自动数据处理设备及部件;其他税号未列明的磁性或光学阅读机、将数据以代码形式转录到数据记录媒体的机器及处理这些数据的机器
26	8473	专用于或主要用于品目84.70至84.72所列机器的零件、附件(罩套、提箱及类似品除外)
27	8486	专用于或主要用于制造半导体单晶柱或晶圆、半导体器件、集成电路或平板显示器的机器及装置;本章注释九(三)规定的机器及装置;零件及附件
28	8501	电动机及发电机(不包括发电机组)
29	8517	电话机
30	8526	雷达设备、无线电导航设备及无线电遥控设备
31	8527	无线电广播接收设备,不论是否与声音的录制、重放装置或时钟组合在同一机壳内
32	8531	电气音响或视觉信号装置(例如,电铃、电笛、显示板、防盗或防火报警器),但税目85.12或85.30的货品除外
33	8534	印刷电路
34	8542	集成电路

续表

序号	商品编码	商品名称
35	8608	铁道及电车道轨道固定装置及附件；供铁道、电车道、道路、内河航道、停车场、港口或机场用的机械（包括电动机械）信号、安全或交通管理设备；上述货品的零件
36	8801	气球及飞艇；滑翔机、悬挂滑翔机及其他无动力航空器
37	8802	其他航空器（例如，直升机、飞机）；航天器（包括卫星）及其运载工具、亚轨道运载工具
38	8804	降落伞（包括可操纵降落伞及滑翔伞）、旋翼降落伞及其零件、附件
39	8805	航空器的发射装置、甲板停机装置或类似装置和地面飞行训练器及其零件
40	8905	灯船、消防船、挖泥船、起重船及其他不以航行为主要功能的船舶；浮船坞；浮动或潜水式钻探或生产平台
41	9006	照相机（电影摄影机除外）；照相闪光灯装置及闪光灯泡，但税目 85.39 的放电灯泡除外：
42	9008	影像投影仪，但电影用除外；照片（电影片除外）放大机及缩片机
43	9011	复式光学显微镜，包括用于显微照相、显微电影摄影及显微投影的
44	9013	其他品目未列名的液晶装置；激光器，但激光二极管除外；本章其他品目未列名的光学仪器及器具
45	9014	定向罗盘；其他导航仪器及装置
46	9015	大地测量（包括摄影测量）、水道测量、海洋、水文、气象或地球物理用仪器及装置，不包括罗盘；测距仪
47	9026	液体或气体的流量、液位、压力或其他变化量的测量或检验仪器及装置（例如，流量计、液位计、压力表、热量计），但不包括品目 90.14、90.15、90.28 或 90.32 的仪器及装置
48	9027	理化分析仪器及装置（例如，偏振仪、折光仪、分光仪、气体或烟雾分析仪）；测量或检验黏性、多孔性、膨胀性、表面张力及类似性能的仪器及装置；测量或检验热量、声量或光量的仪器及装置（包括曝光表）；检镜切片机
49	9028	生产或供应气体、液体及电力用的计量仪表，包括它们的校准仪表

续表

序号	商品编码	商品名称
50	9029	转数计、产量计数器、车费计、里程计、步数计及类似仪表；速度计及转速表，税目 90.14 及 90.15 的仪表除外；频闪观测仪
51	9030	示波器、频谱分析仪及其他用于电量测量或检测的仪器和装置
52	9031	本章其他税目未列名的测量货检验仪器、器具及机器；轮廓投影仪
53	9032	自动调节或控制仪器及装置
54	9104	仪表板钟及车辆、航空器、航天器或船舶用的类似钟
55	9401	坐具（包括能做床用的两用椅，但税目 94.02 的货品除外）及其零件

CPTPP 纺织服装品原产地规则的影响分析及对山东的建议*

《全面与进步跨太平洋伙伴关系协定》(Comprehensive and Progressive Agreement for Trans-Pacific Partnership,CPTPP)的前身是《跨太平洋伙伴关系协定》(Trans-Pacific Partnership Agreement,TPP),TPP 源自 2005 年由新西兰、智利、新加坡、文莱四国签订的《跨太平洋战略经济伙伴关系协定》(Trans-Pacific Strategic Economic Partnership Agreement,TPSEP),俗称“P4”;2009 年,美国加入并主导谈判,TPSEP 更名为 TPP,同时秘鲁、澳大利亚加入,TPP 进入扩张时期;2010～2012 年,马来西亚、越南、日本、墨西哥、加拿大又先后加入。2015 年 12 个成员国结束谈判,并于 2016 年 2 月签署 TPP 协议,但由于未满足程序规定,TPP 并未生效。2017 年美国退出 TPP,在日本力推下,TPP 的 11 个成员国①在 2018 年 3 月签订了 CPTPP,并于 2018 年 12 月 30 日正式生效。

CPTPP 绝大多数条款继承自 TPP,货物贸易的原产地规则更是沿袭了“北美模式”②,呈现出区域贸易保护主义的特点。在 CPTPP 条款 30 章内容中,“纺织和服装品”被单列为第 4 章,该章在一般原产地规则的基础上,又针对纺织服装品专门设置了“从纱开始”的累计、原材料“短缺清单”等规则。

我国是世界第一大纺织服装出口国,2020 年出口额 2912.2 亿美元,同比增长 9.6%。纺织服装品也是山东第二大出口商品,2020 年出口占山东出口比重为 13%,仅次于机械产品。定性分析认为,CPTPP 将影响全球纺织服装品贸易格局,也将对我国其他地区及山东纺织服装出口带来变数。一方面,CPTPP 特殊原产

---

* 作者:夏运彬、刘志、商庆竹。

① CPTPP 成员国包括:日本、澳大利亚、加拿大、新加坡、文莱、马来西亚、越南、新西兰、智利、墨西哥、秘鲁。

② 北美模式:美国所主导的美墨加等自贸协定中,较为严苛的原产地规则,包括一般原产地标准、对汽车纺织服装等的特殊原产地规则、累计规则、微小含量等。

地规则叠加零关税、贸易便利化等普适性优惠条款，将带动成员国纺织服装产品竞争力的整体提升、深化产业链的区域一体化、提高他国产品进入 CPTPP 国家的壁垒，同时对我国山东纺织服装品出口带来冲击；另一方面，"短缺清单"等特殊条款，又为山东纺织服装原料类产品打入 CPTPP 成员国市场提供了机遇。

本文基于对 CPTPP 第 4 章"纺织和服装品"相关条款的分析，结合近年来的贸易数据，对上述问题进行了定量分析，初步结论如下。

一、CPTPP 关税削减等区域内贸易自由化政策下，成员国作为整体，其纺织服装类产品的全球竞争力持续提升

CPTPP 鼓励区域内的货物贸易自由化，打破关税壁垒，原则上要求取消全部产品关税。除秘鲁、马来西亚、墨西哥和越南外，其他 7 个成员国对工业制成品立即实现零关税数目占比均超过 90%；经过关税削减期后，除澳大利亚和墨西哥外，其他 9 个成员国实现 100%零关税。成员国间的关税削减，能有效降低贸易成本，有利于要素的自由高效流动，从而提高纺织服装产业的整体竞争力，从以下数据可得到印证。

(一)成员国纺织服装类最终产品的全球占有率持续提高

从日用及工业用纺织品、服装及附属物两个大类看[①]，CPTPP 成员国出口产品在全球市场的占有率持续提升(见表 1)。

表 1　日用及工业用纺织品出口总额及全球市场占比　　单位：亿美元

	2010 年[②]		2015 年		2017 年		2019 年	
	出口额	全球占比	出口额	全球占比	出口额	全球占比	出口额	全球占比
56 特种纱线	18.42	4.86%	19.69	8.32%	22.52	8.95%	24.17	8.95%
57 铺地织品	4.08	2.16%	4.53	2.99%	4.69	2.96%	5.41	3.54%

① 纺织和服装品在 HS 编码体系下，共 14 章。50 章：蚕丝。第 51 章：羊毛、动物细毛或粗毛；马毛纱线及其机织物。第 52 章：棉花。第 53 章：其他植物纺织纤维；纸纱线及其机织物。第 54 章：化学纤维长丝；化学纤维纺织材料制扁条及类似品。第 55 章：化学纤维短纤。第 56 章：絮胎、毡呢及无纺织物；特种纱线；线、绳、索、缆及其制品。第 57 章：地毯及纺织材料的其他铺地制品。第 58 章：特种机织物；簇绒织物；花边；装饰毯；装饰带；刺绣品。第 59 章：浸渍、涂布、包覆或层压的纺织物；工业用纺织制品。第 60 章：针织物及钩编织物。第 61 章：针织或钩编的服装及衣着附件。第 62 章：非针织或非钩编的服装及衣着附件。第 63 章：其他纺织制成品；成套物品；旧衣着及旧纺织品；碎织物。大体分类是，51～55 为原材料，56～60 是日用和工业纺织品，61～63 是服装类产品。为简洁，本文仅以代码及简称代指，具体如下：50 蚕丝，51 动物毛，52 棉花，53 其他植物纤维，54 化学长纤，55 化学短纤，56 特种纱线，57 铺地织品，58 特种机织物，59 工业用纺织品，60 针、钩编织物，61 针钩编服装，62 非针钩编服装，63 其他纺织品。

② 2009 年底，美国加入 TPP 谈判，TPP 进入扩张阶段，并对市场预期产生影响，故本文选取 2010 年作为对比的基准年。

续表

	2010 年		2015 年		2017 年		2019 年	
	出口额	全球占比	出口额	全球占比	出口额	全球占比	出口额	全球占比
58 特种机织物	5.53	3.45%	5.06	4.02%	5.06	4.09%	5.59	4.43%
59 工业用纺织品	21.44	5.50%	23.70	9.91%	25.46	10.08%	26.89	10.44%
60 针、钩编织物	12.77	3.77%	14.44	4.35%	17.62	5.01%	23.21	6.38%
总计	62.24	4.27%	67.43	6.21%	75.36	6.62%	85.27	7.29%

数据来源：联合国贸易数据库（UN Comtrade）。

如表 1 所示，CPTPP 所有成员国的日用及工业用纺织品整体全球市场占有率从 2010 年的 4.27%持续上升到 2019 年的 7.29%。56～60 五类细分产品的全球占有率均实现增长，特别是第 59 类浸渍、涂布、包覆或层压的纺织物及工业用纺织制品市场占用率提高了约 1 倍。

如表 2 所示，CPTPP 所有成员国的服装类产品的全球市场占有率显著提升，从 2010 年的 4.22%逐步上升到 2019 年的 9.16%，市场占有率增长 1 倍多。特别是 61、62 两大类产品市场占有率大幅增长。

表 2　服装及附属物出口总额及全球市场占比　　单位：亿美元

	2010 年		2015 年		2017 年		2019 年	
	出口额	全球占比	出口额	全球占比	出口额	全球占比	出口额	全球占比
61 针钩编服装	99.30	4.28%	67.43	7.15%	171.31	8.50%	202.60	9.58%
62 非针钩编服装	95.93	4.19%	154.19	7.44%	170.16	8.31%	200.66	9.53%
63 其他纺织品	26.84	4.12%	160.33	5.98%	38.81	6.26%	42.44	6.56%
总计	222.06	4.22%	36.42	7.13%	380.28	8.12%	445.69	9.16%

数据来源：联合国贸易数据库（UN Comtrade）。

（二）成员国纺织服装产品的全球市场竞争力显著提升

有研究表明，可将产品的单位价值作为衡量出口商品附加值及其在国际市场上认可度的指标，该指标可以衡量一国产品在国际市场的竞争力，单位价值越高竞争力越强。[①] 据此，如表3所示，CPTPP区域国家服装类产品的单位价值近10年来持续提升，其中非针钩编服装单位价值提升尤为显著，2019年较2010年提高约40%，反映出其产品竞争力提升的趋势。

表3 单位产品价值变化 单位：美元/千克

	2010年	2015年	2017年	2019年
61针钩编服装	31.99	36.99	32.19	32.79
62非针钩编服装	41.03	56.30	48.01	58.77
63其他纺织品	2.28	2.59	2.41	3.37

数据来源：联合国贸易数据库(UN Comtrade)。

二、CPTPP的贸易转移效应显现，山东纺织服装类产品在CPTPP成员国进口中的占比总体下降，在细分品类和国别上的优势弱化

CPTPP形成的生产和市场的一体化，有可能增强区域内的贸易联系，导致自其他国家进口纺织服装产品规模的下降。我国是CPTPP国家纺织服装类产品最大的进口国，从全国角度看，2010年、2015年、2017年、2019年，我国纺织服装类产品在CPTPP成员国进口中的占比分别为52.4%、56.4%、53.1%、50.7%，呈现波动下降趋势，但下降趋势不明显。从山东角度看，影响则较为显著。

(一)从产品看，山东产品占CPTPP区域整体进口的比重降低，前四大类出口产品中三类降低，一类持平

如表4所示，从山东纺织服装类产品在CPTPP成员国进口占比看，从2010年的7.3%，逐年持续降低至2019年的5.9%。其中，山东的出口量最大前四类(52棉花，61针、钩编服装，62非针钩编服装，63其他纺织品)商品中，有三类下降，出口规模第一大产品针钩编服装降低2个百分点，第二大产品其他纺织品降低2.4个百分点，第四大产品棉花降低2.7个百分点。这一定程度上反映出山东主要产品的在CPTPP国家市场中的优势弱化。

① 参见裴长洪、刘洪愧：《中国怎样迈向贸易强国：一个新的分析思路》，《经济研究》2017年第5期。

表 4　CPTPP 成员国自山东各类纺织服装产品进口额及占进口总额的比重

单位：亿美元

	2010 年		2015 年		2017 年		2019 年	
	金额	占比	金额	占比	金额	占比	金额	占比
50 蚕丝	0.30	9.9%	0.40	15.3%	0.39	15.9%	0.32	16.1%
51 动物毛	0.22	2.7%	0.15	1.5%	0.15	1.5%	0.18	1.7%
52 棉花	3.94	7.6%	3.92	6.3%	3.16	4.7%	3.36	4.9%
53 其他植物纤维	0.03	1.9%	0.05	1.9%	0.06	2.3%	0.12	3.9%
54 化学长纤	0.30	0.7%	0.71	1.2%	0.71	1.2%	1.18	1.7%
55 化学短纤	1.14	2.7%	1.22	2.2%	1.12	2.0%	1.40	2.6%
56 特种纱线	0.49	1.7%	1.25	3.2%	1.57	3.7%	1.84	4.0%
57 铺地织品	0.85	3.9%	1.33	5.7%	1.49	6.0%	1.71	7.1%
58 特种机织物	0.23	1.6%	0.22	1.2%	0.17	0.9%	0.17	0.9%
59 工业用纺织品	1.59	5.8%	0.55	1.5%	0.67	1.7%	0.88	2.1%
60 针、钩编织物	0.38	1.2%	0.58	1.1%	0.95	1.6%	0.91	1.3%
61 针钩编服装	27.27	12.0%	29.32	10.6%	28.15	10.3%	28.91	10.0%
62 非针钩编服装	9.26	4.1%	12.23	4.6%	11.30	4.2%	12.20	4.2%
63 其他纺织品	11.72	17.8%	13.88	17.1%	13.45	15.7%	14.03	15.4%
总计	57.73	7.3%	65.80	6.7%	63.33	6.2%	67.22	5.9%

数据来源：海关总署数据库。

（二）从国别看，山东产品在 4 个成员国进口额中占比下降，在 7 个成员国中上升，在越南、日本进口市场下降明显

如表 5 所示，将 2010 年和 2019 年 CPTPP 各成员国纺织服装产品进口额及山东产品占比进行对比，各国对山东纺织服装品的进口总额均增加。但从占比看，CPTPP 成员国自山东进口的纺织服装产品份额下降 1 个百分点。日本、越南是山东在 CPTPP 成员国中的前两大市场，山东产品占比下降明显，分别降低 1 个百分点、2.2 个百分点，这一定程度上反映了山东产品在高端和中低端市场的两端收缩。

表 5　CPTPP 各成员国纺织服装产品进口额及山东产品占比　单位:亿美元

	2010 年			2019 年		
	自山东	自全球	山东占比	自山东	自全球	山东占比
日本	44.44	327.98	13.6%	46.77	371.26	12.6%
越南	4.14	84.69	4.9%	5.58	208.30	2.7%
澳大利亚	3.03	72.29	4.2%	5.17	95.76	5.4%
加拿大	2.92	118.81	2.5%	3.45	147.44	2.3%
马来西亚	0.99	17.59	5.7%	1.67	36.37	4.6%
智利	0.83	28.67	2.9%	1.67	40.86	4.1%
新加坡	0.47	29.30	1.6%	0.63	31.39	2.0%
墨西哥	0.39	80.90	0.5%	1.14	106.56	1.1%
新西兰	0.37	14.48	2.6%	0.68	18.68	3.7%
秘鲁	0.13	12.52	1.0%	0.47	20.50	2.3%
文莱	0.01	0.70	0.8%	0.01	0.58	0.8%
总计	57.73	787.91	7.3%	67.22	1077.70	6.2%

数据来源:联合国贸易数据库(UN Comtrade)、海关总署数据库。

三、"纱后原则"增强了 CPTPP 区域内纺织服装原材料的贸易联系

当前,国际上纺织服装产品的原产地规则可分为纤维后原则、纱后原则、布后原则以及剪裁和缝制原则,即分别要求从纤维、纱线、布料、裁剪阶段开始在区域内完成生产才能获得享惠资格,享惠难度依次下降。CPTPP 即采用纱后原则,规定:纺织服装产品从纱线之后的所有工序和原料,只有在缔约国内进行,才能享受零关税的待遇。这将鼓励成员国在区域内的生产,并在生产过程中完全使用原产自缔约方境内材料,具有贸易保护主义倾向。

(一)在品类上,进口量居前三位的产品区域内进口占比提升

如表 6 所示,2010～2019 年,CPTPP 成员国对纺织服装各类原材料自区域内的进口占其进口总额的比重基本维持在 7%～8%的水平,因协定成员国多次调整,且协定最终生效时间较短,"纱后原则"对区域内贸易的促进作用产生了一定影响,还未完全显现。从六类原材料产品看,区域内进口占比上升的有 4 类,下降的有 2 类,进口需求排前三位的 52 棉花、55 化学短纤、54 化学长纤类

产品，区域内进口占比上升显著，分别提高1.1个百分点、0.6个百分点、1.1个百分点；第51类动物毛自区域进口占比则显著下降。值得注意的是，2017年，大部分原材料的区域内进口占比有显著上升，分析其原因可能为当年美国加入协定，带动了区域一体化进程。

表6 区域内分品类的原材料①自足率 单位：亿美元

	2010年			2015年			2017年			2019年		
	进口总额	区域内进口额	区域内占比	进口总额	区域内进口额	区域内占比	进口总额	区域内进口额	区域内占比	进口总额	区域内进口额	区域内占比
50蚕丝	3.0	0.9	29.3%	2.6	0.8	31.3%	2.4	0.8	32.4%	2.0	0.7	33.5%
51动物毛	8.4	1.9	23.0%	10.1	1.7	17.0%	9.5	1.1	11.8%	10.9	1.1	10.3%
52棉花	52.1	2.6	5.0%	62.0	3.8	6.2%	67.1	5.9	8.9%	68.9	4.2	6.1%
53其他植纤维	1.8	0.1	3.2%	2.4	0.1	2.6%	2.6	0.1	2.9%	3.1	0.1	3.0%
54化学长纤	40.6	3.3	8.0%	56.9	4.3	7.6%	60.8	5.1	8.4%	68.2	6.2	9.1%
55化学短纤	42.3	2.3	5.5%	54.6	3.1	5.6%	55.4	3.1	5.5%	53.8	3.3	6.1%
总计	148.1	11.1	7.5%	188.6	13.8	7.3%	197.8	16.1	8.1%	206.8	15.6	7.5%

数据来源：联合国贸易数据库（UN Comtrade）、海关总署数据库。

（二）在国别上，主要进口国的区域内进口占比提升

如表7所示，自区域内的进口上升和下降的国家分别有5个。若按2010年进口规模计，居前四位的日本、澳大利亚、越南、马来西亚自区域内的进口率上升，其中，日本、马来西亚提升均超过1倍，一定程度上表明两国与CPTPP区域的纺织服装产业联系日益紧密。越南原材料的区域进口率基本维持不变，但进口总额由2010年的第三位，上升至2019年的第一位，十年间规模增长近2倍，越南纺织服装产业快速崛起。

① HS码第50～55章主要是原材料类商品，也包括部分成品类商品，但受限于工作量，用整章代替原材料。

表7 区域内分国家的原材料自足率 单位:亿美元

	2010			2015			2017			2019		
	区域内进口额	进口总额	区域内占比	区域内进口额	进口总额	区域内占比	区域内进口额	进口总额	区域内占比	区域内进口额	进口总额	区域内占比
澳大利亚	1.2	30.8	4.0%	2.1	30.5	6.8%	3.9	41.9	9.2%	1.8	33.5	5.3%
加拿大	0.2	7.3	2.8%	0.1	5.6	1.8%	0.1	4.4	2.0%	0.1	4.5	2.6%
马来西亚	1.7	17.2	10.0%	2.0	10.5	19.3%	2.1	10.7	19.2%	2.3	11.1	20.6%
秘鲁	0.1	2.8	2.5%	0.2	3.1	7.8%	0.2	2.9	5.6%	0.2	2.6	7.4%
墨西哥	0.4	7.5	5.6%	0.4	7.8	4.8%	0.4	7.0	5.8%	0.6	9.4	5.9%
日本	4.4	50.3	8.7%	6.1	94.5	6.4%	6.2	40.5	15.3%	6.9	40.1	17.2%
文莱	0.0	0.0	57.2%	0.0	0.0	65.1%	0.0	0.0	78.5%	0.0	0.0	27.5%
新加坡	0.8	4.0	20.8%	0.7	3.9	16.8%	0.7	3.9	18.4%	0.6	3.4	18.2%
新西兰	1.0	5.6	18.6%	0.5	6.2	8.3%	0.4	4.1	10.0%	0.4	3.9	11.4%
越南	0.9	17.5	5.3%	1.7	30.7	5.7%	2.1	42.0	5.1%	2.6	49.9	5.3%
智利	0.2	1.8	12.6%	0.0	1.9	0.5%	16.0	157.3	5.3%	0.1	1.3	5.9%

数据来源:联合国贸易数据库(UN Comtrade)。

四、"短缺清单"等特定原产地规则,为其他国家产品进入留下一扇门,为山东扩大与CPTPP成员国合作提供了可能

一方面,由于部分纺织服装品的原材料需求不能在CPTPP成员国内得到满足,另一方面,为了增强规则的灵活性和可操作性,CPTPP纺织服装原产地规则作出了微量原则、成套货物、短缺清单等例外规定。第一,微量规则规定成员国在纺织服装产品生产过程中采用的非原产材料的重量占比不超过10%的可视为原产产品。第二,成套货物规则要求供零售的成套纺织服装中的每一件产品都是原产品或者非原产材料在整套产品价值中的比例不超过10%的产品可为原产产品。第三,短缺清单规定只要材料满足附录中短缺清单要求,则该材料就应视为原产。其中,短缺清单规则最值得关注,该规定的引入实质是对

“纱后原则”的缓冲，可允许成员国在纺织服装生产过程中采用来自非成员国的纱线等原材料，而照样享受关税优惠。

从总量看，初步统计，CPTPP 中纳入短缺清单的产品共计约 194 大项、涉及约 408 种细分产品。其中，有 8 项是暂时性短缺，将于协议生效后 5 年内从清单中删除；有 186 项是永久性短缺，永久适用于短缺政策下的原产地规则。

从归类看，按照 HS 码，短缺清单涉及的产品主要集中在 60 章针织物及钩编织物，55 章化学纤维短纤，52 章棉花，54 章化学纤维长丝、化学纤维纺织材料制扁条及类似品等章节。具体分布及主要产品如表 8 所示。

表 8　短缺清单商品在各个章的分布

	种数	占比	主要产品
50 蚕丝	2	0.5%	丝纤维、纱线和织物等
51 动物毛	33	8.1%	粗、精梳的羊毛和动物毛织物等
52 棉花	48	11.7%	棉纱线、棉精织物、与化学纤维混纺的棉机织物、其他棉机织物等
53 其他物纤维	9	2.2%	针织人造毛皮、雪尼尔纱线、非棉植物纤维等
54 化学长纤	41	10.0%	合成纤维长丝纱线、人造纤维长丝纱线、合成纤维长丝纱线织物等
55 化学短纤	87	21.3%	合成纤维短纤维、合成纤维短纤纺制的纱线、合成纤维短纤纺制的机织物、人造纤维短纤纺制的机织物等
56 特种纱线	9	2.2%	无纺织物等
57 铺地织品	0	0.0%	—
58 特种机织物	8	2.0%	起绒机织物及绳绒织物等
59 工业纺织品	14	3.4%	用塑料浸渍、涂布、包覆或层压的纺织物等
60 针钩编织物	157	38.4%	针织或者钩编的起绒织物、弹性纱线或橡胶线含量有特殊要求的针织物或钩编织物、经编织物、其他针织和钩编织物等
总计	408		

注：为简洁，各个章名称用简称。

数据来源：根据 CPTPP 文本整理计算。

从山东出口看，在短缺清单涉及的 408 种产品中，2019 年，山东有出口实绩的有 124 种，共计出口约 36.2 亿美元[①]，占山东纺织服装产品出口总额的 16.9%。

如表 9 所示，按照 4 位 HS 码计，2019 年，山东出口额较大的为 5407 合成纤维长丝纱线的机织物、6006 其他针织物或钩编织物，出口金额分别达到 5.63 亿美元、2.38 亿美元。

表 9　2019 年以 4 位 HS 码计短缺清单内产品的山东出口额　单位：亿美元

	产品	金额
5407	合成纤维长丝纱线的机织物	5.63
6006	其他针织物或钩编织物	2.38
5516	人造纤维短纤纺制的机织物	0.96
5512	合成纤维短纤纺制的机织物，按重量计合成纤维短纤含量≥85%	0.93
5515	合成纤维短纤纺制的其他机织物	0.63
5007	丝或绢丝机织物	0.54
5502	人造纤维长丝丝束	0.51
6004	宽度＞30cm，按重量计弹性纱线或橡胶线含量≥5%的织物或钩编织物	0.28
5004	丝纱线（绢纺纱线除外），非供零售用	0.09
5408	人造纤维长丝纱线的机织物，包括品目	0.08
6005	经编织物（包括由花边针织机织成的）	0.08
5005	绢纺纱线，非供零售用	0.03
5006	丝纱线及绢纺纱线，供零售用；蚕胶丝	0.002
合计		12.15

数据来源：海关总署数据库。

如表 10 所示，按照 6 位码计，2019 年，列入短缺清单的商品中，山东出口前十位共 18.51 亿美元，其中，向 CPTPP 国家出口 1.84 亿美元，通过表格数据计算可知，占山东出口的比重为 14.4%，占 CPTPP 国家进口的 14.1%。棉织布

① 由于短缺清单列上按 HS 的 4 位码计与按 6 位码计的商品存在交叉，且涉及较专业的技术标准，而无法精确区分，故此数值比实际数值偏大。

类商品在山东出口占比及 CPTPP 国家进口中的占比均较高，出口金额最大的是含棉量高于 85％的印花平纹布，这与山东纺织服装原料出口以棉制品为主的结构相吻合，详细清单见本文附表 1。

表 10　2019 年以 6 位 HS 码计纳入短缺清单商品的山东前十位商品　单位：亿美元

	商品名称	山东出口总额	向 CPTPP 国家出口额	向 CPTPP 国家出口占比	CPTPP 国家进口总额	在 CPTPP 国家进口中的占比
520852	棉≥85％印花平纹布，100g＜平方米重≤200g	11.05	0.06	0.53％	0.9	6.45％
540761	含聚酯非变形长丝≥85％的机织物	1.49	0.14	9.26％	6.08	2.27％
520849	棉≥85％其他色织布，平方米重≤200g	0.93	0.22	23.97％	0.79	28.47％
600632	合成纤维制染色其他针织或钩编织物	0.79	0.15	18.67％	14.08	1.05％
551219	其他含聚酯短纤≥85％的布	0.78	0.07	8.95％	7.15	0.97％
520842	棉≥85％色织平纹布，100g＜平方米重≤200g	0.76	0.29	37.46％	0.46	61.66％
560311	化学纤维长丝制无纺织物，平方米重≤25g	0.72	0.31	43.02％	5.89	5.25％
551321	聚酯短纤＜85％棉混染色平纹布，平方米重≤170g	0.70	0.16	22.65％	0.55	28.69％
600622	棉制染色其他针织或钩编织物	0.68	0.35	50.77％	12.98	2.67％
551311	聚酯短纤＜85％棉混未漂或漂平纹布，平方米重≤170g	0.61	0.09	14.43％	0.62	14.09％

数据来源：海关总署数据库。

从出口国别看，如表 11 所示，以 6 位码计的前十位商品中，对各成员国的出口占山东出口总额的 9.9％还有较大提升空间。其中，向越南出口占比约 2/3，随后是马来西亚与日本。

表 11　2019 年以 6 位 HS 码计纳入短缺清单商品的山东前十位商品向各国出口的占比

国家	越南	马来西亚	日本	墨西哥	澳大利亚	新加坡	智利	加拿大	秘鲁	新西兰
占比	64.7%	15.9%	9.5%	2.2%	2.2%	1.9%	1.7%	1.4%	0.4%	0.1%

数据来源：海关总署数据库。

通过数据看，山东对于纳入短缺清单的商品具备一定的生产出口基础，有较大合作潜力。同时，由于以下两方面原因，通过短缺清单扩大对 CPTPP 成员国出口也存在障碍。一是短缺清单中 80%的产品对最终用途作出了要求，例如，第 70 项，"对染色的针织或其他钩编织物"其最终用途就要求用于"服装中的运动衫、套衫、圆领汗衫和背心及类似品"。二是短缺清单规定纱和织物的相关参数和特点技术性非常强，增加了进口方在申报原产地时的难度。未来仍需持续关注并有针对性提高相关企业认知。

五、从贸易结构看，CPTPP 成员国具备一定的互补优势，未来区域整体协同可能加强

通过前文分析发现，在纺织服装领域，CPTPP 的影响已经开始显现，但影响程度远比预计的要小。可能原因是 CPTPP 的签署落地几经波折，成员国一直处于变动中，直至 2018 年 11 个成员国才最终确定，产业布局调整仍需时间。CPTPP 成员国纺织服装类产品出口情况见表 12、表 13。

表 12　2019 年 CPTPP 成员国出口情况　　单位：亿美元

	日本	澳大利亚	加拿大	新加坡	文莱	马来西亚	越南	新西兰	智利	墨西哥	秘鲁
纺织服装品出口额	77.4	37.8	32.7	19.9	0.1	33.4	394.2	6.8	5.1	69.4	13.9
货物出口总额	7056.3	2663.8	4460.8	3903.3	70.4	2380.9	2646.1	395.4	696.8	4607.0	461.0
纺织服装出口在该国出口中占比	1.1%	1.4%	0.7%	0.5%	0.1%	1.4%	14.9%	1.7%	0.7%	1.5%	3.0%

表 13　2019 年各类产品在 CPTPP 成员国纺织服装类产品出口总额中占比

单位：亿美元

	日本	澳大利亚	加拿大	新加坡	文莱	马来西亚	越南	新西兰	智利	墨西哥	秘鲁
50 蚕丝	0.6%	0.0%	0.0%	0.2%	—	0.0%	0.3%	0.0%	0.0%	0.0%	0.0%
51 动物毛	2.5%	58.8%	0.6%	0.3%	—	0.8%	0.0%	53.2%	9.5%	0.6%	13.0%
52 棉花	5.5%	29.0%	0.7%	1.4%	0.1%	10.0%	7.7%	0.6%	2.6%	6.9%	2.1%
53 其他植物纤维	0.3%	0.0%	0.3%	0.0%	—	0.2%	0.1%	0.4%	0.2%	0.0%	0.0%
54 化学长纤	27.2%	0.6%	10.1%	10.7%	0.1%	12.0%	2.9%	1.0%	3.4%	3.6%	0.5%
55 化学短纤	15.8%	0.2%	2.0%	4.6%	0.0%	10.3%	1.6%	1.7%	10.2%	2.4%	3.3%
56 特种纱线	14.6%	1.4%	6.0%	2.8%	2.6%	7.5%	1.0%	2.1%	3.2%	3.4%	4.4%
57 铺地织品	0.6%	0.9%	2.9%	0.5%	1.3%	0.6%	0.4%	9.6%	2.1%	1.3%	0.1%
58 特种机织物	2.6%	0.1%	2.8%	1.0%	0.0%	0.6%	0.3%	0.3%	0.2%	1.3%	0.3%
59 工业用纺织品	12.5%	0.6%	13.8%	4.9%	0.4%	2.7%	1.8%	2.5%	1.7%	4.7%	0.1%
60 针、钩编织物	7.5%	0.1%	2.4%	3.7%	2.2%	8.4%	3.0%	0.1%	2.7%	0.8%	4.2%
61 针钩编服装	3.3%	2.2%	15.5%	32.7%	40.9%	30.9%	37.8%	9.6%	24.0%	25.2%	65.6%
62 非针钩编服装	3.6%	3.2%	29.2%	31.8%	44.0%	10.7%	38.4%	11.4%	28.6%	32.9%	4.5%
63 其他纺织品	3.4%	2.9%	13.8%	5.5%	8.5%	5.4%	4.6%	7.5%	11.7%	16.9%	2.0%

数据来源：联合国贸易数据库（UN Comtrade）。

在规模上，越南纺织服装品出口规模最大，2019 年出口总额为 394.2 亿美元，且占该国出口总额的比重最大，达到 14.9%。其他国家的纺织服装品都不是该国主要出口商品，除秘鲁外，纺织服装占该国出口总额的比重均小于 2%。

在结构上，CPTPP 成员国除成衣（61 针钩编服装、62 非针钩编服装）的出口规模均较大外，其他出口产品存在较为明显的互补优势。日本的化学长纤、化学短纤、特种纱线，澳大利亚的动物毛，越南的棉花，新西兰的动物毛及铺地织品是其优势产品，出口规模占该国出口的比重较高。随着协定的进一步推进，未来可能形成基于比较优势的、更加紧密的区域一体化。

六、越南是山东纺织服装产品的主要竞争对手，山东纺织服装产品竞争力有待提升

越南与山东纺织服装品出口的相似度较高，且多处于加工制作的微笑曲线中部。CPTPP 签署后，越南获得纺织品服装出口市场的关税优势，使得原本劳动力低廉的越南加强了其成本优势，未来，山东可能面临更为激烈的竞争。

（一）在出口总量上，2014 年越南出口规模超过山东

2011 年以来，越南纺织服装品出口规模逐年扩大，2014 年出口额首次超过山东，2020 年出口额达到山东的 1.5 倍。越南与山东纺织服装品出口额占各自出口总额比重大体相当，山东略低，以 2019 年为例，越南占比为 14.9%、山东为 13.3%，均高于该指标的全球平均水平（4.2%），及我国平均水平（10.4%）。同时，两者的占比都在逐年下降，2020 年相较于 2011 年，分别降低 4.1 个百分点、2.7 个百分点，越南的下降速度更快（见表 14）。可见，纺织服装品作为山东的重要出口产品，产业正处于持续优化中。

表 14　2011～2020 年山东与越南纺织服装品出口情况对比　单位：亿美元

	山东				越南			
	纺织服装品出口额	纺织服装出口增速	出口总额	占比	纺织服装品出口额	纺织服装出口增速	出口总额	占比
2011	211.0	—	1343.6	15.7%	167.6	—	969.1	17.3%
2012	201.7	−4.4%	1358.6	14.8%	181.5	8.3%	1145.3	15.8%
2013	217.4	7.8%	1418.9	15.3%	215.3	18.6%	1320.3	16.3%
2014	218.6	0.6%	1551.0	14.1%	252.4	17.2%	1502.2	16.8%
2015	208.0	−4.9%	1488.1	14.0%	272.7	8.0%	1620.2	16.8%
2016	200.7	−3.5%	1459.0	13.8%	287.0	5.3%	1765.8	16.3%

续表

	山东				越南			
	纺织服装品出口额	纺织服装出口增速	出口总额	占比	纺织服装品出口额	纺织服装出口增速	出口总额	占比
2017	200.6	−0.1%	1468.1	13.7%	318.1	10.8%	2151.2	14.8%
2018	216.8	8.1%	1601.2	13.5%	366.6	15.3%	2437.0	15.0%
2019	214.0	−1.3%	1613.3	13.3%	394.2	7.5%	2646.1	14.9%
2020	246.3	15.1%	1900.0	13.0%	371.0	−5.9%	2814.4	13.2%

数据来源：海关总署数据库。

(二)在出口结构上，越南与山东大致相同、各有优势

近年来，山东纺织服装产品14个大类的出口占比基本保持稳定(详见本文附表2)，山东与越南的纺织服装出口产品的结构大致相同，产品互替性较高。从优势产品看，山东的63其他纺织品出口占比26.4%，高出越南21.8个百分点，也明显高于全球和全国平均水平，具备发展优势；越南的61针钩编服装、62非针钩编服装出口占比分别高出山东10.2个百分点、16.4个百分点(见表15)。

表15　2020年纺织服装品出口占比情况

	全球	越南	中国	山东
50 蚕丝	0.3%	0.3%	0.4%	0.2%
51 动物毛	1.6%	0.0%	0.9%	0.2%
52 棉花	7.1%	7.7%	5.4%	8.6%
53 其他植物纤维	0.6%	0.1%	0.5%	0.1%
54 化学长纤	6.7%	2.9%	8.5%	2.9%
55 化学短纤	4.7%	1.6%	4.8%	3.0%
56 特种纱线	3.5%	1.0%	2.3%	4.0%
57 铺地织品	2.0%	0.4%	1.1%	1.7%

续表

	全球	越南	中国	山东
58 特种机织物	1.7%	0.3%	2.0%	0.5%
59 工业用纺织品	3.4%	1.8%	3.1%	1.4%
60 针、钩编织物	4.8%	3.0%	7.2%	1.5%
61 针钩编服装	27.7%	37.8%	27.4%	27.6%
62 非针钩编服装	27.6%	38.4%	25.6%	22.0%
63 其他纺织品	8.5%	4.6%	10.7%	26.4%

数据来源：联合国贸易数据库(UN Comtrade)、海关总署数据库。

(三)在产品竞争力上，山东有巨大提升空间

从产品的单位价值角度考量，选取山东出口占全国比重最高的五类纺织服装产品进行对比。从表16可明显看出，日本出口产品的单位价值远高于其他国家，处于第一梯队；其次是澳大利亚、新加坡、秘鲁等，随后是越南等东南亚国家；我国出口产品的单位价值均最低。因单位价值受生产成本低等因素的影响，仅以单位价值为标准考量产品竞争力较为片面，但这仍在一定程度上说明山东纺织服装品的产业升级之路任重道远。

表16 纺织服装出口产品单位价值对比

商品	出口地	货值(万美元)	数量(吨)	单位价值(万美元/吨)
6102 针织或钩编的女式大衣、短大衣、斗篷、短斗篷、带风帽的防寒短上衣(包括滑雪短上衣)、防风衣、防风短上衣及类似品	日本	472.8	16.7	28.3
	澳大利亚	44.8	6.9	6.5
	秘鲁	447.7	95.0	4.7
	新加坡	835.7	207.4	4.0
	马来西亚	694.9	174.9	4.0
	智利	77.8	20.0	3.9
	越南	36815.4	10028.1	3.7
	中国	66714.4	42449.8	1.6

续表

商品	出口地	货值(万美元)	数量(吨)	单位价值(万美元/吨)
6107 针织或钩编的男长睡衣、睡衣、浴衣、晨衣及类似品	日本	260.6	24.5	10.6
	新加坡	652.2	128.0	5.1
	文莱	43.4	11.1	3.9
	秘鲁	726.0	221.0	3.3
	越南	52690.1	16465.7	3.2
	马来西亚	506.1	180.1	2.8
	澳大利亚	158.1	59.2	2.7
	智利	640.2	255.4	2.5
	中国	254129.3	193150.9	1.3
6109 针织或钩编的T恤衫、汗衫及其他背心	日本	6594.2	431.1	15.3
	新加坡	39900.1	10819.4	3.7
	智利	2076.6	601.4	3.5
	澳大利亚	1619.4	485.5	3.3
	越南	256404.1	77987.3	3.3
	秘鲁	11211.3	3547.7	3.2
	马来西亚	14000.0	4604.3	3.0
	文莱	23.1	7.8	3.0
	中国	741491.0	469179.6	1.6
6110 针织或钩编的套头衫、开襟衫、外穿背心及类似品	日本	6731.0	358.4	18.8
	秘鲁	11628.9	2475.6	4.7
	中国	1892263.4	1039911.8	1.8
6111 针织或钩编的婴儿服装及衣着附件	日本	102.9	10.3	10.0
	秘鲁	3130.0	549.4	5.7
	智利	563.9	151.4	3.7
	文莱	16.0	7.5	2.1
	中国	213176.1	117126.5	1.8

注：由于我省数据难以获取，故以全国数据代替，并选取我省出口占全国比重较高的前五类商品进行分析。五类商品及全国占比分别为：6111(23.11%)、6109(15.60%)、6107(14.37%)、6110(10.29%)、6102(9.88%)，除表中所列其他成员国数据未获取。

七、思考建议

（一）坚定不移抢抓RCEP等各自贸协定新机遇

本文通过分析CPTPP给纺织服装产业所带来影响，认为区域性自贸协定的确能够增加成员国之间的贸易往来、提升区域产业的竞争力、增加他国产品的进入壁垒，利好颇多。当前，在我国大力推进自贸战略布局的背景下，山东要紧跟国家安排部署，立足山东优势产业，抢抓一系列自贸协定新机遇，加强与我国签有自贸协定国家的产业联系与协同，巩固扩大合作，对冲CPTPP影响。

（二）合理利用“短缺清单”

针对“短缺清单”内的产品，山东具备出口的基础和优势，但其在产品分类上技术性较强，增加了相关企业的享惠难度。可请相关贸促会等部门和企业、商协会共同就“短缺清单”进行深入细致研究，精准对接指导主要纺织服装出口企业有针对性的安排生产、扩展市场。对企业生产给予进口设备免税、研发费用加计扣除等支持。

（三）持续加强产业转型升级和品牌建设

第一，山东纺织服装出口总体平稳，行业所具备的优势短期内难以被其他国家取代，但仍需持续提升产品竞争力。第二，要持续推动纺织服装产业的优化升级，支持具备基础的企业在服装品质、工艺等多方面突破，向高端转型。第三，支持企业聚焦优势产品，加快国际自主品牌建设；在价值链上精准定位，走“专精特新”道路，提升在区域价值链以及全球价值链上的分工地位。

（四）“走出去”优化市场布局

山东纺织服装产业在做大做强国内市场的基础上，可稳妥有序“走出去”，在CPTPP成员国如越南、马来西亚等国家投资设厂，使产品获得原产地资格、降低生产成本，实现劳动密集型产业战略转移。支持有条件的企业在国外设立营销网络，提高山东品牌在国外的知名度和占有率，对出口企业境外营销平台、品牌认证机构建设等给予政策支持。

附表1　列入短缺清单产品山东出口额

单位：万美元

商品编码	商品名称	出口金额
520852	棉≥85%印花平纹布，100g＜平方米重≤200g	110534.70
540761	含聚酯非变形长丝≥85%的机织物	14890.50
520849	棉≥85%其他色织布，平方米重≤200g	9343.49
600632	合成纤维制染色其他针织或钩编织物	7918.24
551219	其他含聚酯短纤≥85%的布	7780.13
520842	棉≥85%色织平纹布，100g＜平方米重≤200g	7636.78
560311	化学纤维长丝制无纺织物，平方米重≤25g	7196.35
551321	聚酯短纤＜85%棉混染色平纹布，平方米重≤170g	7002.21
600622	棉制染色其他针织或钩编织物	6833.25
551311	聚酯短纤＜85%棉混未漂或漂平纹布，平方米重≤170g	6090.56
550410	粘胶纤维短纤，未梳或未经其他纺前加工	5796.05
590320	聚氨基甲酸酯浸涂、包覆或层压的纺织物	5749.02
590310	聚氯乙烯浸涂、包覆或层压的纺织物	5220.54
540752	聚酯变形长丝≥85%染色布	5205.72
520822	棉≥85%漂白平纹布，100g＜平方米重≤200g	5188.72
560313	化纤长丝制无纺织物，70g＜平方米重≤150g	5022.08
551511	聚酯短纤＜85%主要或仅与粘纤短纤混纺布	4960.05
520829	其他棉≥85%漂白布，平方米重≤200g	4932.29
520843	棉≥85%色织三或四线斜纹布，平方米重≤200g	4758.51
560312	化纤长丝制无纺织物，25g＜平方米重≤70g	4103.58
521031	棉＜85%与化纤纺染色平纹布，平方米重≤200g	3578.63
520832	棉≥85%染色平纹布，100g＜平方米重≤200g	3445.63
600634	合成纤维制印花其他针织或钩编织物	3208.69
600192	化纤制针织或钩编的其他起绒织物	2859.11
550969	聚丙烯腈及变性短纤＜85%与其他纤维混纺纱	2831.19
600410	针织或钩编织物，宽＞30cm，弹性线≥5%无胶线	2769.03
511211	精梳毛≥85%的机织物，平方米重≤200g	2724.61

续表

商品编码	商品名称	出口金额
560314	化学纤维长丝制无纺织物，平方米重＞150g	2634.62
590390	其他塑料浸涂、包覆或层压的纺织物	2263.23
551614	人造纤维短纤≥85%印花布	2102.23
600110	针织或钩编的“长毛绒”织物	2050.31
520839	其他棉≥85%染色布，平方米重≤200g	1887.90
521029	棉＜85%与化纤纺漂白其他布，平方米重≤200g	1839.10
520823	棉≥85%漂白三或四线斜纹布，平方米重≤200g	1780.62
521039	棉＜85%与化纤纺染色其他布，平方米重≤200g	1653.14
600621	棉制未漂白或漂白其他针织或钩编织物	1641.03
540231	尼龙等聚酰胺变形纱线，单纱细度≤50 特	1498.83
521049	棉＜85%与化纤纺色织其他布，平方米重≤200g	1463.25
520939	其他棉≥85%染色布，平方米重＞200g	1404.40
520833	棉≥85%染色三或四线斜纹布，平方米重≤200g	1320.29
511230	精梳毛＜85%主要或仅与化纤短纤混纺机织物	1304.31
521041	棉＜85%与化纤纺色织平纹布，平方米重≤200g	1170.60
580122	棉制割绒的灯芯绒	1133.09
580421	化纤制机制花边	1084.68
600631	合成纤维制未漂白或漂白其他针织或钩编织物	1082.36
551090	人造纤维短纤＜85%与其他纤维混纺的纱线	950.79
551513	聚酯短纤＜85%主要或仅与毛混纺布	888.99
520831	棉≥85%染色平纹布，平方米重≤100g	850.08
600633	合成纤维制色织其他针织或钩编织物	823.26
510820	精梳动物细毛纱线，非供零售用	822.07
520821	棉≥85%漂白平纹布，平方米重≤100g	818.09
511130	粗梳毛＜85%主要或仅与化纤短纤混纺机织物	808.24
560600	粗松螺旋花线；绳绒线；纵行起圈纱线	799.93
551011	人造纤维短纤≥85%的单纱	744.35

续表

商品编码	商品名称	出口金额
600624	棉制印花其他针织或钩编织物	738.33
540261	尼龙等聚酰胺多股纱线或缆线	736.61
550931	聚丙烯腈或变性聚丙烯腈短纤≥85%的单纱	725.56
600623	棉制色织其他针织或钩编织物	582.95
511119	粗梳毛≥85%的机织物，平方米重>300g	506.60
600642	人造纤维制染色其他针织或钩编织物	477.86
550932	聚丙烯腈及其变性短纤≥85%的多股纱或缆	467.96
520841	棉≥85%色织平纹布，平方米重≤100g	447.79
551331	聚酯短纤<85%棉混色织平纹布，平方米重≤170g	434.91
530929	其他含亚麻<85%的布	413.55
580137	化纤制经起绒织物	410.69
521149	棉<85%与化纤纺色织其他布，平方米重>200g	402.91
520931	棉≥85%染色平纹布，平方米重>200g	367.85
540832	其他人造纤维长丝染色布	353.86
511219	精梳毛≥85%的机织物，平方米重>200g	308.22
540710	尼龙等聚酰胺高强力纱、聚酯高强力纱纺制布	298.41
521032	棉<85%与化纤纺染色斜纹布，平方米重≤200g	284.14
551692	人造纤维短纤<85%与其他纤维混纺染色布	234.41
521223	其他染色棉布，平方米重>200g	224.01
510610	粗梳羊毛纱线，非供零售用，羊毛≥85%	206.27
551613	人造纤维短纤≥85%色织布	196.75
600122	化纤制针织或钩编的毛圈绒头织物	181.94
540822	人造纤维长丝、扁条或类似品≥85%染色布	175.10
551632	人造纤维短纤<85%主要或仅与毛混纺染色布	160.66
551030	人造纤维短纤<85%主要或仅与棉混纺的纱线	152.09
510810	粗梳动物细毛纱线，非供零售用	145.47
550999	其他合成短纤<85%与其他纤维混纺的纱线	143.29

续表

商品编码	商品名称	出口金额
580429	其他纺织材料制机制花边	129.24
551012	人造纤维短纤≥85%的多股纱线或缆线	110.81
600191	棉制针织或钩编的其他起绒织物	98.12
511120	粗梳毛<85%的机织物,平方米重>300g	92.89
520949	其他棉≥85%色织布,平方米重>200g	92.79
551693	人造纤维短纤<85%与其他纤维混纺色织布	82.64
520951	棉≥85%印花平纹布,平方米重>200g	80.34
510710	精梳羊毛纱线,非供零售用,羊毛≥85%	78.78
550962	聚丙烯腈及其变性短纤<85%与棉混纺纱	76.42
511111	粗梳毛≥85%的机织物,平方米重≤300g	67.07
520959	其他棉≥85%印花布,平方米重>200g	59.33
520941	棉≥85%色织平纹布,平方米重>200g	56.05
551691	人造短纤<85%与其他纤维混纺未漂或漂白布	51.67
540412	聚丙烯单丝,截面尺寸≤1mm 细度≥67 分特	50.01
600641	人造纤维制未漂白或漂白其他针织或钩编织物	47.50
551229	其他聚丙烯腈及其变性短纤≥85%的布	39.99
580136	化纤制绳绒织物	39.95
520921	棉≥85%漂白平纹布,平方米重>200g	39.67
540831	其他人造纤维长丝未漂或漂白布	38.88
550630	聚丙烯腈或变性聚丙烯腈短纤,已梳或经其他纺前加工	37.84
551599	其他合成纤维短纤<85%与其他纤维混纺布	35.76
540821	含人造纤维长丝、扁条等≥85%未漂或漂白布	31.42
511290	精梳毛<85%与其他纤维混纺机织物	30.92
540341	粘胶纤维多股纱线或缆线	30.80
551623	人造短纤<85%与化纤长丝混纺色织布	29.49
580123	棉制其他纬起绒织物	24.12
600644	人造纤维制印花其他针织或钩编织物	23.04

续表

商品编码	商品名称	出口金额
521222	其他漂白棉布，平方米重>200g	21.53
600643	人造纤维制色织其他针织或钩编织物	18.24
600490	其他针织钩编物，宽>30cm，弹性或胶线≥5%	17.68
540251	尼龙或其他聚酰胺纱线，捻度每米超过 50 转	16.09
550961	聚丙烯腈及其变性短纤<85%与毛混纺纱	12.44
551221	聚丙烯腈及其变性短纤≥85%的未漂或漂白布	10.19
551694	人造纤维短纤<85%与其他纤维混纺印花布	9.22
600542	人造纤维制染色经编织物	8.53
550330	聚丙烯腈及其变性短纤，未梳及未经纺前加工	6.84
540310	粘胶纤维高强力纱	3.34
600541	人造纤维制未漂白或漂白经编织物	2.95
580430	手工制花边	1.33
540331	粘胶纤维单纱，未加捻或捻度每米≤120 转	0.57
580126	棉制绳绒织物	0.52
540332	粘胶纤维单纱，捻度每米>120 转	0.04
600544	人造纤维制印花经编织物	0.01

数据来源：海关总署数据库。

附表 2　近年来山东纺织服装出口各章占比

HS 章	2015 年	2016 年	2017 年	2018 年	2019 年	2020 年	2021 上半年
50 蚕丝	0.5%	0.1%	0.6%	0.5%	0.4%	0.2%	0.23%
51 动物毛	0.4%	—	0.4%	0.4%	0.4%	0.2%	0.22%
52 棉花	15%	2.5%	13.8%	13.9%	12.5%	8.6%	10.87%
53 其他植物纤维	0.2%	1.6%	0.1%	0.2%	0.2%	0.1%	0.13%
54 化学长纤	1.8%	1%	2.3%	2.8%	3.4%	2.9%	4.25%
55 化学短纤	4.1%	2.5%	4.2%	4.2%	3.9%	3%	3.72%
56 特种纱线	2.3%	0.5%	2.8%	3%	3.1%	4%	4.54%
57 铺地织品	1.9%	0.5%	2.2%	2.2%	1.9%	1.7%	2.16%

续表

HS 章	2015 年	2016 年	2017 年	2018 年	2019 年	2020 年	2021 上半年
58 特种机织物	0.5%	1.2%	0.5%	0.5%	0.5%	0.5%	0.63%
59 工业用纺织品	0.9%	0.3%	1.4%	1.5%	1.6%	1.4%	2.05%
60 针、钩编织物	1.1%	0.8%	1.4%	1.5%	1.5%	1.5%	1.76%
61 针钩编服装	31.3%	54.8%	30.8%	30.3%	31.8%	27.6%	29.52%
62 非针钩编服装	21.4%	30%	21%	21.4%	21.6%	22%	19.49%
63 其他纺织品	18.7%	4.2%	18.6%	17.9%	17.2%	26.4%	20.43%

数据来源:海关总署数据库。

CPTPP的规则、影响与应对策略分析*

在推动中国开放型经济向更高层次发展的进程中，积极参与自由贸易区建设是新形势下实现中国经济持续发展的必由之路，为新格局下中国扩大对外开放搭建起新平台。当前，中国积极考虑加入 CPTPP(《全面与进步跨太平洋伙伴关系协定》)，此举对新时期我国继续推动高水平制度性开放、全面参与国际经贸规则制定意义重大。作为国家对外开放前沿阵地，山东应积极发挥自贸试验区制度创新功能，主动适应国际经贸规则重构新趋势，对 CPTPP 协定的部分规则积极进行压力测试和风险测试。

一、CPTPP 的背景、效应和发展前景分析

2018 年 12 月 30 日，CPTPP 正式生效，成员国包括日本、澳大利亚、加拿大、新加坡、文莱、马来西亚、越南、新西兰、智利、墨西哥和秘鲁 11 个国家，是全球第三大自由贸易区(前两位分别是 RCEP 自贸区、美墨加自贸区)，在货物贸易、服务、投资、知识产权、数字贸易和国有企业等领域设定了更高的规则标准。2020 年，CPTPP 11 国的国内生产总值为 10.82 万亿美元，占全球的 12.8%，货物贸易 2.74 万亿美元，占全球的 15.6%，2019 年人口 5.08 亿，占全球的 6.6%。

(一)发展背景

CPTPP 的前身是美国主导的 TPP(《跨太平洋伙伴关系协定》)，成员有美国、日本、澳大利亚、加拿大、新加坡、文莱、马来西亚、越南、新西兰、智利、墨西

---

* 作者：李迎春、赵延青。

哥和秘鲁 12 国，其经济规模占全球经济总量的 40%。在奥巴马政府时期，美国希望通过主导和推进 TPP 谈判，进一步主导 21 世纪的全球经贸规则，但 2017 年，特朗普以 TPP 将“摧毁”美国制造业增加美国的贸易逆差为由，宣布退出 TPP。2017 年底，日本接替退出 TPP 的美国，成为 TPP 的主导国，将 TPP 更名为 CPTPP，并对其相关条款加以修改，于当年 11 月在越南召开的 APEC（亚太经济合作组织）会议期间签署。2018 年 12 月 30 日，CPTPP 正式生效，标志着一个占据全球国内生产总值 13%，拥有超 5 亿人口的自由贸易体系初步形成。

因为美国的退出，CPTPP 所涉及的成员国规模和规则标准都与 TPP 有明显差异。在规模方面，CPTPP 11 国的国内生产总值占世界比重的 13%，人口占世界人口比重的 7%，比 TPP 下降近 1/3，贸易额也由 26%下降到 15%。在规则标准方面，CPTPP 保留了 TPP 中 2/3 的原始文本，对具有争议的条款进行了搁置（见表 1），主要涉及投资和知识产权方面内容，很大程度上降低了谈判难度。同时，CPTPP 成员国指出，条款删除只是暂时的，如果美国决定重新加入，可以考虑恢复这些条款。在生效条件方面，CPTPP 协议生效只需 11 个成员国中的 6 个国家完成国内批准即可，不同于 TPP 生效条件，要求占 12 国 GDP 总额 85%的 6 个国家以上完成国内批准程序的 60 天后生效。

表 1　CPTPP 的搁置条款

涉及条款	冻结内容
关税与贸易便利化	冻结缔约国“需定期审查由国内法制定的货物免税运输额度”条款
投资	冻结原协议中“外国投资者可以以违反政府与其签订的投资协议或投资授权为由，向政府提起损害赔偿”条款
跨境服务贸易	冻结“各缔约国不得垄断邮政或快递服务，不得为快递服务提供补贴”条款
金融服务条款	冻结有关金融服务的最低处理标准以及特殊适用条款
电信条款	冻结有关电信纠纷复议条款
政府采购	冻结“该条款不得构成不正当歧视和贸易的变相限制”规定

续表

涉及条款	冻结内容
知识产权	国民待遇(对版权及邻接权的付款方式采取国民待遇);专利适用对象(对已知产品的新用途以及使用已知产品的新方式授予专利,对从植物中获得的发明授予专利);专利授权及保护期限(对专利授权以及市场审批过程中的不合理延迟进行调整或补偿;版权以及邻接权的保护期限延长至作者死后不少于7年);未公开试验及其他数据保护(对为了市场准入而提交的未公开的试验数据信息提供保护,并在审批后提供一定的市场保护期);生物制剂保护(对于利用生物技术生产的用于疾病预防和治疗产品提供保护);技术保护措施(对规避技术和权利管理信息所要求的民事、行政或刑事救济和处罚,用以保护版权人的权利);权利管理信息(对版权管理信息提供更严格的保护);卫星与电缆信号加密保护(无需卫星合法运营商授权,第三人也可对用于解码卫星信号的行为提起刑事或民事诉讼);法律救济与安全港(免除互联网服务提供商对版权侵权内容采取行动的义务)
环境	冻结对野生动物非法获取和非法贸易问题中有关"管辖权法适用"的描述
透明与反腐败	冻结药品和医疗器械的透明度和程序公平性附件中有关程序公正的条款

资料来源:张宇:《CPTPP的成效、前景与中国的对策》,《国际贸易》2020年第5期。

(二)发展前景

2019年1月19日,CPTPP的首届部长级会议在日本东京召开,主要讨论了其他国家加入的扩容问题,包括新会员入会程序、议长国的轮流顺序以及成员间纠纷处理程序等。会议还制定了新会员加入办法,将设立工作小组,如有国家提出加入申请,先经过工作小组磋商,最终在委员会进行表决,且必须取得所有成员国的同意才能加入该协定。

在CPTPP签署生效后,多个国家均表示有兴趣加入该贸易协定。截至2021年底,已有8个国家(地区)表示有兴趣加入CPTPP。2019年,拜登竞选期间曾表示支持加入CPTPP,目前美国与有关国家也进行了商讨与交流,极有可能会重新加入CPTPP。2020年11月,中国宣布积极考虑加入CPTPP,此后,商务部也声明,将按照加快构建新发展格局的要求,积极考虑加入CPTPP,推动经济全球化和区域经济一体化。2021年1月,韩国宣布将寻求加入CPTPP,并将加入CPTPP视为疫情之后实现出口多样化和刺激经济增长的关键。英国在“脱欧”之后，于 2021 年 2 月成为第一个正式申请加入 CPTPP 的国家，同时，欧盟也宣称将维持与 CPTPP 长时间的合作互利关系。

伴随着更多成员国的加入，CPTPP 的影响力将会不断扩大。根据预测，2030 年 CPTPP 将产生约 1470 亿美元的全球增量收入。[①]

(三)CPTPP 效应分析

一是更加紧密的经贸联系带来贸易量的增长。因 CPTPP 对约 80%以上的商品直接采取了零关税措施，促使成员国之间在货物贸易、服务贸易、投资条款等方面达成共识，通过大幅度减税、推进贸易便利化、提高服务贸易承诺、降低投资门槛等，一定程度上会产生贸易创造效应，带来协定国之间贸易量的增加，同时也会对投资产生刺激性，带来相互间投资规模的扩大。

但从 CPTPP 生效以来各成员国在贸易、投资和经济增长方面的表现看，有学者认为 CPTPP 对成员国的贸易和经济增长未能发生明显的影响，各国的对外贸易没有因 CPTPP 的生效带来显著性的扩张效果，成员国的进出口贸易并没有实现预想的提升。[②] 但在资本流动方面，CPTPP 成员国间资本流动规模扩大，表明成员国的国际分工结构和产业链体系初步呈现出一定的重组倾向，对促进国际资本流动可能起到一定的效果。作为高标准经贸规则代表，预测 CPTPP 经济效应将随着时间的推移和更多成员国的加入进一步释放出来，其影响会越来越大。

二是 CPTPP 一定程度上引领了国际经贸规则和秩序的发展走向。CPTPP 因在贸易、投资等领域更加的自由化和便利化，其中的一些条款也被 USMCA(《美墨加三国协议》)、RCEP 以及 CAI 等自贸协定所吸收借鉴，CPTPP 成为国际经贸秩序和规则变动的主要推动力量，开启了区域贸易协定引领国际经贸秩序变动的新时代。

二、CPTPP 文本内容解读和 RCEP 规则对比

(一)CPTPP 文本内容解读

CPTPP 作为目前全球高标准的多边自贸协定，涵盖货物贸易、原产地规则、贸易救济措施、卫生和植物卫生措施、技术性贸易壁垒、服务贸易、知识产

---

① 数据来源：美国彼得森国际经济研究所于 2019 年 1 月发布于官方网站。

② 参见张宇：《CPTPP 的成效、前景与中国的对策》,《国际贸易》2020 年第 5 期。

权、政府采购和竞争政策等。主要表现为以下几大内容。

一是市场全面放开政策,在投资、服务贸易等领域实施零门槛政策,在更大领域、更广范围减少投资、贸易自由化、便利化。

二是实施零关税政策,大幅度削减成员国间工业品的关税和非关税壁垒,CPTPP实施后大部分成员国零关税比重将达到80%以上。同时,CPTPP的原产地规则拓展了成员国间的关税适用范围,促进区域内经贸往来。

三是实施投资者东道国争端解决机制,企业可起诉缔约方并要求政府就政策变化给公司经营带来的损失进行赔偿。

四是实施劳动和环境政策,要求成员国在法律和实践层面应考虑劳工保护组织有关基本劳工权利的规定,制定法律规定最低工资、最长工作时间、职业安全和健康条件等法律规定。协定中的环境保护规则有12大类条款,包括定义、目标、一般义务、与多边环境协定相关的义务、透明度和公众参与、私营部门参与、合作框架、磋商以及争端解决等,严格进行环境保护,共同应对污染、非法捕捞等环境挑战。

五是制定严格的知识产权保护政策,专利权的强保护包括了扩大可申请专利客体范围,细化专利申请和审查的相关程序;在商标方面,对品牌名称、企业标志、产品地理新标志等提供保护。在著作权上,扩大了版权人复制权内容,延长了版权和相关权利的保护期限。要求针对商标恶意注册和版权剽窃等行为建立刑事执法体系。

六是解除对电子商务领域的管制,禁止对电子商品和服务征收关税,禁止各缔约方为偏袒国内生产商或供应商而采取歧视措施或网络封锁,不以在当地设立数据中心为条件,也无须提交或开放软件源代码。

七是对国有企业进行规制,CPTPP是首次将国有企业写入协定章节的自贸区协定,体现了“高标准、高质量和高层次”的特征,将双边、区域贸易协定和国内制度及改革要求相联系。协定严格约束政府对国有企业的支持,比如补贴、贷款、优先交易权等,确保国有企业、私营企业、外资企业拥有公平的竞争环境。与此同时,提高国有企业信息透明度,包括分享国企名单、披露国企财务状况、管理人员情况等。[①]

(二)RCEP与CPTPP规则比较分析

RCEP与CPTPP的区别较大。RCEP侧重于传统的货物贸易关税,而

---

① 参见李春顶、张瀚文:《CPTPP:引领国际经贸秩序和规则的风向标》,《世界知识》2021年第4期。

CPTPP则包括了服务贸易、高科技、知识产权、数据流动等新业态领域，标准更高。很多在WTO里解决不了的问题，如数字经济、知识产权保护、环境标准、劳工标准、国企改革、数据流动管理等，在CPTPP里都有非常全面、详细的规定。本部分就RCEP与CPTPP两者的主要差异进行比较，分析如下。

一是贸易规则适用性的差异。由于RCEP成员国规模大、覆盖人口多，既包含了高收入和中等收入国家，也包含了更多的低收入、欠发达国家，其多边贸易体制规则在追求高质量的同时也注重包容性，较为全面地考虑了不同成员国的利益。RCEP给予最不发达国家特殊与差别待遇，通过经济和技术合作条款对欠发达国家提供帮助。因此，RCEP更加强调遵循以WTO为核心的多边贸易体制规则，侧重发展中国家的利益，注重"灵活性"和"高标准"之间的权衡。相较而言，CPTPP协定是一个全方位严格的贸易协定，其在劳动和环境规则、竞争政策、国有企业、知识产权监管、互联网规则和数字经济等方面均设定了高标准。

二是税水平的差异。RCEP货物贸易零关税产品数整体上超过90%，且主要是立刻降税到零和十年内关税降低至零，并保持一定的农产品配额。CPTPP的"货物的国民待遇和市场准入"章节规定成员国应加快减让至零关税，制定了99%零关税、零补贴、零壁垒的"三零"标准，整体而言关税削减程度高于RCEP。此外，相较于单独签署的双边贸易协定，该协定关于关税的相关规定更加全面，不仅使成员国之间形成统一标准的关税取消规则要求，而且对于某一成员的关税减让承诺的关税优惠自动赋予其他所有成员。

三是市场准入差异。RCEP使用了正面引导和负面清单相结合的规定，各成员国均采用负面清单方式对制造业、农业、林业、渔业、采矿业5个非服务业领域投资作出较高水平开放承诺。CPTPP全部采用负面清单模式，要求各成员国除了限制或禁止开放的领域，应当以一般自由化措施予以全方面开放，如金融服务和投资。由于要求开放的领域更多、程度更高，其对跨国投资的推动作用更强。

四是涵盖领域差异。在内容覆盖度方面，RCEP的谈判领域和议题仍以传统议题为主，在规则上有所限制。相较而言，CPTPP将更多高水平自由化规则纳入贸易框架中，包括知识产权保护、环境标准、劳工标准、国企改革等。例如，在争端解决条款方面，采用建立磋商、专家组仲裁形式，完善了监督机制，提高了争端解决的效率。CPTPP创新性地对国有企业规定了相应的规则，确保了竞争中立原则。

五是服务行业开放差异。相较于 RCEP 而言，CPTPP 不仅降低了货物贸易成本，更是在服务业、知识产权等方面提出了更高的贸易标准，促进各成员国提高开放程度，为各方的优势服务产业构建了更自由的国际市场，为服务贸易提供了便利。尤其是电子商务章节强调了贸易的数字性质，在合理合法的基础上，促进信息和数据在更大范围内的流动和应用。同时，数字贸易中数据保护等规则有助于促进区域内数字经济的发展。

三、中国加入 CPTPP 的前瞻性研究

（一）中国加入 CPTPP 进程梳理

自 CPTPP 签署生效以来，关于中国“入群”的研究分析越来越多，中国加入 CPTPP 的行动也越来越密集，见表 2。

表 2　中国加入 CPTPP 的进程梳理

时间点	进度
2020 年 11 月 20 日	习近平主席第一次在亚太经合组织领导人非正式会议上提出“积极考虑加入 CPTPP”，中国正式开始了加入 CPTPP 的进程
2020 年 12 月 18 日	中央经济工作会议指出：要积极考虑加入全面与进步跨太平洋伙伴关系协定（CPTPP）
2021 年 1 月 21 日	商务部新闻发言人高峰在例行新闻发布会上表示“我们愿与更多贸易伙伴商签自贸协定，共同推动贸易投资自由化便利化，比如，加快推进中日韩自贸协定谈判，推动与海合会、以色列、挪威等自贸谈判进程，积极考虑加入 CPTPP”，再次重申中国加入 CPTPP 的意愿
2021 年 2 月 4 日	商务部召开例行发布会，发言人高峰表示目前中方正在就加入 CPTPP 相关事项开展积极研究，同时，我们愿与 CPTPP 各成员就有关问题加强技术沟通和交流
2021 年 2 月 24 日	商务部副部长兼国际贸易谈判副代表王受文在国新办新闻发布会上透露，商务部已经与 CPTPP 的 11 个成员中的一些成员进行了非正式接触
2021 年 7 月 9 日	商务部对外公布《“十四五”商务发展规划》，提出要做好 CPTPP 有关工作，稳步推进亚太自贸区建设，加快中日韩自贸协定谈判进程

（二）中国与 CPTPP 成员国经贸现状梳理

CPTPP 的成员国与中国有着比较紧密的经贸联系。在已经加入 CPTPP 的 11 个国家中，中国已与其中的 8 个国家或联盟有自贸协定。

在 CPTPP 的 11 国中，只有日本、墨西哥和加拿大尚未与中国签订自由贸易协定。这都说明了中国经济与 CPTPP 参与国之间的紧密联系。

中国的数字经济占 GDP 总量的 36%，服务业占 GDP 比例也接近 60%，今后中国的数字经济和服务业都要大量地走出去。如果中国加入 CPTPP，在条款的保护下，中国对外开放水平进一步提升。

（三）中国加入 CPTPP 的有利影响

一是有利于深化改革、推进制度型开放。在全球贸易规则竞争日益激烈、世贸组织改革势在必行的趋势下，形成各方能够基本达成普遍共识的新经贸规则体系是开放型世界经济发展的必然要求。中国积极加入 CPTPP 这一高标准自贸协定，将使中国融入一个更加开放与充满活力的全球和区域贸易网络，可加快推动由商品和要素流动型开放向包括规则、规制、管理、标准等在内的制度型开放转变，建设高标准的市场体系，为供给侧结构改革与制度创新注入活力，推动实现更高层次的供需平衡，为国际循环畅通提供保障并赋予新能量。同时，还有助于中国积极参与世贸组织改革，在战略政治层面达成反制，破除美国在国际经贸规则领域对中国的掣肘，提高中国在制定国际贸易新规则中的话语权。

二是加入 CPTPP 带来巨大贸易创造效应，有助于我国在新形势下扩大投资和增加就业，获得巨大的经济效益。CPTPP 对包括中国在内未加入的经济体造成排他性贸易转移的不利影响，海关对近年来我国贸易状况统计结果显示，CPTPP 成员国家多数为我国重要对外投资国和商品出口国，如日本、越南、新加坡、马来西亚和澳大利亚等，在全部出口贸易中占比超过 20%。根据 CPTPP 协定新规则，对非成员国在出口、服务和投资方面采取"非同等"待遇，即便我国与马来西亚和新加坡等国家已经签订双边自贸协定，但在与 CPTPP 成员国竞争中，依旧处于不利地位。尤其是与我国尚未签订自由贸易协议的日本、加拿大和墨西哥等国家，在 CPTPP 生效后，我国出口到其成员国的同类商品，必然会面临来自以劳动密集型为主的墨西哥、智利等国家的激烈竞争，导致我国以往商品的低价优势逐渐丧失，最终影响对外贸易。中国加入 CPTPP，不仅仅是中国获益，其他成员国甚至非成员国同样可以在多个经济指标上实现增长，这将为全球生产及贸易作出重要贡献。

三是积极参与全球贸易治理体系建设，改善国际外交关系。当前世贸组织改革已经成为必然趋势，中国选择加入 CPTPP，表明中国愿意提升自己的规则接受能力，愿意积极参与多边贸易规则的更新过程，共同参与全球贸易治理体系的建设。在CPTPP的连接下，中国能够与亚洲邻国以及美洲国家共同构建更为开放的区域经贸体系，有助于缓解地区紧张局势，改善国际外交关系。

（四）中国加入CPTPP面临的挑战

一是外界环境的不确定性挑战。目前CPTPP正处于扩容阶段，中国的加入需要获得CPTPP原始成员国的支持，并化解美国为遏制中国而可能实施的阻挠。自中国宣布积极加入CPTPP意愿后，国际社会对此表示高度关注，中国积极加入的意向首先遭到日本“婉拒”。而且，中国与加拿大、墨西哥的协商将会受到USMCA中“毒丸条款”的制约，即三方中若有一方与“非市场经济国家”签署贸易协定，那么这个国家就会被踢出“群”。

二是内部改革的压力。自中美贸易摩擦以来，我国的规则治理已经取得了一定成效，同国际规则的差距也在逐步缩小。但想要加入CPTPP还将面临很高的门槛，我国对于CPTPP条款的接受难点主要集中在国有企业、劳工（自由结社与集体谈判）、电子商务（数据跨境自由流动）和环保要求四个方面。

国有企业条款：CPTPP要求国有企业从商业角度考虑问题，限制对国有企业非商业性援助，禁止垄断与歧视性待遇，保证高透明度的信息交流。目前，国际社会普遍认为，我国通过政府补贴的形式向国有企业提供了过度的非商业性援助。短期内，中国的国企尚难达到“竞争中立”。但是，可以将“竞争中立”视为市场提供公平竞争的外部环境中的高标准，为未来国企改革提供参考。

劳工条款：该条款影响最大的就是劳动密集型行业。随着经济全球化的发展，劳工条款越来越成为国际贸易协定的重要组成部分。CPTPP关于劳工的条款消除了一切形式的强迫或强制劳动，不允许削弱或减少劳动法的保护来鼓励贸易或投资，要求企业履行社会责任，保障劳工权益，完善争端解决机制，通过设定联络点、组建理事会加强各成员之间的沟通协作。从规定劳工权益的具体法律来看，我国的法律标准同国际规则和CPTPP内容间仍存在一定差异。因此，在逐步向被广泛接受的国际标准对接的过程中，如何形成和完善符合国家利益、保障劳工权益的法律法规，构建完备的执法和监管体系，将成为中国加入CPTPP过程中需要解决的大难题。

电子商务：CPTPP从关税、数字产品的非歧视性待遇、国内电子交易框架、电子认证与签名、在线消费者保护、个人信息保护等角度对电子商务的发展与合作提出了细致要求，强调无纸贸易、电子手段的信息跨境转移以及商业信息跨境自由传输等条款。中国作为电子商务大国,在数据流通方面进行探索与突破,然而相配套的法律法规、监管体系尚未得到进一步的构建与完善,保障数据安全的根本要求也将使我国在短期内难以接受 CPTPP 的相关标准。

环保要求:从当前的情况看,我国企业面临的环境管制很多是出于被动的,而且对外环境合作要求的范围窄,监督机制有待补足。"十四五"规划和 2035 年远景目标提出:"广泛形成绿色生产生活方式,碳排放达峰后稳中有降,生态环境根本好转,美丽中国建设目标基本实现。"①这意味环保已经上升到了顶层设计层面,预计下一阶段国内企业的环保意识会变被动为主动。

四、山东自贸试验区应对 CPTPP 的对策建议

面对错综复杂的国际环境以及深化国内改革需要迎接的各种挑战,中国要加入 CPTPP 必然需要较长时间,持续深化改革将成为中国探索加入 CPTPP 的必经之路,需有效解决中国发展现状同 CPTPP 规则乃至国际规则间的差异问题。

自贸试验区的功能定位是要充分发挥"为国家试制度"的特色功能,成为中国最高水平开放形态的样板、践行国际经贸新规则的综合试验田以及推动制度型开放的政策高地。山东自贸试验区应主动适应国际经贸规则重构新趋势,赋予自贸试验区更大改革自主权,在区内积极开展创新性制度的先行先试,深化首创性、集成化、差别化改革探索,建立与国际接轨的监管标准和规范制度,并积极复制推广制度创新成果,对 CPTPP 协定的部分规则进行压力测试和风险测试,建议率先从以下方面开展。

一是在知识产权保护方面,依托自贸试验区开展先行先试。CPTPP 知识产权保护水平在全球领先,当前中国虽然已是知识产权大国,但从知识产权质量、企业对知识产权的重视程度等各个领域均有所不足,知识产权法律法规也不够完善,知识产权保护标准有部分落后于 CPTPP 的标准,这些问题会对中国加入 CPTPP 带来很大的阻碍。山东可以以自贸试验区知识产权保护创新政策先试先行为突破口,加大知识产权保护制度和机制创新力度,努力为新经济、新业态、新模式发展营造良好的知识产权保护环境。如针对 CPTPP 规定地理标志可通过商标或专门制度或其他法律手段加以保护,山东自贸试验区可以先行

① 《中华人民共和国国民经济和社会发展第十四个五年规划和 2035 年远景目标纲要》,人民出版社 2021 年版,第 8 页。

试点扩大海关对知识产权的保护品种和范围，将相关地理标志产品纳入海关总署知识产权保护备案，有利于维护产品品牌，促进产品出口，吸引更多企业聚集。

二是在通关便利化方面，推进实现对快运和易腐货物实施 6 小时通关。CPTPP 规定快运货物在提交必要海关单据后 6 个小时内放行，RCEP 也规定空运快件、易腐货物 6 小时放行。山东作为沿海贸易大省，可参照 RCEP 快运货物 6 小时放行相关规定，允许山东先行拓展至 CPTPP 区域，选取部分易腐货物，在山东先行先试 6 小时放行。同时，将区块链、人工智能等技术应用到通关流程中，提高快件通关效率。据此，支持山东建设进出口食品农产品示范口岸，深化冷链货物监管创新，构建中日韩跨境冷链物流快速通道，打造北方冷链商品集散中心。

三是在扩大服务贸易方面，山东自贸试验区应积极推进服务贸易发展、试点服务贸易统计制度。CPTPP 对服务贸易实行负面清单管理模式。目前我国服务贸易缺乏客观、科学的统计标准、统计办法、统计渠道，统计边界不清晰，企业填报难度大，积极性不高，难以实施有效监管。山东自贸试验区可率先试点服务贸易先行先试，构建全方位全链条的统计监测体系，优化指标设置，多样化数据来源，为承接服务贸易负面清单的实施奠定基础。

四是在增值电信业务方面，在山东自贸试验区探索开放包括数据中心、云服务等增值电信业务。CPTPP 要求推动电信产业开放，减少政府管制，促进电信从自然垄断行业向竞争性行业转变。

责任编辑　祝清亮
封面设计　王秋忆

ISBN 978-7-5607-7603-3

9 787560 776033 >

定价：66.00元